돈 되는 아파트
상가·오피스텔
살 때와 팔 때!

돈 되는 아파트·상가
 오피스텔 살 때와 팔 때!

초판 1쇄 2021년 10월 20일

지은이 | 김동희
펴낸곳 | (주)채움과 사람들

판매처 | (주)채움과 사람들 Chaeum and People, Inc.

출판등록 | 2016년 8월 8일 (제 2016-000170호)
주   소 | 서울시 서초구 사평대로 52길 1, 3층(서초동)
전화번호 | 02-534-4112~3
팩스번호 | 02-534-4117

이 책의 저작권은 저자와 출판사에 있습니다.
서면에 의한 저자와 출판사의 허락없이
책의 전부 또는 일부 내용을 사용할 수 없습니다.

ISBN : 979-11-88541-29-4-13320

저자와 협의에 의해 인지는 붙이지 않습니다.
잘못 만들어진 책은 구입처나 본사에서 교환해 드립니다.

머리말

    부동산 오랫동안 중개업에 종사하면서, 내가 실제 투자해야 돈을 벌수 있다는 판단을 했다. 그래서 부동산 중개업을 그만두고, 매매 업무를 새로운 직업으로 찾았다. 많은 사람들이 다양한 직업을 가지고 살고 있지만, 그 분야에서 전문가가 되지 못하면 경쟁 우위를 차지하지 못한다. 이 당시 부동산도 마찬가지였다. 그래서 계약부터, 경매·공매, 재건축·재개발, 부동산 세금에 이르기까지 부단한 노력을 경주했다. 이러한 노력의 결과물로 33권의 책을 출간했다.

가격보다는 가치가 높은 부동산을 찾아야 돈이 된다!

    부동산은 움직이지 않고 가만히 그 자리에 있는데 왜 움직이지 않는 부동산의 가격이 등락할까? 그것은 부동산이 필요로 하는 사람들에 의해서 변화가 발생(수요에 따라 결정)하므로, 모르는 사람은 손해를 볼 수밖에 없다. 아무리 잘 지어진 아파트나 오피스텔, 상가라 해도 그 부동산을 원하는 수요가 없다면 가치는 떨어지므로, 가치가 높은 부동산에 투자해야 한다.

당신이 부동산에 관심만 가져도 분명 10년 후가 다르다!

    부동산은 우리들의 삶과 동고동락하는 아주 절친한 친구이다. 가까운 사이일수록 모르고 살다가 잘못되었을 때에는 비수에 꽂힌 것처럼 무척이나 아픈 상처로 남는다. 그래서 부동산을 제대로 알고 투자하는 사람은 10년 후의 미래가 밝다. 반면에 관심이 없었던 사람은 10년 후가 불안해 질 수밖에 없다.

    물론 여기에도 분명 예외는 있다. 잘못된 부동산을 사거나 오르지 못하는 부동산, 떨어지는 부동산은 그렇지 못할 수도 있다.

    그래서 이 책은 아파트, 오피스텔, 상가건물의 집합건물을 사고팔 때 어떻게 분석하고, 매수여부를 결정해서, 내게 유리한 계약서를 작성하면 되나?와 사고파는 과정에서 세금을 절세하는 방법을 마지막 편(2022년부터 개인과 법인에 부과되는 취득세, 재산세, 종합부동산세, 그리고 양도소득세와 법인세 계산방법)에 기술해 놓았다.

2022년 예상되는 아파트 시장의 변화와 접근전략!

2017년부터 2021년까지 25번의 부동산 대책이 나왔지만 주택 시장은 그 반대로 움직였다. 주택 수요 증가와 저금리 유동성 때문에 어느 정도 집값 상승을 예상할 수 있었다. 그런데 공급을 늘리지 않고 규제(세금중과, 대출규제 등)를 통해서 해결하려는 노력만 했다.

그런데 아파트 가격의 상승요인은 잘못된 정부의 부동산 대책과 공급부족만 있는 것이 아니고, 매도자의 심리적 요인도 크다.

2021년 10월 현재 최근의 분위기는 매수하려는 사람들의 입장에서 '지금 사면 가격정점에 사는 것이 아닐까' 라는 불안감이 들 정도로 가격이 많이 상승한 상태이다. 이런 심리적인 요인이 실거래가에 반영되면 정체기를 넘어 침체기를 만든다.

2022년 새정부 들어 아파트 공급정책, 세금에 대한 한시적 완화정책 등에 따른 부동산 매물증가로 가격의 안정화 내지 침체기를 만들어 갈 것이다(어느 정부가 들어서도 시행할 수밖에 없다). 정부 입장에선 가장 시급한 골칫거리 매물과 가격 안정화 두 개를 동시에 해결해주는 정책인 셈이다.

사야 하나 팔아야 하나? 고민 말고, 이런 아파트 사라!

명품아파트의 장점은 오를 때 바로미터 역할을 한다. 제일 먼저 오르고, 떨어질 땐 제일 나중에 하락한다. 그러나 이 아파트의 단점은 가격이 비싸다. 그래서 적은 돈으로 아파트를 사고 싶다면 명품아파트보다 2년 뒤에 오르는 아파트를 선택해야 한다. 이 아파트가 미래가치가 있는 아파트로 부동산 경기가 침체기에 들어서도 가격이 떨어지지 않고 보합 또는 소폭 상승하다가 상승기류가 시작되면 또는 주변 신규분양으로 분양가가 상승되면 함께 상승하기 때문에 침체기에는 이러한 아파트를 공략해야 한다.

오피스텔 투자에서 성공하려면 이렇게 투자해라!

■ **오피스텔은 상가와 투자 방법을 다르게 해야 한다!**

오피스텔은 일반적으로 업무용으로 건축되었음에도 불구하고, 실제 사용용도에 따라 업무용 또는 주거용으로 판단한다.

- 오피스텔은 어디에 위치하고 있냐가 성공여부가 결정된다.
- 안정적인 임대수익을 보장 받을 수 있는 곳

  오피스텔 투자 시 매물에서 수익성보다 더 신경써야하는 것이 안정성이다. 공실률이 높은 오피스텔은 매매가격이 저렴한 편인데 공실률이 높다는 건 오피스텔 투자의 가치가 떨어진다는 것이다.
- 오피스텔 투자물건을 선택하는 방법

  새로 지어진 오피스텔은 분양가에 거품이 많고, 기존 오피스텔의 월세보다 높게 책정되어 있다. 그래서 지어진지 3~4년 정도 지나서 거품이 어느 정도 빠진 뒤에 구입하는 방법이 좋다.
- 오피스텔은 대형보다 왜 소형이 유리할까?

  기본적으로 소형 평수가 수요도 많아서, 공실률이 적으면서 임대수익율의 증가를 가져다주고 있다. 단점은 시세차익은 다음 주거용 오피스텔을 못 따라 간다는 것이다.
- 주거용을 대체할 수 있는 중형과 대형 오피스텔을 찾아라!

  오피스텔은 주택과 다르게 업무용 수요가 많은 곳이면서, 주거를 대체할 수 있는 중형(방 2개)과 대형(방 3개) 오피스텔이라면, 그 가치가 더욱 증가한다.

상가투자는 어떻게 투자해야 성공할 수 있나?

- 상가투자는 어떻게 접근해야 하나?

  활성화된 상권에 투자하거나 앞으로 활성화가 예측되는 곳, 또는 현재 상권은 좋지 않지만, 매수 후 상가를 번영 시킬 수 있는 업종에 투자해서 리모델링 하는 방법이 좋다.
- 상가는 위치 선점이 중요하다!
- 상가를 분양을 받으려면 분양가가 적정한가를 체크해라!
- 상가로 성공할 수도, 공실로 손해 볼 수도 있다!

  매수시점에 적정한 임대수익률이 보장되는가와 공실로 손실이 발생할 수 있는 가를 분석해야 한다.
- 분양가가 비싸더라도 우량한 상가에 투자해야 성공한다!
- 상가는 투자하지 말아야 할 곳도 있다!

■ 입지가 좋은데 장사가 안 되는 상가를 선택해라!

필자는 이러한 상가를 사서 그 상권에 맞는 업종을 입주시키는 전략만으로 상가 가치를 높인 사례가 있다.

상가로 성공할 수도, 공실로 손해 볼 수도 있다!

매수시점에서 임대수익률이 적정한가! 공실로 손해보고 있는가! 를 분석하는 것도 중요하지만, 앞으로의 주변변화 즉 주변에 비슷한 상가나 대형 유통점 등의 입점 등으로 상권변화가 발생할 수 있나? 까지 꼼꼼히 체크해야 한다.

공실은 점포를 임대하는 분들에게 가장 큰 고민이다. 관리비와 은행 대출이자도 감당하기가 어렵다. 이런 상가점포는 가격하락으로 이어지기 때문에 현재 임대수익뿐만 아니라 앞으로 발생할 주변현황에 따른 임대수익의 변화에도 적절하게 대처가 필요하다.

이 책은 오르는 아파트, 돈 되는 상가, 오피스텔을 알려 주는 책!

1편에 돈 버는 부동산 재테크 실전노하우!
2편에 모르면 당하는 부동산 기본 상식
3편에 두고두고 돈 되는 아파트 투자 실무
4편에 재판해도 이기는 아파트 매매 계약서 작성의 비밀
5편에 두고두고 돈 되는 상가, 오피스텔 투자 실무
6편에 내게 유리한 상가, 오피스텔 계약서 작성 실무
7편에 집합건물의 기본원리와 다양한 사례에서 투자비법
8편에 2022년부터 취득부터 양도 시까지 세금 절세 비법! 을 알기 쉽게 기술해서 독자 분들의 재테크에 도움을 주고자 했다.

필자는 독자 분들이 이 책을 통해서 부동산 투자에서 손해 보지 않고, 성공할 수 있기를 바란다. 그리고 큰 부자보다는 작은 부자로 행복하게 살기를 기원한다.

2021. 10. 20.

김 동 희 지음

차 례

1편
돈 버는 부동산 재테크 실전노하우!

Chapter 01 돈을 버는 법칙과 잃는 법은 따로 있다!

01 당신이 부동산을 모른다면, 절대 투자하지 마라!   37

02 당신이 준비되었다면, 아는 것부터 시작해라!   39
- ◈ 부동산이 안전하다는 생각부터 바꿔라!   39
- ◈ 부동산은 가격보다 가치가 높은 부동산을 찾아야 한다!   39
- ◈ 부동산 경험이 부족한 사람이 지켜야 할 투자 원칙   40

03 부동산으로 성공하려면, 어떻게 해야 하나?   41
- ◈ 부동산에 대해 가지고 있는 고정관념부터 버려라!   41
- ◈ 항상 실수요자 차원에서 생각하고 판단해라!   41
- ◈ 역세권 주변과 대중교통 등이 발달하는 지역을 공략해라!   42
- ◈ 교육여건과 생활편의 시설, 주거의 쾌적성 등이 수요를 부른다!   42
- ◈ 남이 하지 않는 부동산에 관심을 가져라!   43
- ◈ 정보수집에 전력을 기울여서 가치 있는 부동산을 찾아라!   43

04 부동산 경기변동 4단계에서 돈 버는 방법은 따로 있다!   44
- ◈ 회복기에는 우수한 지역을 중심으로 매매가 상승!   45
- ◈ 상승기에는 부동산 가격상승으로 매물보다 매수자가 증가!   46
- ◈ 후퇴기는 부동산 가격이 정점에 오른 후 빠지는 시기다!   48
- ◈ 하향기는 후퇴기를 거쳐 부동산 시장이 바닥을 치는 시기!   49

05 2022년 예상되는 아파트 시장의 변화와 접근전략   50
    ◆ 2022년 상반기 아파트 시장은 정체기가 예상된다!   50
    ◆ 정체기에도 무주택자가 똑똑한 아파트를 사야 하는 이유?   51

06 부동산은 3가지 투자전략으로 성공할 수 있다!   52
    ◆ 사면 계속해서 오르는 우수한 지역의 부동산에 투자해라!   52
    ◆ 지금 당장 오르지 않지만, 2년 뒤에 오르는 부동산에 투자해라!   52
    ◆ 단기 시세차익으로 월급처럼 부족한 생활자금 만들기!   53

Chapter 02 똑똑한 투자와 내 집 마련은 타이밍이다!

01 사야 하나 팔아야 하나? 고민 말고, 이런 주택 사라!   55

02 똑똑한 내 집 마련도, 배짱이 필요하다!   56

03 서울과 수도권 아파트값 얼마나 올랐나? 앞으로는?   58

04 2017년 침체기인 지방도 입지가 좋은 곳은 계속 올랐다!   59
    ◆ 불경기라도 오르는 부동산은 따로 있다!   59
    ◆ 잊지 말자! 불과 몇 년 전만 해도 지방이 더 올랐다는 사실!   60

05 부동산에 관심 있는 사람과 없는 사람은 10년 후가 다르다!   61

Chapter 03 부자된 사람들의 재테크 노하우!

01 부동산 재테크 성공의 지름길은 원금 지키는 일부터?   64

02 부동산 재테크 경험이 부족할 경우 필요한 투자 원칙은?   65

03 전세가 비율이 매매가의 80~90% 이고, 전세물건이 부족하면?   66

04 가격보다 가치가 높은 부동산을 찾아야 하는 이유는?   66

05 매수할 목적에 맞는 우량한 부동산은 어떻게 찾아야 하나?   67

06 주택 매수 목적이 주거라면?   68

07 주택을 팔 때 양도세가 걱정이라면 비과세전략?   68

08 부동산을 살 때 장기보유냐 단타냐를 먼저 판단해라!   69
- ◆ 장기보유 부동산과 단기보유 부동산은 전략이 달라야 한다!   69
- ◆ 1등 아파트를 어떻게 찾아야 하나?   70
- ◆ 좋은 부동산은 투자금액이 크다는 것이 단점이다!   70
- ◆ 1등과 2등 아파트를 보유하고 있을 때 생활자금을 만드는 방법!   71

09 부동산으로 성공한 사람과 실패한 이야기   71
- ◆ 연예인들이 꼬마빌딩에 투자하고 있다!   71
- ◆ 월급쟁이 김 과장이 10년 전에 아파트를 분양 받다!   72
- ◆ 월급쟁이 김 부장의 올바른 판단으로 4억원의 자산 증가!   72

2편
모르면 당하는 부동산 기본 상식

Chapter 04 건축물의 종류와 계약면적을 계산하는 방법

01 건축법상 건축물의 종류는?   77

02 주택의 종류엔 어떤 것이 있나?   78
- ◆ 단독주택과 다가구주택의 의미는?   79
- ◆ 공동주택은 어떤 주택이 있을까?   80

03 상가건물의 종류는? 82

04 집합건물에서 구분소유권 등과 용어정리 83
- 집합건물에서 구분소유권이란? 83
- 집합건물의 전유부분이란? 83
- 집합건물에서 용어정리 84
- 집합건물에서 대지사용권이란? 84

05 아파트 분양할 때 계약면적을 계산하는 방법 85
- 아파트 등의 집합건물 평형을 계산하는 방법 85
- 아파트와 다세대주택, 상가건물에서 약식으로 하는 평형 계산방법 86
- 각종 아파트 면적을 구분하는 요령 87

Chapter 05 건물을 만드는 과정과 등기부 등의 공적장부 완전정복

01 건물 신축 후 건축물대장과 등기부가 만들어지는 과정 89
- 건축법(주택법)에 따라 건물을 신축하거나 재건축(재개발)하는 과정 89
- 건물 짓는데 건폐율과 용적률이 중요한 이유 89
- 건축물대장과 등기부는 어떻게 만들어지나? 90
- 도시 및 주거환경정비법의 이전고시를 통한 재건축 등 92
- 집합건물에서 어떻게 대지권미등기가 발생하고, 등기되는 시점은? 93
- 건축물대장과 등기부에 표시된 내용이 다르면 이렇게 해라! 93

02 등기사항증명서에 대한 권리분석 완전정복 94
- 등기사항증명서 열람방법 94
- 등기사항증명서엔 어떤 종류가 있나? 95
- 토지와 건물등기사항증명서를 보는 법과 권리관계에서 유의할 점 96
- 집합건물 등기사항증명서를 보는 법과 분석하는 방법 100
- 등기부에서 우선순위 결정방법과 등기부의 신뢰 관계 103

03 건축물대장과 토지대장에 대한 분석방법　　　　　　　　　　104
　　◆ 건축물대장(일반건축물대장과 집합건축물대장)　　　　　104
　　◆ 토지대장과 임야대장　　　　　　　　　　　　　　　　　107

04 등기부와 대장에서 권리분석하는 실전 노하우!　　　　　　　108

05 등기부에서 대지권미등기라면 왜 주의해야 할까?　　　　　　109

06 대지권이 등기되었더라도 토지별도등기가 있다면?　　　　　110

07 지적도와 임야도란?　　　　　　　　　　　　　　　　　　　112

08 토지이용계획확인원을 확인해야 하는 이유　　　　　　　　　113

3편
두고두고 돈 되는 아파트 투자 비법

Chapter 06 우량한 아파트에 투자하는 비법!

01 실수요자가 선호하는 우량한 아파트를 찾아 투자해라!　　　117
　　◆ 아파트 중·대형 세대와 유명브랜드 시공회사 여부　　　　117
　　◆ 역세권 주변과 대중교통 근접성, 교육여건과 생활편의시설의 접근성 등　117
　　◆ 주변에 비해 저평가되어 있는 아파트를 찾아 투자해라!　　118
　　◆ 아파트가 재건축 대상인 경우와 리모델링 대상이 되는 경우　118

02 아파트 못지않은 우량한 단독주택과 다가구주택 고르는 방법　　119

03 다세대주택 등이 주택 시장에서 귀한 몸이 되고 있다!　　　　120

04 이러한 위치에 있는 부동산에 투자하면 된다! 120
  ◈ 서울로 직접 연결되는 지하철과 강남으로 향하는 황금노선 120
  ◈ 한강 주변 강남 3구와 맞닿은 강동·성동·동작구 거래 급증 121
  ◈ 우수학군에 따라 주택가격이 상승하고 있다! 121
  ◈ 재건축·재개발 지역과 그 주변에 있는 저평가된 주택을 사라! 122
  ◈ 신축아파트 분양가격보다 싼 주변 아파트를 사라! 122
  ◈ 불경기인 지방도 우량한 아파트를 싸게 사면 돈이 된다! 123

05 오르는 지역의 아파트 등을 싸게 사려면 이렇게 하면 된다? 123
  ◈ 인터넷에서 매매와 전·월세 시세를 직접 확인하는 방법 123
  ◈ 현장 부동산 중개업소에서 매매와 전세 시세를 확인해라! 126

06 부동산 이렇게 종합적인 분석 후 사라! 126

Chapter 07 이런 아파트에 투자하면 오를 수밖에 없다!

01 신동아리버파크 34평형을 사지 않고 42평형에 투자한 이유는?! 129
  ◈ 아파트 사진과 아파트 내부 평면도 130
  ◈ 네이버 부동산 시세조사(2021년 10월 03일 현재) 131
  ◈ 아파트가 4년이 지났는데 7억2천만원이 올랐다! 131

02 상도삼호 아파트에 투자해서 1억 만들기에 도전! 132
  ◈ 아파트 주변 현황과 아파트 사진 132
  ◈ 네이버 부동산 시세조사(2021년 10월 07일 현재) 133

03 마장동 삼성래미안에 투자해서 2억 만들기에 도전! 134
  ◈ 아파트 주변 현황과 아파트 내부 평면도 134
  ◈ 네이버 부동산 시세조사(2021년 10월 07일 현재) 135

04 반포미도 아파트로 월급쟁이가 투잡 뛰기를 시작하다! 136

◆ 아파트 사진과 아파트 내부 평면도　　　　　　　　　　　　138
　　◆ 네이버 부동산 시세조사(2021년 10월 03일 현재)　　　　　139

05 분당 우성아파트를 바로 팔아 4,800만원 벌었지만, 아쉬움만 남는다?　140
　　◆ 아파트 사진과 아파트 내부 평면도　　　　　　　　　　　　141
　　◆ 네이버 부동산 시세조사(2018년 02월 09일 당시)　　　　　142

Chapter 08 우량한 아파트로 내 집 마련과 노후생활자금 만들기!

01 최근 대림역 우성1차 아파트가 오를 것이라고 믿고 샀다!　144
　　◆ 왜! 역세권주변 아파트가 5억 이하이면 무조건 사야 하나?　　145
　　◆ 아파트의 주변 현황과 사진　　　　　　　　　　　　　　　145
　　◆ 임대사업자로 4년 뒤에 3억원 만들기에 도전하다!　　　　　146
　　◆ 우성1차아파트 네이버 부동산 시세와 신안산선 주변현황　　147

02 대림동 현대1차 아파트로 연봉 2억 만들기에 도전하다!　148
　　◆ 현대1차 아파트가 4억6천만원이면 무조건 사야 한다!　　　148
　　◆ 아파트의 주변 현황과 사진　　　　　　　　　　　　　　　149
　　◆ 법인사업자 명의로 사서, 2년 보유하다가 파는 방법으로 2억원 만들기!　150
　　◆ 현대1차 아파트 네이버부동산 매물시세가 올랐다!　　　　　151

03 서초구 반포리체 아파트로 내 집 마련과 노후생활자금에 보태다!　152
　　◆ 반포리체 아파트의 주변 현황과 사진　　　　　　　　　　　153
　　◆ 2017년 5월 매수당시에 아파트 가격과 전세 시세조사 현황　　153
　　◆ 1년 후에 아파트가 14억원으로 올랐다　　　　　　　　　　154
　　◆ 1년 6개월이 지났는데, 20억원으로 올랐다　　　　　　　　154

04 오르는 평촌아파트로 내집 마련과 주택연금으로 노후생활자금 만들기!　157
　　◆ 아파트의 주변 현황과 사진　　　　　　　　　　　　　　　157
　　◆ 네이버 부동산 시세조사(2018년 11월 09일 당시)　　　　　158

05 후곡마을 아파트를 2억7천만원에 사서 2년 후에 7천만원 벌다! 160
  ◈ 아파트의 주변 현황과 사진 161
  ◈ 부동산 114 시세조사(2018년 11월 09일 당시) 162

06 내가 대방e-편한세상2차아파트 48평형을 수의계약으로 취득하다! 163
  ◈ 아파트 사진과 주변 현황도 163
  ◈ 대방e-편한세상2차아파트 네이버 매물 시세 164
  ◈ 대방e-편한세상2차아파트 신탁공매 입찰정보 내역 165
  ◈ 공매 공고문에서 건물분 부가세와 근저당권 인수 조건을 확인하다! 166
  ◈ 필자는 이렇게 분석 후 수의매매계약하여 소유권을 취득하였다! 167

4편
재판해도 이기는 아파트 매매 계약서 작성의 비밀

Chapter 09 아파트 사고파는 계약에서 이것만은 알아야 한다!

01 바람직한 투자는 우량한 주택을 찾는 것이다! 173

02 계약하기 전에 매수할 주택의 현황을 파악하라! 173
  ◈ 매수할 주택에 수리나 개선이 필요한 부분이 있나? 173
  ◈ 매수할 주택을 누가(소유자, 임차인) 사용하고 있는가! 174

03 임차인이 있다면 보증금과 계약갱신청구권 행사 여부 확인! 174
  ◈ 매수할 부동산에 임차인의 수와 임차보증금을 확인해라! 174
  ◈ 임차인의 계약갱신청구권 행사 여부와 대처 방법! 175

04 계약하기 전에 매수할 주택의 시세를 정확하게 파악해라! 177
- ◆ 인터넷에서 매매와 전세 시세를 직접 확인하는 방법 177
- ◆ 주변 중개업소에서 매매와 전세 시세를 직접 확인해라! 179

05 매수할 주택의 등기부 열람과 계약을 위한 권리분석 179
- ◆ 등기사항증명서를 열람해서 어떻게 분석해야 하나? 180
- ◆ 누구와 매매계약을 체결해야 완전한 소유권을 보장받나? 181
- ◆ 일반건물과 집합건물에서 건물과 토지 소유자가 다를 때의 계약은? 184
- ◆ 주택 등이 여러 명의 공동소유자로 등기되어 있는 경우 188
- ◆ 등기부의 갑구와 을구에 담보물권과 채권 등이 등기되어 있으면! 189
- ◆ 등기부에 소유권을 제한하는 가처분, 가등기 등이 있는 경우 189
- ◆ 단기간 내에 소유자가 자주 변경된 경우 190

06 건축물관리대장과 토지대장을 확인해라! 190

07 토지이용계획확인서를 확인 192

08 아파트 등에 등기된 채권과 임차권이 있을 때 계약방법 192
- ◆ 선순위 채권을 승계하는 조건으로 계약하는 방법은? 192
- ◆ 등기부에 등기된 채권을 말소하는 조건으로 계약하는 방법 193

09 계약 이후에 추가적인 권리가 발생 시 계약해제 및 손해배상 193

10 매매대금 지급 방법과 주택인도 시기에 대한 합의 194

11 계약해제 시 해약금과 위약금에 관한 약정 194
- ◆ 해약금약정 194
- ◆ 위약금약정 또는 위약벌약정(채무불이행과 손해배상) 195

12 관리비 및 공과금 체납 여부와 해결 방법에 대한 합의 196

13 선수관리비 인계인수에 관한 합의 196

14 부동문자로 된 계약내용에 대한 합의 198

15 주택(아파트나 다가구주택 등) 매매 계약할 때 유의사항　　　　199
　　◆ 주택은 건물분 부가세와 등기시 농특세가 면세지만 예외가 있다!　199
　　◆ 사업자가 국민주택규모를 초과하는 주택을 매도할 때는 다르게 생각해야 한다!　199
　　◆ 주택을 법인사업자로 취득해 매도 시에 유의할 사항　　202
　　◆ 주택 누수 등의 하자로 인한 매도인의 하자담보 책임은?　　203

16 중개대상물 확인·설명서와 개인정보 수집 동의서　　　　204

Chapter 10　아파트 사고팔 때 올바른 매매 계약서 작성 방법

01 아파트 매매 계약서를 내게 유리하게 작성하는 방법　　　　206
　　◆ 매매 대상 물건 분석 및 계약당사자간 합의사항 정리　　206
　　◆ 아파트 매매 계약서 작성　　211
　　◆ 계약 합의내용을 계약서에 바르게 기재하는 방법　　213
　　◆ 계약서 작성 이후에 이렇게 대응해라!　　217

02 대리인과 아파트 매매 계약서를 바르게 작성하는 방법　　　　219
　　◆ 아파트 매매 계약에 관한 핵심정리　　219
　　◆ 아파트 매매 계약서 작성(대리인이 작성하는 경우)　　219
　　◆ 매도인이 대리인에게 작성해준 위임장　　223
　　◆ 대리인이 작성한 계약금, 잔금 수령 등의 영수증　　224
　　◆ 계약서 작성 이후에 이렇게 대응해라　　224

Chapter 11　아파트분양권, 미등기아파트에서 매매 계약서 작성 비법

01 아파트 분양권 상태에서 매매 계약서 작성 방법　　　　228
　　◆ 분양권(전매) 매매 계약할 때 알아야 할 내용 핵심체크　　228
　　◆ 아파트분양권 물건분석과 계약당사자간 합의사항 정리　　229

◈ 아파트분양권 매매 계약서를 작성하는 방법	233
◈ 계약서 작성 이후에 어떻게 대응하면 되는가!	236

02 아파트가 완성 후 보존등기 전에 매매 계약서 작성 방법　237
◈ 미등기아파트 매매 계약을 체결할 때 핵심체크	237
◈ 미등기아파트 물건분석과 계약당사자간 합의사항 정리	241
◈ 미등기아파트 매매 계약서를 작성하는 방법	244
◈ 계약서 작성 이후에 어떻게 하면 되는가!	246

03 대지권이 미등기된 아파트 매매 계약서 작성 방법　248
◈ 대지권미등기와 토지별도등기 아파트 계약할 때 알고 있어야 할 사항	248
◈ 대지권미등기 아파트 소유자와 매매 계약서 작성 방법	248

04 아파트 완공 후 토지별도등기가 있는 아파트 매매 계약서 작성　253
◈ 아파트등기부가 다음과 같이 토지별도등기가 있다면	253
◈ 토지등기부를 확인해 보니	254
◈ 토지별도등기된 아파트 매매 계약서 작성방법	255
◈ 계약서 작성 이후에 어떻게 하면 되는가?	257

5편
두고두고 돈 되는 상가, 오피스텔 투자 실무

Chapter 12　Q&A로 풀어보는 상가와 오피스텔 실전투자 노하우!

01 상가 투자 시 기본적으로 알고 있어야 할 내용은?　261
◈ 상가는 활성화될 때 그만한 수익성 있는 부동산은 없다!	261
◈ 아파트단지 내 상가투자에서 고려할 점은?	262
◈ 근린상가는 대로변이 좋다!	262

◈ 중심상권의 상가는 경기를 적게 타고 임대료 수준도 높다! 262

02 상가투자는 어떻게 투자해야 성공할 수 있나? 263

03 상가 입지와 상권분석은 어떻게 해야 하나? 266
◈ 입지와 상권의 정의 266
◈ 상권조사 분석은 어떻게 해야 하나? 266

04 상가 선임대 후분양상가가 안전할까? 위험성은? 269
◈ 분양회사가 선임대 후 분양하는 이유는? 269
◈ 선임대 후 분양 시 임대 수익률 7%의 함정 270
◈ 선임대 후분양 상가 피해 줄이는 법은? 270

05 오피스텔은 상가와 투자 방법을 다르게 해야 한다! 272

06 오피스텔 투자에서 성공하려면 이렇게 투자해라! 273
◈ 오피스텔이 위치하고 있는 입지 여건 273
◈ 안정적인 임대수익을 보장 받을 수 있는 곳 273
◈ 오피스텔 투자물건을 선택하는 방법 274
◈ 오피스텔은 대형보다 소형이 유리하다! 274
◈ 주거용을 대체할 수 있는 중형과 대형 오피스텔을 찾아라! 275

07 상가건물에는 일반건물과 집합건물이 있다! 275
◈ 단지내 상가 275
◈ 근린상가 275
◈ 주상복합상가 275
◈ 오피스텔상가 276
◈ 오피스텔 276
◈ 상가주택 276
◈ 도시형생활주택과 생활형숙박시설 277

08 상가나 오피스텔 등을 분양할 때 계약면적과 평형 계산 277
◈ 집합건물 상가나 오피스텔을 분양할 때 계약면적은? 277

◆ 상가나 오피스텔 투자에서 전용율이 얼마나 중요한가? 278

09 상가투자에서 전용율만 높으면 무조건 좋을까? 279
◆ 전용율이 높으면 공용부분이 적어 상가 활성화가 어렵다! 279
◆ 상가 투자는 전용율보다 상권이 우수해야 성공한다! 279
◆ 아파트와 다세대주택, 상가건물에서 약식으로 평형 계산방법 280

Chapter 13 오피스텔로 임대수익 올리고, 내 집 마련하는 비법

01 서초파라곤 오피스텔을 낙찰 받아 1억1천만원 벌다! 282
◆ 2021년 부동산 취득부터 양도 시까지 세금 절세 비법 282
◆ 필자가 강남역 서초파라곤 27평형 오피스텔에 관심을 가진 이유는? 284
◆ 강남역 서초파라곤 27평형 오피스텔의 사진과 주변 현황도 285
◆ 입찰결과와 낙찰 받고, 팔아서 1억1천3백만원을 벌었다! 286

02 오피스텔 30평형을 일반매매로 사서, 임대수익 올리는 비법! 287
◆ 서초파라곤 30평형 오피스텔의 단지정보와 주변 현황도! 287
◆ 30평형 오피스텔 실거래가와 내부 구조도는 다음과 같다! 288
◆ 7억9,600만원에 매수한 매매 계약서와 임대차 계약서 289

03 풍성위버폴리스 오피스텔을 낙찰 받아 성공한 사례 291
◆ 오피스텔을 살 때 주거용으로 사용하냐, 업무용으로 사용하냐가 중요! 291
◆ 풍성위버오피스텔 입찰정보내역 292
◆ 오피스텔 사진과 위치도 292
◆ 지하철 4호선 인덕원~동탄 복선전철과 수도권 광역급행철도(GTX) 3개 노선이 개통 293
◆ 수익분석 후 입찰에 참여해서 1억2,000만원을 벌다! 295

04 도곡푸르지오 오피스텔을 임대해 노후생활자금 만들기 296
◆ 도곡푸르지오 32평형 오피스텔에 관심을 가진 이유는? 296

◆ 도곡푸르지오 32평형 오피스텔 주변 현황도 ··················· 297
◆ 32평형 오피스텔 시세와 임대수익은 얼마나 올리게 되었나? ··················· 298

05 KB부동산 신탁공매로 동림오피스텔을 낙찰 받아 성공한 사례 ··················· 299
◆ 동림오피스텔의 사진과 주변 현황도 ··················· 299
◆ 동림오피스텔 신탁공매물건에 대한 권리분석 ··················· 300

Chapter 14 | 남들이 못하는 상가 투자로 노후생활자금 만드는 비법

01 상가투자 방법과 실제 투자해서 성공한 사례 ··················· 302
◆ 상가는 어떻게 접근해서 투자해야 하나? ··················· 302
◆ 구분상가를 매수해서 임대수익을 올린 사례 ··················· 303

02 북가좌6구역 근린생활시설을 신규아파트에 도전하다! ··················· 305
◆ 상가건물 사진과 주변현황도 ··················· 305
◆ 매수하고 5억4,000만원 올랐고, 분양자격도 있다? ··················· 306

03 춘천에 있는 상가를 낙찰 받아 성공한 사례 ··················· 308
◆ 한국자산신탁에서 춘천에 있는 상가공매물건을 발견하다! ··················· 308
◆ 상가물건 선정을 위한 현장답사(임장) 여행 ··················· 308
◆ 현장답사 후 입찰할 상가를 선정하다! ··················· 309
◆ 입찰준비와 입찰당일 현장공매로 입찰하는 과정과 낙찰 ··················· 311
◆ 대출준비 및 매매계약서 작성 ··················· 314
◆ 낙찰 받고 현장을 다시 답사하다! ··················· 315

04 지인회사가 신탁공매로 수익형 건물을 마련하다! ··················· 316
◇ 지인회사는 신탁공매가 진행되는 건물의 임차인이다! ··················· 316
◇ 지인회사가 임차한 건물 내역과 건물 사진 등 ··················· 318
◇ 이 신탁공매는 다음 공매공고문과 같이 매각되었다! ··················· 319
◇ 지인회사가 입찰에 참가해서 낙찰 받아 성공한 사례 ··················· 320

05 한국자산신탁의 현장공매에서 1층 상가점포를 낙찰 받아 임대한 사례   320
- ◆ 마포 상가 109호의 사진과 주변 현황도   321
- ◇ 이 신탁기관 상가공매에서 권리분석은 어떻게 하면 되나?   322
- ◇ 신탁재산 공매 매각대금에서 배당 우선순위 결정 방법   323
- ◇ 낙찰 받고 나서 어떻게 대응했나?   323

06 재개발구역 상가주택 2분의 1을 공매로 낙찰받아 성공한 사례   323
- ◆ 토지 지분공매 절차에서 공매물건의 사진과 주변 현황도   324
- ◆ 상가주택 2분의 1 지분 온비드공매 입찰정보 내역   325
- ◆ 지분공매 물건에 대한 권리분석과 배분표 작성   326
- ◆ 지분공매에서 2대1의 경쟁률을 뚫고 상가주택을 낙찰 받았다!   327
- ◆ 매수 이후의 대응 현황   328
- ◆ 성남시 금광1구역 재개발사업에서 현금청산금으로 탈출한 사례   329

07 신탁공매에서 상가가 유찰되어 수의계약을 체결한 사례   331
- ◆ 신탁공매 상가 주변 현황도와 사진   331
- ◆ 생보부동산 신탁공매 상가 공고정보 내용   332
- ◆ 상가를 신탁공매에서 이렇게 분석하고 매수했다!   333

6편
내게 유리한 상가, 오피스텔 계약서 작성 실무

Chapter 15   상가와 오피스텔 계약에서 꼭 알고 있어야 할 내용

01 바람직한 투자는 우량한 부동산을 찾는 것이다!   337
02 계약하기 전에 매수할 부동산의 현황을 파악하라!   337
- ◆ 매수할 상가 등에 수리나 개선이 필요한 부분이 있나?   337

◆ 매수할 상가 등을 누가(소유자, 임차인) 사용하고 있는가?   338
◆ 매수할 상가 등에 임차인의 수와 임차보증금을 확인해라!   338
◆ 매수부동산이 영업할 업종에 규제 또는 제한이 있는지를 확인   338

03 계약하기 전에 매수할 부동산의 시세를 정확하게 파악해라!   339

04 매수할 부동산의 등기부 열람과 유의할 사항   340
◆ 등기사항증명서를 열람해서 어떻게 분석해야 하나?   340
◆ 누구와 매매계약을 체결해야 완전한 소유권을 보장받나?   341
◆ 일반건물과 집합건물에서 건물과 토지 소유자가 다를 때의 계약은?   341
◆ 상가건물 등이 여러 명의 공동소유자로 등기되어 있는 경우   343
◆ 등기부의 갑구와 을구에 담보물권과 채권 등이 등기되어 있으면?   344
◆ 등기부에 소유권을 제한하는 가처분, 가등기 등이 있는 경우   344
◆ 단시일 내에 소유자가 자주 변경된 경우   345

05 건축물관리대장과 토지대장을 확인해라!   345

06 토지이용계획확인서를 확인   346

07 매수부동산에 등기된 채권과 임차권이 있을 때 계약방법   346
◆ 선순위채권을 승계하는 조건으로 계약하는 경우   346
◆ 등기부에 등기된 채권을 말소하는 조건으로 계약하려면   347

08 계약 이후에 추가적인 권리가 발생 시 계약해제 및 손해배상   347

09 매매대금 지급 방법과 주택인도 시기에 대한 합의   348

10 계약해제 시 해약금과 위약금에 관한 약정   348

11 관리비 및 공과금 체납 여부와 해결방법에 대한 합의   348

12 선수관리비 인수인계에 관한 합의   349

13 부동문자로 된 계약내용에 대한 합의   349

14 상가건물과 오피스텔 등을 매매 계약할 때 유의사항   349

◆ 상가건물의 종류 349
◆ 상가나 오피스텔 등은 건물분 부가세와 상임법의 적용대상이다! 350
◆ 업무용 오피스텔은 상가와 다르게 적용되고 있다! 353
◆ 상가나 오피스텔 등을 법인사업자로 취득해 매도 시에 유의할 사항 354
◆ 영업업종이 상가용도와 적합한가에 대한 판단이 먼저이다! 356
◆ 영업할 업종제한이나 동일업종에 대한 영업금지규정이 있는지! 356

15 행정청의 허가가 있어야 소유권을 취득하게 되는 경우 357
◆ 토지거래허가구역 내에서 토지 매매 계약 시 357
◆ 외국인의 토지취득 357
◆ 농지 매매 계약 시 357

16 매도인의 하자담보책임과 중개대상물 확인·설명서 등의 작성 358
◆ 주택 누수 등의 하자로 인한 매도인의 하자담보 책임은? 358
◆ 중개대상물 확인·설명서와 개인정보 수집 동의서 358

Chapter 16 다양한 오피스텔 사례에서 내게 유리한 계약서 작성 방법

01 계약하기 전에 오피스텔 물건분석과 계약당사자 간에 합의사항 360
◆ 오피스텔 계약내용 핵심 요약정리 360
◆ 오피스텔을 방문해서 매수할 목적에 맞는가에 대한 판단 360
◆ 매수할 오피스텔을 누가 사용하고, 다른 임차인이 있는지 360
◆ 오피스텔의 시세를 정확하게 조사하고 나서 매매가격을 협상해라! 361
◆ 등기부열람으로 소유자 확인과 권리 하자에 대한 분석 361
◆ 건축물대장을 확인해서 등기부 내역과 일치여부 확인 362
◆ 오피스텔에 등기된 채권과 임차권이 있으면 이렇게 해라! 362
◆ 계약 이후에 추가적인 권리가 발생 시 계약해제 및 손해배상 363
◆ 매매대금 지급 방법과 오피스텔 인도 시기에 대한 합의 363
◆ 계약해제 시 해약금과 위약금에 대한 약정 363

◈ 관리비 및 공과금 연체 시, 해결방법에 대한 합의　　　364
◈ 선수관리비 인수인계에 관한 합의　　　364
◈ 부동문자로 된 계약내용에 대한 합의　　　364
◈ 사업자가 오피스텔 취득 시 취득세 중과와 보유 및 매도 시 세금 문제　　　364

02 개인 간에 오피스텔 매매 계약서를 작성하는 방법　　　367
◈ 주거용으로 문화 오피스텔 매매 계약서 작성　　　367
◈ 업무용으로 문화 오피스텔 매매 계약서 작성　　　370

03 오피스텔을 사업자가 개인에게 팔 때 매매 계약서 작성 방법　　　372
◈ 오피스텔을 사업자가 개인에게 주거용으로 팔 때 계약서 작성 방법　　　372
◈ 오피스텔을 사업자가 개인에게 업무용으로 팔 때 계약서 작성 방법　　　375

04 오피스텔을 사업자 간에 팔 때 매매 계약서를 작성하는 방법　　　379
◈ 오피스텔을 사업자 간에 팔 때 주거용으로 매매 계약서를 작성하는 방법　　　379
◈ 오피스텔을 사업자 간에 팔 때 업무용으로 매매 계약서를 작성하는 방법　　　380

05 계약서 작성 이후에 이렇게 대응해라!　　　381
◈ 매매계약서에 중개대상물 확인·설명서와 개인정보 수집 동의서 작성, 공제증서 첨부　　　381
◈ 부동산 거래계약의 신고와 주택거래계약 신고　　　381
◈ 매매대금의 잔금 지급과 오피스텔 인도 및 소유권이전등기　　　382
◈ 중개수수료는 어떻게 계산하면 되나?　　　382
◈ 잔금 납부 후 소유권이전등기 하기　　　382

Chapter 17　사업자간 상가건물 매매 계약과 사업포괄양수도 계약

01 임대사업자 간 상가건물 매매 계약서 작성 방법　　　384
◈ 상가건물을 매매할 때 유의할 사항　　　384
◈ 매매 대상 물건 분석 및 계약당사자간 합의사항 정리　　　386
◈ 상가건물 매매 계약서 작성　　　394

◈ 계약서 작성 이후에 이렇게 대응해라! 397

02 집합건물 상가 매매 계약서와 사업포괄양수도 계약서 작성 398
◈ 상가건물 매매와 사업포괄양수도 계약이란? 398
◈ 상가건물에 대한 물건분석 및 계약당사자간 합의사항 정리 400
◈ 상가건물 매매 계약서 작성 방법 405
◈ 사업(부동산)포괄 양수도 계약서(임차인이 영업하는 경우)-별지1 408
◈ 계약서 작성 이후에 이렇게 대응해라! 409

03 법인명의의 상가건물을 법인이 매수할 때 올바른 계약서 작성 비법 409
◈ 상가건물(집합건물, 일반건물) 매매 계약할 때 알고 있어야 할 내용 409
◈ 상가나 오피스텔 등을 법인사업자로 취득해 매도 시에 유의할 사항 410
◈ 법인사업자 간에 합의한 내용으로 상가건물 매매 계약서를 작성하는 방법 412

7편
집합건물의 기본원리와 다양한 사례에서 투자비법

Chapter 18 집합건물의 전유부분과 대지사용권은 분리할 수 없다!

01 집합건물에서 전유부분과 대지사용권과의 관계 419
◈ 전유부분과 대지사용권의 일체성(집합건물법 제20조) 419
◈ 전유부분과 대지권 분리처분금지가 헌법에 위배되는지 419

02 구분건물이 성립되고 대지권을 처분하는 것은 무효 420

03 집합건물에서 전유부분과 공용부분을 분리 처분하면 무효 423

- ◆ 집합건물의 어느 부분이 전유부분인지 공용부분인지 여부   423
- ◆ 집합건물의 공용부분은 전유부분과 분리해 처분할 수 없다!   424
- ◆ 구분건물이 성립되고 개조·증축으로 구분건물이 되는 시점   424

04 대지권미등기 아파트를 낙찰받아 대지권등기에 성공한 사례   428

05 대지권 평가없이 전유부분만 낙찰받아도 대지권 등기할 수도 있다!   429
- ◆ 대지권 평가없이 전유부분만 매각돼도 대지권등기를 할 수 있는 경우   429
- ◆ 대지권이 존재하는데 대지권평가 없이 전유부분만 매각한 경우   430

06 전유부분만 낙찰받아 대지권등기와 토지별도등기를 소멸시킨 사례   431

07 집합건물의 대지지분 일부를 낙찰받았으나 무효가 돼 실패한 사례   431

08 구분소유자 간에 대지 지분 비율이 다를 때 투자방법   432

Chapter 19 집합건물 전유부분과 대지권을 분리할 수 있는 사례

01 집합건물법이 적용되기 전에 전유부분과 분리된 경우   434
- ◆ 집합건물법이 시행되기 전에 전유부분과 분리되어 있는 경우   434
- ◆ 집합법이 시행되기 전에 설정된 저당권에 의해 분리된 경우   435
- ◆ 집합법이 시행되기 전에 가압류에 의해 분리매각된 사례   435

02 구분소유권 성립 이전에 이미 분리 매각된 사례   436
- ◆ 이 사건에 대한 기본적인 사실관계   436
- ◆ 이 사건 2심 법원에 대한 항고이유의 요지는 다음과 같다!   437
- ◆ 항고이유에 대한 2심 법원의 판단   438

03 재건축으로 종전 아파트가 철거돼 구분소유권이 소멸되면 분리처분이 가능하다!   440

04 대지권 성립 전부터 설정된 저당권, 가압류로 인한 분리처분   440
- ◆ 대지권 성립 전에 설정된 저당권에 의해 분리 매각된 사례   440
- ◆ 근저당권이 설정될 무렵 대지사용권이 성립되지 못한 경우   443

05 대지소유자가 부당이득청구를 위해 어떠한 요건이 필요한가?　　444
- ◈ 건물에 대한 구분소유적 공유관계가 성립하기 위한 요건　　444
- ◈ 대지소유자가 부당이득을 청구할 수 없는 사례　　445
- ◈ 대지소유자가 부당이득을 청구할 수 있는 사례　　445

06 대지 지분이 있어도 토지사용료를 부담할 수도 있다!　　447
- ◈ 자기 대지 지분비율이 있어도 부당이득의 대상이 되는 사례　　447
- ◈ 자기 대지 지분비율을 초과 소유한 경우도 부당이득의 대상　　448
- ◈ 구분소유자가 아닌 토지 공유지분권의 침해로 인한 부당이득　　449

07 집합건물법 제20조에서 분리처분금지의 예외가 있다!　　452
- ◈ 분리처분에 관한 규약이나 공정증서가 있는 경우　　452
- ◈ 등기의 추정력에 의해 분리처분　　452
- ◈ 선의의 제3자에 대한 규정과 법원의 판단　　458

Chapter 20　아파트 신축과정과 토지별도등기가 있다면 이렇게 투자해라!

01 아파트 신축과정에서 토지별도등기가 발생하는 과정　　461
- ◈ 아파트 재건축과 재개발에서 대지권 정리와 토지별도등기　　461
- ◈ 토지별도등기란 어떠한 의미인가?　　463
- ◈ 재건축 전 대지와 건물의 권리는 신축아파트에 그대로 이전된다!　　464

02 경매절차에서 토지별도등기가 소멸, 또는 인수여부?　　464
- ◈ 토지별도등기는 경매로 소멸되는 것이 원칙이다!　　464
- ◈ 토지별도등기를 인수조건으로 매각하면 매수인이 부담　　465

03 토지별도등기가 있는 물건에 대한 권리분석과 대응전략　　466
- ◈ 토지별도 등기된 경매물건 분석표　　466
- ◈ 토지별도 등기된 경매물건에 대한 권리분석　　467
- ◈ 토지별도 등기된 저당권자 등이 배당요구 시 배당표 작성　　470
- ◈ 토지와 건물의 설정된 권리가 다를 때 임차인의 대항력과 배당　　471

Chapter 21　집합건물에 대지권미등기가 있으면, 이렇게 투자해라!

01 집합건물을 분양받았으나 대지권미등기인 경우　474
- ◆ 대지지분까지 분양 받았으나 대지권미등기인 사례　474
- ◆ 대지지분이 정리되고도 분양대금이나 등록비용을 미납 시　474
- ◆ 대지권미등기인 아파트를 낙찰 받았는데 수분양자가 분양대금을 미납했다면　475

02 대지권미등기 아파트가 대지가격을 포함해 매각되면　476
- ◆ 대지권미등기 아파트도 대지가격이 감정 평가돼 매각되면　476
- ◆ 전유부분만 경매로 낙찰 받아도 대지권등기를 할 수 있다!　476

03 대지권 평가 없이 전유부분만 매각돼도 대지권등기가 가능　477
- ◆ 전유부분만 매수해서 대지권등기와 토지별도등기를 말소한 사례　477
- ◆ 대지권 평가 없이 전유부분만 매각돼도 대지권등기가 가능　478

04 대지권이 본래부터 없는 경우 (아파트, 다세대, 연립 등)　478

05 대지권미등기와 토지별도등기가 있는 아파트 2/3지분을 낙찰 받은 사례　479
- ◆ 경매 물건 현황과 매각결과　479
- ◆ 위 경매물건에 대한 권리분석　480
- ◆ 매수 이후 대응 방안　481
- ◆ 매수 이후 임차인 명도로 대법원 판례를 만들다!　482

Chapter 22　집합건물의 특수한 사례에서 실전투자 노하우!

01 대지 지분이 경매나 공매로 매각될 때 투자 비법　485

02 구분소유자가 아닌 대지 지분권자는 부당이득 청구가 가능!　486

03 구분소유자 간에 대지 지분 비율이 다를 때 투자방법　487
- ◆ 서울 청량리에 위치한 다세대주택의 현황은 다음과 같다!　487

◆ 위 다세대주택이 경매로 다음과 같이 매각되었다!	488
◆ 지층 01호 매수인 황OO의 부당이득금 반환청구 소송	492
◆ 이러한 이유로 제지층 01호가 또 다시 경매가 진행되고 있다!	493
◆ 이 사례와 대법 2009다76522 판결에서 알게 된 진실	494

04 지상에 다세대주택이 있는 대지만 매각되는 사례   495
   ◆ 입찰대상물건 정보내역과 매각결과   495
   ◆ 경매 물건에 대한 권리분석과 배당표 작성   496
   ◆ 낙찰 받고 난 다음 대응방법   498

05 조합이 분양대금을 대납하고 유치권행사와 경매를 신청한 사례   500
   ◆ 조합이 강제경매신청 후 미배당금에 대해서 유치권 행사   500
   ◆ 이 판례에서 세 가지 내용을 확인할 수 있다!   503

8편
취득부터 양도 시까지 세금을 절세하는 비법!

Chapter 23 2022년부터 개인과 법인의 부동산 취득세와 재산세, 종부세 계산

01 2020년 8월 12일부터 달라지는 취득세와 중과세율   507
   ◆ 개인과 법인의 취득세율과 중과세율이 적용된 취득세율   507
   ◆ 재건축과 재개발사업에서 분양권과 입주권의 취득세율 계산 방법   510
   ◆ 사업자가 오피스텔 취득 시 취득세 중과와 보유 및 매도 시 세금 문제   512

02 2022년 부동산 취득 시 부과되는 취득세율과 추가되는 비용   514
   ◆ 개인이 부동산 취득 시 부과되는 취득세, 교육세, 농특세   514

- ◈ 법인의 부동산 취득세 중과세율 516
- ◈ 부동산 취득 시 추가되는 비용은? 517

03 30세 미만 자녀가 세대분리한 경우와 부담부증여 시 취득세 계산 방법 519
- ◈ 30세 미만 자녀가 부모와 세대를 분리한 경우 취득세는 1.1% 519
- ◈ 2020년 8월 12일부터 주택을 자녀에게 부담부증여 시 취득세 계산 방법 520

04 알기 쉬운 재산세와 종합부동산세 계산 방법 521
- ◈ 재산세와 종합부동산세 과세 대상 건축물이란? 521
- ◈ 재산세와 종합부동산세 납부 521
- ◈ 재산세 과세 표준과 계산 방법 522
- ◈ 개인 종합부동산 과세 표준과 종부세 계산 방법 524
- ◈ 부부공동명의 1주택자도 종합부동산세를 1세대 1주택자와 같이 신청할 수 있다! 526
- ◈ 법인의 종합부동산세 계산 방법은? 527

Chapter 24 부동산 양도 시 개인의 양도세와 법인의 법인세 절세 비법!

01 조정대상지역 내에서 다주택자에 대한 양도세 중과 529

02 2022년 개인이 부동산 양도 시 양도소득세 계산과 절세 비법 531
- ◈ 부동산 양도 시에 부담하게 되는 양도소득세 요약정리 531
- ◈ 장기보유 특별공제 조견표 533
- ◈ 다주택자가 양도세를 절세하는 방법 535
- ◈ 1가구 1주택 비과세 요건을 갖춘 고가주택 양도세와 지방세 계산 방법 536

03 법인이 취득해 매도 시에 유의할 점과 개인보다 절세가 가능할까? 537
- ◈ 법인세율과 지방소득세(=주민세), 그리고 추가되는 법인세 요약 정리 537
- ◈ 주택은 건물분 부가세와 등기 시에 농특세가 면세지만 예외가 있다! 538

◈ 사업자가 국민주택규모를 초과하는 주택을 매도할 때는 다르게
생각해야 한다 538
◈ 주택을 법인사업자로 취득할 때 취득세와 법인세 중과 세율 540
◈ 사업자가 주택을 매도하는 경우 세금계산서 또는 계산서 발행의무 541

04 부동산 중개수수료는 어떻게 계산하면 되나? 542
◈ 주택(주택의 부속토지, 주택분양권 포함)의 중개수수료 요율 542
◈ 오피스텔 중개수수료 요율 543
◈ 주택, 오피스텔 이외 상가와 토지 중개수수료 요율 543

05 낙찰 받은 봉천동 현대아파트를 가지고 세금절세 방법을
분석해 보자! 544

06 개인명의로 취득해서 매도할 때 세금계산 방법과 절세 전략은? 545
◈ 2년 이상 거주하다 비과세로 3억4,000만원에 팔았을 때 수익률
계산 방법 545
◈ 일시적 1세대 2주택 보유 시 비과세 특례를 적극 활용해라! 546
◈ 1년 이상 보유하다 양도세율 60%로 3억3,000만원에 매각할 때
수익률 계산 547
◈ 1년 미만 보유하다 단기양도세율로 3억2,000만원에 매각할 때
수익률 계산 548

07 개인사업자로 취득하는 것이 개인명의와 법인사업자보다
절세가 될까? 549
◈ 개인사업자는 개인 또는 법인과 어떠한 차이점이 있나? 549
◈ 아파트를 개인사업자로 취득해서 매도하면 세금은 얼마나 절세될까? 551

08 법인사업자로 취득하는 것이 개인명의 또는 개인사업자보다
절세가 될까? 555
◈ 법인사업자는 어떠한 세금이 적용될까? 555
◈ 법인사업자가 1년 미만 보유하다 3억2,000만원에 팔 때 수익률 계산 556
◈ 법인사업자와 개인명의, 개인사업자로 취득할 때 차이점은? 557

Chapter 01
돈을 버는 법칙과 잃는 법은 따로 있다!

Chapter 02
똑똑한 투자와 내 집 마련은 타이밍이다!

Chapter 03
부자된 사람들의 재테크 실전노하우!

1편

돈 버는
부동산 재테크
실전노하우!

Chapter 01

돈을 버는 법칙과 잃는 법은 따로 있다!

01 당신이 부동산을 모른다면, 절대 투자하지 마라!

　내가 모르고도 성공하려면 운이 따라야 한다. 그런데 당신에게 운을 기대할 수 없다. 당신에게 이미 운이 따랐다면, 벌써 행운을 잡았을 것이다.

　과거로 거슬러 올라가면 선인들을 만날수 있다. 필자는 공부하기를 좋아해서, 한때 풍수학에 3년 동안 미쳐, 풍수학을 연구하는 지인들과 많은 곳을 떠돈 적이 있다. 이때, 명당자리를 찾는 연습은 부동산 투자와 비슷한 것 같아서 이야기하고 자 한다. 선인들의 발자취를 찾아 가면서(선인의 묫자리와 그 후손을 분석해서), 이런 자리는 후손이 이렇게 되었구나! 저런 자리는 멸문지화 자리구나! 라는 것을 분석했다. 참 재미있었던 시절이다. 이 공부는 토지를 중개하다보니 업무와 연관되다 보니 시작한 일이고, 딱 3년만 했다. 그 이유는 이 연구는 돈을 버는 것과 멀었기 때문이다.

　이 과정에서 도안의 경지, 법안의 경지 등을 이야기 하곤 했다. 도안의 경지는 세상이치를 모두 통달한 신적인 경지로 아마도 부처님이나 하나님 정도의 경지를 칭한다고 보면 된다. 법안의 경지는 스스로 공부해서 깨달음을 얻었던 분들로, 도선국사, 원광법사, 최근 성철스님 등을 일컫는다. 일반적으로 이러한 경지까지 공부한 다음 부동산에 투자를 할수는 없다. 그렇다고 아무것도 모른채 묻지마식으로 투자하면 어떻게 되겠는가?

　지난날, 목동 아파트 단지에서 중개법인을 운영하던 시절, 부동산에 투자해서 성공한 여성들을 자주 만났다. 부동산 지식은 그리 많지 않아도 사기만 하면 오르는 그야말로 족집게로 통했다. 독자 분들도 이 분이 하라는 대로 따라만 하면 부자가 될 거란 생각을 할 수 있다. 그러나, 운은 그야말로 운이고, 그 운이 당신에게도 그대로 옮겨지지 않는다. 그렇다보니 운이 좋은 사람을 무작정따라한다고 해서 무조건 돈을 버는 것은 아니다.

　첫 번째 이야기이다. 송도에 오피스텔이 프리미엄이 1억까지 올라갔던 시절

이야기이다. 친구가 돈을 벌었다고 추천해서, 프리미엄 9,200만원을 주고 두 채를 샀다고 한다. 그분을 만나서 이야기하는 과정에서 알게 돼, 바로 팔라고 권했다. 그래서 팔았다. 2년 후에 그분을 만났다. 이 시기에는 프리미엄이 붙은 것이 아니라 거꾸로 마이너스가 된 시점이다. 마이너스는 분양가에도 안 팔린다는 의미이다. 손해 보지 않고 팔아서 도움되지 않았냐고 했더니, 손해를 봤다고 했다. 두 채를 가지고 있었는데, 하나는 팔고, 하나는 안팔고 계속 보유하고 있다 손해를 봤다고 한다.

두 번째 도로가 없는 맹지를 싸게 샀다는 이야기이다. 도로가 없는 맹지를 사신 분은 하천 옆에 도로가 있어서, 그 하천 도로가 지목상 도로로 집을 지을 수 있으니, 투자가치가 높다는 설명을 듣고 샀다고 했다. 이 토지를 사신분들은 전문업에 종사하는 변호사나 공인회계사 등이다.

세 번째, 여러 필지로 된 임야에 도면으로 그려진 전원주택단지를 단지별로 나누어 사는 사례이다. 실제 필지가 각 단지별로 나누어진 것도 아니고, 단지 도면으로만 그려진 것에 불과하다. 더욱 심각한 것은 건축허가도 받지 않고, 도면 쪼개기만 한 사례이다.

이렇게 투자할 수밖에 없는 것은 너무 바빠서 그런 것이다. 조금만 시간 내서 현장과 관공서, 등기부와 건축허가 등을 확인하고, 주변 부동산을 방문해서 확인하는 발품을 팔았다면 수억 원에 해당하는 재산의 손실을 보지 않았을 것이다. 전문 직종에 있는 분들이 의외로 이러한 함정에 많이 노출되어 있다. 일반인들은 모르면 투자하지 않지만, 자신감에 넘쳐 있는 분들은 사소한 일들을 가볍게 생각하는 경향이 있기 때문이다.

세상사는 이야기 속에서 깨달음!

엉덩이가 무거운 사람은 지식의 곳간이 시간이 갈수록 차는데, 머리 좋은 사람의 곳간은 시간이 갈수록 텅 비게 된다.
머리만 믿고 노력하지 않으면, 그 지식은 오래가지 못 한다. 오랜 기간 한 우물만 판 사람은 그 길에서 성공할 수 있다(서울대 철학과 어느 노교수의 일침).

02 당신이 준비되었다면, 아는 것부터 시작해라!

◆ 부동산이 안전하다는 생각부터 바꿔라!

부동산을 안전하다고 믿고, 투자하는 분들이 많다. 그렇다면 손해 보는 사람은 왜 발생할까?

① 현장에 가서 확인하지 않고 가격이 싸다는 남에 말만 믿고 투자하는 경우, ② 인터넷 상에서 처음 만난 사람끼리 무작정 계약해서 손해를 보는 경우 등이 발생하기도 한다. ③ 선순위채권을 확인하지 않고 계약해서 자신이 임차한 주택이 경우등이 발생하기도 한다.

이렇게 부동산 투자하다가 손해를 입게 되는 이유는 부동산에 투자하면 무조건 안전하며 돈을 쉽게 벌 수 있다는 생각만 한 채, 손실을 볼수도 있다는 측면은 정확하게 고려하지 않았기 때문이다.

부동산 투자로 성공하려면 의심의 눈초리로 확인하는 과정과 부동산 지식을 습득하는 노력이 계속해야한다.

◆ 부동산은 가격보다 가치가 높은 부동산을 찾아야 한다!

부동산은 움직이지 않고 가만히 그 자리에 있는데 왜 움직이지 않는 부동산의 가격이 등락하는 것일까? 그것은 부동산 자체가 아닌 그 부동산을 필요로 하는 사람들에 의해서 변화가 발생(수요에 따라 결정)하므로 모르는 사람은 손해를 볼 수밖에 없는 구조이기 때문이다. 아무리 잘 지어진 아파트나 오피스텔, 상가라 해도 그 부동산을 원하는 수요가 없다면 투자로서 가치는 사라지게 되므로 가격이 하락하게 된다. 과거에 거래되었던 금액보다 부동산 가격이 많이 떨어져 있다고 살 것이 아니라 그 부동산의 가치에 대해 꼼꼼하게 따져봐야 한다. 단순히 거품이 빠진 것인지, 이미 가치가 하락하여 그 부동산에 대해 수요가 없는 물건인지, 이러한 경우는 특히 구도시와 신도시가 인접해 있을 때 생길 수 있는 현상이다. 부동산 가치분석을 정확하게 판단해서 투자를 결정하고, 그래도 자신이 없다면 다음 '부동산 경험이 부족한 사람이 지켜야 할 투자 원칙'을 숙지하고 투자하면 된다.

◆ 부동산 경험이 부족한 사람이 지켜야 할 투자 원칙

투자는 항상 리스크가 존재하고 리스크를 최소화하면서 수익을 극대화했을 때 수익률이 높아지게 된다. 그리고 가격이 오를 것이라는 확실한 정보, 확실한 결과가 있다면 실패하지 않고 성공할 수 있다.

부동산 투자에 대한 다양한 경험을 가지고 있지 않다면, 지역마다 모든 호재를 확인하고 그것이 실제로 부동산에 영향을 미치고 있는지 등을 판단하는 것은 쉬운 일이 아니다. 그러므로 경험이 적은 사람은 지역의 호재를 뉴스를 통해 접하고, 발품을 팔아서 주변 부동산을 확인하고, 매수 시기도 주변 부동산 중개업소와 협의하여 결정하면 된다. 이때 중요한 것은 특정 부동산을 방문해서 얻은 정보를 전부라 믿어서는 안 된다. 반드시 4~5개의 부동산을 방문해서 2개 중개업소에서는 파는 시세, 3개 중개업소에서는 사는 시세를 파악해서 정확한 시세 조사와 매수 수요, 그리고 전·월세 시세를 정확하게 확인해야 한다. 그래도 자신이 없다면 시간이 걸리더라도 며칠간 조사를 더해보라. 이렇게 노력한다면 그 지역의 전문가가 될 수 있다. 아마 친구들과 막걸리 한 잔하면서 브리핑도 할 수 있을 것이다.

자신이 알아낸 사실과 정보가 많아질수록 투자에 대한 확신이 생기고, 그것을 토대로 투자하게 된다면 리스크를 최소화하면서 수익률을 극대화 시킬 수 있다. 설령 실패하더라도 손실을 줄이고, 다음 재투자에서 성공할 수 있는 밑거름이 될 수 있다.

  부동산 재테크의 지름길은 지식만 많이 가지고 있다고 반드시 성공하는 것은 아니고, 부동산 발품을 팔아 얻은 정보(시장에서 소비자 욕구 변화 정보)와 그 지식이 결합될때 그것을 바탕으로 성공할 수 있음을 명심해야 한다.

03 부동산으로 성공하려면, 어떻게 해야 하나?

◈ 부동산에 대해 가지고 있는 고정관념부터 버려라!

  부동산 시장은 투자만 하면 가만히 앉아서 돈을 벌 수 있다는 생각, 또는 부동산 경기가 나빠서 이제 사면 값이 오르지 않으니 한물간 시장이라는 생각! 이러한 고정관념을 깨야 한다.

  절대 그렇지 않다. 부동산은 경기의 굴곡은 있을지언정 아직까지도 아니 앞으로도 계속적으로 그 어떤 시장보다도 뒤지지 않는 재테크 시장이다. 그렇다고 부동산에 투자하면 모두 성공할 수 있는 건 아니다.

◈ 항상 실수요자 차원에서 생각하고 판단해라!

  부동산 투자는 우리가 살고 있는 땅과 집이라는 요소의 가치를 극대화시키는 데서부터 출발해야 한다. 자신의 목적에 부합하는 이른바 실수요 차원의 투자가 필요하다. 부동산도 돌고 돌다보면 나중엔 실수요자에게 돌아간다. 그래서 실수요자 차원에서 가치가(needs) 있는가를 판단해야 한다.

◆ 역세권 주변과 대중교통 등이 발달하는 지역을 공략해라!

역세권 주변이나 대중교통 등이 발전해 있는 곳, 또는 앞으로 발전해 가는 곳은 분명 메리트가 있다.

이러한 역세권으로 수도권에서 발전해 가는 지역을 예를 들면 "서울시 순환선으로 2호선 주변, 9호선으로 김포에서 하남시까지 한 벨트로 이어가는 주변, 수원에서 용산까지 이어지는 신분당선, 인천에서 강북을 가르는 7호선, 앞으로 개통될 안산에서 수도권을 관통할 10호선(신안산선) 등이 있다. 이러한 요인은 수도권만의 문제가 아니다. 지방에서도 마찬가지로 역세권 주변에 근접해 있거나 KTX 등의 철도, 그리고 고속버스, 항만 등으로 대중교통이 발전해 가는 곳의 주변 부동산에 투자하면 안정적이고도 미래가치가 있는 확실한 투자처가 될 수 있다"

부동산 수요와 공급이 일치하는 곳, 아니 실수요가 공급을 초과하는 곳이 황금 시장이다.

◆ 교육여건과 생활편의 시설, 주거의 쾌적성 등이 수요를 부른다!

① 주택을 선택할 때 우선되는 것이 교육여건이다. 제반사항이 불리하더라도 교육여건이 좋은 곳이라면 가치를 증가시킬 수 있다. 초·중·고등학교의 학군이 우수하거나 주변에 우수한 학원 등이 있는 경우에는 많은 수요가 예상되고 이에 따라 추후 발생되는 가격 상승요인이 된다.

② 대형마트, 재래시장, 공공기관(구청, 주민센터, 법원 등), 금융기관 등의 생활편의 시설의 접근성이 높으면 수요를 창출하게 된다.

③ 쾌적한 주거환경은 누구나 소망한다. 아파트 근처에 공원이나 산, 강 등이 위치하고, 주차공간 등이 잘 확보되어 있으면 주거에 있어서 보다 편안함을 가

져다줄 수 있고 이러한 지역은 부동산 가치가 높다.

◆ 남이 하지 않는 부동산에 관심을 가져라!

모두가 돈을 벌 수 있다고 생각하는 사업에선 부자가 될 수 없다.

부동산도 마찬가지다. 그 시대의 유행을 피할 필요는 없지만, 남들이 하지 않는 곳을 개발해서 투자하면 높은 수익을 만들 수 있다.

① 주변에 비해 저평가되어 있는 아파트 등은 추가적으로 가격 인상이 예상된다. 특히 이러한 아파트 등은 오래된 것이 많은데 잘 분석해 보면 재건축까지 기대할 수 있어서 미래가치를 증가시킬 수 있다.

② 역세권 주변 다세대주택이나 다가구주택 등은 아파트보다 환금성에선 조금 떨어질진 몰라도 수익성은 높일 수 있다.

③ 빈땅, 노후화된 무허가건물 등이 자리를 차지하고 있으면 주택시장에서 천덕꾸러기지만 리모델링 또는 철거 후 신축 등으로 새로운 가치를 창출할 수 있다.

④ 구분상가건물 등이 공실이 많다는 것은 수요가 없다는 것이고, 그 가치는 떨어질 수밖에 없다. 이러한 구분 상가를 싸게 사서 상가건물에 맞는 업종을 선택해서 입주시키는 방법으로 임대수익을 높이거나 재건축 등으로 투자가치를 높일 수 있다.

⑤ 주택이나 상가건물에서 일부 지분만 거래되거나, 토지만 또는 건물만 거래되는 경우 거들떠보지도 않는다. 이러한 물건을 싸게 사서 다른 공유자들과 협의로, 또는 소송 등으로 해결하면 그 기대수익은 상상을 초월한다.

◆ 정보수집에 전력을 기울여서 가치 있는 부동산을 찾아라!

부동산투자에서 정보는 곧 수익률과 직결된다. 특히 부동산에는 누구에게나 열려있는 정보 외에 숨어 있는 정보가 많다. 이 숨은 정보를 알아내는 능력을 키

우는 일이야말로 부동산투자에 성공하는 비결이다.

① 부동산 시장은 신문과 방송 등의 정보에 민감하다.

신문이나 인터넷사이트, 잡지 등을 보면서 시장 흐름을 꿰차고 있어야 한다.

신문에 나오는 기사 등의 정보를 확신하는 투자 방식 또한 바람직하지 않으나, 신문은 급변하게 돌아가는 시장 상황을 그때그때 수시로 확인할 수 있는 정보 광장이다.

② 부동산정보는 현장답사를 통해 얻어지는 것으로 발품을 팔아야 한다.

어떤 일을 하던 발품이 필요하지 않은 사업은 없다. 특히, 부동산의 경우 현장답사가 생명과 같다. 직접 발품을 팔아 실물을 눈으로 확인한 뒤 매입해야 한다.

한번 봐서 판단하지 말고, 두 번, 세 번 확인하는 것이 진정한 발품이다. 서류만으로 부동산 매매계약을 체결하거나, 대리인을 통할 경우 낭패를 보더라도 그 하소연을 들어줄 사람은 아무도 없다. 본인이 판단을 잘못해서 실수했다면 경험으로 남아서 그다음 실수를 줄일 수 있지만, 남의 말에 현혹된 묻지마 투자는 원망만 남는다.

04 부동산 경기변동 4단계에서 돈 버는 방법은 따로 있다!

'경기(景氣)'란 한 국가 경제의 전반적인 활동 수준의 좋고 나쁨을 나타내는 것으로, 경기는 일정한 패턴을 가지고 주기적으로 반복하게 된다.

부동산 경기도 일반 경기와 마찬가지로 회복국면, 상향국면, 후퇴국면, 하향국면 등의 순환적 경기변동을 보인다. 이러한 부동산 경기는 지역적·부문별·개별적·국지적으로 나타나서 전국적·광역적으로 확대된다. 호경기가 있으면 그에 따라 주기적으로 불경기가 발생한다. 그 불경기가 부동산 경기를 안정적으로 성장하게 하는 예방주사 역할을 하므로 또 다른 호경기를 만들어 주고, 이러한 순환이 반복해서 부동산 경제를 발전하게 만들어 주고 있다.

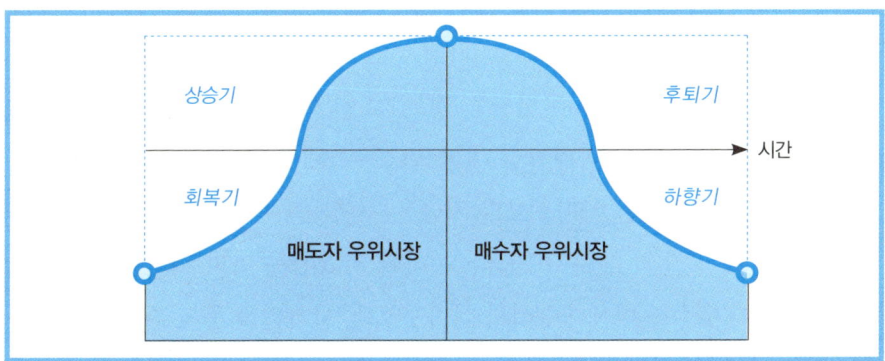

어쨌든 부동산 시장도 재테크로 투자 수익을 올리려는 사람과 실수요자 등에 의해 가격이 상승하는 호경기와 하락하는 불경기가 발생하고, 이러한 변화는 수요와 공급을 맞추는 과정에서 발생하는 것으로, 위의 부동산 경기 변동 그래프와 같이 회복기, 상승기, 후퇴기, 하향기의 4단계로 진행되고 있다.

◆ 회복기에는 우수한 지역을 중심으로 매매가 상승!

팔고자 하는 사람들의 매도가격과 사고자 하는 사람들의 매수가격의 격차가 점차 줄어들어 일반적인 거래가 이루어지기 시작한다. 이 시기는 오히려 지금 혹시 부동산을 매수하지 않으면 금세 가격이 오르지 않을까? 하는 수요가 발생한다. 관련 방송과 신문 뉴스 등은 앞으로 가격이 오를 것이라는 좋은 평가의 소식들을 전한다. 분양시장도 적극적으로 분양을 받으려는 수요가 많아져서 좋은 분위기로 돌아선다. 이 시기에는 투자자들이 공격적으로 부동산에 투자하고, 실수요자들 역시 더 오르기 전에 사야 한다는 심리적 압박 속에 투자가 증가되고, 이러한 현상은 부동산의 시장의 황금기(상승기)를 만든다.

이 시기의 정부 정책도 부동산 시장 정상화를 위해 분양권 전매제한 등을 완화하는 정책을 펼치게 되고, 이때 계약자는 계약금 10%만 가지고 분양 받을 수 있고, 자유롭게 분양권을 거래할 수 있어서 프리미엄을 받고 팔 수 있다. 결국 정부 정책 변화에 따라 건설사와 수요자들이 조금씩 반응하기 시작해 부동산 경기가 회복하게 되는 시기이다.

　이 시기에 우량한 물건에 투자하는 것도 좋지만, 적은 돈과 투자이익을 고려할 때 미래가치가 있는 아파트를 대상으로 투자해야 한다.

　상승기가 되면 우량한 아파트보다 지금은 저평가되어 있지만, 오를 수 있는 아파트가 더 높은 수익을 가져다준다. 이러한 시기에는 아파트뿐만 아니라 역세권과 학군이 우수한 다세대주택과 다가구주택, 상가건물 등의 투자도 노려볼 만하다. 조만간 호경기가 다다르면 아파트뿐만 아니라 다른 주택시장(단독주택, 다세대주택 등)과 상가건물(주상복합, 상가, 오피스텔 등) 등의 시장으로 부동산 가격이 오르기 때문에 높은 투자수익을 기대할 수 있다.

　2016년 말부터 2018년도가 이 시기에 해당한다. 정부의 오락가락하는 정책으로 인해서 가격은 잡지도 못하고 상승시키는 원인이 된 시기이다. 그리고 다른 정권보다 회복기가 장기간을 유지함에 따라 다음으로 이어지는 상승기 역시 기간이 길어진 것이 특징이다.

◆ 상승기에는 부동산 가격상승으로 매물보다 매수자가 증가!

　상승기의 특징으로는 다시 매도자와 매수자의 가격 차이가 벌어지는 시기로 매도인이 주도권을 가지고 가격을 정한다. 부동산 가격이 상승하는 시기로 우수한 기존 아파트가격은 이미 회복기부터 오르고 있었고, 미분양 아파트가 사라지고, 분양 시장에서는 입지가 좋은 지역부터 프리미엄이 형성된다. 분양 시장은 그동안 볼 수 없었던 높은 경쟁률을 보이고, 부동산 투자에 관심을 갖는 사람이 점점 늘어난다. 사람들이 입지가 좋은 지역을 중심으로 투자하기 시작하면서 이러한 지역의 부동산 가격이 상승한다.

이렇게 매도자 중심으로 시장이 바뀌고, 매수인들은 대출을 받아서라도 적극적으로 집을 사려는 수요가 증가한다.

이 시기는 부동산을 구입했거나 기존에 보유했던 사람들 대부분이 시세 차익을 경험한 상태이다. 따라서 우수한 지역의 아파트는 이미 상당히 가격이 올라 있기 때문에 매수 후 바로 팔아서는 시세차익을 올리기 어려운 시기이다.

A급 부동산과 B·C급 부동산의 가격 차이가 커져서, 투자자들은 A급 부동산보다 미래가치가 있는 B·C급 부동산에 관심을 가지게 된다.

많이 오른 지역보다 아직 상승 여지가 있는 외곽으로 투자자가 이동하면서 그동안 벌어진 가격 차이가 메워지는 시기이다. 이 시기는 정부의 부동산 규제정책이 더욱 강화되므로 투자 수요가 감소 내지 정체할 위험이 커지게 된다. 초보 투자자들은 이 상황을 모르고 상대적으로 박탈감에 빠져 투자에 더욱 집중하게 되지만, 부자들은 이 시점부터 조금씩 매도해 시세 차익을 보면서 빠져 나가는 시기이다. 그리고 좀 더 시간이 지나면 상승기와는 반대로 오른 지 얼마 안되는 C급 지역부터 부동산 가격이 하락하기 시작해 점차 A급 지역으로 하락세가 확산되는 후퇴기(3단계)로 접어들게 된다.

이 시기에 독자 분들은 똑똑한 아파트는 계속 가져가고, 시세차익을 보기 위해 구입한 저평가된 부동산을 하나씩 정리할 필요가 있다. 회복기에 저평가되어 있던 아파트가 이제는 그 가치를 발휘하고 있으니 그래도 계속 올라 줄 수 있는 아파트는 남겨두고, 그렇지 않다고 생각하는 것은 주식처럼 손절매해야 하는 시기가 된 것이다. 이때 제대로 정리를 하지 못하게 되면 조만간 돌아오게 되는 후퇴기와 하향기의 늪을 5년 동안 벗어나지 못해 손실을 볼 수 있다는 생각을 가져야 한다.

2019년부터 2021년도가 이 시기에 해당한다. 25번의 계속된 부동산 대책에도 가격이 잡히기는 커녕 백약이 무효가 된 시기로 그 기간도 3년간 유지되고 있다.

필자의 사견이지만, 이 기간도 2022년 상반기부터 다음과 같이 정체기를 넘어 후퇴기에 접어들 것으로 전망하고 있다.

◆ 후퇴기는 부동산 가격이 정점에 오른 후 빠지는 시기다!

 부동산 경기가 정점에 다다르면 실물경제에서 그에 따른 부작용이 발생하고, 정부는 부동산 시장을 진정시키기 위해서 규제정책을 발표한다. 규제가 시작되면 시장심리가 위축되고 가격하락의 염려 때문에 매수자들의 심리가 위축되어 매수 수요가 점점 줄어 부동산의 시세가 내리지도, 오르지도 않는 시점이 발생한다. 보통 이러한 시점에서 방송과 신문 등의 기사와 일반 사람들의 심리가 매도를 해야 할까? 매수를 해야 할까? 갈팡질팡 고민에 빠지는 현상이 발생하는 시기로 싸게 팔려고 나온 매물도 없지만, 매수하려는 수요도 없는 시기가 된다. 매도인들은 오를 수도 있다는 희망의 끈을 놓지 못하는 시기, 매수인들은 더 떨어질 수도 있다는 기대감으로 매수를 꺼리는 시기로 전반적인 하향기로 이어진다.

 이러한 시기에 다다르면 매도인은 똘똘한 물건만(명품은 경기가 나빠도 가격하락에 둔감하고 나 홀로 독야청청) 남기고 손절매하는 시기이다.

 매수인은 우량한 물건이 급매물로 나왔다면 매수를 고민하고, 대체적으로 더 떨어질 때를 기다렸다가 매수하는 것이 바람직한 시기이다. 투자자 입장이라면 우량한 물건을 중심으로 급매물에 관심을 가져야 하는 시기이다. 왜냐하면 좋은 물건은 생각보다 가격이 많이 떨어져 거래되지 않고, 조금 하락했다가 또다시 상승하는 경향이 있다. 우량한 지역일수록 부동산 불경기는 짧게 지나가기 때문이다. 앞으로 2022년 3월에서 2023년 말까지 침체기에 세워야 하는 전략이다.

◈ 하향기는 후퇴기를 거쳐 부동산 시장이 바닥을 치는 시기!

부동산 시장에 투자하는 자금이 다른 대체수단으로 눈을 돌리기 시작하는 시기로, 급매물들이 등장하고, 하락 시장이 끝난 건가? 아직 인가? 하는 뉴스들과 사람들의 궁금증이 계속 이어지는 시기로 급매물들이 나오며 거래되기 시작한다(가격이 정점을 찍었다고 판단되는 부동산부터). 이 시기에는 가격이 하락하는 시기라서 일반수요자들은 오히려 매수를 망설이고, 투자자들의 매수 수요만 증가한다. 아마도 투자자들의 선구안이 일반 실수요자들보다 앞서기 때문이다.

이 시기에 재테크로 투자하는 분들은 장기전을 생각해야 한다. 우량한 아파트 등을 대상으로 투자하고, 5년을 기다리면 5년 안에 반드시 호경기가 온다. 그때까지 보유했다가 파는 전략이 필요하다. 조금 답답하겠지만 호경기가 되면, 호경기에 사서 파는 것보다 훨씬 높은 수익을 가져다준다. 유의할 점은 우량한 지역의 아파트를 사야 한다는 것이다. 이러한 지역의 아파트는 불경기 기간도 5년이 아니라 단기간(2년 안)에 끝나고 회복기로 전환할 수도 있기 때문이다.

주택이 없거나 있더라도 미래가치가 없는 아파트를 보유하고 있다면 우량한 아파트로 내 집 마련의 기회를 삼는 방법이 좋다. 그리고 장기보유하다 보면 분명 호경기가 온다. 그때 가서 비과세 혜택을 보면서 파는 방법으로 부족한 생활자금도 채울 수 있다.

앞으로 2024년 하향기부터 대처해야할 투자 방법이다.

05 2022년 예상되는 아파트 시장의 변화와 접근전략

◆ 2022년 상반기 아파트 시장은 정체기가 예상된다!

2017년부터 2021년까지 25번의 부동산 대책이 나왔지만 주택 시장은 그 반대로 움직였다. 주택 수요 증가와 저금리 유동성 때문에 어느 정도 집값 상승을 예상할 수 있었다. 그런데 공급을 늘리지 않고 규제(세금중과, 대출규제 등)를 통해서 해결하려는 노력만 했다.

"세금 폭탄에 매물 쏟아진다더니"…1년 새 서울 경기 아파트 2만채 사라졌다!

다주택자를 겨냥한 정부의 '세금 압박 정책'이 부동산 시장 매물 부족이라는 역효과를 초래한 것으로 확인됐다. 최근 1년 새 서울과 경기에서 다주택자들의 아파트 매도량이 2만 가구 이상 줄어든 것이다.<매일경제 2021.10.05.>

아파트 가격의 상승요인은 잘못된 정부의 부동산 대책과 공급부족만 있는 것이 아니고, 매도자의 심리적 요인도 크다.

2020년부터 2021년까지는 집값 상승에 대한 기대치 높아서 매물로 내놓는 사람이 실제 거래 가능한 금액보다 호가를 높게 내놓는 매도자 우위 시장이었다. 그래서 최근의 분위기는 매수하려는 사람들의 입장에서 '지금 사면 가격정점에 사는 것이 아닐까' 라는 불안감이 들 정도로 가격이 상승한 상태이다.

이런 심리적인 요인이 실거래가에 반영되면 정체기를 넘어 침체기에 접어들게 될 수 있다.

"아파트 매물 10만개 쏟아지게 할 방법 있다"는 전문가의 해법!

심교언 건국대 부동산학과 교수는 "정부는 단기 신축 공급이 없음을 알면서도 유통 물량이 나올 기회마저 빼앗고 있다"며 "정부의 주택 공급 대책이 중장기에 초점을 맞추고 있다는 점을 감안하면 양도세 완화 등을 단기 공급 대책으로 보완해줄 필요가 있다"고 조언했다. 이렇게 양도세를 인하하면 매물이 증가할 뿐 아니라 가격도 떨어진다. 정부 입장에선 가장 시급한 골칫거리 두 개를 동시에 해결해 주는 정책인 셈이다. <매일경제 2021. 10. 05.>

여기에 2022년 새 정부 들어 아파트 공급정책, 세금 중과에 대한 한시적 완화 정책, 금리 인상과 유동성 회수 등이 예상되는데, 이러한 요인은 부동산 가격의 안정화 내지 침체기를 만들어 갈 것이다(이 정책은 어느 정부가 들어서도 시행할 수밖에 없다. 그래서 팔려면 2021년 말에서 2022년 5월까지 팔고, 사려면 정체기에서 침체기로 접어드는 2022년 9월 이후에 사는 것이 현명하다.

◆ 정체기에도 무주택자가 똑똑한 아파트를 사야 하는 이유?

심형석 미국 SWCU 교수는 땅집고 Live-2021 집값 대전망에서 "정부 규제에도 불구하고 집값이 대폭 상승한 원인에 대해 "세금(다주택자 양도소득세 강화 등) 규제로 거래 가능한 아파트를 줄인 것이 가장 큰 패착"이라고 지적했다. 아파트를 짓는 것만이 공급이 아니라 기존 주택을 내놓게 하는 것도 공급인데 매물이 대폭 줄어들면서 가격 상승으로 이어졌다는 것이다.

심 교수는 "집값 전망에 관계없이 무주택자는 내 집 마련에 나서는 것이 좋다"며 "가능하다면 집값이 오를 수 있는 중심지역 아파트를 사라"고 조언했다.

그는 "단순히 집값이 오르는 것뿐 아니라 내 자산이 가진 가치가 상대적으로 더 많이 오를 수 있는 지역을 선택해야 한다"면서 "1주택자는 장기적으로 집값이 더 비싼 곳으로 옮겨가는 '갈아타기'를 계속해야 한다"고 말했다. <전현희 땅집고 기자 2021. 01. 12.>

06 부동산은 3가지 투자전략으로 성공할 수 있다!

◆ 사면 계속해서 오르는 우수한 지역의 부동산에 투자해라!

오르는 지역의 명품부동산이 또 오른다! 특별한 이변이 없다면 그렇다. 그래서 이러한 곳에 사두고 2년 기다리기만 하면 가격은 오르게 되어 있다. 그런데 문제는 명품부동산을 고르기도 쉽지 않지만, 찾았다고 해도 부동산 가격이 비싸서 돈이 많은 사람은 유리하겠지만 적은 돈을 가지고 있는 사람은 그림의 떡이다. 이럴 때 사용할 수 있는 카드가 레버리지(금융기관 대출 = 레버리지는 '지렛대'라는 의미로 금융계에선 차입을 뜻한다)와 매매가 대비 전세 비율이 높은 지역에서 전세보증금을 활용한 갭(GAP)투자 방식이다. 그렇더라도 적은 돈으로는 어렵다. 이러한 지역에 투자하려면 종자돈이 필요하다.

◆ 지금 당장 오르지 않지만, 2년 뒤에 오르는 부동산에 투자해라!

이 지역의 특성은 현재 많이 오르지 않았기 때문에 주변 신규아파트 등보다 값이 싸다. 그래서 항상 실수요자들의 수요가 있고, 불경기라 해도 떨어지지 않고 소폭 상승하는 경향이 있다. 이러한 주택 등을 찾아서 2년 뒤에 파는 전략이 필요하다. 어쨌든 회복기에 다다르면 명품부동산 등이 먼저 오르고, 그 주변에 저평가되어 있는 부동산 역시 따라 오른다. 그래서 투자자들이라면 우수한 역세권 주변 아파트나 한강 조망권 등을 끼고 저평가된 아파트 등을 구입해서 호경기까지 기다렸다가 비과세 혜택을 보면서 파는 전략이 필요하다. 부동산은 동일권역에서 일부 신규아파트가 오르면 주변아파트 즉 20년 이상 된 아파트

역시 따라 오른다. 이러한 아파트가 오르고 나서, 주변 다세대주택 등도 함께 상승곡선으로 이동한다. 이러한 효과가 회복기를 만들고, 그 회복기가 지방까지 퍼져나가는 상승기를 만든다. 그러니 적은 돈을 가지고 있거나 집이 없는 사람들은 이 시기에 우량하지만 저평가된 아파트를 찾아 투자해야 한다. 2년 뒤에 올라주므로 투자대비 수익률만 가지고 계산하면 명품아파트보다 훨씬 좋다. 그리고 더 좋은 것은 이러한 지역에 레버리지(금융기관 대출)와 매매가 대비 전세비율이 높은 지역에서 전세보증금을 활용하는 갭(GAP)투자를 하면 2년 뒤에 1억 만들기에 성공할 수 있다. 이렇게 아파트 하나로 두배의 기쁨을 만끽할수 있다.

◆ 단기 시세차익으로 월급처럼 부족한 생활자금 만들기

지금 사서 2년 뒤에 파는 전략만 고집하면 지금 당장 생활자금이 부족하다. 투잡을 뛰는 사람은 괜찮겠지만, 부동산을 전업으로 투자하는 필자와 같은 사람에겐 생활자금이 필요하다.

이럴 때 부동산을 사서 단기간에 팔아 시세차익을 볼 수 있는 부동산을 찾는 안목이 필요하다. 필자는 오랜 기간 동안 부동산을 직업으로 살다 보니 항상 월급처럼 사용할 수 있는 단기 생활자금이 필요했다. 그래서 이러한 생활이 일상화되어 있다. 이때도 사용할 수 있는 카드가 레버리지(금융기관 대출)를 활용하는 방법이다. 금융기관 대출금을 이용해서 적은 현금투자로 단기투자해서 부족한 생활자금을 만들어 월급처럼 사용하는 방법이다. 이 밖에도 다음 5편 두고두고 돈 되는 상가, 오피스텔 투자 노하우! 와 같이 임대수익으로 노후생활자금 만들기에 도전하면 된다.

필자는 위 3가지 방법으로 성공하고 있다. 이제는 그러한 경험을 책에 담고자 한다.

Chapter 02

똑똑한 투자와 내 집 마련은 타이밍이다!

01 사야 하나 팔아야 하나? 고민 말고, 이런 주택 사라!

명품아파트의 장점은 오를 때 바로미터 역할을 한다는 것이다. 제일 먼저 오르고, 떨어질 땐 제일 나중에 하락한다. 그러니 부동산 침체기에 발을 담그는 기간도 짧다. 이렇게 사두고 기다리면 오르는 아파트가 명품아파트다. 그러나 이 아파트의 단점은 가격이 비싸다.

그래서 적은 돈으로 아파트를 사고 싶다면 명품아파트보다 2년 뒤에 오르는 아파트를 선택해야 한다. 이 아파트가 미래가치가 있는 아파트로 부동산 경기가 침체기에 들어서도 가격이 떨어지지 않고 보합 또는 소폭 상승하다가 상승기류가 시작되면 또는 주변 신규분양으로 분양가가 상승되면 함께 상승하기 때문에 침체기에는 이러한 아파트를 공략해야 한다. 그러면 미래에 찾아 쓸 수 있는 부동산 적금통장을 만들 수 있다. 2년 이내에 서울에서 30평형 아파트를 15억 이하로 살 수 있는 곳을 찾아보기 어려울 것이다. 부동산 가격이 상승했다거나 거품이 끼었다고만 분석해선 안 된다. 그만큼 물가상승과 인플레이션 등으로 화폐가치가 떨어진 측면이 더 많다. 이러한 상황은 주택을 가지고 있는 사람과 없는 사람과 의 격차를 또 만들게 된다.

호경기에 사서 호경기에 파는 것도 좋지만, 회복기에 사서 호경기에 파는 것보다 못하다.

조금 답답하겠지만 끈기를 가지고 장기전으로 하향기에 사서 회복기 또는 호경기에 파는 방법은 부자들이 자주 이용하는 방법이다.

아파트를 바로 파는 것보다는 2년 이상 묵혀서 파는 방법을 선택해라! 이렇게 부동산 시장이 순환되는 과정에서 적절하게 대응만 잘하면 호경기보다 불경기에 더 많은 투자이익을 가져다준다. 불경기에 싸게 사서 호경기에 팔면 높은 수익을 기대할 수 있지만, 호경기에 사서 호경기에 팔면, 그만한 투자수익을 기대할 수 없다. 필자가 분당아파트를 5,000만원 시세차익을 보고 바로 팔았더니 3달 후에 2억이 올랐다! 이렇게 단기투자하지 말고 기다렸다 팔아서 목돈을 마련하는 지혜가 필요하다.

02 똑똑한 내 집 마련도, 배짱이 필요하다!

배짱 없이, 내 집 마련하는 것은 어렵다. 다음 조선일보 기사처럼 아찔하다. 이 기사 내용대로라면 곧 떨어질 거니 지금 사지 말고 떨어지면 사란다. 전문가들은 오를 땐 너무 올랐다. 떨어질 땐 너무 떨어졌다고 말한다.

그러나 실제 전문가의 말이 과거 얼마나 맞아 떨어졌을까? 언제 오를지, 언제 떨어질지, 혼자 걱정만 하지 말고, 나의 재산증식을 위해 용기를 내야 한다. 그렇지 못하면 내 집 마련의 기회는 영영 오지 못할 수도 있다. 어차피 마찬가지이다. 사견이지만, 오르는 부동산에 직접 투자해서 성공하는 부동산 전문가가 얼마나 되는지도 궁금하다.

주택가격이 설령 떨어져도 폭락하지 않고, 내 집만 하락하는 것도 아니다!

장기적으로 볼 때 부동산은 10년 주기로 반복해서 침체기에서 상승기를 반복하고 있다. 또 오를 땐 많이 오르고, 떨어질 땐 10%도 떨어지지 않기를 반복하니, 주택은 없는 것보다 있는 것이 훨씬 좋다.

바로 사서 바로 팔 사람이 아니라면, 내 집만큼은 실수요자들이 거주하기를 희망하는 곳에 장만해라!

이때 유의해야 할 점은 본인의 직장이나 가족 구성원의 입장에서 거주목적을 선택하지 마라! 다른 실수요자들이 이 주택을 선호할 수 있나?를 먼저 생각하면서 매수 여부를 결정해야 한다. 본인의 거주목적과 대부분의 실수요자들의 거주목적이 다를 수도 있다는 생각을 해야 한다. 왜냐하면 본인이 거주목적을 다하고 나서, 팔려고 부동산 시장에 내놓으면 살 실수요자가 없을 수도 있다. 그러면 실패하게 된다. 필자가 부동산 시장을 방문할 때 경험이 많지 않은 여성분들도 함께한다. 이분들은 내가 보지 못한 실수요자 입장에서의 역할을 톡톡히 한다.

서울집값 '역대 최장' 49개월 연속상승, 10년前 침체와 같다!

회사원 김모(35)씨는 지난 4일 서울 은평구의 한 아파트(59㎡)가 10억3,000만원에 거래됐다는 소식에 공인중개사 사무소에 전화를 했다가 깜짝 놀랐다. 불과 사흘 뒤였는데도 같은 평형 매물이 각각 11억원, 11억3,000만원, 12억원에 나와 있었기 때문이다. 며칠 사이에 호가가 10%나 치솟은 것이다. 또한 지난 3월 10억5,000만원에 거래됐던 성북구의 한 아파트(112㎡)를 알아보다가 헛웃음이 나왔다. 이달 초 같은 평형대 호가는 15억원까지 치솟아 있었다. 인근 부동산 중개인은 "이 평형은 한 동(棟)뿐이어서 실제 거래는 많지 않지만, 호가는 시세 이상으로 꾸준히 상승하고 있다"며 "강남이나 마용성(마포·용산·성동)처럼 오르던 지역이 아닌데도 요즘엔 호가가 이상 급등을 한다"고 했다.

전문가들은 부동산 시장이 과열된 상황에서 무리해서 내 집 마련을 서두르지 말라고 조언하고 있다.

심교언 건국대 부동산학과 교수는 "서울 등 대도시 집값은 중·장기적으로 오름세를 보이겠지만, 지금은 정부 규제로 매물이 급감해 집값이 이상 과열된 상황이어서 가격 조정이 이뤄질 것"이라고 말했다. 권대중 명지대 부동산학과 교수는 "부동산 시장에 공급을 늘려 '지금 서두르지 않아도 집을 살 수 있다'는 신호를 주는 것이 과열된 부동산 시장의 유일한 해법"이라고 강조했다.<조선일보 2018-09-11 김충령 기자 기사내용 발췌>

03 서울과 수도권 아파트값 얼마나 올랐나? 앞으로는?

정부가 2017년 8.2 부동산대책을 발표하면서 서울 집값을 반드시 잡겠다는 강한 의지를 보였지만, 그 이후에도 서울 집값은 계속해서 상승세를 이어 갔다.

KB주택 가격동향 자료에 따르면, 지난 1년간(2017.8~2018.7) 전국의 아파트값이 1.36% 증가할 동안 서울 아파트값은 5배가 넘는 7.61%가 증가했다고 한다. 이 중 강북 아파트값은 6.31%, 강남 아파트값은 8.71%가 올라 강남이 상대적으로 더 많은 증가세를 보였다.

전문가들의 의견도 한쪽은 수요증가와 공급 감소, 고소득 연봉자의 구매력 증가, 지방투자수요 증가 등을 이유로 아파트 가격의 오름세가 계속해서 이어질 것이라고 전망하고, 다른 한쪽은 금리인상, 입주물량 증가, 정부의 주택시장 안정화 후속 조치 등을 이유로 서울 아파트값이 점차 안정화될 것이라고 예상하는 쪽으로도 나뉘고 있다.

토론토대학 로트먼경영대학원 교수인 리처드 플로리다의 '도시는 왜 불평등한가?'

플로리다 교수의 분석에 따르면 서울을 비롯한 대도시의 집값 상승은 정부가 인식하는 것처럼 투기세력 때문이 아니다. 투기세력을 잡기 위한 증세와 대출 규제가 집값을 잡는데 실패할 수밖에 없는 이유다. 증세와 대출 규제는 중산층의 무리한 주택 구입을 억제하는 효과가 있을 뿐이다. 정부는 기업을 지방으로 분산시키면 도시 집중화를 완화할 수 있다고 생각하지만, 플로리다는 "사람들이 기업과 일자리를 쫓아간다는 전통적인 사고는 더 이상 통하지 않는 것 같다"며 기업이 오히려 필요한 인재를 쫓아간다고 지적했다. 기업을 분산시키는 것은 오히려 인재 확보에 실패하고 업무 효율성을 떨어뜨려 경쟁력을 약화시킬 수 있다.

　결국 해법은 사람들이 몰리는 도시의 개발제한을 풀어 공급을 확대하되 임대주택 공급을 함께 늘리는 것이라고 주장한다(머니투데이 2018-09-15 기사 일부 발췌).

　2018년부터 2021년 9월 현재 집값 급등세가 서울, 수도권을 넘어 지방까지 확대되고 있다. 그러나 이런 추세는 사견이지만 2022년 들어 조정기 내지는 하향기에 들어갈 것으로 전망하고 있다.

04 2017년 침체기인 지방도 입지가 좋은 곳은 계속 올랐다!

◆ 불경기라도 오르는 부동산은 따로 있다!

　부동산이 거래되는 순서는 일반적으로 아파트 ⇨ 다세대주택(빌라, 연립주택) ⇨ 단독주택 및 다가구주택 ⇨ 상가나 오피스텔 ⇨ 토지(대지, 농지와 임야) 순으로 지역에 따라 편차는 있지만 투자대비 회전속도가 다르다. 호경기에는 어느 부동산이든 거래가 활성화되기 때문에 남들이 선호하는 아파트보다 상가나 토지 등에 관심을 가져볼 필요가 있다. 그리고 같은 지역 내에서 입지 좋은 곳부터 오르고, 그에 따라 주변 지역이 오르는 편차가 크다. 이렇게 부동산 시장이 침체기에서 회복기로 접어들 때, 강남3구부터 가격이 올라 강남3구 주변과 서울 목동이나 분당 등의 수도권 주변 부도심으로 확산되는 현상을 보여준다.

　그래서 회복기에는 수도권에서의 가격 상승세가 지방으로까지 확산되지 못해서, 지방은 상대적으로 부동산 시장의 상승세를 크게 경험하지 못하고, 상승기에 이르러서 가격상승을 맛보게 된다.

이렇게 우량한 지역의 아파트야 경기가 호경기든 불경기든 무관하게 계속적인 오름세에 있고, 불경기 기간도 짧게 지나간다. 그외 부동산들은 경기변동에 민감하다. 그래서 부동산에 투자할 때 이러한 철학을 가져야 한다. 회복기와 상승기에는 아파트뿐만 아니라 돈이 되는 부동산이라면 토지 시장도 적극적으로 투자에 참여해도 좋다. 침체기(후퇴기와 하향기)에는 거래가 활성화되지 못해서 단기로 시세차익을 노리는 투자전략은 그리 현명하지 못하다. 침체기에는 역세권과 학군 등을 고려해서 실수요자가 좋아하는 우량한 지역의 아파트를 대상으로 투자했다가 회복기와 상승기에 파는 전략이 필요하다. 이 시기에 기대 수익을 높이는 방법은 갭(Gap)투자 즉 전세보증금의 시세가 매매가의 80~90%에 육박하는 아파트에 전세를 끼고 구입하는 방법과 금융기관 대출(레버리지)을 활용하는 방법으로 수익률을 더 높일 수 있다. 왜냐하면 아파트가격이 하락하게 되어도 전세 시세가 함께 하락하기보다는 그대로 있거나 오르고 있어서 아파트가격의 80~90%로 전세가로 갭(Gap)투자의 효과를 톡톡히 볼 수 있다.

이렇게 침체기(후퇴기와 하향기)에는 시세보다 싸게 살 수 있는 시기이다. 그리고 경매가 활성화되는 시기이기도 하다. 이 시기에는 경매물건도 관심을 가져볼 필요가 있다. 침체기라고 무조건 투자를 꺼리기보다는 우량한 물건을 싸게 사서 오를 때까지 기다렸다가 파는 방법은 부자들이 쉽게 돈을 버는 투자전략이다. 불경기는 길어도 5년 안에 끝이 난다.

◆ 잊지 말자! 불과 몇 년 전만 해도 지방이 더 올랐다는 사실!

수도권이 아니어도 지방에서도 앞에서와 같은 우량한 아파트를 찾아 싸게 사서 5년 이상 보유하면 된다. 아니 그 이전에 부동산 경기가 활성화되면 서울보다 높은 기대수익을 얻을 수 있다. 불과 몇 년 전만 해도 서울보다 지방이 더 올랐다는 사실을 잊지 말자! 부동산 경기가 좋아졌을 때 우량한 아파트는 싸게 살 수 없지만, 불경기에는 우량한 아파트도 싸게 살 수 있다. 그래서 필자는 조용하게 남들이 꺼리는 투자를 한다. 그 이유는 단순하다. 지방에서 입지가 좋은 2017년 침체기로 인해서 많이 떨어져 있다. 그 부동산 찾는 것은 쉽다. 이미 몇 년 전에 가격상승을 맛보았던 지역이면서 입지조건이 좋은 곳이다. 2021년 들어 분석해보면 필자의 이런 판단이 적중했다.

05 부동산에 관심 있는 사람과 없는 사람은 10년 후가 다르다!

부동산은 우리들의 삶과 동고동락하는 아주 절친한 친구이다. 가까운 사이일수록 모르고 살다가 잘못되었을 때에는 비수에 꽂힌 것처럼 무척이나 아픈 상처로 남는다. 그래서 부동산을 제대로 알고 투자하는 사람은 10년 후의 미래가 밝다. 반면에 관심이 없었던 사람은 10년 후가 불안해질 수밖에 없다.

"김○○는 10년 전에 송파구에 위치하고 있는, ○○아파트를 3억5,000만원에 분양 받았다. 그 당시에 돈이 없어서 계약금과 중도금 일부만 납부하고, 잔금은 입주 시 전세보증금으로 대체했다. 이때 주변 지인들이 아파트 가격이 떨어지면 어떻게 하려고 그러느냐는 반론도 많았지만, 오를 것이라는 확신으로 시작했다고 한다."

필자가 이 사람에게 경매를 가르쳤다. 막걸리 한 잔 하면서 그 당시 상황을 엿볼 수 있었다. 떨어지면 어쩔까? 하는 걱정으로 몇 년을 지냈다고 하는데, 어느 순간 아파트 가격이 오르는 것을 보고, 자신감이 붙었다고 한다.

"동대문구에 거주하는 양○○는 부동산에 관심이 없던 터라, 전세로만 살면서 보증금을 올려주기를 10년간 반복 했다고 한다. 반면 친구 박○○는 돈이 없어서 대출을 받아 작은 빌라를 사서, 비과세 혜택을 받으면서 팔기를 3번 하더니, 동작구에 있는 삼성아파트 30평형을 대출을 받아서 4년 전에 샀다. 그리고 경매를 배워 2년 전에 낙찰 받은 물건은 영등포 대림동에 있는 아파트로 3억 5,000만원이 올랐다고 한다"

이 얘기도 부동산을 상담해 주면서 들은 이야기다. 새로 시작하는 사람은 이러한 과정을 거치면서 부동산을 알게 된다.

필자도 마찬가지로 이렇게 살아왔다. 대부분의 사람들이 부동산 투자 1순위로 꼽고 있는 것이 주택이고, 그중에 제일가는 것이 오르는 아파트에 투자하는 것이다. 이렇게 부동산에 관심을 가지고 투자하는 사람과 그렇지 못한 사람은 10년이 지난 지금에서 보면 엄청난 차이가 있다는 것을 필자도 알고 독자분들도 알 것이다. 물론 여기에도 분명 예외는 있다. 잘못된 부동산을 사거나 오르지 못하는 부동산, 떨어지는 부동산은 그렇지 못할 수도 있다. 그래서 제대로 된 정보를 가지고 투자해야 오를 수 있는 부동산을 사서 수익을 올릴 수 있다. 제대로 된 정보는 발에 땀이 나도록 돌아다니면서 얻는 것이 제일 쉬운 방법이다.

Chapter 03

부자된 사람들의
재테크 노하우!

01 부동산 재테크 성공의 지름길은 원금 지키는 일부터?

부동산이 안전하다는 생각부터 바꿔라! 부동산은 움직이지 않고 가만히 그 자리에 있는데 왜 부동산 가격이 등락하는 것일까? 그것은 부동산 자체가 아닌 그 부동산을 필요로 하는 사람들에 의해 변화가 발생(수요에 따라 결정)하므로 모르는 사람은 손해를 볼 수밖에 없는 것이다. 아무리 잘 지어진 아파트나 오피스텔, 상가라도 그 부동산을 원하는 수요가 없다면 투자 가치는 사라지게 되고 그 영향은 가격을 하락하게 만든다.

그래서 재테크의 기본은 부동산을 아는 것에서부터 시작해야 한다.

그 부동산 정보를 정확히 파악해 투자원금을 손해 보지 않는 투자부터 시작해서 돈을 벌어야 재테크로 오랜 기간 성공할 수 있다. 그래야만 한 번의 성공이 또 다른 성공으로 이어진다. 첫 번째 재테크로 성공했다 해도 기본적인 원칙을 깨면 그 다음 성공이 아닌 실패로 이어질 수 있다. 그런 사람들을 성공한 경험을 가지고 있는 실패자라고 하는데 강의나 상담을 하다보면 의외로 그런 분들이 많다.

02 부동산 재테크 경험이 부족할 경우 필요한 투자 원칙은?

투자는 항상 리스크가 존재하므로, 리스크를 최소화하면서 수익을 극대화 했을 때 수익률을 높일 수 있다. 가격이 오를 것이라는 확실한 정보와 확실한 결과가 있다면 누구든 실패하지 않고 성공적인 투자를 할 수 있다.

부동산 투자에 많은 경험을 가지고 있는 분들이 아니고서야 초보자가 지역마다 모든 호재를 확인하고 그 호재가 실제로 부동산에 영향을 미치고 있는지 여부 등을 판단하는 것은 쉬운 일은 아니다.

그래서 경험이 적은 분들은 지역의 호재를 뉴스와 주변 부동산에 발품을 팔아 확인하고, 매수 시기도 주변 부동산 중개업소와 협의하는게 좋다. 이때 중요한 것은 특정 부동산중개업소만 방문해서 얻은 정보가 전부라고 믿어서는 안된다는 점이다.

반드시 4~5개의 부동산을 방문하여 2개 중개업소에서는 파는 시세와 3개 중개업소에서는 사는 시세를 통해 정확한 시세 조사와 매수 수요, 그리고 임대 시세를 확인해야 한다. 그래도 자신이 없다면 하루에 그치지 말고, 몇 일에 거쳐 조사를 하면 아마도 그 지역 전문가가 다되어 친구들과 막걸리 한잔이라도 할 때면 그 지역에 대한 브리핑도 할 수 있을 것이다.

본인이 알아낸 사실과 정보가 많아지면 많아질수록 투자에 대한 분석력과 자신감이 생긴다. 그런 확신을 가지고 투자를 하게 된다면 리스크를 최소화하면서 수익률을 극대화 시킬 수 있는 투자전략이 된다.

그래서 부동산 재테크의 지름길은 지식만 많이 가지고 있다고 해서 되는 것이 아니고, 부동산 발품을 많이 팔아본 사람만이 그 실전 경험을 바탕으로 성공할 수 있다는 사실을 잊지 말아야 한다.

03 전세가 비율이 매매가의 80~90% 이고, 전세물건이 부족하면?

과연 수요에 비해 공급이 턱 없이 부족한 상황에서 전세가 상승이 매매 수요에 영향을 미칠까? 이는 고민할 필요 없이 그 지역을 방문해 매물의 수와 거래 금액, 그리고 매수 대기자를 확인하면 된다.

전세대란이 문제가 되고 있는 지역에서는 전세보증금이 주택 시세의 80%~90% 정도에 이른다. 이런 주택을 일반 매매나 경·공매 등으로 사면, 집을 전세보증금 가격으로 마련할 수 있다. 전세보증금이 부족한 분들은 산 아파트를 담보로 은행에서 대출을 받아 잔금을 납부하면 된다. 요즘 같은 저금리(3.3%) 시대에 대출금을 활용해서 내 집을 마련하고 2년 이상 거주하다가 팔면 양도차익도 볼 수 있고, 그 양도차익에 대한 세금도 비과세 되니 재테크로 이만한 투자가 없을 것이다.

04 가격보다 가치가 높은 부동산을 찾아야 하는 이유는?

남들이 부동산에서 돈을 벌었다는 소문만을 듣고 무조건적으로, 또는 부동산 가격이 많이 떨어졌으니 이때쯤 사면 돈이 될 것이라는 막연한 생각으로 투자하는 분들을 자주 만난다. 그렇게 투자해서는 성공하기 힘들다. 가격보다 가치가 높은 부동산을 찾아 투자하는 습관이 중요하다. 과거에 거래된 금액보다 부동산 가격이 많이 떨어져 있다고 살 것이 아니라 먼저 그 부동산이 가치가 있는지에 대해 따져 봐야 한다. 단순히 거품이 빠진 것인지, 이미 가치가 하락하여 그 부동산에 대해 수요가 없는 것인지를 말이다. 그것은 특히 구도시와 신도시가 인접해 있을 때 더 잘 느낄 수 있는 현상이다.

부동산 가치분석을 정확히 해서 판단하고, 자신이 없다면 주변 부동산 중개업소의 도움을 받아 판단하면 된다. 다시 한 번 강조하지만 발품이 길수록 조사 내용이 정확해지고 그 내용을 바탕으로 스스로 자신감을 가지고 투자한다면 실수도 줄이면서 수익성 높은 부동산 투자를 할 수 있을 것이다.

05 매수할 목적에 맞는 우량한 부동산은 어떻게 찾아야 하나?

매수할 주택이나 상가 등을 방문해 나의 매수 목적에 맞는지를 먼저 판단한 후 매수 여부를 결정해야 한다.

주택을 매수할 때는 나의 주거목적 또는 투자목적에 맞는지를, 상가건물을 매수할 때는 내가 직접 장사를 하든, 임대수익을 기대하든, 어떤 면에서도 장사가 잘 될 수 있는 상가인지를 꼼꼼히 따져야 한다. 토지(대지, 전, 답, 과수원 등)를 매수할 때도 매수목적에 맞아야 하는 것은 마찬가지다. 이렇게 투자해야 매수목적에도 맞으면서 가치가 높은 부동산을 선택할 수 있다.

06 주택 매수 목적이 주거라면?

　본인의 직장이나 자녀의 교육환경, 주변의 교통 시설(지하철, 버스 등의 대중교통), 문화시설, 유통시설(재래시장이나 백화점, 대형마트 등), 주택의 조망권 및 레저를 위한 자연 공간 등을 고려하여 판단하면 된다.
　특히 우리나라에서는 주거 목적으로 이용 시 본인의 직장도 주요 요인으로 생각하지만, 자녀들을 위해 우수한 학군이나 유명한 학원 등이 밀집해 있는 지역을 희망하는 수요가 많아서 이런 지역의 주택 가격이 지속적으로 상승하게 된다.
　이런 위치에 있는 주택은 거주 하고자 하는 수요가 증가하게 되므로, 본인이 주택을 취득할 당시뿐만 아니라 파는 시기에도 높은 가격으로 매도할 수 있다.

07 주택을 팔 때 양도세가 걱정이라면 비과세전략?

　1가구 1주택자로서 2년 이상 살다가 팔면 9억까지는 양도소득세가 비과세된다. 이 비과세 혜택은 일시적 1가구 2주택자에게도 똑같이 적용되므로, 1년 이상 된 1주택을 소유하고 있던 사람이 새로운 주택을 취득한 경우 새로운 주택을 취득한 날로부터 3년 이내 종전 주택을 팔면 새로 취득한 주택은 없는 것으로 판단해서 종전 주택이 비과세 혜택을 볼 수 있다. 이 제도는 이사를 위해 종전 주택을 팔고 새 주택을 구입하게 되면 거주공간을 잃게 되는 문제점을 보완하기 위해 마련되었다. 이를 잘 활용하면 내 집을 마련하면서 재테크로 돈도 벌 수 있는 두 마리 토끼를 잡는 방법이 될 수 있다.

3년 이내에 팔지 못했다면 3년이 지나기 전 한국자산관리공사에 매각을 수탁하면 된다. 이때 한국자산관리공사가 수탁재산 공매를 진행하고, 3년이 지나서 공매로 매각되더라도 비과세 혜택을 받을 수 있다. 그리고 부동산이 조정대상 지역에 소재한다면 1가구 1주택자가 2년 거주 및 2년 보유 요건을 갖추고 있어야 한다. 이런 비과세 혜택은 9억원에서 12억원으로 상향을 여당이 추진하고 있어서 2022년부터는 12억까지 상향될 전망이다.

08 부동산을 살 때 장기보유냐 단타냐를 먼저 판단해라!

◈ 장기보유 부동산과 단기보유 부동산은 전략이 달라야 한다!

　장기 보유할 부동산과 단기로 시세차익을 노리는 부동산은 살 때와 팔 때부터 전략이 달라야 한다. 이들 모두 우량한 아파트나 상가·오피스텔 등에 투자해야 되는 것은 분명하지만, 내가 자금 여력이 있어서 우량한 부동산을 장기보유하고, 또 그 부동산이 계속적으로 올라갈 수만 있다면 부자가 되는 길은 쉬울 것이다.

　그러나 자금이 부족하거나 부동산을 전업으로 생활하는 분들은 당장 생활비가 필요하다. 그렇더라도 오르고 있는 부동산을 판다는 것은 그만큼 기회비용을 포기할 수밖에 없다.

　그래서 1등 아파트(최상 으뜸 부동산)는 장기보유하고, 2등 아파트(둘째 으뜸 부동산)는 단기 보유하다가 세금을 절세하는 방법으로 매도해야 한다. 그리고 그 수익으로 생활비나 노후생활자금으로 사용하면 될 것이다.

그럼 여기서 의문이 가는 것이, 어떤 부동산이 1등 아파트이고, 2등 아파트가 되는가이다.

◆ 1등 아파트를 어떻게 찾아야 하나?

물건을 비싸게 팔고 싶다면 물건의 질이 좋아야 한다. 그래야만 소비자 수요가 증가하고 이는 가격 인상의 요인이 될 수 있다. 소비자 수요가 많은 곳이어야 하는데, 1차적 수요는 내가 살고 싶은 지역이다. 그런데 간혹 수요를 본인 입장에서만 생각하는 경향이 있다.

본인이 거주하기를 희망하는 지역도 중요하지만, 아파트 가격이 계속적으로 상승하려면 많은 사람들이 거주하기를 희망하는 곳이어야 한다. 내가 살고 싶어 하는 곳은 개인의 기호에 따라 달라질 수 있고, 잘못하면 본인의 기호라는 함정에 빠질 수 있고, 다른 사람들이 좋아하지 않는 기호일 수도 있다.

예를 들면 나는 가족 2인으로 20평형대 아파트를 선호하거나 가족이 많은 관계로 40평형대를 선호하는 경우, 또는 자녀문제로 우수한 학군만 선택하고 교통이 조금 불편해도 괜찮다는 등의 입장에서 생각한다면 모두가 좋아하는 부동산이 될 수 없다.

많은 분들이 좋아하는 부동산을 사서 장기보유해야 돈을 벌 수 있다.

◆ 좋은 부동산은 투자금액이 크다는 것이 단점이다!

이런 문제는 어떻게 극복할 수 있을까? 내 자금여력을 생각한다면 좋은 부동산이면서도 싸게 살 수 있어야 한다. 그럼 그런 부동산을 어떻게 찾을 있을까?

그 중심에 재건축과 재개발, 도시개발계획 등이 예상되어 있는 곳과 그 주변 지역에 투자하면 될 것이다.

이런 곳에 투자해서 장기보유하면 계속적으로 아파트 가격이 상승하게 되고,

본인의 부족한 생활자금도 채울 수 있다. 이런 부동산은 팔고 나면 다시 그 가격보다 몇억 더 주고 살 수밖에 없으니 장기보유로 가야 한다. 재건축할 때까지 기다렸다가 분양 받고, 새 아파트에 입주하는 것이 가장 좋은 방법이다.

◆ 1등과 2등 아파트를 보유하고 있을 때 생활자금을 만드는 방법!

2등 아파트는 1등 부동산에 비해서 부동산 경기 영향을 더 받는다. 경기가 나빠지기 전에 2등 아파트를 팔고, 불경기에 1등 아파트를 구입하는 방법이 최선이다. 불경기에는 1등 아파트 역시 저렴하게 살 수 있으니 보유자는 팔지 말고 장기보유하고, 주택이 없는 분들은 1등 아파트를 구입하는 시기이다.

경기가 회복기에 들어서면 그때부터 2등 아파트 구입하는 시기에 해당한다. 이렇게 투자하면 실패보지 않고 투자이익을 오랜기간 동안 누릴 수 있다.

09 부동산으로 성공한 사람과 실패한 이야기

◆ 연예인들이 꼬마빌딩에 투자하고 있다!

요즘 '걸 그룹 멤버 Y양이 강남 번화가에 있는 몇 층 건물을 매입했다', '건물주 반열에 오른 스타 K씨'등의 뉴스가 적잖이 보인다. 그러면 댓글 창에는 다양한 의견이 달리는데, 독보적 다수 의견이라면 두말할 필요 없이 "돈 많이 버니까" 일 것이다. 맞는 말이다. 인기 많은 스타의 수입은 일반 직장인 연봉의 수십 배를 넘나들고, 이 사실은 종종 많은 사람들에게 무력감을 안겨주기도 한다. 반대로 그들의 입장도 이해는 간다. 언제 인기가 떨어져 수입이 곤두박질칠지 모르는 상황에서 그들에게 가장 안정적이고 안전하게 수입을 확보해줄 분야가 바로 부동산이기 때문이다.

◈ 월급쟁이 김 과장이 10년 전에 아파트를 분양 받다!

김○○는 10년 전에 송파구에 위치하고 있는, ○○아파트를 3억5,000만원에 분양 받았다. 그 당시에는 돈이 없어서 계약금과 중도금 일부만 납부하고, 잔금은 입주 시 전세보증금으로 대체했다. 이때 주변 지인들이 아파트 가격이 떨어지면 어떻게 하려고 그러느냐는 반론도 많았지만, 오를 것이라는 확신으로 시작했다고 한다.

◈ 월급쟁이 김 부장의 올바른 판단으로 4억원의 자산 증가!

대기업에 30년 다니던 김 부장은 3년 전에 정년퇴직을 했다. 그는 고향이 경남 창원이다. 대기업에 입사할 때 창원지사로 입사해서 27년을 다니고 있었는데, 퇴직할 시점이 다가오니 서울 강남으로 발령 받았다. 그래서 고민을 많이 했지만, 앞으로 3년만 더 다니면 정년퇴직을 하니 참고 다니자고 결심했다. 그리고 두 가지 더 결심을 하게 된다. 하나는 가족과 의논해서 서울로 이사 오는 것이고, 또 하나는 창원에 가지고 있던 부동산을 정리해서 서울에 투자하는 일이다. 김 부장은 평소 공부하기를 좋아해서 부동산에 관한 책을 많이 봤다고 한다. 창원보다는 서울이 투자가치가 높을 것이라고 생각한 김 부장은 창원 부동산을 모두 팔아서 둔촌주공저층2단지 아파트와 상계주공5단지 아파트에 투자했다.

그리고 3년이 지나 정년 퇴직 후 인생 2막을 경매로 준비했다. 그 과정에서 필자도 알게 된 사실이지만, 창원 아파트 가격이 3년 전보다 5,000만원 정도 하락했다고 한다. 특히 3년 전에 신규로 분양 받은 친구들은 현재 더욱 심각하다고 한다. 프리미엄 5,000만원까지 주고 산 아파트들이 마이너스가 되고, 거래가 되지 않아서 큰 손실을 보고 있다고 했다. 김 부장은 그때 올바른 판단으로 최소한 5억원의 자산을 증가시킬 수 있어서 부동산에 관심을 가지고 즐겨 읽어 왔던 책들에 감사한다. 5억원의 자산 증가는 이렇게 진행되었다. 상계주공2단지 아파트가 2억원이 올랐고, 둔촌주공저층2단지 아파트가 3억원이 올랐다.

이 이야기 들은 필자가 부동산을 상담해 주다가 알게 된 사실이다.
필자도 마찬 가지로 이렇게 살았다. 대부분의 사람들이 부동산 투자로 꼽고 있는 것이 주택이고, 그중에 제일가는 것이 오르는 아파트에 투자하는 것이다.
이렇게 부동산에 관심을 가지고 투자하는 사람과 그렇지 못한 사람은 10년이 지난 지금에서 보면 엄청난 차이가 있다는 것을 필자는 알고 있다.

Chapter 04
건축물의 종류와 계약면적을 계산하는 방법

Chapter 05
건물을 만드는 과정과 등기부 등의 공적장부 완전정복

2편

모르면 당하는
부동산 기본 상식

Chapter 04

건축물의 종류와 계약면적을 계산하는 방법

01 건축법상 건축물의 종류는?

건물은 여러 가지로 분류할 수 있겠으나 공법상 중요한 것은 건축법상의 분류이다.

건축법은 시행령 별표에서 건축물을 그 용도에 따라 단독주택, 공동주택, 숙박시설, 공장 등 21가지로 분류하고 있다.

구분	종류
단독주택	단독주택, 다중주택(300㎡,3F), 다가구주택(주택3F,660㎡,19세대), 공관
공동주택	아파트, 연립주택, 다세대주택, 기숙사
제1종 근린생활시설	수퍼마켓·소매점(1,000㎡), 휴게음식점(300㎡), 이용원, 미용원, 일반목욕장, 세탁소, 의원, 조산소, 체육도장(500㎡)...등
제2종 근린생활시설	일반음식점, 기원, 휴게음식점, 서점, 테니스장·체력단련장·에어로빅장·볼링장·당구장·실내낚시터·골프연습장(500㎡), 종교집회장·공연장(300㎡)...등
문화 및 집회시설	종교집회장·납골당, 공연장, 집회장, 관람장, 전시장, 동·식물원
판매 및 영업시설	도매·소매시장, 상점(1,000㎡이상), 게임제공업소, 터미널, 철도·공항·항만·여객시설
의료시설	병원, 격리병원, 장례식장
교육연규 및 복지시설	학교, 교육원, 직업훈련소, 학원, 연구소, 도서관, 복지시설, 수련시설
운동시설	테니스장, 체력단련장, 에어로빅장, 볼링장, 당구장, 실내낚시터, ·골프연습장...등
업무시설	청사·외국공관, 금융업소, 사무소, 신문사, 오피스텔
숙박시설	일반숙박시설, 관광숙박시설
위락시설	단란주점, 주점영업, 특수목욕장, 유기장, 투전기업소, 카지노업소, 무도장, 무도학원
공장	제조 및 가공공장
창고시설	창고, 하역장

위험물저장 및 처리시설	주유소, 가스충전소, 위험물제조소 · 저장소, 액화가스취급소 · 판매소
자동차관련시설	주차장, 세차장, 폐차장, 검사장, 매매장, 정비공장, 운전학원, 정비학원, 차고
동물 및 식물관련시설	축사, 가축시설, 도축장, 도계장, 버섯재배사, 종묘배양시설, 온실
분뇨 및 쓰레기처리시설	분뇨 · 폐기물처리시설, 고물상, 폐기물재활용시설
공공용시설	교도소, 감화원, 군사시설, 발전소, 방송국, 전신전화국, 촬영소, 통신용시설
묘지관련시설	화장장, 납골당, 묘지부속건물
관광휴게시설	야외음악당, 야외극장, 어린이회관, 관망탑, 휴게소, 공원, 유원지, 관광지부속

02 주택의 종류엔 어떤 것이 있나?

주택법 제2조에서 주택이란 한 세대의 세대원이 장기간 독립된 주거생활을 영위할 수 있는 구조로 된 건축물(이에 부속되는 일단의 토지를 포함), 또는 건축물의 일부를 말하며 이를 **단독주택과 공동주택으로 구분**하고 있다.

① **단독주택은** 1세대가 하나의 건축물 안에서 독립된 주거생활을 할 수 있는 구조로 된 주택을 말하며, 그 종류와 범위는 대통령령으로 정한다(주택법 제2조 1호). 대통령령으로 정하는 단독주택의 종류는 단독주택, 다중주택과 다가구주택, 공관 등이 있다.

② **공동주택은** 건축물의 벽·복도·계단이나 그 밖의 설비 등의 전부 또는 일부를 공동으로 사용하는 각 세대가 하나의 건축물 안에서 각각 독립된 주거생활을 할 수 있는 구조로 된 주택을 말하며, 그 종류와 범위는 대통령령으로 정한다(주택법 제2조 2호). 대통령령으로 정하는 공동주택의 종류는 아파트, 연립주택, 다세대주택, 기숙사 등이 있다.

③ **집합건물은** 1동의 건물 중 구조상 구분된 여러 개의 부분이 독립한 건물로서 사용될 수 있을 때에는 그 각 부분은 이 법에서 정하는 바에 따라 각각 소유권의 목적으로 할 수 있다(집합건물법 제1조).

공동주택은 주택의 분류를 위한 개념이고, 집합건물은 건물의 권리관계 공시(등기)를 위한 개념으로 이해하면 된다. 따라서 공동주택은 구분소유관계를 전제로 하기 때문에 당연히 집합건물에 속하지만, 집합건물에는 공동주택뿐만 아니라 상가나 오피스텔, 아파트형 공장 등 다양한 건물이 포함되고 있다.

◆ 단독주택과 다가구주택의 의미는?

(1) 단독주택이란?

한 가구 혹은 19가구 이내의 가구가 거주, 주거생활을 영위할 수 있는 구조로 된 주택으로서 공동주택의 범위에 포함되지 않는 주택을 의미한다. 건축법상 단독주택은 단독주택, 다중주택과 다가구주택, 공관 등이 포함된다(건축법 시행령 제3조의5 별표1 용도별 건축물의 종류). 여기서 단독주택은 보통 단층(1층)으로 단독세대가 거주할 수 있도록 건축된 주택을 말하고, 분양이 불가하며 층수제한이 없다.

(2) 다중주택

단독주택의 일종으로 학생 또는 직장인 등 여러 사람이 장기간 거주할 수 있는 구조로, 독립된 주거형태를 갖추고 있지 않는 경우를 말한다(각 호실별로 욕실은 설치되어 있으나, 취사시설은 설치하지 아니한 주택). 1개 동의 주택으로 바닥면적의 합계가 330㎡ 이하이고, 주택의 층수는 지하층을 제외하고 3개 층 이하이다.

(3) 다가구주택

단독주택의 일종으로 주택으로 쓰이는 층수(지하층은 제외한다)가 3층 이하이며 1개 동의 주택으로 바닥면적의 합계가 660㎡ 이하이고, 2세대 이상 19세대 이하가 거주할 수 있는 주택으로 각 구획마다 방, 부엌, 화장실이 잘 갖추어져 있어서 한 가구씩 독립하여 생활할 수 있으나 분리하여 소유하거나 매매가 불가능한 주택을 말한다.

◆ **공동주택은 어떤 주택이 있을까?**

대지 및 건물의 벽, 복도, 계단, 기타 설비 등의 전부 또는 일부를 공동으로 사용하는 각 세대가 하나의 건축물 안에 각각 독립된 주거생활을 영위하는 구조로 된 주택을 말한다. 이러한 공동주택에는 아파트, 연립주택, 다세대주택, 기숙사 등과 공동주택의 형태를 갖춘 가정어린이집, 공동생활가정, 지역아동센터, 노인복지시설(노인복지주택은 제외) 및 주택법 시행령 제3조 제1항에 따른 원룸형 주택 등을 포함한다(건축법 시행령 제3조의5 별표1 용도별 건축물의 종류).

(1) 아파트

아파트는 층수가 5층 이상의 주택을 말한다. 즉 5층 이상으로 세대당 297㎡ 이하이어야 하며 20세대 이상이 거주, 세대별 분양이 가능한 주택을 말한다. 주택별로 각각 분리하여 분양 또는 등기가 가능하며 각각 매매 또는 소유의 한 단위를 이루고 있는 점이 아파트·연립·다세대주택과 단독·다가구주택이 다른 점이다.

(2) 연립주택

연립주택은 1개 동의 바닥면적의 합계가 660㎡를 초과하고, 층수가 4층 이하의 주택으로 세대당 전용면적 297㎡ 이하이어야 하며, 2~19가구가 거주하고, 공동주택으로 주택별로 각각 분리하여 분양과 등기가 가능한 주택을 말한다.

(3) 다세대주택

다세대주택은 1개 동의 바닥면적의 합계가 660㎡ 이하이고, 층수가 4층 이하의 주택으로 세대당 전용면적 297㎡ 이하이어야 하며, 2~19가구 거주하고, 공동주택으로 주택별로 각각 분리하여 분양과 등기가 가능한 주택을 말한다.

알아두면 좋은 내용

혼동하기 쉬운 다세대주택과 연립주택의 차이점은?

건축법과 현황은 조금 다르다. 현황은 다세대주택 이름을 다세대주택, ○○빌라, 연립주택, ○○빌, ○○하우스 등으로 표시하고, 등기부 역시 그렇게 표시되어 있다. 연립주택 역시 연립주택, ○○하우스, ○○빌라 등으로 표시되어 있다. 그래서 주택 이름만을 가지고 판단할 것이 아니라, 1~2동 이하이면 건축법상으로는 다세대주택으로, 2~3동 이상이면 건축법상으로는 연립주택으로 이해하면 된다. 왜냐하면 660㎡ 이하이면 1~2동만 지을 수 있기 때문이다.

(4) 기숙사

학교 또는 공장 등의 학생 또는 종업원 등을 위하여 사용되는 것으로서 공동취사 등을 할 수 있는 구조이되, 독립된 주거의 형태를 갖추지 아니한 것.

알아두면 좋은 내용

공동주택에서 층수를 계산할 때 알고 있어야 할 내용

아파트와 연립주택에서 층수를 산정할 때 1층 전부를 필로티 구조로 주차장으로 사용하고 나머지 부분을 주택으로 사용하면 아파트, 연립주택, 다세대, 기숙사에서 층수를 산정할 때 1층은 주택층수에서 제외한다.

03 상가건물의 종류는?

　상가는 단지내 상가, 근린상가, 주상복합상가, 오피스텔상가, 오피스텔, 상가주택 등이 있다(건축법 시행령 제3조의5 별표1 용도별 건축물의 종류).

　(1) 단지내 상가로 아파트 단지내 상가와 기존 주택의 단지내 상가가 있다.

　(2) 근린상가는 중심상가, 근린상가, 유통상가, 일반상가로 1종, 2종 편의시설 위주로 구성되어 있는 건물이다.

　(3) 주상복합상가는 상층부는 아파트(3~4층 이상은 주택)이나 하층부는 상가(1~3층 등은 상가)로 구성되어 있다. 주거공간과 상업공간이 복합된 아파트로 주상복합아파트라고도 부르고, 상가와 아파트만 있는 경우도 있지만, 1~2층은 상가, 3~7층은 오피스텔, 8~15층은 아파트를 한 건물로 구성하고 있기도 한다..

　(4) 오피스텔상가는 상층부는 오피스텔이나 하층부는 상가(1~3층 등은 근린상가)로 구성되어있다.

　(5) 오피스텔은 주택법에 따라서는 준주택으로 주택 외 건물, 건축법에 따라 지어진 건축물로 건물전체가 업무용 오피스텔로 구성되어 있는 건물이다. 오피스텔은 업무용으로 지어졌는데에도 사용용도에 따라 주거용 오피스텔과 업무용 오피스텔로 구분하기도 한다. 특히 방2개~3개로 구성된 중대형 오피스텔은 주거를 대체할 수 있는 오피스텔로 인정 받아 계속적으로 가격이 상승하고 있다.

　(6) 상가겸용주택은 한 건물에 주택과 상가가 복합되어 있는 경우로, 보통 1층은 상가, 2~3층은 주택으로 사용한다.

　이런 겸용주택을 취득하거나 보유할 때 발생하는 취득세나 재산세 등 지방세는 상가와 주택을 구분하여 매겨진다. 하지만 국세인 양도세에서는 주택면적과 양도가액에 따라 다르게 계산한다(자세한 내용은 201쪽과 539쪽).

알아두면 좋은 내용

건물은 일반적인 독립건물과 집합건물이 있다

① 일반적인 독립건물은?
토지와 건물이 분리되어 거래의 대상이 되는 건물로 주택과 상가 등이 있다. 주택으로 단독주택, 다중주택, 다가구주택, 공관 등이 있고, 상가건물로 근린상가와 상가주택과 공장 등이 있다.

② 집합건물이란?
집합건물에서 구분소유권이 성립되고 나서 대지사용권은 집합건물과 분리 처분할 수 없다(집합건물법 제20조). 따라서 대지권은 집합건물의 처분에 따르게 된다.
이러한 집합건물은 공동주택으로 아파트, 연립주택, 다세대주택, 기숙사 등과 상가건물로 근린상가와 주상복합상가, 오피스텔상가, 공장형 아파트 등이 있다.

04 집합건물에서 구분소유권 등과 용어정리

◈ 집합건물에서 구분소유권이란?

1동의 건물 중 구조상 구분된 수개의 부분이 독립된 건물로 사용될 수 있을 때 각 건물 부분을 목적으로 하는 소유권이다(집합건물의 소유 및 관리에 관한 법률 제1조, 제2조1호). 집합건물에 속한 독립된 각 가구의 구분된 공간에 대한 소유권이다. 구분소유자란 구분소유권의 소유자를 말한다.

◈ 집합건물의 전유부분이란?

구분소유권의 전용부분으로 등기부상 표시하는 내용이고 일반적으로 건축물대장이나 분양에서는 전용면적이라 부른다.

◈ 집합건물에서 용어정리

(1) 전용면적

현관 안쪽의 실제 사용면적으로 방, 거실, 주방, 화장실, 다용도실의 넓이가 모두 포함된다(베란다는 제외된다). 세대별로 독립적으로 이용되는 공간으로 실제 사용하는 면적을 말하며 공동주택의 구분소유권등기에 기재되는 등기면적이다. 동일한 평형대라도 주거전용면적이 차이가 있을 수 있고 주거전용면적이 큰 곳이 더 넓은 공간에서 산다고 볼 수 있다[주거전용면적비율 = 주거전용면적 /공급면적(주거전용 + 주거공용면적)].

(2) 주거공용면적

아파트건물 내에서 다른 세대와 공동으로 사용하는 공간을 뜻한다. 계단, 엘리베이터실, 1층 현관, 복도 등이 이에 해당된다. 아파트공급면적은 전용면적 + 주거공용면적을 말한다.

(3) 기타공용면적

주거공용면적을 제외한 전체 단지에서 공동으로 사용하는 관리사무소, 노인정, 기계실, 경비실, 지하층면적 등을 말한다. 아파트 구입 시 계약면적은 전용면적 + 주거공용면적 + 기타공용면적이 포함된다.

(4) 서비스면적

베란다면적을 말한다.

◈ 집합건물에서 대지사용권이란?

(1) 대지사용권이란?

대지사용권은 건물(아파트 등의 집합건물)의 구분소유자가 전유부분을 소유하기 위하여 건물의 대지에 대하여 가지는 권리이다(집합건물의 소유 및 관리에 관한 법률 제2조 6호).

(2) 대지사용권의 종류

대지권의 종류에는 소유권이 대지권인 경우와 소유권 이외의 권리 중 지상권, 전세권, 임차권, 법정지상권, 관습법상 법정지상권, 무상사용권(시영아파트), 유상사용권(건물만 분양하고 토지사용료를 일정 기간 동안 분양가에 포함한 경우) 등이 있다. 이러한 대지권은 집합건물등기부의 두 번째 표제부(전유부분 표제부) 하단에 지분으로 대지권의 표시(대지권의 종류, 대지권의 비율 등)가 등기되며 이를 대지권 등기라 한다.

05 아파트 분양할 때 계약면적을 계산하는 방법

등기부에서는 전유면적(=전용면적)만 등기되고, 공용면적은 등기되어 있지 않다. 건축물대장에서만 **전용면적 + 주거공용면적 + 기타 공용면적 등이 기재**되어 있는데, 이 면적들의 합계가 분양할 때 계약면적이다.

◈ 아파트 등의 집합건물 평형을 계산하는 방법

아파트 평형에 대해 헷갈리는 분들이 많은데, 이번 기회에 확실하게 알고 넘어가자! 건축물대장에서 전용면적과 주거용 공용면적(전용부분을 사용하기 위해서 직접적으로 공유하는 복도와 계단 및 엘리베이터 등의 면적)을 구해서 0.3025를 곱하면 우리가 흔히 말하는 아파트 평형이다. 이때 주거공용면적은 등기부에 표시되지 않고, 건축물대장에서만 확인할 수 있다. 즉 아파트 등에서 제곱미터 면적을 평형으로 환산하는 방법은 전용면적 + 주거공용면적(계단, 복도 등의 면적) = 합계 00㎡ 즉 전용면적 84.98㎡ + 주거용 공용면적 24.02㎡ = 109㎡ × 0.3025 = 33평형(32.97)이다.

◈ 아파트와 다세대주택, 상가건물에서 약식으로 하는 평형 계산방법

집합건물에서 평형 계산방법은 앞에서와 같이 계산해야 정확한 면적을 확인할 수 있다. 하지만 집합건물의 전용면적을 알고 있을 때 건축물대장을 확인하지 않고, 약식으로 계산하는 방법은 ① 아파트는 전용면적 84.98㎡×0.3025×1.3(주거공용면적이 전용면적의 30% 수준임)=33.41로 34평형, ② 다세대주택이나 연립주택은 전용면적 59.78㎡×0.3025×1.2(주거공용면적이 전용면적의 20% 수준임)=21.70으로 22평형, ③ 상가나 오피스텔 등은 전용면적 48.54㎡× 0.3025×2(상가 등은 전용면적이 51%, 공용면적이 49%이기 때문)= 29.36으로 30평형으로 판단하면 된다. 그러나 이 계산 방법은 부동산을 현장 조사하는 과정에서 전용면적만 알고 있을 때 약식으로 면적을 계산하는 것이지 정확한 계산방법은 앞의 계산과 같이 건축물대장을 보고 계산해야 한다.

◈ 각종 아파트 면적을 구분하는 요령

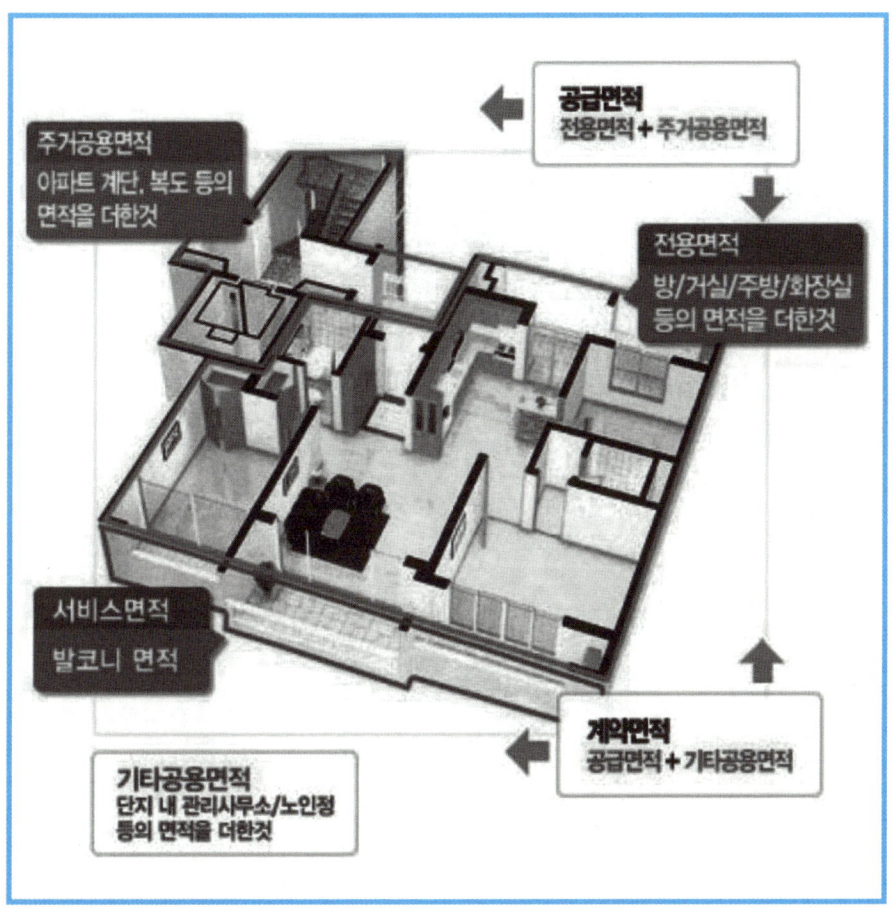

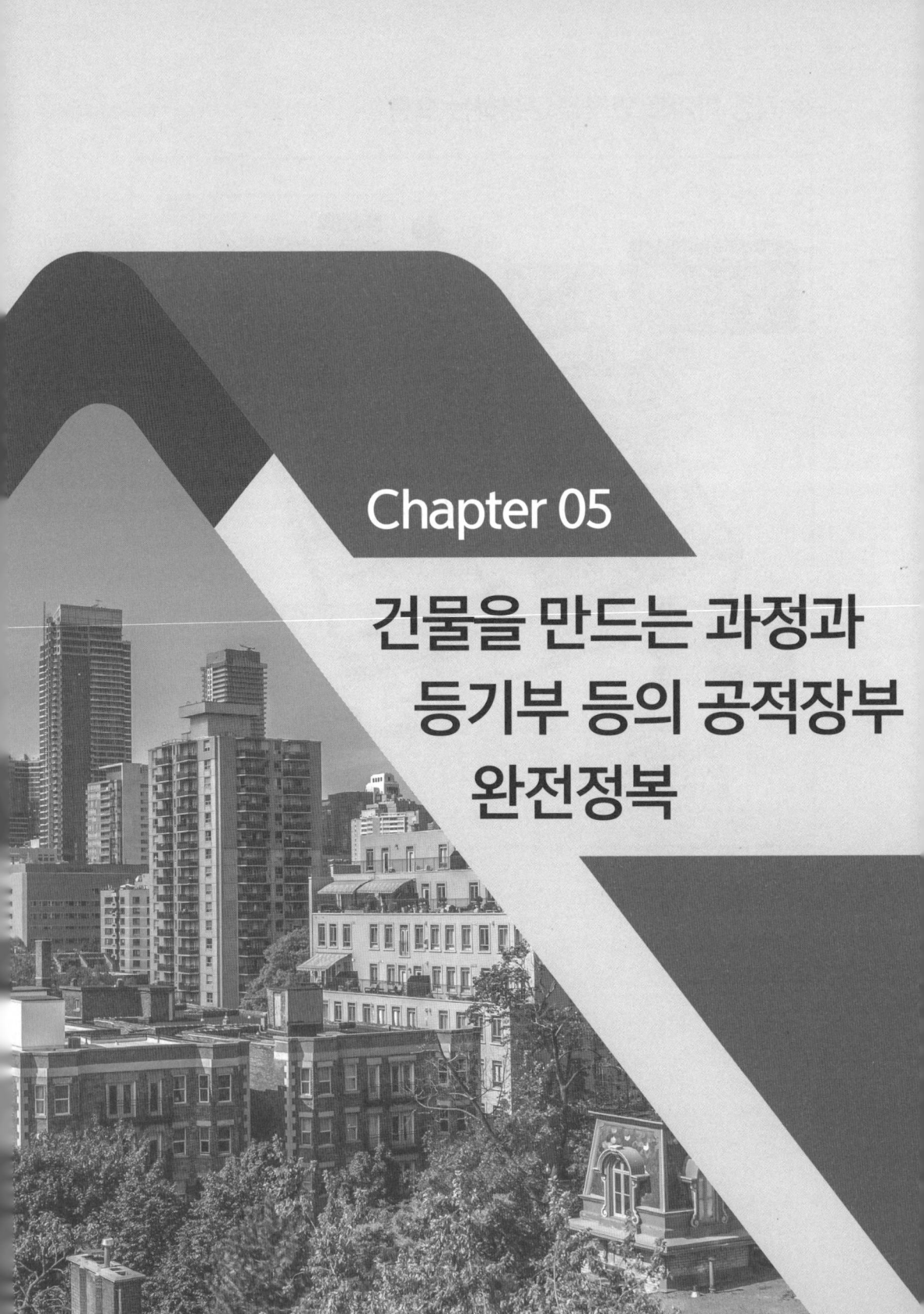

Chapter 05

건물을 만드는 과정과 등기부 등의 공적장부 완전정복

01 건물 신축 후 건축물대장과 등기부가 만들어지는 과정

◆ 건축법(주택법)에 따라 건물을 신축하거나 재건축(재개발)하는 과정

나대지(건물이 없는 빈 땅)에 주택이나 상가건물 등을 신축하려면 토지이용계획확인원 등을 확인해서 건축제한과 건폐율 및 용적률을 확인하고, 건축제한이 없을 때, 건축사무소에서 건폐율 및 용적률에 의해서 건축을 설계하고 관할 지자체인 시·군·구청의 건축과 및 주택과에 건축신고 또는 허가를 받아서 건물을 신축하는 과정으로 진행된다.

◆ 건물 짓는데 건폐율과 용적률이 중요한 이유

건폐율은 대지면적에 대한 건축바닥면적의 비율을 의미한다. 따라서 건폐율이 높을수록 건물을 넓게 지을 수 있는 땅으로, 건축물대장상에 있는 건폐율은 건축 신고 시 신고된 건폐율이다.

용적률은 건물을 지을 수 있는 대지면적에 대한 총 건축연면적(지하층을 제외하고 건물의 바닥면적을 합한 면적)의 비를 의미한다. 용적률이 높으면 높을수록 그만큼 건물을 높게 지을 수 있는 좋은 땅이 되므로, 용적률이 낮은 땅에 비해서 높은 가격으로 거래된다. 이러한 건폐율과 용적률은 기본적으로 국토의 계획 및 이용에 관한 법률에 의해 기준이 정해지며, 지자체의 조례에 따라 그 기준을 달리하고 있는데 서울시와 광역시 일부 조례기준을 살펴보면 다음과 같다.

용도지역			서울특별시		부산광역시		대구광역시		인천광역시		대전광역시	
			건폐율	용적률	건폐율	용적률	건폐율	용적률	건폐율	용적률	건폐율	용적률
(1) 도시지역	① 주거지역	제1종 전용	50% 이하	100% 이하	50	100	50	100	50	80	50	100
		제2종 전용	40% 이하	120% 이하	40	120	40	120	40	120	40	120
		제1종 일반	60% 이하	150% 이하	60	150	60	200	60	150	60	150
		제2종 일반	60% 이하	200% 이하	60	200	60	250	60	200	60	200
		제3종 일반	50% 이하	250% 이하	50	300	50	280	50	250	50	250
		준 주거	60% 이하	400% 이하	60	500	60	400	60	350	60	400

② 상업지역, ③ 공업지역, ④ 녹지지역 등은 생략(지자체 조례기준 참조)

쉽게 정리해 보면, 서울에서 2종 일반주거지역에서 100평의 대지면적을 가지고 있을 때 건폐율이 60%이니 바닥면적을 60평까지. 용적률이 200%이니 바닥면적을 60평으로 하면 4층을 지으면서 1층에서 3층까지 면적은 60평으로 하고 4층은 20평으로 주택을 지을 수 있다. 주택 모양과 바닥면적을 고려해서 바닥면적을 50평으로 한다면 1층에서 4층까지 모두 50평으로 주택 모양과 대지의 공간을 확보할 수 있게 되므로 건축 설계 시 이러한 측면을 고려해서 주택을 신축하면 된다.

◈ 건축물대장과 등기부는 어떻게 만들어지나?

나대지에 건물을 신축하거나 기존건물을 철거하고, 재건축과 재개발하는 과정에서 건폐율과 용적률에 의해서 신축 또는 재건축 계획을 수립하고, 그에 기해서 각 구청에 건축신고 또는 건축허가를 득하고, 건물을 신축하면 된다.

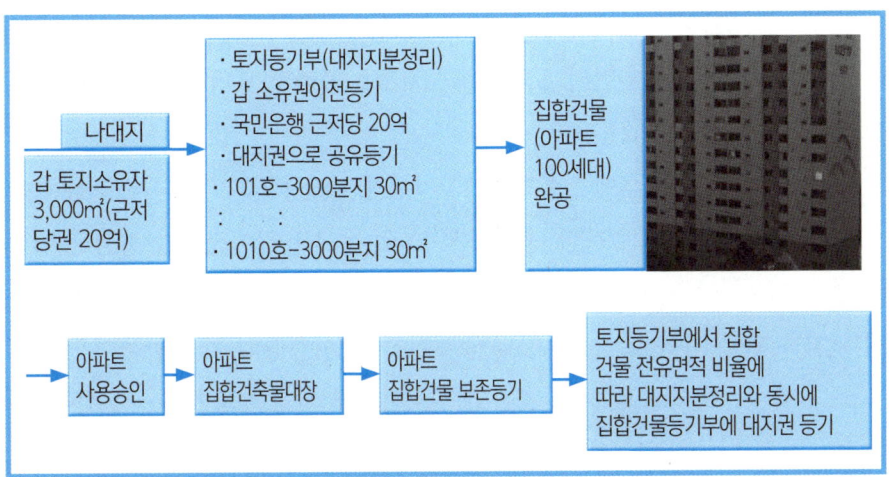

이렇게 건물이 완공되면, 건축주 또는 시공사가 사용승인을 각 구청 건축과 (19세대 이하) 또는 주택과(19세대 초과)에 신청하게 되는데, 각 구청담당자는 건축사협회에 특별검사원(건축사)의 지정을 요청하여 건축허가 신청 시의 설계대로 건축이 완공되었는지를 확인하고, 이상이 없을 경우 각 구청 담당자에게 조사서를 작성하여 제출한다.

그러면 각 구청 건축과 또는 주택과에서 사용승인을 하고, 사용승인 이후 2~3일 이내(주택규모에 따라 더 많은 시일이 소요되기도 한다)에 건축물대장이 만들어지게 된다.

이 건축물대장에는 건물에 대한 구분소유지분과 면적 등이 표시되고, 소유자에 관한 표시 등이 기재되는데, 이 대장을 가지고 건축주 또는 소유자가 등기소에 소유권보존등기를 신청하게 된다. 이 소유권보존등기 이후 등기소에서 전산으로 각 구청에 통지되므로 2~3일 이내(실무상 7일 이내)에 보존등기 사항을 기준으로 건축물대장을 다시 정리하는 절차로 등기부와 건축물대장이 태동하는 것이다.

이 경우 집합건물의 각 구분소유권은 등기부에서는 전유부분만 표시되고, 건축물대장에만 전용면적과 주거공용면적과 공용면적 등이 표시된다. 이 주거공용면적과 공용면적 등은 구분소유권의 전용면적비율에 의해서 결정하게 되고, 이 전용면적과 주거공용면적의 합계에 0.3025를 곱하면 우리가 알고 있는 아파트 몇 평형의 의미가 되는 것이다.

그리고 보존등기 이후에 소유권이 제3자에게 이전등기되면 등기소에서 전산으로 각 구청에 2~3일 이내에 통지하게 되고, 이 소유권이전등기 사항을 대장에 변경, 기재하게 되므로, 등기부와 대장에 기재된 내용이 다른 경우 부동산 표제부(지목, 면적, 주소 등) 내용은 대장이 우선(∵ 사용승인 이후 만들어진 대장을 보고 기재하게 되므로)하고, 소유권과 같은 권리사항은 등기부가 우선(∵ 소유권이전 등기사항을 보고 대장을 변경하게 되므로)하게 되는 것이다.

◆ 도시 및 주거환경정비법의 이전고시를 통한 재건축 등

도시 및 주거환경정비법(=도정법)에 의한 재건축이나 재개발은 종전 건물과 대지에 대한 관리처분계획인가 후 이주 공고 후 종전 건물을 멸실하고, 착공신고를 하고 공사를 시작하게 되는데 ① 재건축은 대지 합필절차와 신탁등기 후 진행하는데 반해서, ② 재개발은 합필과정 및 신탁등기 없이 진행하게 된다.

어쨌든 이들 모두 공사가 완료되면 사용승인을 받고 관리처분계획변경인가를 신청하게 되고 인가가 나면 조합의 이전고시 신청에 의해 이전고시가 되고, 그 이전고시에 따라 건축물대장이 만들어지고, 그 건축물대장에 의해 집합건물을 보존 등기하는 과정으로 마무리가 된다.

그리고 유의할 점은 재건축에서는 대지를 합필하고 신탁등기를 하게 되므로 신탁등기 이후에 건물과 토지가 분리될 수 없고, 다만 신탁등기 이전에 등기된 채권(토지별도등기)에 의해서만 분리가 가능하다. 하지만 재개발의 경우에는 대지를 합필하는 과정과 신탁등기 없이 진행되므로, 이전고시 또는 대지권이 성립되기 전까지 분리하여 매각하는 것이 가능하다.

◈ 집합건물에서 어떻게 대지권미등기가 발생하고, 등기되는 시점은?

　집합건물인 아파트나 연립, 다세대주택 등에서 건축물 완공 이후 사용승인을 신청할 시점에는 대부분 대지권이 미정리 상태에 있다. 그래서 집합건물만 보존등기를 하고, 집합건물등기부에 대지권이 미등기인 상태로 남는데, 이러한 경우 이 기간 동안 대지권미등기 아파트라 부른다. 그러나 훗날 대지권이 정리가 되면, 집합건물등기부의 표제부에 대지권 표시를 등기하게 된다. 즉 건물구분소유권자의 전유면적 비율에 따라 대지지분이 안분되어, 토지등기부에서 공유지분으로 분할 등기되고, 이 대지지분에 따라 건축물등기부의 두 번째 표제부에서 대지권으로 표시된다. 이 같이 대지권이 정리되고 난 후에는 특별한 사정이 없는 한 구분소유권(건물소유권)과 대지권은 분리하여 매각될 수 없다.

　집합건물이 아닌, 일반건축물인 단독주택이나 다가구주택은 토지와 건물이 별개의 부동산이므로, 소유자를 달리 할 수 있다는 차이점만 있을 뿐, 건축물에서 등기부와 대장이 만들어지는 과정은 같다고 이해하면 된다.

◈ 건축물대장과 등기부에 표시된 내용이 다르면 이렇게 해라!

　앞의 건물 신축 후 건축물대장과 등기부를 만드는 과정과 같이 사용승인을 받아 건축물대장을 만들고, 그 대장을 가지고 보존등기를 하면 된다. 그다음 소유자가 제3자로 변경되면 등기소에서 전산으로 각 구청에 2~3일 이내에 통지하게 되고, 이 소유권이전등기 사항을 대장에 변경, 기재하게 되므로 등기부와 대장에 기재된 내용이 다른 경우 부동산 표제부(지목, 면적, 주소 등) 내용은 대장이 우선(∵ 사용승인 이후 만들어진 대장을 보고 기재하게 되므로)하고, 소유권과 같은 권리사항은 등기부가 우선(∵ 소유권이전 등기 사항을 보고 대장을 변경하게 되므로)하게 되는 것이다.

그래서 임차인은 전입신고를 할 때 대장과 일치한 주소로 해야 한다. 이때 유의할 점은 단독주택(다가구주택)에서는 번지(주소)만 일치하면 되지만, 집합건물(아파트, 다세대, 연립 등)은 번지, 동, 호수까지 일치해야 주임법상 대항력과 우선변제권이 발생한다. 그렇지 못한 경우에는 주임법으로 보호를 받을 수 없게 된다.

02 등기사항증명서에 대한 권리분석 완전정복

◈ **등기사항증명서 열람방법**

인터넷에서 대법원인터넷등기소(www.iros.go.kr)를 검색하면 다음과 같은 화면이 나온다.

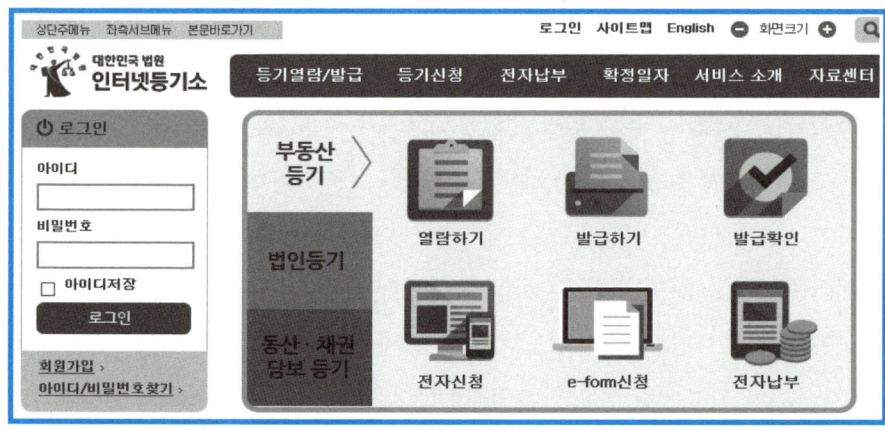

이 화면에서 부동산 등기사항증명서(등기부등본의 변경된 명칭)를 열람하기 또는 발급하기를 선택해서 등기사항증명서 전부 또는 일부를 확인할 수 있다.

이렇게 등기사항증명서는 말소사항까지 포함한 등기사항 전부를 확인할 수 있는 등기사항전부증명서와 현재 소유현황만을 간단히 확인할 수 있는 등기사항일부증명서가 있다. 따라서 등기사항 전부를 확인하기 위해서는 등기사항전부증명서로 확인해야 한다. 그리고 열람용은 공식적인 제출서류로는 사용할 수 없지만, 등기된 내용을 확인하고 권리를 분석하는 데에는 전혀 문제가 없다. 그러나 소유권이전등기나 근저당권을 설정할 때와 같이 공식문서로 제출하게 될 때에는 발급용으로 발급 받아야 한다.

◈ 등기사항증명서엔 어떤 종류가 있나?

등기사항증명서는 ① 토지등기사항증명서, ② 건물등기사항증명서, ③ 집합건물등기사항증명서로 나뉘는데, 토지만 있는 경우(전·답·임야·나대지 등의 경우)엔 토지등기부만 확인하면 되지만, 일반주택(단독, 다가구 등)의 경우는 토지등기부와 건물등기부를 동시에 열람하여 토지와 건물에 설정된 권리 등이 일치하는지 여부 등을 함께 분석해야 된다.

아파트·다세대·연립·상가·오피스텔 등의 집합건물처럼 토지와 건물에 대한 사항이 하나의 등기부에 일체로 표시되어 있는 형태의 집합건물등기사항증명서가 있는데, 이 경우 토지등기부가 별도로 존재하지만 집합건물이 보존등기(신축)가 되고 대지권의 지분정리가 모두 이루어지면 우선 토지등기부의 갑구 소유권에 관한 사항란에 "소유권 대지권"으로 대지 지분별로 공유등기가 되고, 이 등기가 완료되면 토지등기부용지에서는 더 이상 소유권이전등기를 할 수 없게 된다.

◆ 토지와 건물등기사항증명서를 보는 법과 권리관계에서 유의할 점

등기부는 기본적으로 3부분으로 ① 표제부, ② 갑구, ③ 을구로 구성되어 있는데, 토지등기부와 건물등기부에 기재되는 권리를 분석하면 다음과 같다.

등기사항전부증명서(말소사항 포함) - 토지
서울특별시 강서구 화곡동 ○○○

【표 제 부】(토지의 표시)

표시번호	접수	소재지번	지목	면적	등기원인 및 기타사항
1 (전 2)	1990.1.10.	서울특별시 강서구 화곡동 ○○○	대	165㎡	부동산등기법 제177조의6제1항의 규정에 의하여 1990.1.10. 전산이기

【갑 구】(소유권에 관한 사항)

순위번호	등기목적	접수	등기원인	권리자 및 기타사항
1 (전 2)	소유권이전	1990.1.10. 제14300호	1990. 1.10. 매매	소유자 ○○○ 서울특별시 강서구 화곡동 ○○○ 부동산등기법 제177조의6제1항의 규정에 의하여 1990.1.10. 전산이기

【을 구】(소유권 이외의 권리에 관한 사항)

순위번호	등기목적	접수	등기원인	권리자 및 기타 사항
1	근저당	1991년 2월 15일 제13191호	1991년 2월 10일 설정계약	채권최고액 150,000,000원 채무자 ○○○ 서울특별시 강서구 화곡동 근저당권자 ○○○ 서울 강서구 화곡동 ○○○ 공동담보 건물 서울 강서구 화곡동 ○○○
2	1번 근저당권설정등기말소	1995년 5월 15일 제44397호	1995년 5월 15일 해지	

(1) 표제부

표제부는 부동산의 소재지와 그 내역을 표시하는 것으로 ① 토지등기부에는 표시번호, 접수, 소재 지번, 지목, 면적, 등기원인 및 기타사항 등이 기재되고, ② 건물등기부는 표시번호, 접수, 소재 지번 및 건물번호, 건물내역(구조·층수·용도·면적 등), 등기원인 및 기타사항 등이 기재되어 있다. 이러한 표제부에서 표시번호는 등기신청을 최초로 한 순서부터 기재되고, 접수는 이러한 기재내용 등이 접수된 일자 등이 기재된다.

(2) 갑구

갑구는 소유권에 관한 내용을 표시하는 것으로 소유권 및 소유권을 제한하는 사항 등이 기재되어 있다. 즉 소유권보존(최초의 소유자), 소유권이전(소유권 변동사항으로 현재소유자와 과거소유자를 확인), 그리고 가압류, 압류, 가처분, 가등기(소유권이전청구권 보전가등기 또는 소유권이전담보가등기), 경매개시 결정등기(압류), 환매등기, 예고등기(말소 또는 말소회복에 관한 재판이 진행 중임을 예고하는 예고등기) 등의 내용이 기재되고, 이들 권리 등이 변경등기, 말소 및 회복등기 등이 있다면 갑구에 기재하게 된다. 이밖에 소유권이 대지권인 경우의 대지권 취지 등이 기재된다.

① **소유권 보존등기** - 토지 또는 건물을 신축한 후 최초로 등기하는 것을 소유권 보존등기라 한다.

② **소유권 이전등기** - 보존등기 후 소유자가 변경되는 모든 등기를 소유권이전등기라 한다.

③ **가압류** - 가(임시) + 압류(처분금지) = 임시적 처분금지로써 채무자가 금전채무를 부담하고 있는 상태에서 재산을 처분하는 것을 임시적으로 금지시키기 위해 채권자의 일방적 신청에 의해 법원이 내린 결정으로서 채권자가 본안

소송에서 판결문을 득해서 강제집행을 실시할 때까지 가압류 이후의 권리자에 대해서 처분금지효력이 미친다.

④ **압류** - 가압류가 미확정된 채권을 보전하기 위한 보전처분이면 압류는 확정된 채권을 보전하기 위한 보전처분으로 이들의 종류에는 국세징수법에 따라 국가기관이 체납된 조세채권(국세, 지방세, 국세징수법의 징수절차에 따르는 공과금 등)을 보전하기 위한 보전처분과 개인채권자들이 담보물권 또는 집행권원에 기해 경매개시기입등기를 하는 경우가 있다. 경매개시기입등기가 되면 압류의 효력이 발생한다.

⑤ **가처분** - 소유권의 다툼이나 담보물권, 기타 권리 등에 대한 처분을 금지하는 것으로 가압류가 채권을 보전하기 위한 것이라면 가처분은 권리를 임시적으로 보전하기 위해서 채권자의 일방적 신청에 의해 법원이 내린 결정이다.

⑥ **강제경매와 임의경매** - 강제경매는 집행권원(판결, 공증어음, 지급명령, 화해조서, 조정조서, 배상명령)을 가진 채권자가 채무자 재산에 대하여 강제경매를 집행한다. 임의경매는 근저당권, 전세권, 질권, 유치권, 담보가등기권을 갖고 있는 채권자가 그 담보부동산 자체에 대하여 신청하는 집행절차이다.

⑦ **가등기** - 보전가등기(소유권이전등기청구권 보전을 위한 가등기)로 매매계약을 체결한 후 잔금 지급 시 본등기 할 때에 본등기의 순위를 가등기 시점으로 끌어올리기 위하여 하는 등기와 담보가등기로 가등기 담보에 관한 법률 제13조(=담보가등기는 저당권으로 본다)에 따라 돈을 빌려주고 설정하는 담보가등기가 있다.

갑구에는 위와 같은 내용 등의 순위번호와 등기목적, 접수, 등기원인, 권리자 및 기타사항 등이 기재되어 있다.

(3) 을구

을구는 소유권 이외의 권리인 저당권(근저당권), 전세권, 임차권, 지역권, 지상권, 권리질권 등의 설정과 이들 권리들의 이전·변경·정정·말소·가등기·예고등기·처분제한의 등기 등이 기재된다. 이밖에 소유권 이외의 권리가 대지권인 경우의 대지권 취지 등이 기재된다.

① **근저당권** - 채무가 발생하기 전에 장래에 발생할 채무를 담보하기 위해 근저당권을 설정한다. 근저당권에 의하여 담보되는 채권은 근저당권 설정등기 후에 권리를 취득한 채권자보다는 원칙적으로 우선하여 변제를 받는다.

② **전세권** - 건물이나 토지를 일정기간 동안 점유하여 사용·수익하기 위한 권리를 의미한다. 전세권의 존속기간은 10년을 넘지 못한다. 전세기간 만료 시 전세금반환이 지체되면 전세권자는 전세권의 목적물을 경매하여 후순위 권리자, 기타 채권자보다 우선변제를 받는다. 이는 타인의 부동산을 사용·수익할 수 있는 용익물권이기도 하다.

③ **지상권** - 타인의 토지에 대한 사용·수익할 수 있는 용익물권이다.

을구에는 위와 같은 내용 등의 순위번호와 등기목적, 접수, 등기원인, 권리자 및 기타사항 등이 기재되어 있다.

알아두면 좋은 내용

갑구와 을구에 표시되는 용어 쉽게 이해하기!

① 순위번호1)
  ㉠ 갑구의 순위번호 – 소유권보존 및 이전 그리고 소유권의 제한에 관한 권리 등과 이들 권리 등의 변경·말소·회복등기 등의 설정등기순위에 따라 기재된다. 이들 내용이 기재된 순위이다.
  ㉡ 을구의 순위번호 – 소유권 이외의 권리인 저당권(근저당권), 전세권, 임차권, 지역권, 지상권 등의 설정·변경·소멸의 내용 등이 기재된 순위이다.

② 접수(접수번호)
   해당 등기소에 접수된 일자 및 접수번호 등이 갑구와 을구에 기재됨.

③ 등기원인
   매매, 증여, 시효취득, 전세권 또는 저당권의 설정계약, 등기의 오기, 계약의 무효, 상속, 토지의 멸실 등의 내용과 일자 등을 갑구와 을구에 기재된다.

④ 권리자 및 기타사항
  ㉠ 갑구에서는 소유자 및 권리자의 이름, 주민등록번호, 주소와 청구채권액 등이 기재된다.
  ㉡ 을구에서는 채권자, 채무자의 이름과 주민번호, 채권최고액 등이 기재된다.

◆ 집합건물 등기사항증명서를 보는 법과 분석하는 방법

등기사항전부증명서(말소사항 포함) – 집합건물

서울특별시 강남구 논현동 ○○ 삼성래미안아파트 제101동 제15층 제○○○호

【표 제 부】(1동의 건물의 표시)				
표시번호	접 수	소재지번, 건물명칭 및 번호	건물내역	등기원인 및 기타사항
1 (전1)	2001년 2월 1일	서울특별시 강남구 논현동 00 삼성래미안아파트 제101동	1층 328㎡ 2층 〃 3층 〃 4층 〃 : 15층 328㎡ 20층 328㎡ 지하 290㎡	도면편철장 1책 232장

				부동산등기법 제177조의6제1항의 규정에 의하여 2001년 2월 1일 전산이기

【표 제 부】 (전유부분의 건물의 표시)

표시번호	접 수	건물번호	건물내역	등기원인 및 기타사항
1 (전1)	2001년 2월 1일	제15층 제○○호	철크콘크리트조 84.98㎡	도면편철장 제1책232장 부동산등기법 제177조의6제1항의 규정에 의하여 2001년 2월 1일 전산이기

(대지권의 표시)

표시번호	대지권의 종류	대지권의 비율	등기원인 및 기타사항
1 (전1)	1. 소유권대지권	34541.95㎡분의 46.35㎡	2001년 1월 10일 대지권 2001년 2월 1일 부동산등기법 177조의6제1항의 규정에 의하여 2001년 2월 1일 전산이기

【갑 구】 (소유권에 관한 사항)

순위번호	등기목적	접 수	등기원인	권리자 및 기타사항
1 (전1)	소유권 보존	2001년 2월 1일 제21430호		소유자 ○○○ 부동산등기법 177조의6제1항의 규정에 의하여 2001년 2월 1일
2	소유권 이전	2002년 10월 10일 제54397호	2002년 8월 30일 매매	소유자 ○○○ 주소 서울시 강남구 ○○동 ○○

【을 구】 (소유권 이외에 관한 사항)

순위번호	등기목적	접 수	등기원인	권리자 및 기타사항
1	근저당	2001년 2월 1일 제21431호	2001년 1월 28일 설정계약	채권최고액 180,000,000원 채무자 ○○○ 근저당권자 ○○○
2	전세권 설정	2001년 3월 11일 제25732호	2001년 3월 10일 설정계약	전세금 100,000,000원 전세권설정의무자 ○○○ 전세권자 ○○○

(1) 집합건물등기부의 표제부

단독주택 등의 일반건물과 토지는 표제부가 하나이지만, 아파트·다세대·연립 등과 같은 집합건물은 한 동 전체에 관한 표제부와 전유부분(개별 세대별)에 대한 표제부, 이렇게 2개로 구성되어 있다. 그리고 집합건물에서 대지권은 구분소유권이 성립되고 나서는 구분소유권의 종물 내지 종된 권리가 되므로 분리처분할 수가 없다(집합건물법 제20조). 따라서 이러한 대지권의 소유권비율 등도 표제부에 함께 표시되어 있다.

① 집합건물 한 동 전체에 대한 표제부

1동 건물의 표시에는 표시번호, 접수, 소재 지번, 건물명칭 및 번호(해당부동산 주소와 건물 명칭이 있는 경우 건물명, 동이 여러 개 있는 경우 해당 동수), 건물내역(건물 각 층별 연면적 표시), 등기원인 및 기타사항 등이 기재되어 있다.

그리고 1동 건물의 종물내지 종된 권리인 대지권의 목적인 토지의 표시에는 표시번호, 소재 지번, 지목, 면적(1동 전체의 대지면적), 등기의 원인 및 기타사항 등이 기재되어 있다.

② 집합건물 전유부분에 대한 표제부

전유부분에 대한 표제부에는 표시번호, 접수, 건물번호(몇 층 몇 호), 건물내역(개별세대간 건물의 형태와 면적 등), 등기원인 및 기타사항 등이 기재되어 있다. 그리고 전유부분의 종물내지 종된 권리인 대지권의 종류와 비율(대지권은 대지를 사용할 수 있는 권리로서 소유권, 임차권, 지상권이 있고, 비율은 건물이 있는 전체토지면적분의 개인세대의 몫인 토지지분) 등이 기재되어 있다.

(2) 집합건물의 갑구

집합건물의 갑구에 기재되는 내용은 앞에서 분석한 토지등기부, 건물등기와 동일한 내용이 기재되므로 지면상 생략하기로 한다.

(3) 집합건물의 을구

집합건물의 을구에 기재되는 내용은 앞에서 분석한 토지등기부, 건물등기와 동일한 내용이 기재되므로 지면상 생략하기로 한다.

◈ 등기부에서 우선순위 결정방법과 등기부의 신뢰 관계

(1) 등기사항전부증명서에서 우선순위 결정방법

등기부상의 우선순위는 갑구와 을구에 등기된 권리자 중에서 등기일자가 빠른 경우 우선하게 되는데, 같은 날짜에 등기되었다면 접수번호로 우선순위를 정하게 된다.

① 동구인 경우(갑구에서 우선순위와 을구에서 우선순위)

【을 구】(소유권 이외의 권리에 관한 사항)				
순위번호	등기목적	접 수	등기원인	권리자 및 기타사항
1	근저당권 설정	2007년 1월 10일 5481호	2007년 1월 10일 설정계약	채권최고액 1억 3,000만원 채무자 ○○○ 근저당권자 국민은행
2	근저당권 설정	2007년 1월 10일 5482호	2007년 1월 10일 설정계약	채권최고액 1억 5,000만원 채무자 ○○○ 근저당권자 새마을금고

동구에서는 접수번호로 우선순위를 정하게 되므로, 우선순위 : 1순위 : 국민은행 1억 3,000만원, 2순위 : 새마을금고 1억 5,000만원 순이다.

② 별구인 경우(갑구와 별구가 혼합된 경우)

별구에서도 접수번호에 의해서 우선순위를 정하게 된다. 따라서 동구든, 별구든 같은 날짜에 등기된 채권자들은 모두가 접수번호에 따라 우선순위가 정해지게 된다.

【갑 구】(소유권에 관한 사항)				
순위번호	등기목적	접수	등기원인	권리자 및 기타사항
1	가압류	2007년 2월 10일 5451호	2007년 2월 6일 서울중앙지법 가압류결정 (2007가단 14321호)	청구금액 1억 3,000만원 채권자 국민은행

【을 구】(소유권 이외의 권리에 관한 사항)					
순위번호	등기목적	접수	등기원인	권리자 및 기타사항	
1	근저당권 설정	2007년 2월 10일 5452호	2007년 2월 5일 설정계약	채권최고액 1억 채무자 ○○○ 근저당권자 기업은행	

우선순위 : 1순위 가압류는 국민은행 근저당권보다 선순위이지만, 우선변제권이 없어서, 후순위인 국민은행 근저당권과 동순위로 안분배당하게 된다. 이때 물권인 근저당권이 채권인 가압류에 우선하지 못하는 것은 가압류의 처분금지효력에 따른 것이다.

03 건축물대장과 토지대장에 대한 분석방법

◆ 건축물대장(일반건축물대장과 집합건축물대장)

건축물대장은 건축물의 소유 및 이용 상태를 확인하거나, 건축행정의 기초자료로 활용하기 위하여 건물 및 대지에 관한 현황을 기재한 대장으로 다음과 같이 분석할 수 있다.

(1) 일반건축물대장

집합건축물의 소유 및 관리에 관한 법률의 적용을 받는 건축물 외의 건축물 및 대지에 관한 현황을 기재한 건축물대장

① **총괄표제부** : 하나의 대지에 2동 이상의 건축물이 있을 시 각 동별 일반건축물 현황을 표시한 건축물대장

② **일반건축물대장(갑)** : 건축물 표시부분과 소유권 현황을 기재한 대장

③ **일반건축물대장(을)** : 건축물 표시부분과 소유권 현황이 갑지란을 초과할 경우 기재한 대장

(2) 집합건축물대장
집합건축물에 해당하는 건축물 및 대지에 관한 현황을 기재한 건축물대장

① **총괄표제부** : 하나의 대지에 2동 이상의 건축물이 있는 경우 각 동별 일반건축물 현황을 표시한 건축물대장

② **집합건축물대장(표제부, 갑)** : 1동 전체의 현황을 기재한 건축물대장

③ **집합건축물대장(표제부, 을)** : 각 호수별 전유면적 및 소유권 현황이 기재된 대장

(3) 일반건축물대장도표와 집합건축물대장도표
① 일반건축물대장 도표

② 집합건축물대장도표

[집합건축물대장(전유부, 갑) 양식 이미지]

(4) 상기의 일반건축물대장·집합건축물대장의 설명

건축물대장에는 일반건축물대장과 집합건축물대장이 있다. 집합건축물대장이라면 아파트, 다세대, 연립, 오피스텔, 상가건물 등이고, 일반건축물대장은 집합건물이 아닌 일반건축물로 토지와 건물이 분리되어 있는 경우를 말한다.

① **대지위치, 지번, 명칭 및 번호** – 건축물의 위치를 특정하기 위해 나타내는 부분이다. 건물의 명칭 및 번호는 한 대지안의 여러 개의 건축물이 있는 경우 번호를 붙이는 것으로 아파트, 다세대, 연립 등에서 101동, 102동, 103동, … 등이 있다. 대부분 일반건물은 한 대지위에 한 개의 건물이 있어서 이에 해당되지 않는 경우가 많다.

② **대지면적, 연면적** – 대지 면적이란 건물이 위치한 부분의 총대지 면적이고, 연면적이란 건물이 올라간 부분의 총면적이다.

③ **건축면적, 건폐율** – 건축면적이란 1층의 바닥면적을 말하는데 이를 건폐율이라고 한다.

건축물대장상에 있는 건폐율은 건축 신고 시 신고된 건폐율이 명시되어 있는 것이다.

④ **용적률** - 용적률이란 건물을 지을 수 있는 총 연면적의 비율을 나타내는 것으로 용적률이 높으면 건물을 더 높게 지을 수 있다.

⑤ **지역, 지구, 구역** - 국토의 계획 및 이용에 관한 법률에서 정해진 용도지역, 용도지구, 용도구역상 어떤 부분에 속하는지를 명시한 것이다.

⑥ **주구조, 주용도, 층수** - 건축허가 시 작성하고 실질적으로 사용하는 용도대로 작성하게 된다.

⑦ **높이, 지붕, 부속건축물** - 건물의 총 높이, 지붕의 종류, 기재된 건물 이외에 다른 건물이 있는가 등을 표시

⑧ **건축물의 현황** - 현재 사용 중인 건물이 각각 층별로 층마다 단위별로 어떠한 용도로 신청되어 사용되고, 그 면적은 어떻게 되고, 구조도 어떻게 되어 있는가를 표시

⑨ **소유자 현황**   ⑩ **건축주 등**   ⑪ **변동사항**

◆ 토지대장과 임야대장

(1) 토지대장

토지의 소재, 지번, 지목, 면적, 소유자의 주소, 주민등록번호, 성명 또는 명칭 등을 기재하여 토지의 상황을 명확하게 하는 공부로 시·군·구청에서 발급받을 수 있다. 그러나 온라인 시스템의 발전으로 같은 구 주민센터 또는 인터넷에서 온라인 발급이 가능해졌다.

(2) 임야대장

1916년부터 1924년까지 진행된 토지 조사사업에 의하여 만들어진 대장으로서 토지대장 이후에 만들어진 대장이다. 지적법(地積法)에 의거하여 정부가 비치하고 있는 임야에 관한 서류의 하나로 토지대장 및 지적도에 등록되지 아니한 임야 또는 정부가 임야대장에 등록할 필요가 있다고 인정한 토지를 등록하는 지적공부를 말한다.

04 등기부와 대장에서 권리분석하는 실전 노하우!

등기사항증명서와 건축물대장(토지대장) 등을 확인하여 소유자와 표시부분에서 다른 내용이 있는가를 확인해야 한다.

등기사항증명서와 건축물대장에 기재된 내용이 다르다면, 소유권에 관한 사항은 등기부가 우선하지만, 등기부의 표제부에 기재되는 지번·구조·용도·면적 등은 대장이 우선하므로, 임차인은 특히 전입신고를 할 때 건축물대장과 일치한 주소로 해야 한다. 그런데 유의할 점은 단독주택(다가구주택)에서는 번지(주소)만 일치하면 되지만, 집합건물(아파트, 다세대, 연립 등)은 번지, 동, 호수까지 일치해야 주임법상 대항력과 우선변제권이 발생하고, 그렇지 못한 경우는 보호를 받을 수 없다. 그래서 경매절차에서 잘못된 주소나 동, 호수 기재 등으로 말소기준권리보다 먼저 대항요건(전입신고와 거주)을 갖추고 있음에도 대항력이 없어서 보증금을 떼이게 되는 사례가 발생하고 있어서 주의가 요구된다.

05 등기부에서 대지권미등기라면 왜 주의해야 할까?

보통 아파트를 신축하거나 재개발사업을 하면 수 필지를 합필하거나 분필하는 과정에서 기존 지번을 말소하고 새 아파트의 지번을 부여함과 동시에 환지작업을 하고 각 호수별로 대지권을 구분하게 된다. 이런 작업에 많은 시간이 소요되는데 특히 대단지 아파트인 경우 1~2년 이상이 소요될 수도 있다.

서울시 강남구 논현동 ○○ 삼성래미안아파트 제101동 제15층 제○○○호

【표 제 부】 (1동의 건물의 표시) --- <내용생략>				
표시번호	접 수	건물번호	건물내역	등기원인 및 기타사항
【표 제 부】 (전유부분의 건물의 표시)				
표시번호	접 수	건물번호	건물내역	등기원인 및 기타사항
1	2010년 2월 1일	제15층 제○○호	철크콘크리트조 84.98㎡	도면편철장 제12책 232장

이렇게 작업이 늦어지면 집합건물 전유부분이 먼저 보존등기 되고 대지권은 집합건물등기부 상에서 미등기로 남게 되고 지분정리가 모두 이루어진 경우 비로소 대지권이 집합건축물대장과 집합건물등기부등본에 대지권으로서 표시된다. 이 기간 동안 대지권이 미등기 상태로 남게 되는데 만약, 대지를 제3자(국유지, 시유지, 사유지)가 소유하고 있어서 미등기로 표시되어 있다면 건물소유권만 가지게 된다. 이때에도 토지사용권원이 있는 경우(토지가 전세권, 임차권 등)와 없는 경우로 나누어 볼 수 있다. 토지사용권원이 있다면 토지사용료만 부담하면 되겠지만, 없다면 토지소유자가 집합건물의 구분소유권에 대해서 매도청구권을 행사하면 낙찰자 또는 전유부분의 소유자는 건물의 소유권을 잃을 수도 있다.

아파트가 대지권미등기라면 대지권의 유무를 확인하라.

　집합건물등기부를 열람해서 대지권이 미등기되어 있는 사실을 확인했다면, 토지등기부등본을 열람해서 대지지분에 대한 권리 유무를 확인해 판단해야 한다. 그 이유는 집합건물의 각 구분소유자 전유면적의 비율에 따라 대지지분이 토지등기부에서 공유등기 되고 나서 그 대지지분이 집합건물의 대지권으로 등기되는 절차로 이루어지기 때문이다. 그러므로 토지등기부를 확인하지 않으면 그 발생 원인을 정확하게 판단할 수 없다. 이와 같이 대지권이 등기되지 않은 사유 등을 분석한 뒤 대지권등기가 가능한지, 가능하지 않은 경우라면 별도 대지권의 매수를 고려해야 아파트에서 완전한 권리를 행사할 수 있다.

06 대지권이 등기되었더라도 토지별도등기가 있다면?

　토지별도등기는 토지와 건물에 설정된 권리가 서로 다르다는 의미이다. 아파트 건립계획에 따라 건립세대 수와 건립세대별 전유면적이 결정이 되면 그 전유면적에 따라 안분된 대지면적이 토지등기부에서 대지에 대한 소유권 및 소유지분 등으로 공유등기된다. 그 후의 모든 권리관계는 집합건물등기부의 전유부분 표제부에 대지권으로 표시되고 건물과 일체가 되어 거래하게 되므로 토지만 별도로 거래할 수 없다. 그러나 건물을 짓기 전(집합건물의 대지권으로 형성되기 전) 토지등기부에 소유권 제한에 관한 권리 및 채권(가처분, 예고등기, 가등기, 가압류 등) 또는 소유권 이외의 제한물권(저당권 등) 등이 있는 경우에는 토지와 건물의 권리관계가 일치하지 않는다. 이런 사실 등을 표시하기 위해 집합건물등기부의 표제부 대지권의 표시 오른편에 '토지별도등기 있음'을 등기한다.

서울시 강남구 논현동 ○○ 삼성래미안아파트 제101동 제15층 제○○○호

【표 제 부】(1동의 건물의 표시) --- <내용생략>				
표시번호	접 수	소재지번, 건물명칭 및 번호	건물내역	등기원인 및 기타사항

【표 제 부】(전유부분의 건물의 표시)				
표시번호	접 수	건물번호	건물내역	등기원인 및 기타사항
1	2010년 2월 1일	제15층 제○○호	철크콘크리트조 84.98㎡	도면편철장 제12책232장

【표 제 부】(전유부분의 건물의 표시)			
표시번호	접 수	대지권의 비율	등기원인 및 기타사항
1	1. 소유권대지권	34541.95분의 46.35	2009년 10월 10일 대지권 2010년 2월 1일
2			별도등기 있음 1토지(을구 1내지 3 근저당권 설정) 2009년 8월 10일

  이 경우 추후 토지별도등기 채권자가 경매를 신청하면 나대지 상에 등기된 채권이므로 신축된 집합건물에 대해서 대항력을 갖는다. 그래서 토지 낙찰자가 토지소유자가 되고 집합건물의 구분소유자는 대지사용권이 없어 대지권미등기 상태가 되는 것이다.

  이렇게 대지권을 취득하지 못하게 되면 토지소유자로부터 부당이득을 청구당하거나 구분소유권매도청구권(집합법 제7조) 행사로 인해 건물소유권까지 잃게 될 수도 있다는 사실을 유의해야 한다.

07 지적도와 임야도란?

지적도와 임야도는 토지의 소재, 지번, 지목, 경계, 도면의 색인도, 도면의 제명 및 축척, 도곽선 및 도곽선 수치, 좌표에 의하여 계산된 경계점간의 거리, 삼각점 및 지적측량, 기준점의 위치, 건축물 및 구조 등의 위치 등이 기재되어 있다. 그래서 건물을 신축하거나 토지를 이용하는데 중요한 판단 기준이 되고 있으므로 발급 받아 확인해야 한다.

08 토지이용계획확인원을 확인해야 하는 이유

토지이용계획확인서는 해당 토지에 대한 건축제한, 용적률, 건폐율, 층수제한 등을 기록한 공부인데, 확인서에 기재된 내용은 용어도 어렵고 해당규제에 대한 내용도 정확하게 이해하기가 어려운데 정확한 이해가 없으면 사업에 큰 차질이 발생할 수밖에 없다. 따라서 토지이용계획확인서를 열람해서 매수목적에 맞지 않는 제한 사유 등을 점검하고, 토지가 어떤 용도·지역·지구에 해당되는지와 그 지역에서는 어떠한 행위의 제한이 있는지 등을 확인하고서 계약서를 작성해야 한다.

① 건물신축이 매수목적이라면 건축 제한 여부, 어떠한 용도의 건물과 건물 연면적은 어느 정도 지을 수 있는가 등을 판단해서 이용목적에 맞아야 되므로, 매수 전에 건축설계사무실 등의 자문을 받아 가설계서를 작성해보고 매수해야 한다.

② 개발행위허가(농지전용허가, 산지전용허가)를 받아서 전원주택, 창고, 공장 등을 지을 목적이라면 매수 전에 지자체의 담당자, 또는 토지설계사무소, 인허가 전문가 등과 상담후 개발행위 가능성과 그 형질변경을 발생하게 되는 비용 등을 모두 감안한 다음 토지를 매수하는 전략이 필요하다.

③ 조경사업, 버섯재배, 농업경영, 분묘설치 등이 목적인 경우도 사용목적에 제한 사항 등이 있는 가를 시·군·구 지자체, 그리고 전문가의 조언을 받아서 매수목적에 맞는 토지를 매수해야 한다.

Chapter 06
우량한 아파트에 투자하는 비법!

Chapter 07
이런 아파트에 투자하면 오를 수밖에 없다!

Chapter 08
우량한 아파트로 내 집 마련과 노후생활자금 만들기!

3편

두고두고 돈 되는
아파트 투자 비법

Chapter 06

우량한 아파트에 투자하는 비법!

01 실수요자가 선호하는 우량한 아파트를 찾아 투자해라!

◈ 아파트 중·대형 세대와 유명브랜드 시공회사 여부

① 1,000세대 이상이면 대형세대, 500세대 이상이면 중대형세대로 500세대 이상인 것이 좋다. 세대수가 많으면 많을수록 생활 편의시설이 잘 갖추어져 있기 때문이다.

② 유명브랜드 유무는 소비자들에게 매우 중요하다. 소비자들은 더 비싼 가격 또는 분양가를 더 지급하더라도 대형업체에서 시공한 아파트를 선호하기 때문이다.

◈ 역세권 주변과 대중교통 근접성, 교육여건과 생활편의시설의 접근성 등

역세권 주변과 대중교통 등이 발달하는 지역을 공략해라!

역세권 주변이나 버스 등의 대중교통이 근접해 있으면 주변이 함께 발전할 수 있어서 미래가치가 높다. 또는 앞으로 발전해 가는 곳은 분명 메리트가 있는 지역이다.

교육여건과 생활편의시설의 접근성, 주거의 쾌적성 등이 수요를 부른다

① 주택을 선택할 때 우선되는 것이 교육여건이다. 제반사항이 불리하더라도 교육여건이 좋은 곳이라면 가치를 증가시킬 수 있다. 초·중·고등학교의 학군이 우수하거나 주변에 우수한 학원 등이 있는 경우에는 많은 수요가 예상되고 이에 따라 추후 발생되는 가격 상승요인이 된다.

② 대형마트, 재래시장, 공공기관(구청, 주민센터, 법원 등), 금융기관 등 생활편의 시설의 접근성이 높으면 수요를 창출하게 된다.

③ 쾌적한 주거환경은 누구나 소망한다. 아파트 근처에 공원이나 산, 강 등이 위치하고, 주차공간 등이 잘 확보되어 있으면 주거에 있어서 보다 편안함을 가져다줄 수 있고 이러한 지역은 부동산 가치가 높다.

◆ 주변에 비해 저평가되어 있는 아파트를 찾아 투자해라!

주변에 비해 저평가되어 있는 아파트 등은 추가적으로 가격 인상이 예상된다. 특히 이러한 아파트 등은 오래된 것이 많은데, 잘 분석해 보면 재건축까지 기대할 수 있어서 미래가치를 증가시킬 수 있다.

◆ 아파트가 재건축 대상인 경우와 리모델링 대상이 되는 경우

아파트 건축연도가 20년에서 30년 이상 되었고, 저밀도 아파트로서 대지지분과 건축용적률이 높고, 주변 편의시설 등이 우량한 지역이라면 재건축 대상(28년~30년) 또는 리모델링 대상(15년~20년)으로 관심을 가져볼 만하다. 최근 서울 부동산 시장의 큰 변화는 신규아파트의 아파트분양가가 주변 20년 이상 노후화된 아파트보다 높은 가격으로 거래되고 있다. 20년에서 30년 이상 노후화된 아파트도 재건축 또는 리모델링 사업으로 신축하면 높은 가격을 받을 수 있다. 이런 기대감으로 재건축 등이 확정되거나 임박해지면 오를 수밖에 없다. 재건축 등이 확정되면 싸게 살 수 없다. 그래서 예상되는 아파트를 대상으로 투자해서 2년 이상 거주하다가 비과세 혜택을 보면서 파는 전략이 필요하다. 이러한 아파트가 2년 뒤에 오르는 아파트이고 이러한 아파트에 투자해야 미래가치가 높은 아파트에 투자하는 것이다.

재건축이 추진되고 있는 지역이라면 추진위원회가 구성되어 있는지! 조합설립인가가 난 곳인지! 등을 분석하여 조합이 설립되어 있다면 조합원 승계 여부를 확인하는 것도 잊지 마라! 자세한 내용은 Part 11 재건축과 신규 아파트, 그리고 그 주변 부동산에 투자해라!를 참고하면 된다.

02 아파트 못지않은 우량한 단독주택과 다가구주택 고르는 방법

대부분 사람들은 환금성이 좋은 아파트에 관심이 집중돼 있다. 그러나 단독·다가구주택에서도 잘만하면 높은 수익을 올릴 수 있다. 그래서 주택을 고를 때에는 주변 편의시설, 학군, 교통수단의 근접성 등을 검토하고 주변지역 개발 가능성까지 예상할 수 있는 지역을 선택한다면 아파트에서 얻을 수 없는 고수익을 올릴 수 있다. 왜냐하면 요즘 부동산 시장의 대세가 수익성 부동산인데, 다가구주택 등은 그러한 역할을 충분히 해내고 있기 때문이다. 그러나 노후화된 주택 등이 많아서 주택 개·보수에 많은 자금이 소요될 수 있으니 건물의 양호와 불량 등을 예상하고 건물이 불량 시에는 보수비용까지 계산해서 매수하는 전략이 필요하다.

<u>단독·다가구주택지가</u> 재개발·재건축사업 구역 내에 있거나 추후에 개발이 예정되어 있다면 가치가 높은 주택이다. 이러한 지역에 포함되어 있지 않았더라도 주변이 대단위 재개발구역이라면 재개발사업으로 인해서 주변지역도 가격의 상승이 예상된다.

재개발이 추진되고 있는 지역이라면 추진위원회가 구성되어 있는지! 조합설립인가가 난 곳인지! 등을 분석하여 조합이 설립되어 있다면 조합원 승계 여부를 확인하는 것도 잊지 마라!

03 다세대주택 등이 주택 시장에서 귀한 몸이 되고 있다!

아파트 전세가가 오르면서 다세대주택 등과 같이 적은 돈으로 내 집 마련하는 수요가 증가하고 있다. 이러한 수요에 발맞추어 가면 적은 자본을 투자하고도 수익을 올릴 수 있다. 이때 유의사항은 소비자 즉 새로운 매수자 입장에서 주변상황과 건물을 판단하고 주차시설, 편의시설, 학군 등을 잘 검토한 후 입찰가를 결정하고 구입해야 한다.

소비자들의 기호와 일치해야만 빠른 시일 내에 매도할 수 있다. 그리고 연립·다세대주택 또한 미래가치를 예상할 수 있다. 건축연도가 오래되었고, 세대수가 많고, 대지지분과 용적률 등이 높으면, 재개발·재건축 등으로 미래가치를 증가시킬 수 있다. 따라서 ① 대지지분과 위치, ② 구조 및 층수, ③ 용적률, ④ 주변 편의시설, ⑤ 조망권, ⑥ 학군 등을 종합적으로 판단하고 투자해야 성공할 수 있다.

04 이러한 위치에 있는 부동산에 투자하면 된다!

◆ 서울로 직접 연결되는 지하철과 강남으로 향하는 황금노선

지하철과 철도 노선은 서울로 직접 연결되는 노선, 서울 중에서도 업무와 상업시설이 발달한 강남3구(서초구, 강남구, 송파구) 부근으로 정차하는 노선이 가치가 높다.

이밖에도 충남 온양과 인천에서 서울 강북을 가로 지르는 1호선과 3호선, 6호선, 8호선 역세권 주변 지역에 500세대 이상 아파트에 투자하면 미래가치가 높다. 그리고 신설 노선으로 서해선과 연계하여 안산에서 광명, 영등포, 여의도(장래 서울역)까지 이어지는 신안산선에도 관심을 가져 볼만하다. 그리고 부산이나 대전, 광주, 대구지역 등도 마찬가지로 역세권 주변과 도시중심에서 오르는 명품아파트를 찾아 투자하면 된다.

◆ 한강 주변 강남 3구와 맞닿은 강동·성동·동작구 거래 급증

'강남 3구(강남·서초·송파)'와 맞닿은 성동·강동·동작구에서 10억원 이상 아파트 거래량이 대폭 늘었다. 부동산 전문가들은 서울에서 집값이 가장 비싼 강남 3구의 영향력이 주변 지역으로 확장된 '메가(Mega) 강남시대'가 열리고 있다는 분석도 내놓았다.

이러한 지역에서 명품 아파트, 또는 현재 오르고 있지 않지만 2년 뒤에 오르는 미래가치가 있는 부동산에 투자하면 된다. 그렇다면 그러한 아파트를 어떻게 찾는가에 대해선 특정 지역만을 고려하는 것은 문제가 있다고 생각되므로, 필자가 **실제 투자한 사례를 가지고** 설명해 보겠다.

◆ 우수학군에 따라 주택가격이 상승하고 있다!

서울 강남·서초·양천구와 경기 과천시, 성남시 분당구 등 학군이 뛰어난 곳으로 평가받는 지역의 아파트값이 오르고 있다. 자사고와 특목고 대신 학군이 좋은 지역의 일반고를 선호하는 현상이 부동산 시장에도 영향을 미쳐, 그 주변 지역의 아파트 가격이 지속적으로 상승하고 있다.

◆ 재건축·재개발 지역과 그 주변에 있는 저평가된 주택을 사라!

부동산 투자는 어느 한쪽이 재건축과 재개발 등으로 오르면, 그 주변도 함께 오를 수밖에 없다. 호수에 물이 넘치면 그 주변 지역으로 넘쳐 흘러가 또 하나의 강물을 만들고, 부동산 역시 똑같은 과정으로 이어지고 있다는 사실을 오랜 기간동안 보고 살아왔다.

이렇게 강남4구와 마용성 등에서 재건축·재개발 물건에 투자하면 좋겠지만 투자비용이 많이 소요된다는 것이 단점이다. 따라서 초기투자비용을 적은 돈으로 성공하려면 재건축·재개발 주변지역에 저평가된 부동산에 투자하는 것도 좋은 방법이다.

◆ 신축아파트 분양가격보다 싼 주변 아파트를 사라!

정부가 서울 집값 안정을 위해 강남 재건축 단지를 겨냥한 규제안을 내놓으면서, 5년 미만된 신규아파트와 이미 재건축을 진행한 신축 아파트값이 천정부지로 오르는 '풍선효과'가 발생하고 있다. 특히 교통·교육 등 생활여건이 좋은 서울 강남에 대한 수요가 여전한 상황에서 재건축 규제로 공급이 위축되면 수급 불균형이 더 심해진다는 분석이다. 입주한 지 얼마 되지 않는 강남·서초구의 새 아파트 단지에선 팔려고 내놨던 아파트를 급히 회수하고 있다. 이러한 아파트의 장점은 수요가 많아서 오르고 있지만, 단점은 너무 많이 올라서 떨어질 수도 있고, 적은 돈으로 살 수 없다는 것이다.

그래서 필자는 적은 돈으로 오르는 아파트를 사려면, 이러한 주변지역에서 30년 이상 된 아파트를 사라고 권한다. 왜냐하면 5년 미만 된 신규아파트보다 2억에서 3억 정도 저평가된 사례가 많은데, 언젠간 반드시 따라 오르게 되어 있기 때문이다. 이미 2018년부터 계속해서 그러한 곳이 많이 올랐고, 침체기인 지금도 오르고 있다는 것이 그 증빙이다.

◈ 불경기인 지방도 우량한 아파트를 싸게 사면 돈이 된다!

　수도권이 아니어도 지방에서도 우량한 아파트를 찾아 싸게 사서 5년 이상 보유하면 된다. 아니 그 이전에 부동산 경기가 활성화되면 서울보다 높은 기대수익을 얻을 수 있다. 불과 몇 년 전만 해도 서울보다 지방이 더 올랐다는 사실을 잊지 말자! 부동산 경기가 좋아졌을 때 우량한 아파트는 싸게 살 수 없지만, 불경기에는 우량한 아파트도 싸게 살 수 있다. 그래서 필자는 조용하게 남들이 꺼리는 투자를 한다. 그 이유는 단순하다? 지방에서 입지가 좋은 부동산이 침체기로 인해서 많이 떨어져 있다. 그 부동산 찾는 것은 쉽다. 이미 몇 년 전에 가격상승을 맛보았던 지역이면서 입지조건이 좋은 곳이다.

05 오르는 지역의 아파트 등을 싸게 사려면 이렇게 하면 된다?

　오르는 지역에서 아파트나 다세대주택, 다가구주택을 찾아 매수할 때는 매매와 전·월세 시세를 정확하게 파악하는 것이 중요하다. 시세를 파악하는 방법은 1차적으로 인터넷을 통해서 확인하는 방법과 2차적으로 현장답사를 통해서 확인해야 한다. 이때 매수를 중개한 부동산에서만 확인하지 말고, 주변 부동산중개업소 3~4군데를 추가로 확인해야 한다.

◈ 인터넷에서 매매와 전·월세 시세를 직접 확인하는 방법

　네이버 창에서 부동산을 검색하면 네이버부동산 land.naver.com 사이트가 나오는데, 이 사이트를 검색하면 다음과 같이 아파트나 다세대주택, 단독주택이 실제 거래로 나온 매물, 전세, 월세 등을 확인할 수 있다.

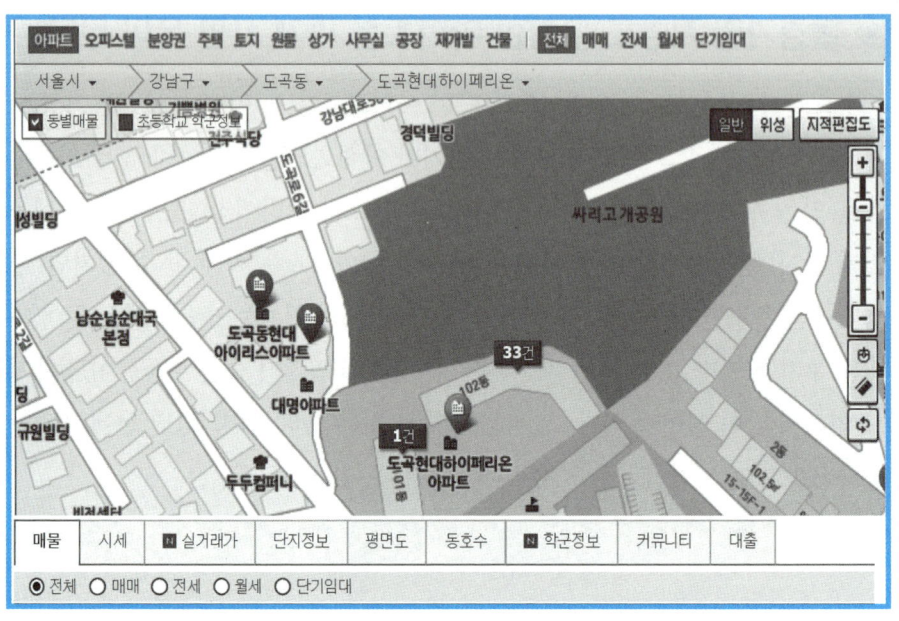

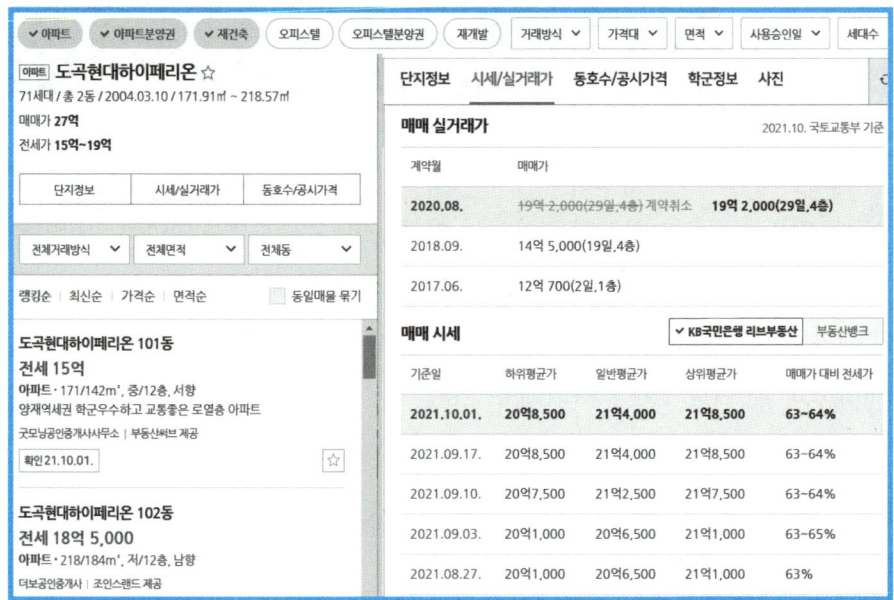

　이 네이버부동산 사이트와 다음 부동산114의 장점은 ① 아파트나 다세대주택, 단독주택이 실제 거래로 나온 매물, 전세, 월세 등을 확인할 수 있다는 점과,

② 화면에서 직접 번지까지 확인할 수가 있어서, 비슷한 아파트 등이 많을 때 동일 아파트인지 여부 등을 확인할 수 있다는 것이다.

(2) 인터넷 "부동산 114"를 검색해서 확인하는 방법

인터넷주소창에서 "www.r114.com" 검색하거나 네이버에서 "부동산 114"를 검색하면 다음과 같은 화면이 나타난다.

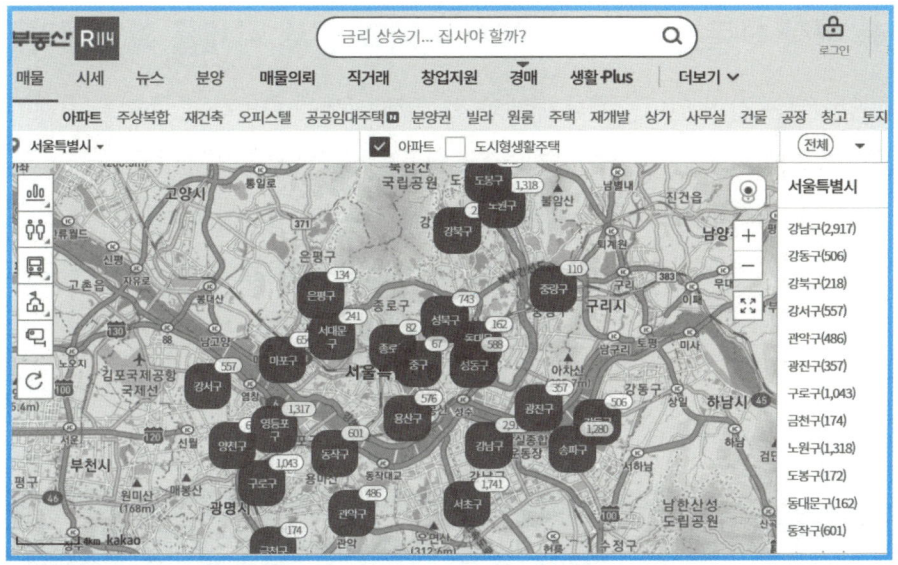

이 화면에서 시세를 확인하고자 하는 주택의 주소 서울시 강남구 도곡동, 그리고 단지(현대하이페리온) 등을 선택하고 ⇨ 전체매물 또는 매매, 전세, 월세 등을 체크해서 매매 시세, 전세와 월세 시세 등을 확인하면 된다.

(3) 인터넷 "KB 부동산(nland.kbstar.com)"을 검색해서 확인하는 방법

이 화면에서 확인하는 방법은 앞에서와 같이 하면 된다. 이 "KB 부동산 시세"는 금융기관에서 대출할 때 참고하고 있는 시세로, 대출을 희망한다면 참고해야 한다.

(4) 국토교통부 실거래가 공개시스템(rt.molit.go.kr)

이 화면을 검색해서 아파트, 연립/다세대주택, 단독/다가구 등의 실제 거래된 가격과 거래 시기 등을 확인할 수 있다. 임대차계약서를 작성할 때는 물론이고, 부동산 매매 계약서를 작성할 때도, 이 같은 방법으로 시세를 확인하고 계약해야 안전하다.

◆ 현장 부동산 중개업소에서 매매와 전세 시세를 확인해라!

앞에서와 같이 인터넷에서 매매와 전·월세 시세를 확인하고, 주택을 소개한 중개업소 이외에 다른 주변 중개업소 3~4곳을 방문해서 확인해야 한다. 이렇게 다양한 방법으로 매매와 전세, 월세 시세를 확인해야 정확하게 파악할 수 있다. 이러한 분석을 게을리해서 문제가 생긴다면 큰 후회를 할 것이니 사전에 방지할 수 있어야 한다.

06 부동산 이렇게 종합적인 분석 후 사라!

매수할 부동산을 조사하는 경우에는 개인적이고 주관적인 평가에 그쳐서는 안 된다. 조사 시점부터 분석할 때까지 객관적이고 합리적으로 판단해야 한다.

이러한 분석은 1차적으로 공적장부 등을 통해서 확인하고, 2차적으로 부동산이 위치하고 있는 현장을 방문해서 공적장부 등으로 확인할 수 없었던 내용을 확인해야 한다.

부동산이 공부상 기록과 현장상황이 일치하는지의 여부, 주변 환경, 교통, 교육여건, 기타 편익시설과 기타 개발가능성, 기타 제한사항 등이 있는가 확인하고, 주변에 있는 다른 부동산중개업소 3~4곳을 방문하여 보다 객관적이고, 합리적인 부동산 시세와 주변정보 등을 가지고 매수 여부를 결정해야 한다.

 부동산 가격이 상승하면 그 주변부동산도 그에 편승하여 오를 수밖에 없다! 주변이 재개발·재건축 등으로 가격 인상요인이 발생하였든가, 주변이 미래개발계획 등이 예측된다면, 가격이 상승되기 전에 미리 선점하는 것이 좋다. 재개발·재건축 등으로 가격이 올라 있다면, 그 부동산을 낮은 가격으로 살 수 없다. 그러나 그 주변지역을 대상으로 투자한다면 장기적으로 많은 투자수익을 기대할 수 있다.

Chapter 07

이런 아파트에 투자하면
오를 수밖에 없다!

01 신동아리버파크 34평형을 사지 않고 42평형에 투자한 이유는?

　동작구는 필자가 많은 관심을 가지고 있는 지역이다. 서울시 서초구, 강남구와 붙어 있고, 지하철 9호선과 7호선, 1호선 등이 교차하는 교통 천국, 그리고 한강도 끼고 있는 지역이다. 그래서 그런지, 최근 들어 동작구가 서울시에서 아파트 가격상승률이 가장 높다. 이런 사실 이외에도 모교 중앙대학교가 위치하고 있다. 학창 시절, 군대생활을 포함해 7년 동안 생활한 곳이다. 이 지역은 강남3구와 가까이 위치하고 있으면서도 아파트가격이 강남3구보다 저평가된 곳으로, 미래에 오를 수 있는 높은 가치를 가지고 있다. 이런 곳에 저평가된 아파트를 찾아 투자하면 될 것이라는 판단을 했다. 그 곳이 신동아리버파크이다. 이 아파트는 세대수가 1696세대로 2001년 2월에 준공되었다. 주변에 편의시설이 모두 갖추어져 있는데, 주변 신규 아파트와 비교하면 저평가 되어 있는 아파트이다.

　그 이유는 다음과 같이 주변 신규분양가와 신축한지 10년 미만 아파트 가격의 상승을 보면 알 수 있다.

Chapter 07 이런 아파트에 투자하면 오를 수밖에 없다! 129

신동아리버파크 주변에 신규분양 e편한세상 상도노빌리티가 총 893세대로 2018년 12월 입주 예정이었다. 전용 59.78㎡(24평형)이 8억5천만이고, 84.63㎡(34평형)이 10억원에 거래되고 있고, 2010년 3월에 준공된 상도두산위브 1차아파트 84.53㎡(34평형)는 8억원에 거래되고 있었다. 그래서 신동아리버파크 42평형대도 9억 정도로 오를 것이라 판단하고 2017년 7월에 6억3,000만원으로 매매 계약을 체결했고, 잔금은 9월 말에 지급했다. 42평형을 사게 된 동기는 30평형대와 40평형대가 5,000만원 밖에 차이가 나지 않았기 때문이다.

<u>최근에 중소형 평형대가 많이 오른 반면, 대형 평형대가 오르지 못했다.</u>

이렇게 34평형과 42평형의 가격 차이가 없다면 42평형을 사는 것이 유리하다. 42평형 또는 50평형을 선호하는 실수요자가 분명히 있다. 그리고 재건축이나 리모델링 연한이 임박해지면, 42평형과 50평형이 30평형대보다 훨씬 더 빛을 볼 수 있기 때문이다.

◈ **아파트 사진과 아파트 내부 평면도**

◆ 네이버 부동산 시세조사(2021년 10월 03일 현재)

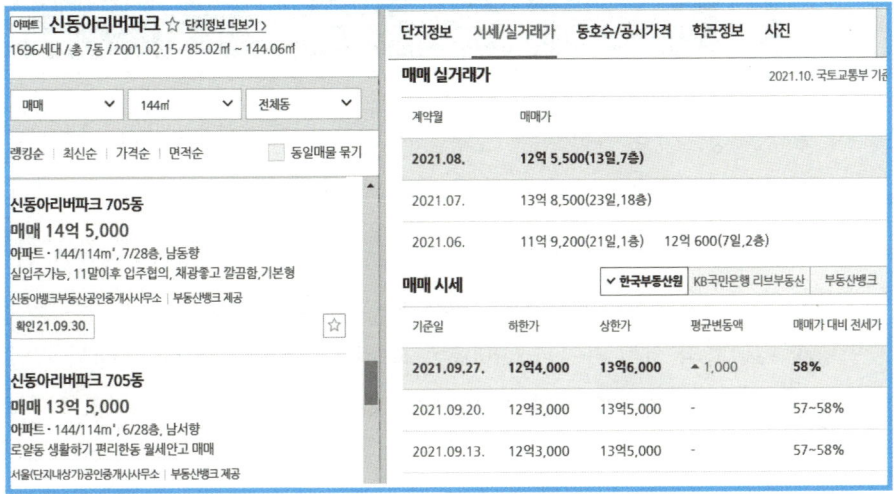

◆ 아파트가 4년이 지났는데 7억2천만원이 올랐다!

2017년 9월에 사서 4년이 지난 현재 확인하니 앞에서와 같이 13억5,000만원에 매물이 나온 것을 확인할 수 있었다. 그러니 7억2,000만원의 재산이 증가된 셈이다.

주변 아파트 가격도 계속 올라가고 있다. 2018년 12월에 입주한 신규분양 e편한세상 상도노빌리티가 입주 당시 24평형은 11억이고, 34평형은 13억원에 거래되었는데, 3년이 지난 2021년 10월에는 24평형은 15억5,000만원(4억5,000만원 오름), 34평형은 17억5,000만원에서 18억원(4억5,000만원 오름)으로 올랐다. 2010년 3월에 준공된 상도두산위브 1차아파트 34평형은 입주당시에는 9억5,000만원 이었는데, 11년이 지난 2021년 10월에는 14억원으로 4억5,000만원 올랐다.

이렇게 주변에 신규분양가가 높은 아파트나 오르는 아파트가 있다면, 그 주변 아파트도 따라 올라갈 수밖에 없다. 그런 아파트를 찾아 투자하거나 내 집 마련의 기회로 삼으면 적은 돈으로 성공할 수 있다.

02 상도삼호 아파트에 투자해서 1억 만들기에 도전!

이 동작구 상도삼호 아파트는 7호선 숭실대입구역에서 도보로 4분 거리에 있다. 1994년에 건축되어 현재 24년이 되었다. 총세대수는 682세대이다. 필자가 지인에게 소개하려고 현장답사를 통해서 확인한바, 32평형이 5억5천만원에서 5억6천만원이고, 42평형이 6억원에서 6원1,500만원 대를 형성하고 있었다. 특히 32평형과 42평형의 시세 차이가 5,000만원도 차이가 나지 않았다. 그래서 42평형을 선택하는 것이 좋겠다는 판단을 했다.

◆ 아파트 주변 현황과 아파트 사진

이 아파트는 42평형이 1년 전만 해도 5억에 거래되다가 1억 정도 올랐다. 주변 아파트에 비해 저평가된 아파트로 앞으로도 더 오를 수 있다는 것이 중개업소의 이야기이다. 주변 삼성래미안 아파트가 32평형이 7억5천만원에서 8억원이고, 42평형은 8억5천만원에서 9억을 형성하고 있다. 그리고 현대가 지은 현대엠코 아파트는 33평형이 8억7천만원에서 9억5천만원이고, 43평형은 10억2천만원에서 10억9천만원에 거래되고 있다.

그래서 2018년 3월에 42평형을 지인에게 5억9,800만원에 소개했다(취득세를 줄이기 위해 6억 이하로 매매계약). 이렇게 주변 시세보다 저평가되어 있는 역세권 주변 아파트는 따라 오른다. 설령, 불경기라도 떨어지지 않고 소폭 상승하는 경향이 있다. 그래도 2018년 5월에서 6월 사이에는 소폭 하락할 조짐이 있다.

이러한 시기에 사서 2년 뒤에 호경기에 다다르면 양도소득세 비과세 혜택을 보면서 팔거나 장기보유하면서 삶의 질을 높이면 된다. 이러한 판단 하에 지인에게 사주었는데 다음 부동산 매물 시세처럼 그 판단은 적중했다.

◆ 네이버 부동산 시세조사(2021년 10월 03일 현재)

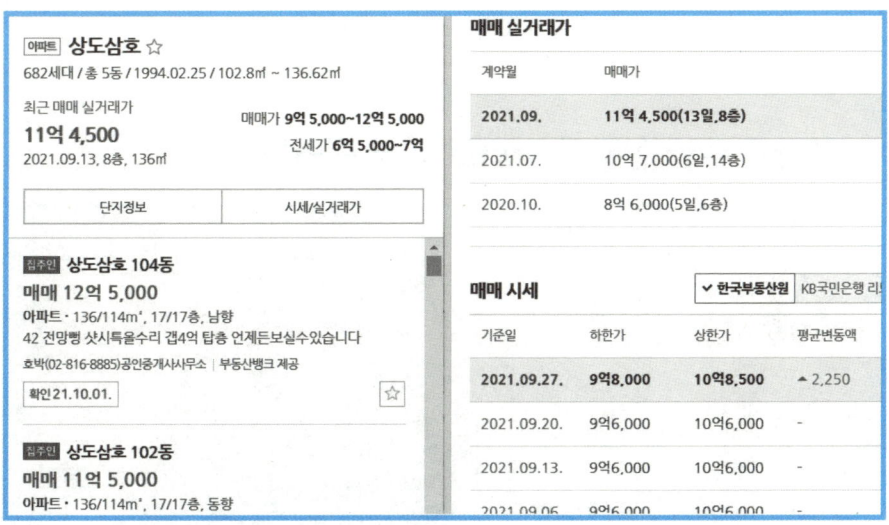

지인이 2018년 3월에 5억9,800만원에 42평형을 샀는데 1년도 지나지 않아서 7억6,000만원에서 8억원 가고 있다. 앞에서 소개한 것처럼 주변 아파트 가격이, 이 아파트 가격을 상승시키는 요인이 되고 있다. 그리고 필자가 확인해 본 결과 이 아파트가 동작구에서 제일 싼 아파트였다. 이러한 아파트로 내 집 마련하면 남보다 적은 돈으로 오르는 아파트를 살 수 있다. 설령 부동산 침체기가 와도, 이러한 아파트는 떨어지지 않고, 소폭 상승하는 경향에 있다.

03 마장동 삼성래미안에 투자해서 2억 만들기에 도전!

　이 성동구 마장동 삼성래미안 아파트는 5호선 마장역에서 도보로 3분 거리에 있다. 1996년에 건축되어 현재 25년이 되었고, 총 세대수는 430세대이다. 필자가 가까운 지인에게 2010년에 33평형을 3억원에 소개한 적이 있다. 그리고 2016년에 지인 아파트를 방문하면서 중개업소를 방문했다. 33평형은 4억5,000만원이었고, 51평형은 5억원, 그래서 51평형을 4억9,500만원으로 절충해 놓고, 지인에게 51평형으로 갈아타라고 했다. 이 시기에 33평형은 매물 내놓기가 무섭게 팔리는 시기였다. 지인도 동의해서 51평형으로 갈아탔다.

◆ 아파트 주변 현황과 아파트 내부 평면도

　이 아파트는 51평형이 2016년 말에 6억원이었는데, 2018년 2월에 1억5천만원 정도 올라서 7억5천만원이다. 그리고 아파트 근처에 있는 변전소 이전발표 이후에는 매물 자체가 없다. 33평형에서 51평형으로 갈아탄 것에 지인은 만족하고 있다. 독자 분들도 이러한 상황에 놓이면 반드시 갈아타기를 주저하지 말라! 물론 갈아타선 안 될 지역적 편차도 있다. 예를 들면 서울과 과천시, 수도권 신도시 중에서 분당, 평촌, 일산 지역을 제외하고는 대형평형이 소형평형에 밀릴 수도 있다는 사실을 감안하고 투자해야 한다.

 2016년도 이 아파트를 4억9,500만원에 구입할 때 주변 신규분양 아파트가 6억5천만원에서 7억을 호가하고 있었기 때문에 더 오를 수 있다는 판단 하에 갈아타기를 권장했다. 이 내용은 2018년 3월 "아파트 살 때와 팔 때(2년 뒤에 오르는 아파트는 따로 있다)"에서 기술한 내용이다. 그런데 매수 후 5년이 지난 2021년 10월엔, 다음 네이버 부동산 매물처럼 34평형이 12억8,000만원에 거래되고 있고, 51평형은 매물로 17억5,000만원에 나와 있다. 그래서 필자가 주변 부동산에 확인해보니 그 가격은 매도자 우위시장에서 호가로 나온 것으로, 실제 거래가 되려면 16억정도가 돼야 한다고 했다.

◆ **네이버 부동산 시세조사(2021년 10월 7일 현재)**

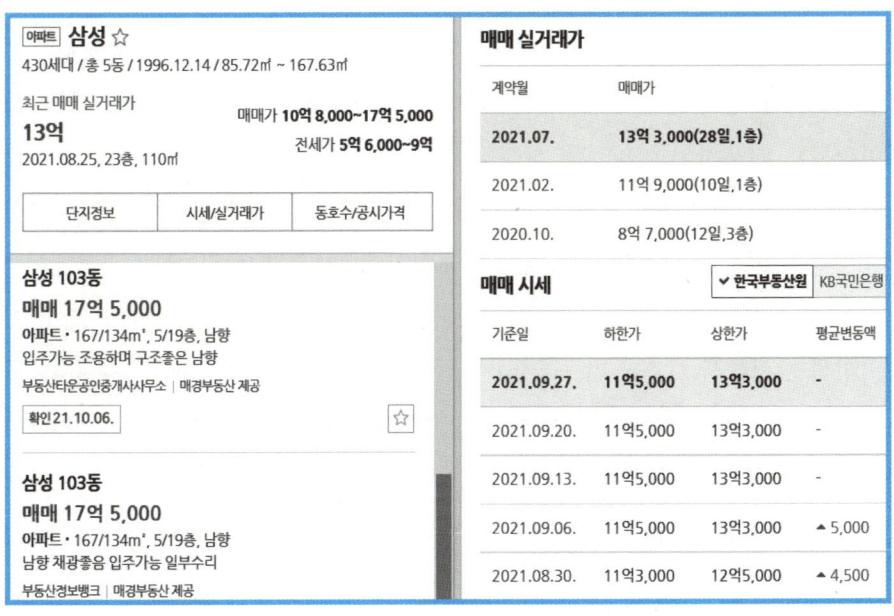

이러한 위치에 있는 아파트 등은 오를 수밖에 없다.

독자 분들도 역세권 주변 500세대 이상 아파트가, 주변 신규아파트보다 저평가 되어 있다면 침체기가 예상되는 2022년 상반기부터 하반기 사이에 사서(이 기간에 급매물 등을 구입), 2년 뒤 호경기에 양도소득세 비과세 혜택을 보면서 파는 전략으로 연봉 1억 만들기에 도전해라!

04 반포미도 아파트로 월급쟁이가 투잡 뛰기를 시작하다!

지인이 반포에 있는 미도 아파트가 주변 아파트에 비해 저평가되어 있다고 매수를 희망했다. 그래서 2017년 7월에 인터넷으로 부동산 시세를 확인하고, 주변 중개업소를 방문해서 아파트 시세를 조사하니 11억5,000만원에서 12억정도까지 호가하고 있었다. 그리고 아파트가 지어진 지 30년이 지나서 재건축으로 인한 미래가치도 높은 편이다. 왜냐하면 미도 아파트 인근 북쪽에 있는 30평형 아파트로 반포자이 아파트와 삼성래미안퍼스티지 아파트가 20억에서 24억을 호가하고 있기 때문이다. 이밖에도 서초구 반포동 일대에 재건축이 이루어진 30평형 아파트 대부분이 20억원에 거래되고 있다. 그래서 취득해서 2년에서 3년 정도 보유하다가 팔면 20억 정도는 충분히 받을 수 있다는 판단이 섰다. 이 아파트는 서울시 서초구 반포동 60-4, 반포미도 아파트 303동 제0층 제000호로 건물전용면적이 84.96㎡(34평형)이고, 가까이에 9호선과 7호선, 그리고 3호선이 교차하는 강남고속터미널역이 위치해 있다. 이렇게 주변 가격이 오르는 지역에 있으면 동반 상승하게 되므로 미래 가치가 높다.

이 아파트를 보면 7년 전 생각이 문득 떠오른다!

공매로 반값에 사면 돈이 된다는 MBC 금요일 저녁 9시 뉴스에 방송한 적이 기억났기 때문이다.

이 당시에 아파트 가격이 7억5,000만원 정도였다. 그런데 공매로 5억5,000만원에 낙찰 받을 수 있다고 하니까, MBC 저녁 9시 뉴스 앵커가 찾아와 출연해 달라고 했다.

이 당시에 필자는 신반포 아파트에 거주하고 있었고, 사무실은 지금 현재 사용 중에 있는 강남 교보타워 4거리에 있었다.

그동안 아파트 가격이 오르내리기를 반복하더니, 지금에 와서 오르기를 본격적으로 시작했다. 어쨌든 지인이 아파트를 사달라고 해서 아파트 주변부동산을 방문해서 일반 매물로 11억5,000만원에 사주었다. 지인은 현재 입주해서 살고 있는데, 주변 교통은 조금 불편하지만 아파트 뒤를 감싸고 있는 산이 좋아 산책도 하고, 특히 조용해서 좋단다.

얼마 전에는 필자가 책을 쓴다고 하니까, 아파트 시세까지 조사해 왔다.

◈ 아파트 사진과 아파트 내부 평면도

◈ 네이버 부동산 시세조사(2021년 10월 03일 현재)

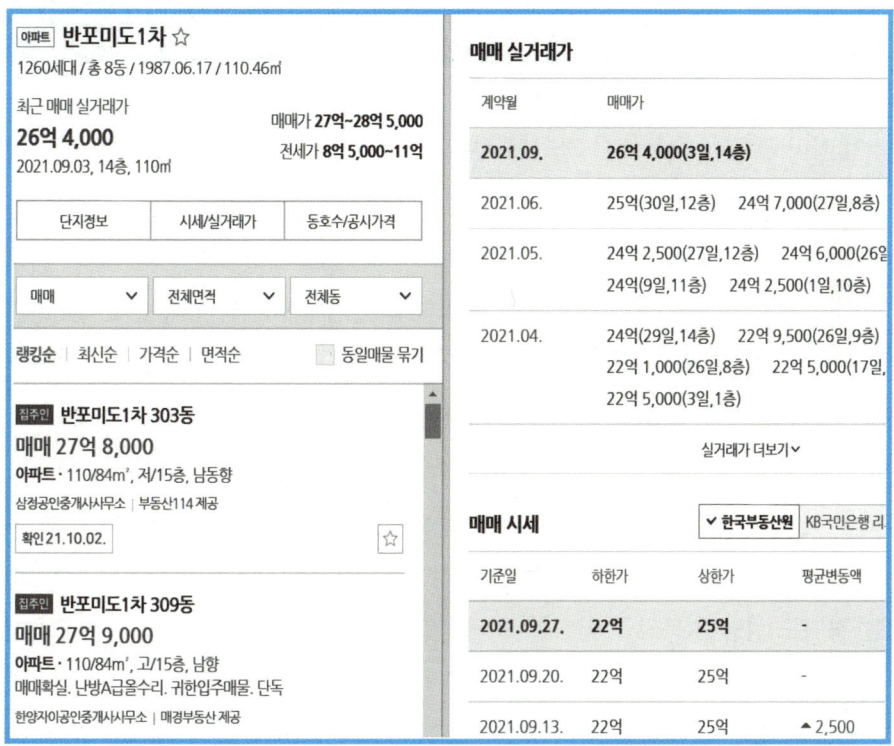

 이 아파트는 필자가 2017년 7월 11억5,000만원에 사 주었는데, 위 네이버 부동산 시세(2021년 10월 03일 현재)와 같이 가격이 27억원으로 4년 만에 15억원 정도 오른 것을 확인할 수 있었다. 올라도 너무 올랐다. 새정부들어 이런 급등가격이 조금이나마 조정되어 사회 안정화에 기여하기를 사견으로 희망한다.

05 분당 우성아파트를 바로 팔아 4,800만원 벌었지만, 아쉬움만 남는다?

네이버 부동산 매물에서 경기도 성남시 분당구에 있는 아파트를 검색하다가 25평형이 5억8,000만원으로 시세보다 싸게 나온 상록마을 우성아파트를 찾았다. 그래서 이 아파트 주변 부동산중개업소 3~4개를 방문해서 2017년 3월 현재 거래되고 있는 매매와 전세 시세를 확인해 보았더니 매매는 6억원, 전세는 4억 7,000만원 정도였다. 더욱 마음에 들었던 것은 요즘 뜨고 있는 신분당선 정자역에서 4~5분 거리에 있고, 주변 학군(정자중학교)과 거주요건 등이 우수했기 때문이다. 이러한 아파트는 오를 수밖에 없다. 그래서 매물을 가지고 있는 중개업소를 찾아가 아파트 내부를 확인했다. 올 수리가 되어 있어서, 별도 수선비용 없이 팔거나 전세를 놓아도 괜찮다는 생각으로 매수하기로 결정했다. 이 아파트는 경기도 성남시 분당구 정자동 121외 1필지, 상록마을 우성아파트 325동 제0층 제000호로 아파트 건물전용면적이 69.12㎡(25평형)이다.

그런데 잔금을 지급하기 전에 아파트를 소개한 부동산에서 전화가 왔다. 바로 파실 생각이 없냐고, 잔금도 지급하기 전인데, 뭘 바로 파냐고 반문하니, 6억 5,000만원 받아 준다고 한다. 그래서 생각해 봤다. 개인 명의로 산 것이 아니라, 매매 사업자로 취득했으니 지금 당장 팔아도 일반세율(1년 이내에 팔아도 일반세율 6%~42%, 그러나 2018년 4월부터 조정대상지역 내에서는 비교과세임)이 적용된다. 5억8,000만원에 사서 소유권이전등기비용 870만원과 중개수수료 232만원(0.4%), 팔 때 중개수수료 260만원(0.4%)로 양도차익이 5,638만원이다. 이 금액에서 종합소득공제 300만원 정도 공제하고 나면 과세 표준은 5,338만원이다. 따라서 종합소득세액은 5,338만원×24%-누진공제 522만원으로 7,591,200원이다. 여기에 지방소득세 759,120원이 부과되니 5,638만원에서 이 비용을 공제하고 나면 4,802만원을 번 셈이다. 그래서 새로운 매수인에게 잔금을 받아서 필자의 매매대금 잔금을 지급하는 방법으로 팔았다.

어쨌든 필자는 돈을 벌어서 그런지 기분이 좋았다. 그런데 그 기쁨도 잠깐뿐이었다.

◆ 아파트 사진과 아파트 내부 평면도

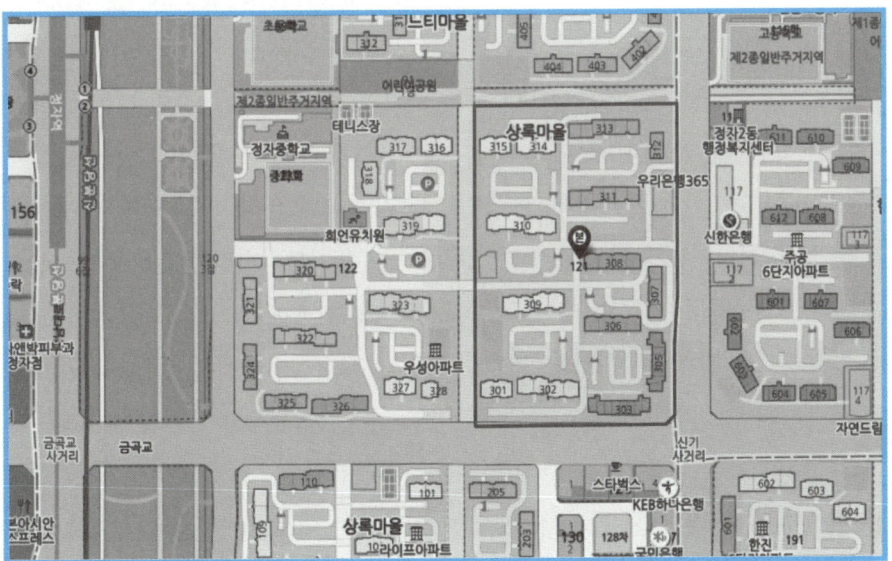

◆ 네이버 부동산 시세조사(2018년 02월 09일 당시)

매매	확인매물 18.02.08.	상록우성 [N] 26타입 정자역5분거리, 특올수리, 입주	86/69	325동	8/15	83,000 부동산뱅크	라이프공인중개사 031-713-4747
매매	확인매물 18.02.08.	상록우성 [N] 23타입 더블역세권 최근샷시포함특올수…	74A/55	305동	12/14	65,000 매경부동산	정자공인중개사사… 031-716-7474
매매	확인매물 18.02.08.	상록우성 [N] 남향 전망굿 세안고 수리	103/84	311동	11/17	93,000 부동산뱅크	백궁공인중개사 031-718-0018
매매	확인매물 18.02.08.	상록우성 [N] 47 남향 특올수리 주인세안고원함 전망동	153/129	328동	18/22	115,000 텐컴즈	부동산랜드중앙공… 031-713-7300
매매	확인매물 18.02.08.	상록우성 [N] 23타입 입주, 수리깨끗	74A/55	305동	3/14	60,000 부동산뱅크	라이프공인중개사 031-713-4747
매매	확인매물 18.02.08.	상록우성 [N] 26. 정남향, 전망좋은라인, 확장올수리,…	86/69	325동	9/15	83,000 부동산뱅크	백궁공인중개사 031-718-0018
매매	확인매물 18.02.08.	상록우성 [N] 26남향 정자역5분 확장올수리 탄천전망…	86/69	325동	8/15	83,000 매경부동산	정자공인중개사사… 031-716-7474
매매	확인매물 18.02.08.	상록우성 [N] 26타입 정자역5분거리, 올수리, 입주	86/69	320동	1/17	80,000 부동산뱅크	라이프공인중개사 031-713-4747

　이 아파트는 필자가 580,000,000원에 사서 바로 팔거나 전세로 놓을 생각이어서, 취득할 때 개인명의보다는 개인 매매사업자로 샀다. 팔았던 내용은 앞의 기술한 내용과 같다. 팔고나서, 분당지역이 가격이 오른다고 할 때마다 네이버 부동산 시세를 통해서 확인을 했다. 그래야만 분당 시세변화에 대응할 수 있기 때문에, 필자에게는 일상적인 활동이다. 그런데 계속해서 오르고 있어서 가슴이 아프다. 위 네이버 부동산 시세처럼 2018년 02월에 8억에서 8억3,000만원으로 폭등했다. 그리고 2018년 10월에 확인했더니, 매물 자체를 확인할 수 없고, 다만 34평형대가 11억에 거래되고 있었다. 그러니 25평형은 9억5,000만원 정도로 볼 수 있다. 지금은 보지 않는다. 오르는 아파트는 바로 팔지 말고 묵혀야 큰돈이 된다!

Chapter 08

우량한 아파트로 내 집 마련과 노후생활자금 만들기!

01 최근 대림역 우성1차 아파트가 오를 것이라고 믿고 샀다!

　필자가 앞에서와 같은 방법으로 역세권 주변에 저평가 되어 있는 아파트를 찾기 위해 네이버 부동산 매물을 검색하다가 신풍역 주변 신길 우성2차 아파트와 신길 우성3차 아파트를 찾을 수 있었다. 이렇게 물건을 찾았다면 1차적으로 네이버 부동산 매물로 내놓은 중개업소에 전화를 걸어 그 매물이 남아 있는지와 주변현황 등을 확인해야 한다. 2차적으로 현장을 방문해서 확인할 때도 매물로 내놓은 부동산 중개업소를 먼저 방문하지 말고, 아파트 주변을 돌아다니면서 현황을 먼저 파악하고, 매물 부동산 이외에 다른 부동산 중개업소를 방문해서 더 싸게 나온 매물과 현재 거래되고 있는 시세 등을 확인해야 한다. 사고 나면 항상 싼 물건이 보이게 마련이므로, 그로인한 후회가 없어야 한다. 그래서 현장을 방문해서 주변을 둘러 보았는데, 가까이에 지하철 7호선 신풍역이 도보로 6분 거리에 위치하고 있고, 맞은편은 신길 뉴타운으로, 아파트를 신축하고 있거나 신축이 예상되는 지역이다. 이 아파트 주변 부동산중개업소 3~4곳을 방문해서 신축아파트 분양가를 확인하니 30평형대가 9억에서 10억원에 거래되고 있었다. 그리고 신길 우성2차 아파트는 건축연도가 1986년으로 지은 지 32년이고, 총 세대수가 725세대로 재건축에 대한 기대감으로 매물이 거의 없었다. 나온 매물도 동향이면서 층수도 좋지 않았는데, 30평형대가 5억8,000만원과 6억원, 두 개밖에 없었다. 신길 우성3차 아파트는 건축연도가 1989년으로 지은 지 29년이고, 총세대수가 477세대여서 재건축에 대한 기대감이 다소 떨어지기 때문에 30평형대가 5억5,000만원에서 5억6,000만원 대를 형성하고 있었다.

　그래서 고민하다가 7호선 대림역과 2호선 대림역이 교차하는 더블역세권에서 도보로 5분 거리 위치한 우성1차와 우성2차 아파트를 찾았다.

◆ 왜! 역세권주변 아파트가 5억 이하이면 무조건 사야 하나?

　7호선 대림역과 2호선 대림역이 교차하는 더블역세권에서 도보로 5분 거리 위치한 우성1차 아파트는 1985년에 건축되어 현재 34년이 되었고, 총세대수는 435세대이다. 우성2차 아파트는 1992년에 건축되어 현재 27년이 되었고, 총세대수는 120세대이다. 훗날 이 두 단지를 합쳐서 재건축하면 좋을 것이라는 판단 하에 2017년 10월에 우성1차 아파트 31평형을 4억2,000만원에 계약하고 잔금은 2018년 1월 31일에 지급했다.

　이 아파트의 사진과 주변 현황도, 그리고 4년 후의 아파트 시세를 분석해 보기로 하자!

◆ 아파트의 주변 현황과 사진

◆ 임대사업자로 4년 뒤에 3억원 만들기에 도전하다!

재건축할 때까지 장기보유가 목적이므로 임대사업자 명의로 취득해서 전세를 놓는 갭(Gap)투자 방식(전세보증금 3억5,000만원)으로 소유권이전비용까지 소요된 현금 8,000만원 투자가 전부이다. 필자는 임대사업자로 재건축할 때까지 또는 임대사업자 최소 보유기간인 4년을 보유하다가 팔 생각이다.

어쨌든 2018년 1월 31일 잔금을 지급하고 나서 4년이 지났는데, 시세가 많이 올랐다. 31평형대가 매물로 나온 것이, 하나는 9억5,000만원과 9억원 두 개밖에 없다는 것을 다음 네이버부동산시세를 통해서 확인할 수 있다. 이러한 분석을 종합해 보면 오르는 아파트에 대한 필자의 판단이 틀리지 않았다. 앞으로 1년이 지나면 최소한 10억원까지는 보수적으로 판단해도 오를 것이다. 그렇게 분석한 이유는 세 가지이다. 하나는 2024년 신안산선이 개통되면 도보로 5분 거리에 있는 신풍역을 더블 역세권으로 지나간다.

다른 하나는 건축연도가 38년(현재 34년)이 되므로, 재건축을 기대할 수 있다는 점이다. 세 번째로 신풍역 주변에 있는 신규아파트가 현재 7억이고 분양아파트 시세는 8억 가고 있는 점과 차후 인상분 등을 고려하면 그렇게 될 수밖에 없다는 분석을 할 수 있다. 필자의 사견이지만 2024년 신안선이 개통되는 시점, 역세권 주변 아파트 30평형대를 12억원 이하로 사기는 어려울 것으로 본다.

◆ 우성1차아파트 네이버 부동산 시세와 신안산선 주변현황

(1) 우성 1차아파트 네이버 부동산 매물시세

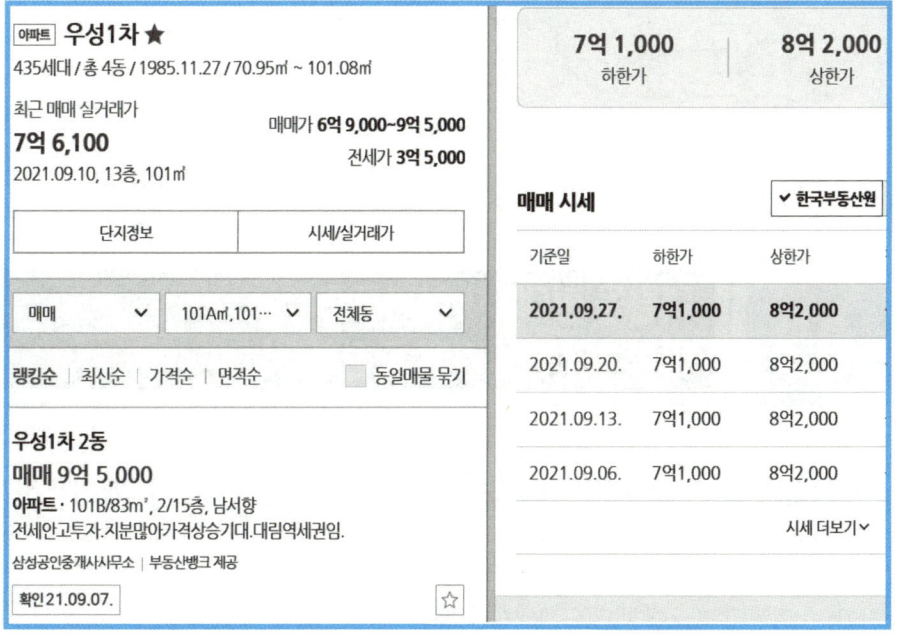

(2) 신안산선 노선도와 7호선이 교차하는 신풍역 주변 현황

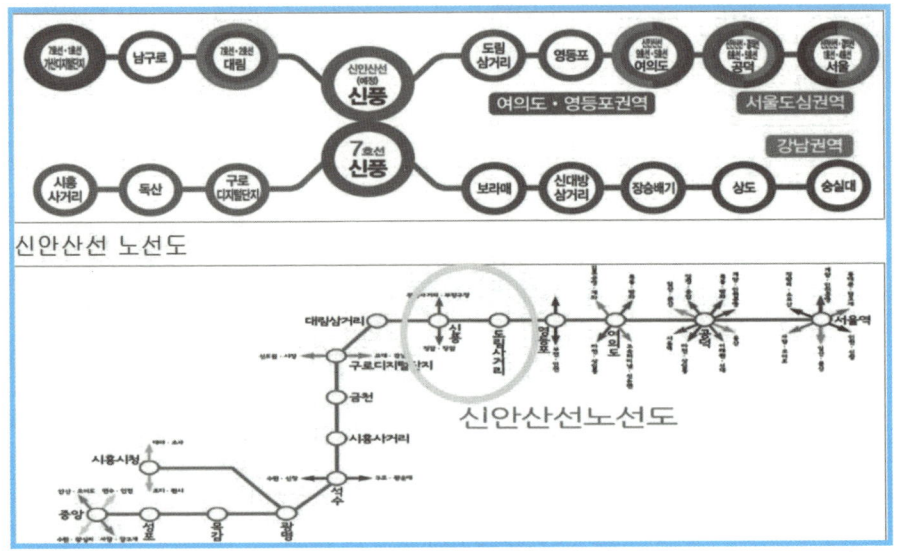

02 대림동 현대1차 아파트로 연봉 2억 만들기에 도전하다!

◆ 현대1차 아파트가 4억6천만원이면 무조건 사야 한다!

현대1차 아파트는 2호선 신도림역이 도보로 8분 거리에 있다. 신도림역에 조만간 수도권광역급행철도(GTX)까지 개통되면(송도->인천시청->부평->부천종합운동장->신도림->여의도->용산->서울역->청량리->망우->별내->평내호평->마석) 가히 교통 천국으로 발전할 것이다. 그리고 앞의 우성1차 아파트를 사서 4년 뒤에 3억원 만들기에 도전할 때도 설명한 바 있지만, 2024년은 신안산선이 도보로 7분 거리에 있는 도림삼거리역이 개통된다. 따라서 여의도와 서울역까지 가히 교통혁신이 이루어지고 있는 지역이다. 다음으로는 주변아파트 가격상승이다. 이 지역 주변에 아파트 가격상승률이 가장 높다고 평가 받는 곳이 현대3차 아파트이다. 현재 34평형이 8억5,000만원에 거래되고 있다. 근거리에 있는 신길1차 우성아파트 30평형은 8억원이다. 어쨌든 현재는 2호선 신도림역이 도보로 8분 거리에 있는데, 버스를 타면 두 정거장이다. 이 현대1차 아파트는 1992년에 건축되어 현재 26년이 되었고, 총세대수는 476세대이지만, 현대2차가 280세대로 바로 붙어 있어서 함께 재건축하거나 리모델링하면 투자가치가 높을 것으로 판단했다. 이러한 판단 하에 2018년 5월에 34평형을 4억5,800만원에 매매 계약하고, 잔금은 전세보증금 3억을 제외하고 2018년 7월 20일에 지급했다. 사고 나서 매도자 우위시장이 계속되면서 다음에 기술한 네이버 부동산 매물시세처럼 가격이 급등했다.

  이 아파트의 사진과 주변 현황도, 그리고 2년 후의 아파트 시세를 분석해 보기로 하자!

◆ 아파트의 주변 현황과 사진

◆ 법인사업자 명의로 사서, 2년 보유하다가 파는 방법으로 2억원 만들기!

　법인사업자 명의로 취득해서 전세를 놓는 갭(Gap)투자 방식(전세보증금 3억원)으로 소유권이전비용까지 소요된 금액은 1억6,400만원이다. 필자는 법인사업자로 취득해서 2년 보유하다가 팔 생각이다.

　어쨌든 2018년 7월 20일 잔금을 지급하고 나서 3개월이 지나서, 네이버 부동산 매물 시세를 확인하니 34평형대가 6억원에서 6억5,000만원으로 올랐다. 3년이 지난 2021년 10월 은 다음 네이버 부동산 매물 시세를 확인하면 알 수 있듯이 9억원으로 올랐다. 이러한 분석을 종합해 보면 오르는 아파트에 대한 필자의 판단이 맞았다. 앞으로 3년 후 신안산선이 개통되면 보수적으로 판단해도 12억원으로 오를 것으로 예상된다. 이렇게 분석한 이유는 2024년은 신안산선 도림삼거리역이 도보로 7분 거리에 개통되고, 주변아파트 가격 상승 등을 요인으로 들 수 있다. 이렇게 주변에 역세권 등이 개통되거나 주변 아파트가격 등이 오르게 되면 함께 따라 오른다. 독자 분들도 필자와 같은 방법으로 역세권 주변 등에서 9억원에서 10억원 이하의 아파트가 있다면, 지금도 투자해도 성공할 수 있다. 그 아파트 주변에 신축아파트나 분양아파트 가격이 높게 거래되고 있다면, 그 주변에 20년에서 30년 된 싼 아파트를 사서 보유하면 될 것이다. 이러한 아파트 등은 추후 재건축이나 리모델링 등으로 가격이 오르게 되어 있다.

◆ 현대1차 아파트 네이버 부동산 매물시세가 올랐다!

2018년 10월 현재도 1억5,000만원 정도 올라 있으니, 2년 후에는 2억5,000만원 정도 올라서 세금을 계산해도 2억 만들기에 성공할 수 있을 것이다. 나는 어쩔 수 없이 부동산으로 먹고 살 수밖에 없다. 남들이 투기한다고 말할 수도 있겠지만, 부동산은 내겐 평생직장이다.

03 서초구 반포리체 아파트로 내 집 마련과 노후생활자금에 보태다!

　서울시 서초구 반포동에 있는 아파트를 검색하다가 우수한 지역인데도 저평가된 아파트를 발견했다. 그래서 지인에게 소개해 주었다. 34평형 아파트 가격이 13억2,000만원으로 지인의 자금 사정과도 일치하고, 위치와 학군 등이 마음에 든다고도 했다. 그래서 지인과 함께 이 아파트 주변 부동산중개업소 4~5개를 방문해서 현재 거래되고 있는 매매와 전·월세 시세를 확인했다. 시세조사는 이렇게 매물 나온 부동산을 제외하고, 주변 부동산중개업소에서 확인해야 정확한 분석을 할 수 있다.

　서초구 반포동에 위치한 반포리체 아파트는 2010년 10월에 입주한 입주 8년차 아파트로, 전체 1,119가구로 이뤄져 있으며, 삼성물산, 대림산업에서 시공을 맡았다. 그리고 9개 동, 지상 35층 규모며, 난방방식은 지역난방, 가구당 1.51대의 주차대수(1685대)를 확보하고 있다. 그리고 아파트 시세는 13억원에서 13억5,000만원 정도라는 사실도 확인할 수 있었다. 그래서 지인과 함께 매물을 가지고 있는 중개업소를 방문했다. 매물 아파트를 보고 싶다고 했더니, 매도인과 전화 통화 후 보러 가자고 했다. 아파트를 방문해 내부를 확인해 보았더니 신축아파트라 수선하지 않고 입주해도 괜찮았다. 그래서 2,000만원만 깎아 달라고 했는데, 매도인이 안 된다는걸 중개업소 사장님의 중재로 1,000만원을 깎아서 13억1,000만원으로 매매 계약서를 작성했다. 이렇게 내 집 마련에 성공한 것이다.

Tip

아파트를 구입하는 경우, 먼저 아파트 주변을 한 바퀴 돌아 돌아보면서 주변 환경과 학군 등을 확인하고, ⇨ 2차적으로 주변부동산을 방문해서 매매와 전·월세 시세를 확인한 다음 ⇨ 매물이 나온 중개업소를 방문해서 공인중개사와 함께 매물대상 아파트를 방문해 내부를 확인한 다음, ⇨ 계약하는 순서로 진행해야 한다.

◈ 반포리체 아파트의 주변 현황과 사진

◈ 2017년 5월 매수당시에 아파트 가격과 전세 시세조사 현황

월별 시세							
기준일	113/84.96㎡ 매매가(만원)			113/84.96㎡ 전세가(만원)			
	하한가	상한가	평균변동액	하한가	상한가	평균변동액	
2017.05.05	130,000	140,000	-	100,000	110,000	-	
2017.04.28	130,000	140,000	-	100,000	110,000	-	
2017.03.31	130,000	140,000	-	100,000	110,000	-	
2017.02.24	130,000	140,000	↑ 750	100,000	110,000	↑ 3,500	
2017.01.20	129,000	139,500	↓ 750	98,000	105,000	↓ 1,000	
2016.12.30	130,000	140,000	-	100,000	105,000	-	

◈ **1년 후에 아파트가 14억원으로 올랐다!**

　이 아파트는 교육시설로 초등학교가 3곳(서울서원초등학교, 서울원명초등학교, 서원초등학교), 중학교가 1곳(원촌중학교), 고등학교가 1곳(반포고등학교)이 있다. 단지 주변으로 교육시설이 풍부하다는 것은 자녀를 둔 학부모 등이 선호할 만한 요소이다.

　이러한 편의시설뿐만 아니라 대중교통 여건도 주민들에게는 중요한 요소 중 하나이다. 이 아파트는 지하철 3호선 고속터미널역을 도보로 10분, 7호선 고속터미널역을 도보로 10분, 9호선 사평역을 도보로 2분 내 이용할 수 있어, 대중교통 이용이 편리한 편이다. 물론, 단지 인근으로 다양한 버스노선이 있다는 것도 장점으로 꼽힌다.

　이 아파트는 지인이 13억1,000만원에 사서 10년 이상 거주하려고 한다. 왜냐하면 이 지역이 거주요건과도 맞고, 2년 거주하다가 비과세로 팔아도 9억까지만 비과세되고, 초과분에 대해서는 6%~42%의 양도소득세를 납부해야 되기 때문이다. 그러나 10년 동안 거주하다가 20억원으로 팔면 장기보유특별공제 80%를 공제 받게 되므로, 9억 초과분에 대해서 양도세를 다음과 같이 절세할 수 있다.

> ▶양도세와 지방소득세(=주민세) 계산 방법
> A 양도가액 20억원 − B 총 취득금액 13억5,000만원(소유권이전비 등 4,000만원포함) − C 매도중개수수료 1,000만원(0.5%) = D 양도차익 6억4,000만원 − E 장기보유특별공제 5억1,200만원(10년 80%) = F 양도소득금액 1억2,800만원 − G 기본공제 250만원 = H 과세표준액 1억2,550만원 × 세율 35%(1년 이상) − 1,490만원(누진공제) = I 양도소득산출세액 29,025,000원
> 따라서 양도소득세액 29,025,000원과 지방소득세 2,902,500원을 납부하면 된다.

◈ **1년 6개월이 지났는데, 20억원으로 올랐다!**

　다음 네이버 시세(2018년 11월 09일)와 같이 많이 올랐다고 한다.

　2017년 5월에 사서 1년 반이 지났는데 7억원이 올라서 20억원이 되었다. 그러니 10년 후에 판다면 최소한 25억원은 가능할 것이다. 왜냐하면 반포동의 반포리체아파트는 워킹 맘이 살기 좋은 아파트로 소문나 있다. 주변에 명문학교가 모두 5분 거리에 위치했으며 반포 학원가도 바로 앞에 자리해 교육시설이 매우 가깝기 때문이다.

　바로 길 건너에는 반포자이 아파트가 있는데, 이 아파트 34평형이 2018년 11월 09일 23억원에 거래되고 있고, 10년 후에는 더 오를 것이 예상되기 때문이다.

그래서 10년 이상 장기 보유하다가 파는 전략을 세웠다. 이렇게 부동산 투자는 지금 당장의 현재적 가치만 바라보고 투자하지 말고, 미래가치가 있는 물건을 선택해서 투자해야 높은 수익을 올릴 수 있다.

아파트 하나로 이렇게 돈을 벌 수 있다는 것은 일반적으로 설명하기는 어렵다. 강남이 재건축 요인으로 주변 가격이 상승되고, 그에 따라 강남 수요가 증가한 요인이 되었다. 강남수요는 재건축으로 아파트가 철거되더라도 강남 사람들이 다른 곳으로 이동하지 않고, 그 강남지역에 거주하거나 재투자하기 때문이다. 이러한 요인에 의해 강남아파트 가격이 상승되고, 타 지역에 계신 분들에게도 영향을 미쳐, 강남아파트 전반에 거쳐 가격의 상승을 유발한 것으로 분석할 수 있다.

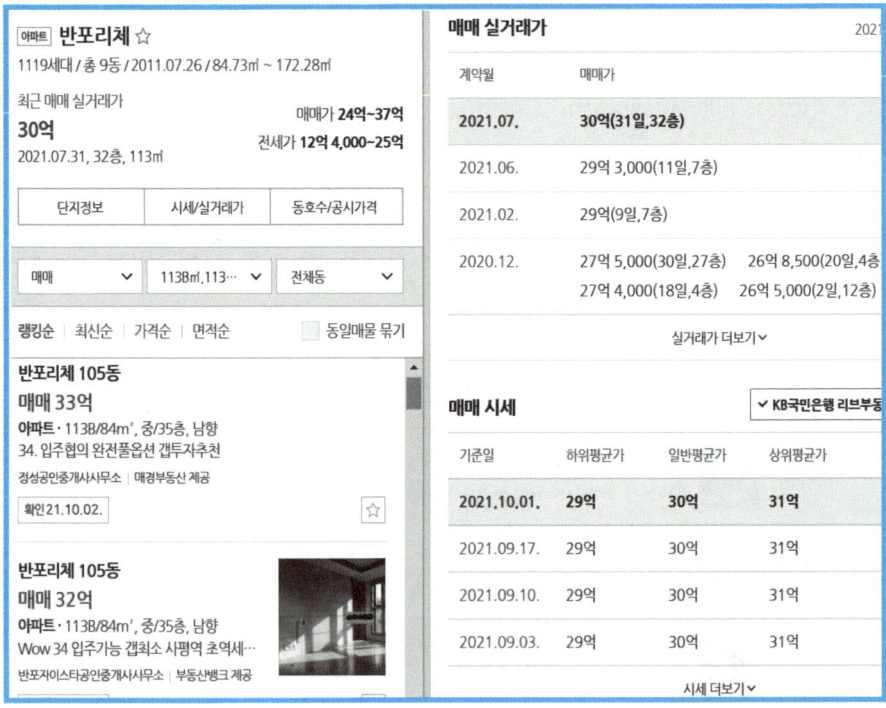

이 아파트는 2021년 10월 현재 매물시세를 확인해보았더니 30억원으로 올랐다.

그러니 2017년 5월 13억1,000만원에 매수했는데, 4년 후에 30억원으로 오른 것으로, 아파트 하나로 평생 노후자금을 마련했다고 볼 수 있다.

04 오르는 평촌아파트로 내집 마련과 주택연금으로 노후생활자금 만들기!

2005년 12월에 경기도 안양시 동안구 호계동 1057번지 무궁화경남 아파트 제 303동 제000호(전용면적 84.9㎡로 33평형)를 3억3,000만원에 지인에게 소개한 적이 있다. 이 아파트는 평촌에서 유명한 학원가가 자리 잡고, 학군과 교통이 좋아서 실수요자 들이 선호하는 위치에 있다. 그리고 아파트 가격이 상승 시기에 있어서 사고 나서 얼마 안 되어 5,000만원이 뛰었다. 이렇게 우수한 학군과 교통은 아파트 가격 상승요인이 되고 계속적으로 오르는 아파트가 되고 있다. 이 아파트의 사진과 주변 현황도는 다음과 같다.

◆ 아파트의 주변 현황과 사진

◆ 네이버 부동산 시세조사(2018년 11월 09일 당시)

거래	확인일자	매물명	106 ⌄	동 ⌄	층	매물가(만원)	연락처
매매	확인매물 18.11.06.	무궁화경남 ｜ N 세안고 올수리 로얄층	106S/84	307동	13/19	60,000 텐컴즈	경남공인중개사사… 031-385-7777
매매	확인매물 18.10.27.	무궁화경남 ｜ N 학원가 인접, 입주물입니다.	106S/84	306동	10/19	60,000 부동산114	가아공인중개사사… 031-387-4321
매매	확인매물 18.10.25.	무궁화경남 ｜ N 남향, 학원가 인접, 정상입주	106S/84	306동	10/19	60,000 텐컴즈	평촌대호공인중개… 031-388-1050
매매	확인매물 18.10.24.	무궁화경남 ｜ N 학원가 남향, 로얄층, 귀한입주물입니다	106S/84	306동	10/19	60,000 텐컴즈	경남공인중개사사… 031-385-7777

    이 아파트는 지인이 3억3,000만원에 사서 지금도 가지고 있는데, 위 네이버 부동산 시세(2018년 02월 10일 당시)와 같이 가격이 5억4,000만원으로 올랐다. 강남4구와 분당, 과천보다는 많이 오르지 않았지만, 그래도 12년 동안 2억1,000만원이 오른 셈이다. 그리고 2021년 10월에 확인해보니 9억원으로 올랐다. 강남 4구와 분당, 과천보다는 많이 오르지는 않았지만, 그래도 16년 동안 5억7,000만

원이 오른 셈이다.

이렇게 주변 가격이 오르는 지역에 있으면 동반 상승하게 되므로 미래 가치가 높다.

지금은 이 아파트를 가지고 주택연금에 가입해서 매달 일정금액을 연금으로 받고 있다.

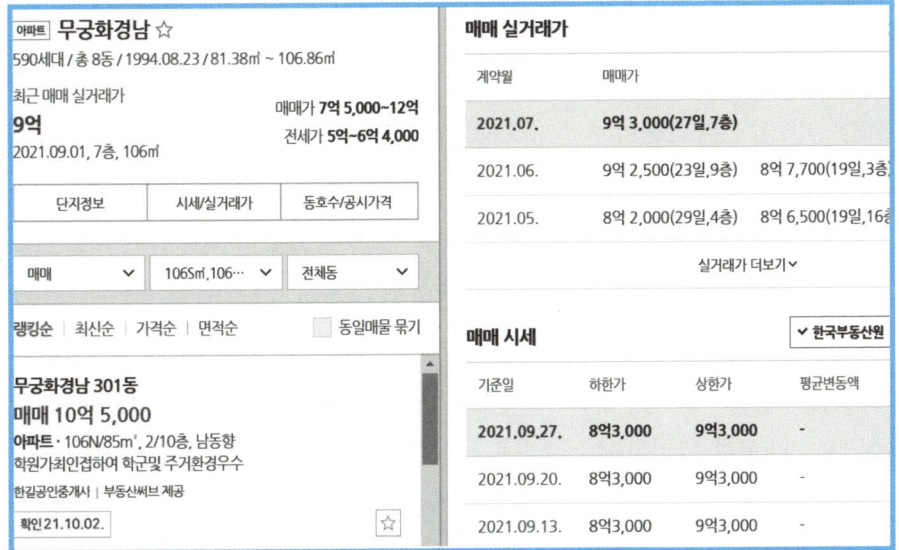

알아두면 좋은 내용

내 집을 가지고 주택연금에 가입해서 죽을 때까지 연금을 받아라!
내 집을 담보로 주택연금에 가입하게 되면 사망할 때까지 꾸준히 생활자금을 받는 대신 사망 후에 집으로 대출금을 갚으면 된다. 일단 주택연금에 가입하면 평생거주, 평생연금이라는 혜택이 보장된다.
주택연금이란 만 60세 이상 고령자가 소유한 주택을 담보로 맡기고, 평생 혹은 일정 기간 동안 매월 연금방식으로 노후생활자금을 지급 받는 제도로서 소유자 또는 배우자가 만 60세 이상이어야 하고(한명만 60세 이상이면 가능), 주택 보유수는 1주택을 소유하고 있어야 한다. 주택연금 대상 주택은 시가 9억원을 넘으면 안 되며, 다주택자의 경우에도 보유주택의 합산가격이 9억원 이하여야 가능하다. 9억원을 초과하는 2주택자도 3년 이내에 거주하지 않는 주택을 처분하는 조건으로 가입이 가능하다.

05 후곡마을 아파트를 2억7천만원에 사서 2년 후에 7천만원 벌다!

　일산에서 근무하고 있는 고향 후배가 있다. 남들이 부동산으로 돈을 벌었다고 하니 자기도 사고 싶단다. 후배 OOO는 40대 초반으로 중학생과 초등학생을 두고 있는 학부모이다. 그래서 자녀 교육에 관심이 많았다. 그렇다고 서울로 이사 나올 처지는 못 되고 일산에서 학군이 좋은 곳을 찾다보니 후곡마을13단지가 생각났다. 이곳은 학군이 좋은 곳으로 아파트 가격도 오르고 있는 지역이다. 그래서 후배 부부와 동행해서 주변 지역부터 확인하고, 주변 부동산중개업소를 돌아 다녔다. 시세보다 싸게 나온 33평형을 찾을 수 있었다. 2015년 10월경 시세는 2억8,000만원인데 2억7,000만원에 매물로 나온 것이다. 부동산중개업소 사장은 "이 아파트는 경기도 고양시 일산에 소재하는 후곡마을13단지 아파트로 요즘 들어 상한가를 치고 있는 33평형인 아파트입니다. 아파트 내부는 방 3개와 주방겸 거실 1개, 그리고 욕실 2개로 구성되어 있고, 인근에 신일중학교와 율동초등학교가 위치하고 있어서 학군이 우수합니다. 그리고 버스정류장 등의 대중교통도 발달되어 있어서 실수요자들이 거주를 희망하는 아파트입니다." 라고 설명을 했다. 집을 보고 싶다고 하니, 매물 아파트에 전화를 걸어 방문 가능 여부를 확인했다. 가능하다고 하여 방문해서 내부를 확인했는데 주인세대가 올수리하고 3년 살다가 파는 집이라 깨끗했다. 후배 부부도 마음에 든다고 했다. 이 아파트를 구입해서 장기간 보유하다가 팔면 아이들 교육도 해결될 것이고, 아파트 가격도 오르지 않겠느냐는 판단으로 매매 계약서를 작성했다.

　이 아파트의 사진과 주변현황도, 그리고 2년 후의 아파트 시세는 다음과 같다. 시세가 많이 오른것을 확인할수 있다.

◈ 아파트의 주변 현황과 사진

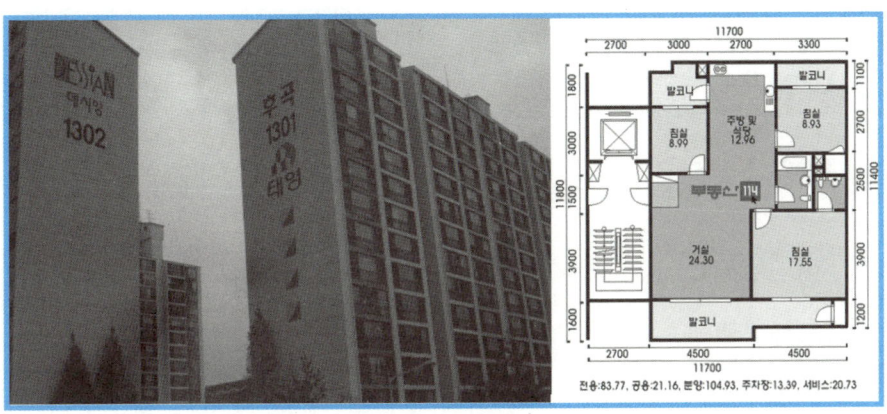

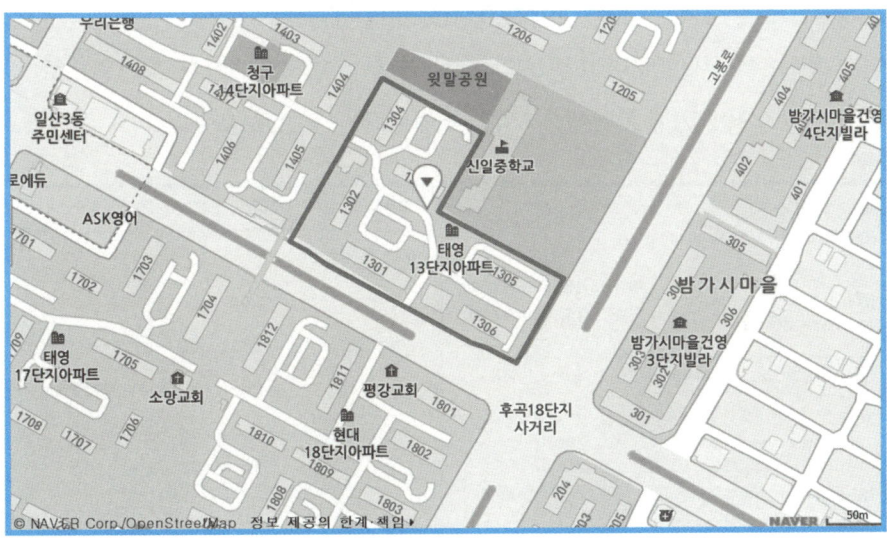

◆ 부동산 114 시세조사(2018년 11월 09일 당시)

거래	확인일자	매물명	102	동	층	매물가(만원)	연락처
매매	확인매물 18.11.06.	집주인 후곡13단지태영 Ⓜ 공원동, 교통편리, 조용함, 신일중 3분, 학…	102/83	1302동	5/15	34,000 부동산써브	부동산프리자공인… 031-911-1199
매매	확인매물 18.11.06.	후곡13단지태영 Ⓜ 하시.전체올수리특.샷시포함 굿 신일명문…	102/83	1302동	7/15	↓35,000 부동산114	무궁화공인중개사… 031-915-6664
매매	확인매물 18.11.05.	후곡13단지태영 Ⓜ 올수리께끗.28000세안고.신일학군.후곡학…	102/83	1302동	13/15	36,000 매경부동산	일산후곡탑공인중… 031-912-6300
매매	확인매물 18.10.25.	집주인 후곡13단지태영 Ⓜ 주인올수리, 공원동, 공원길과 큰 공원 사…	102/83	1304동	9/15	34,000 부동산써브	부동산프리자공인… 031-911-1199

　이 아파트는 2015년 10월경에 270,000,000원에 사서 지금도 가지고 있는데 위 부동산114 시세(2018년 11월 09일 당시)와 같이 가격이 3억4,000만원으로 올랐고, 6년 후인 2021년 10월에는 6억원~6억5,000만원으로 올랐다.

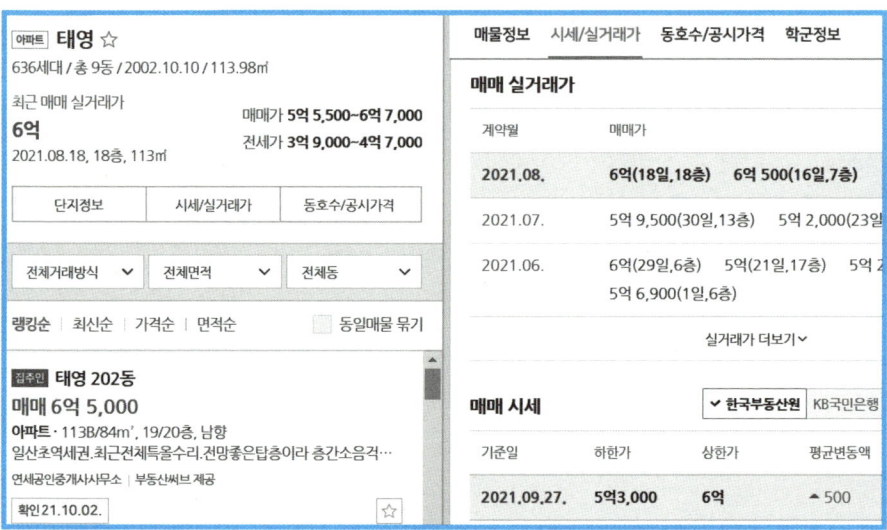

　이렇게 학군이 좋은 지역 주변 아파트 가격이 계속 오르게 되므로 2년 이상 거주하다가 비과세로 팔면 높은 기대수익을 바라 볼 수 있다.

06 내가 대방e-편한세상2차아파트 48평형을 수의계약으로 취득하다!

◆ 아파트 사진과 주변 현황도

서울시 동작구 대방동에 있는 대방2차 e-편한세상아파트는 주변에 우수학군으로 서울영화초등학교와 영등포 중·고등학교 등이 있고, 도보로 4분 거리에 지하철 1호선 대방역과 10분 거리에 지하철 9호선 노량진역이 위치해 있다. 그리고 아파트 사진과 주변현황 등은 다음과 같다.

(1) 아파트 사진 및 내부 평면도

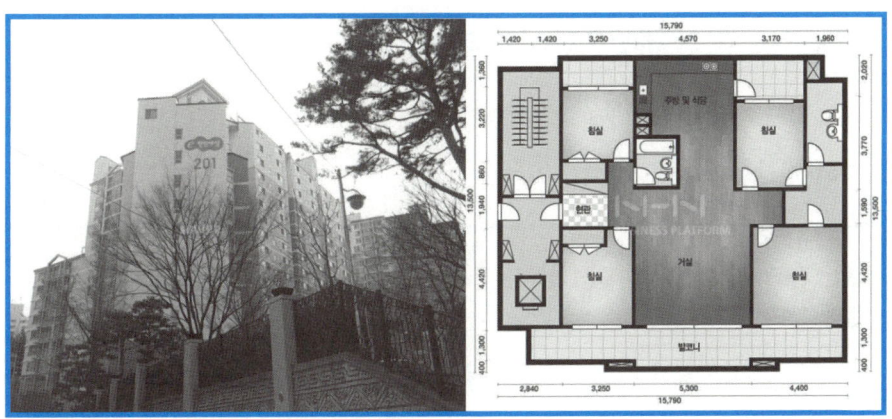

(2) 아파트 주변 현황도

◆ 대방e-편한세상2차아파트 네이버 매물 시세

이 아파트 시세는 다음 네이버 부동산 매물 시세와 같이 12억5,000만원에서 12억8,000만원이다.

집주인 대방e-편한세상2차 201동	집주인 대방e-편한세상2차 201동
매매 14억	매매 12억 5,000
아파트 · 160/131m², 9/18층, 남향	아파트 · 160/131m², 5/18층, 동향
수리올 확장공사되어 깨끗함. 가격조정가능.입주협의	거실, 방2확장, 방4, 욕실2, 바이오세라믹시공
하나공인중개사사무소 | 매경부동산 제공	대명공인 | 부동산114 제공
확인 20.01.23.	확인 20.01.17. 네이버에서 보기 >
집주인 대방e-편한세상2차 201동	대방e-편한세상2차 201동
매매 12억 8,000	매매 12억 5,000
아파트 · 160/131m², 10/18층, 동향	아파트 · 160/131m², 고/18층, 남향
올확장, 방4, 정상입주매물	48p.방4,남향,로얄층,집상태 깨끗
대명공인 | 부동산114 제공	서울공인중개사사무소 | 매경부동산 제공
확인 20.01.22. 네이버에서 보기 >	확인 20.01.23.

그런데 이 아파트는 신탁공매로 1회차 13억, 2회차 11억7,000만원, 3회차 10억 5,300만원, 4회차 9억4,770만원으로 다음 입찰정보 내역과 같이 매각절차가 되고 있었다.

◆ **대방e-편한세상2차아파트 신탁공매 입찰정보 내역**

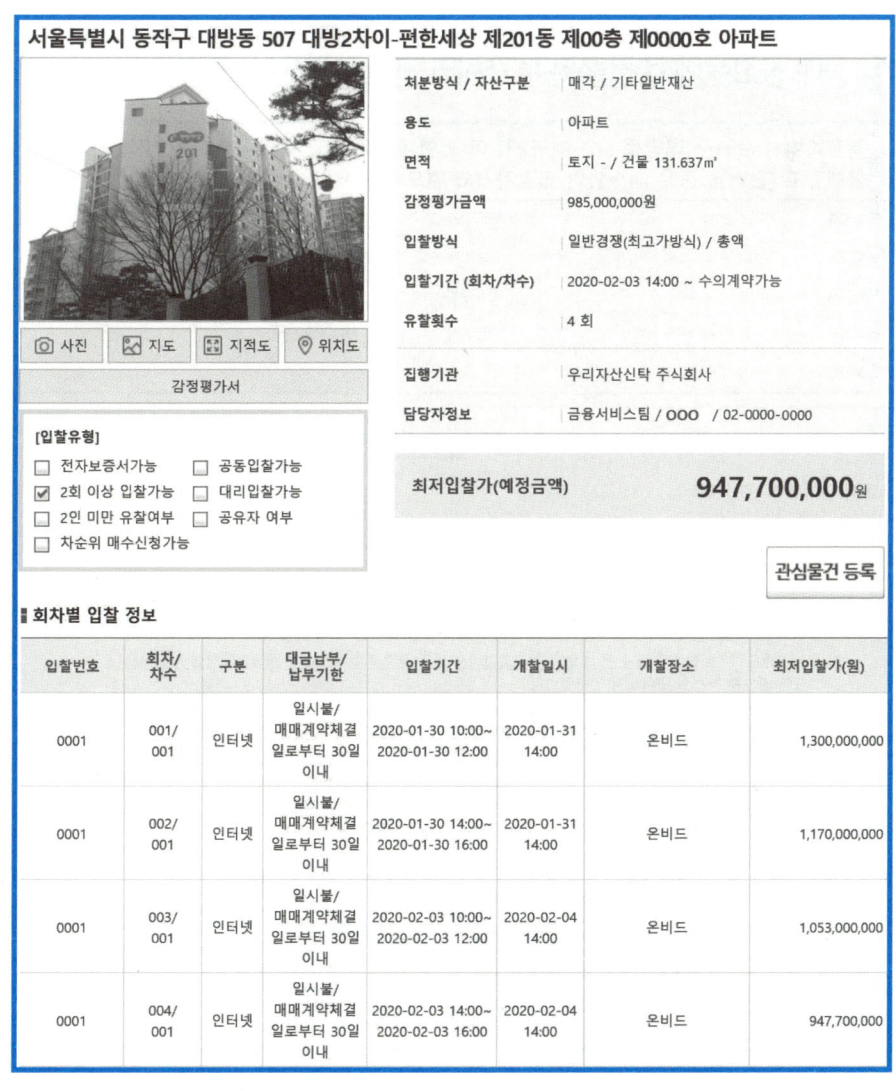

이 아파트는 1회차 13억에 시작해서 4회차까지 매각절차가 진행되었지만, 입찰자가 없어서 유찰되었다.

그 이유는 다음 공매공고문을 확인하면 알 수 있듯이 건물분 부가세 10%와 2018년 10월 10일 근저당권 148,000만원(채권최고액)을 인수하는 조건으로 매각절차가 진행되었기 때문이다.

◆ 공매 공고문에서 건물분 부가세와 근저당권 인수 조건을 확인하다!

서울특별시 동작구 대방동 507 대방2차 이-편한세상 제201동 제00층 제0000호 아파트 신탁사 공매공고 (근저당 등은 매수인이 입찰가격외 별도 책임처리, 부가가치세 별도)

공고종류	일반공고	공고일자	2020-01-20
공고회차	2020년도 1회차	공고번호	202001-01962-00
처분방식	매각	자산구분	기타일반재산
공고기관	우리자산신탁 주식회사	경쟁방식	일반경쟁
담당자정보	금융서비스팀		

공고문 전문	공고물건 입찰정보

■ 공고문 및 첨부파일 다운로드

· 공고문 전문

신탁부동산 공매(입찰) 공고

1. 공매목적부동산(근저당 등은 매수인이 입찰가격외 별도 금액으로 인수하여 책임처리하는 조건이오니 공매 공고를 자세히 읽어보시기 바랍니다.)
: : : :
<공매 공고문 이하 상세한 내용은 지면상 생략하고, 공매공고문에서 꼭 알고 있어야할 01 건물분 부가세 인수금액과 02 근저당권인수금액, 03 수의매매계약하는 방법만을 정리해서 기술해 놓은 것이다.>

01 ※ 본 물건은 건물에 부가가치세가 있으며, 실거래신고가(낙찰가에 근저당 가치를 더한 금액)에서 아래 토지와 건물의 감정가 비율에 따라 건물 가액을 계산한 금액의 10%이며 낙찰가와 별도로 매수인이 잔금납부일에 추가로 부담하여야 함

(토지 : 건물 비율은 591,000,000 : 394,000,000)

※ 실거래 신고가 및 부가가치세는 매매계약 체결시까지 근저당 피담보채권 원금의 서면증빙을 매수인이 매도인에게 제출하여 이를 근거로 결정하되, 매수인이 이를 제출하지 않는 경우 등기부등본상 근저당설정최고액을 근저당 가치로 하여 정한다. 결정된 실거래 신고가 및 부가가치세에 과오가 있어 발생하는 일체의 문제에 대한 책임은 매수인이 진다.

> 02 * 특히 등기부 등본상 2018. 10. 10. 일자의 근저당권 (채권최고액 금148,500,000원 근저당권자 주식회사지엔파이낸스대부)이 있으며 매수자가 입찰가격(대금)외 별도의 비용으로 이 근저당을 승계하여 책임 처리하는 조건입니다.
>
> 03 • 수 의 계 약 : 공매가 유찰될 경우 전 회차 공매예정가격 이상으로 하여 수의계약을 체결할 수 있으며, 수의계약응찰자가 2인 이상일 경우 최고가 응찰자와 수의계약을 체결합니다.

◈ 필자는 이렇게 분석 후 수의매매계약하여 소유권을 취득하였다!

첫째, 인수할 권리나 금액 여부를 ① 등기소에서 신탁원부를 포함한 등기부 열람, ② 주민센터에서 건축물대장과 전입세대열람 등을 통해서 분석했다. 그런데 채무자겸 소유자(위탁자)가 거주하고, 신탁등기 이후에 등기된 근저당권이 있어서, 근저당권만 인수하면 되었다(신탁등기 이후 대외적으로 신탁사가 소유자이기 때문에 신탁회사가 동의해야만 근저당권을 설정할 수 있어서 매수인이 인수해야 한다. 마찬가지로 신탁등기 후에 입주한 임차인은 대항력이 없지만, 수탁자와 우선수익자의 동의를 얻어 위탁자와 계약했다면 대항력이 있어서 매수인이 인수해야 한다).

둘째, 신탁회사 공매담당자에게 인수할 권리나 금액을 확인해보니 건물분 부가세 10%와 근저당권 1억4,800만원이 있다는 사실을 확인할 수 있었다. 이때까지도 공매담당자는 근저당권을 인수하는 것으로 알고 있었다. 그러나 다음과 같이 우선수익자를 통해서 인수하지 않아도 된다는 사실을 알고 남보다 발 빠르게 유찰매매계약(수의매매계약)에 참여한 것이다.

셋째, 대출금융기관인 우선수익자에게 인수할 근저당권의 채권금액을 확인해 보았더니 근저당권은 추후 공매를 진행할 수 없을 때를 대비해서 근저당권을 설정한 것이라 인수하지 않고 공매 매매대금만 납부하면, 즉 수의매매계약한 대금만 납부하면 말소해 준다는 사실을 알게 되었다.

넷째, 현장답사를 통해서 아파트 시세를 조사했더니 앞의 네이버 매물 시세와 같이 12억5,000만원에서 13억원 정도였다.

이와 같은 분석 하에 수의매매계약(유찰매매계약) 시에 인수할 금액은 건물분 10%[토지 감정가 591,000,000원(60%), 건물감정가 394,000원(40%)]인 37,908,000원을 포함해서 총취득가는 다음과 같이 985,608,000원이다.

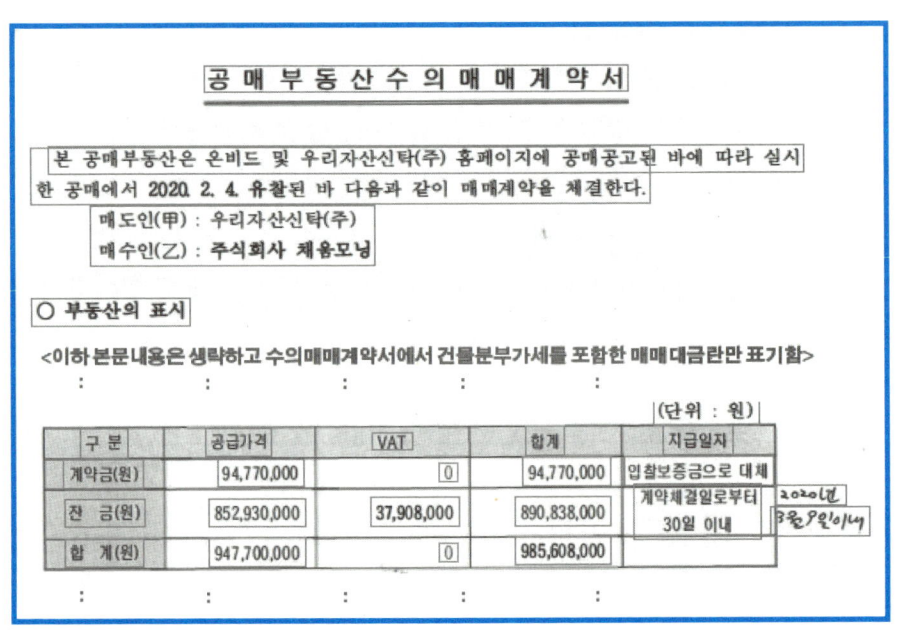

이렇게 남보다 발 빠른 대응으로 12억5,000만원 정도 가는 아파트를 2억 정도 낮은 금액으로 살 수 있었다. 필자는 매수 후 재임대하기 위해서 전세 시세를 확인해보았는데, 7억원 정도여서 임대하여 장기간 보유할 예정이다.

알아두면 좋은 내용

유찰매매계약(=수의매매계약)하는 방법

01 신탁부동산 공매(입찰) 공고에서 유찰매매계약 방법 확인

〈수의계약〉 공매가 유찰될 경우 전 회차 공매예정가격 이상으로 하여 수의계약을 체결할 수 있으며, 수의계약응찰자가 2인 이상일 경우 최고가 응찰자와 수의계약을 체결합니다.

02 유찰계약하는 순서

① 신탁공매기관에 유찰계약 의사 전달 ⇨ ② 공매집행기관이 우선수익자의 동의 후 ⇨ ③ 매수신청자에게 수의계약 의향서 서식을 메일로 발송 ⇨ ④ 매수신청자가 수의계약 의향서 작성 제출 ⇨ ⑤ 공매집행기관에서 가상계좌를 메일 또는 문자로 발송 ⇨ ⑥ 수의매매계약금 가상계좌로 입금 후 신탁기관과 날짜와 시간을 약속해서 수의매매 계약서를 작성하면 된다. 이런 절차는 공매집행기관에 따라 다소 차이는 있지만 모두 비슷하게 진행되고 있다.

Chapter 09
아파트 사고파는 계약에서 이것만은 알아야 한다!

Chapter 10
아파트 사고팔 때 올바른 매매 계약서 작성 방법

Chapter 11
아파트분양권, 미등기아파트에서 매매 계약서 작성 비법

4편

재판해도 이기는 아파트 매매 계약서 작성의 비밀

Chapter 09

아파트 사고파는 계약에서 이것만은 알아야 한다!

01 바람직한 투자는 우량한 주택을 찾는 것이다!

① 매수할 주택(아파트, 다세대주택, 다가구주택)을 방문해서 주변현황과 주택내부가 내가 매수할 목적에 맞는지 여부를 먼저 판단하고 매수 여부를 결정해야 한다. 나의 주거목적 또는 투자목적에 맞아야만 성공적인 부동산 투자가 될 수 있기 때문이다.

② 주택을 매수하는 것은 임대차하는 것과 다르게 분석해야 한다. 우량한 주택은 현재의 가치(현재 주택 시세)와 미래의 가치(미래 주택가격의 상승)를 함께 분석하면서 찾아야 한다. 이러한 분석 방법은 앞의 『01 부동산으로 성공하려면 이렇게 투자해야 한다』를 정독하면 된다.

02 계약하기 전에 매수할 주택의 현황을 파악하라!

◆ 매수할 주택에 수리나 개선이 필요한 부분이 있나?

아파트나 다세대주택, 다가구주택에 수리나 개선 등이 필요한 부분이 있는가를 꼼꼼히 살피고 매수를 결정해야 한다. 주택을 매수하고 나서 수리나 개선할 부분이 나타난다면 매수인이 비용을 들여 개선해야 되기 때문이다.

◆ 매수할 주택을 누가(소유자, 임차인) 사용하고 있는가!

현재 매수할 아파트나 다세대주택, 다가구주택을 소유자가 사용하고 있는지, 아니면 임차인이 사용하고 있는 지를 확인해야 한다.

03 임차인이 있다면 보증금과 계약갱신청구권 행사 여부 확인!

◆ 매수할 부동산에 임차인의 수와 임차보증금을 확인해라!

다가구주택인 경우에는 다수의 임차인이 있을수 있으므로, 이러한 주택 등을 매수하는 경우 건물에서 전체 가구 수를 확인해서 임차인의 수 및 임차보증금의 합계를 정확하게 파악해야 한다.

그리고 임차인이 특별법의 보호대상에 해당되는지, 아닌지 등을 파악해서 주택을 매수해야지 이러한 내용을 확인하지 않고 매수하면 매수인이 뜻하지 못한 손실을 볼 수도 있다.

임차인이 특별법의 보호대상이면 대항력이 있어서 매수인은 매도인이 계약한 임대차에서 임대인의 지위를 자동적으로 승계하게 되므로 퇴거를 요구할 수 없고 계약기간 만료 후 임차보증금반환 의무도 갖게 된다. 임차인을 조사하는 경우에 임차보증금에 채권가압류나 압류된 사실이 있는 가도 확인해야 한다. 최근 대법원 판례에서 주택을 살 때 임차보증금에 가압류된 사실을 모르고 새로운 소유자가 임차보증금을 반환한 사실이 있는데 가압류권자가 또다시 집주인에게 청구하여 소유자가 이중으로 반환해서 손실을 보게 된 사례가 있다.

김선생의 한마디

임차보증금에 가압류된 사실을 모르고 매수 후 임차보증금을 반환했다면!
임차인의 임대차보증금 반환채권이 가압류된 상태에서 임대주택이 양도되면 양수인이 채권가압류의 제3채무자의 지위도 승계하고, 가압류권자 또한 임대주택의 양도인이 아니라 양수인에 대하여만 위 가압류의 효력을 주장할 수 있다[대법2011다49523].

◆ 임차인의 계약갱신청구권 행사 여부와 대처 방법

1) 임대인이 주택을 제3자에게 매도 시 현명한 대처

① 임대차계약 기간이 6개월 이상 남아 있는 기간에 소유권이전등기를 마쳤다면 새로운 소유자에게 임차인이 계약갱신청구권을 행사해야 한다. 이때 매수인(새로운 소유자)이 실 거주를 목적으로 임차인의 계약갱신요구권을 거절할 수 있다.

② 임대차기간이 만료되기 6개월 전부터 2개월 전까지 임차인이 임대인(매도인)에게 계약해지 의사를 표명했어도, 만료되기 6개월 전부터 2개월 전까지 사이에는 언제든 번복해서 계약갱신청구권을 행사할 수 있다. 임대인(매도인)이 매수자와 계약을 하는 기간에 임차인이 계약갱신청구권을 행사하면 매수인이 실 거주를 할 수 없고, 매매계약의 무산으로 손해배상 책임이 발생할 수도 있다.

③ 따라서 임차인이 계약갱신청구권을 행사하지 않기로 해서 매매계약을 체결하는 사항이라면, 매도인이 임차인에게 계약갱신요구권을 행사하지 않는다는 확인서를 직접 받지 말고, 임차인이 매수인에게 직접 확인서를 작성하여 제출하도록 해야 한다. 이러한 경우에는 임차인이 변심해서 계약갱신요구권을 행사할 수 없다는 것이 법무부의 판단이다.

그래서 계약서 특약사항란에 다음과 같이 명기하면 좋을 것이다.
"1. 본 계약은 매수인이 실입주하는 조건으로 매매계약을 작성하는 계약이다.

2. 1항에 따라 임차인이 계약만료 시, 또는 2021년 3월 31일까지 퇴거하기로 매수인에게 약속했고, 이를 증빙하기 위해서 매도인 책임 하에 임차인이 직접 매수인에게 퇴거확인서를 작성하여 제출해야 한다.
3. 만일 계약 후 5일 이내에 임차인의 퇴거 확인서를 매수인에게 제출하지 않으면 본 매매계약은 무효로 하고 수수한 금액은 아무 조건 없이 반환해야 한다."

2) 매수인이 임차인에게 계약갱신청구권을 행사하지 않겠다는 확인서를 받아라!

매매계약서와 별도로 임차인의 계약갱신요구권 포기 확인서는 다음과 같이 작성하면 된다.

"임차인 OOO는 임차주택이 매수인이 실입주하는 조건으로 매매계약서를 체결한 사실을 확인했다. 따라서 임차인은 계약기간 만료 시, 또는 2021년 3월 31일까지 계약갱신요구권을 행사하지 않고 퇴거하기로 하는 확인서를 새로운 매수인에게 작성하여 제출한 것이다." 라고 확인서를 작성해 두면 매수인 명의로 소유권이전등기 후 위 퇴거 약속기간에 임대인의 퇴거 요구를 거부할 수 없다는 것이 법무부의 판단이다.

> **계약갱신요구권 행사여부 중개대상물 확인·설명서에 명시 의무**
> 개업공인중개사는 중개대상물 확인·설명서에, 임차인이 있는 경우 매도인(임대인)으로부터 계약갱신요구권 행사 여부에 관한 사항을 확인할 수 있는 서류를 받으면 "확인"에 √로 표시하여 해당 서류를 첨부하고, 서류를 받지 못한 경우 "미확인"에 √로 표시해야 한다. 이 경우 「주택임대차보호법」에 따른 임대인과 임차인의 권리·의무사항을 매수인에게 설명해야 한다(자세한 내용과 작성 방법은 204쪽 참조).

04 계약하기 전에 매수할 주택의 시세를 정확하게 파악해라!

◆ 인터넷에서 매매와 전세 시세를 직접 확인하는 방법

1) 인터넷에서 "부동산 114"를 검색해서 확인하는 방법

인터넷주소창에서 "www.r114.com" 검색하거나 네이버에서 "부동산 114"를 검색하면 다음과 같은 화면이 나타난다.

이 화면에서 시세를 확인하고자 하는 주택의 주소 서울시 서초구 반포동, 그리고 단지(래미안퍼스티지) 등을 선택하고 ⇨ 전체매물 또는 매매, 전세, 월세 등을 체크해서 다음과 같이 매매 시세, 전세와 월세 시세 등을 확인하면 된다.

　부동산114의 장점은 ① 아파트나 다세대주택, 단독주택이 실제 거래로 나온 매물, 전세, 월세 등을 확인할 수 있다는 점과, ② 화면에서 직접 번지까지 확인할 수가 있어서, 비슷한 아파트 등이 많을 때 동일 아파트인지 여부 등을 확인할 수 있다는 것이다.

2) 인터넷에서 "네이버 부동산"을 검색해서 확인하는 방법

　이 화면중간 네모박스에 있는 **부동산을** 선택하면 앞의 (1) "부동산 114"와 같은 화면을 확인할 수 있고, 검색방법도 같은 방법으로 확인하면 된다. 이 화면에서 아파트나 다세대주택, 단독주택이 실제 거래로 나온 매물, 전세, 월세 등을 확인할 수 있다.

3) "KB 부동산(nland.kbstar.com)"를 인터넷에서 검색해서 확인하는 방법

이 화면에서 확인하는 방법도 앞에서의 방법과 똑같이 하면 된다. 이 "KB 부동산 시세"는 금융기관에서 대출할 때 참고하고 있는 시세로, 대출을 원한다면 참고해야 한다.

4) 국토교통부 실거래가 공개시스템(rt.molit.go.kr)

이 화면을 검색해서 아파트, 연립/다세대주택, 단독/다가구 등의 실제 거래된 가격과 거래 시기 등을 확인할 수 있다.

임대차계약서를 작성할 때는 물론이고, 부동산 매매계약서를 작성할때도, 이같은 방법으로 시세를 확인하고 계약해야 안전하다.

◈ 주변 중개업소에서 매매와 전세 시세를 직접 확인해라!

앞에서와 같이 인터넷에서 매매와 전세 시세를 확인하고, 임차주택을 소개한 중개업소 이외에 다른 주변 중개업소 3~4곳을 방문해서 확인해야 한다. 이렇게 다양한 방법으로 매매와 전세, 월세 시세를 확인해야 정확하게 파악할 수 있다.

05 매수할 주택의 등기부 열람과 계약을 위한 권리분석

인터넷에서 대법원인터넷등기소(www.iros.go.kr)를 검색하면 다음과 같은 화면이 나온다.

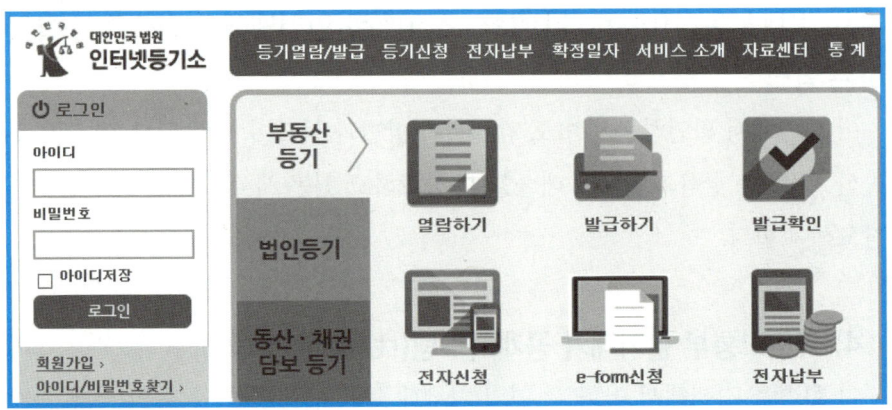

이 화면에서 부동산 등기사항증명서(등기부등본의 변경된 명칭)를 열람하기 또는 발급하기를 선택해서 등기사항증명서 전부 또는 일부를 확인할 수 있다. 이렇게 등기사항증명서는 말소사항까지 포함한 등기사항 전부를 확인할 수 있는 등기사항전부증명서와 현재 소유현황만을 간단히 확인할 수 있는 등기사항일부증명서가 있다. 따라서 등기사항 전부를 확인하기 위해서는 등기사항전부증명서로 확인해야 한다. 그리고 열람용은 공식적인 제출서류로는 사용할 수 없지만, 등기된 내용을 확인하고 권리를 분석하는 데에는 전혀 문제가 없다. 그러나 소유권이전등기나 근저당권을 설정할 때와 같이 공식문서로 제출하게 될 때에는 발급용으로 발급 받아야 한다.

◆ 등기사항증명서를 열람해서 어떻게 분석해야 하나?

다음 내용은 05의 02 등기사항증명서에 대한 권리분석 완전정복(94쪽)에 기술되어 있어서 지면상 생략했다.

1) 등기사항증명서에는 어떤 종류가 있나?
2) 토지와 건물등기사항증명서를 보는 법과 권리에서 우선순위
3) 아파트 등의 집합건물 등기사항증명서를 보는 법과 분석하는 방법
4) 등기부에서 우선순위 결정방법과 등기부의 신뢰 관계

◆ 누구와 매매계약을 체결해야 완전한 소유권을 보장받나?

1) 계약은 등기부상 소유자를 매도인으로 계약해야 한다

계약하기 전에 등기부를 열람해서 등기부상 소유자가 누구인지를 확인하고, 본인 확인을 위해서 주민등록초본, 신분증 등으로 매도인의 신원을 확인하라! 계약상대방은 등기부상 소유자와 계약을 해야 한다.

2) 대리인이 계약하게 되는 경우 어떻게 대처?

대리인이 계약한다면, 계약서에 위임용 인감증명서와 인감도장이 날인된 위임장을 첨부하고 대리인이 계약을 하였다는 내용과 계약금에서 잔금까지 매도인의 통장으로 계좌이체하고 잔금지급하기 전에 반드시 본인이 참석해서 계약서에 자필서명하기로 한다는 내용을 특약사항란에 명기(明記)하고, 이 내용을 매도인과 전화로 확인해야 한다.

김선생의 한마디

위임장이 있어도 인감증명서를 누가 발급했는지 확인해라!
인감증명서는 본인이 발급한 것과 대리인이 발급한 것 모두 효력은 같아 보이나 훗날 다툼이 생겨서 소송이 진행된다면 본인이 발급한 것은 부인하기가 어렵고, 부인한다고 해도 법원에서 정당성을 인정받기가 어렵기 때문이지요.

3) 가등기된 주택은 누구와 계약을 해야 매수인이 보호될까?

【 갑 구 】		(소유권에 관한 사항) – 건물등기부(토지등기부 내역도 같음)		
순위번호	등기목적	접수	등기원인	권리자 및 기타사항
1	소유권보존	2010년 2월 10일 제15307호		소유자 이순신 ○○○○○○-1****** 서울시 강서구 화곡동 ○○○
2	소유권이전	2011년 2월 10일 제15307호	2011년 2월 10일 매매	소유자 홍길동 ○○○○○○-1****** 주소 서울시 서초구 방배동 ○○○
3	소유권이전청구권가등기	2012년 05월 20일 제25341호	2012년 05월 20일 매매예약	가등기권자 이도령 ○○○○○ -1****** 주소 서울시 강남구 논현동 ○○○

매매예약가등기의 경우 그 가등기가 진정한 이상 가등기권자를 소유자로 보아 매도인으로 계약서를 작성해야 되나, 가등기가 담보가등기인 경우에는 소유자는 가등기권자가 아니라 설정자(홍길동)에게 있으므로 소유자와 계약을 해야 한다.

그러나 가등기권자가 담보가등기인 경우도 많고, 가등기권자가 매매예약가등기인 경우에도 채무면탈의 방법으로 많이 사용하고 있어서 그 진정성이 인정되지 못하는 경우가 많아서 홍길동 소유자 ⇨ 이도령 매매예약가등기 순서라면 일반인은 누가 소유자인가를 구분하기 어려우므로 다음과 같이 하면 된다.

① 소유자와 계약하고 중도금 지급 전까지 가등기를 말소하는 조건을 계약서 특약사항란에 기재하고 그 말소가 이행된 것을 확인하고 중도금을 지급하면 된다.

② 가등기권자를 매도인으로 하려면 가등기 상태에서는 안되고 가등기권자가 본등기를 해서 소유권을 이전해 줘야 하므로 중도금 지급 전까지 본등기를 이행하기로 특약사항란에 기재해서 계약하면 되는데… 유의할 점은 훗날 가등기권자와 소유자 간에 다툼이 발생하고 그에 따라 본등기가 무효가 될 수도 있으니 ◐ 매매예약가등기가 적법하게 이루어진 계약서류(매매계약서와 가등기설정계약서, 매매대금 지급 내역)를 확인하고 ◐ 중도금 지급 전까지 가등기권자에게 본등기가 적법하게 이루어진 것을 확인 ◐ 마지막으로 소유자(전소유자)에게 본등기가 적법한 사실을 확인해서 계약하면 재판해도 이기는 계약이 된다.

③ 담보가등기권자로 승계하는 조건으로 매수하는 조건이라면 ◐ 가등기설정계약서를 통해서 채권금액과 약정기간, 이율 등을 확인하고 그 채무금액을 승계하는 조건으로 계약하고, 매매대금에서 공제하기로 하는 내용을 특약사항란에 명기하면 된다.

4) 주택 등이 신탁등기되어 있다면 누구랑 계약해야 하나?

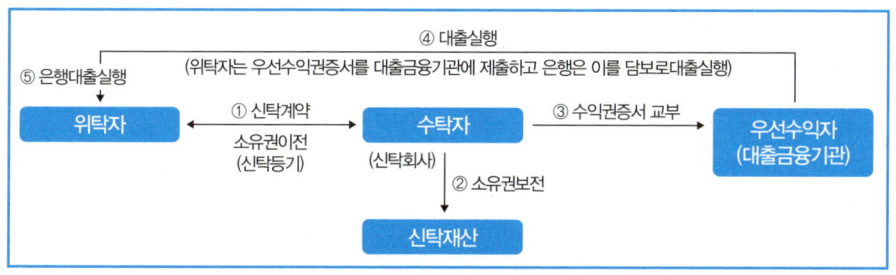

【 갑 구 】			(소유권에 관한 사항) – 건물등기부(토지등기부 내역도 같음)		
순위번호	등기목적	접수	등기원인	권리자 및 기타사항	
1	소유권 보존	2010년 2월 10일 제15307호		소유자 이순신 ○○○○○○-1****** 서울시 강서구 화곡동 ○○○	
2	소유권 이전	2011년 2월 10일 제15307호	2011년 2월 10일 매매	소유자 홍길동 ○○○○○○-1****** 주소 서울시 서초구 방배동 ○○○	
3	소유권 이전	2012년 05월 20일 제25341호	2012년 05월 20일 신탁	수탁자 ○○신탁주식회사 ****-***** 주소 서울시 강남구 ○○동 ○○○	
				신탁 신탁원부 제2114호	

　신탁등기된 주택이나 상가 또는 토지는 **대내적 관계에서는** 수탁자(신탁회사) 명의로 등기가 되었더라도 위탁자(신탁자)가 소유권을 보유하며 신탁재산을 관리 수익한다. **대외적 관계에서는** 등기명의인인 수탁자만이 소유권을 가진다. 수탁자가 신탁자에 동의 없이 신탁 부동산을 제 3자에게 처분한 경우, 제3자는 선의, 악의를 불문하고 그 소유권을 취득한다. 따라서 **담보신탁계약이 체결되어 신탁회사 앞으로 신탁등기가 마쳐지면** 대외적으로 수탁자(신탁회사)가 건물의 소유자이므로 의뢰인(위탁자)이 체결하는 매매 계약이나 임대차 계약은 매도인이나 임대인의 소유가 아닌 부동산에 관한 것이고, 신탁회사의 사전 승낙을 받지 아니하고 임의로 체결한 매매나 임대차 계약은 소유자인 신탁회사에게 효력을 주장할 수 없다.

　신탁실무에서는 수탁자(신탁회사)를 매도인으로 계약하는 사례는 거의 없다.

그렇게 하려면 처분신탁수수료가 추가되기 때문이다. 그래서 신탁관계를 종료시켜 소유권을 위탁자에게 귀속시킨 다음 매매 계약을 하면 된다. 그런데 문제는 담보신탁으로 대출받은 금액을 상환해야 수탁자와 신탁관계를 종료시킬 수 있고, 위탁자는 매매대금 잔금을 수령해야 상환할 수 있다는 점이다.

그래서 실무에서는 위탁자(현 등기부상 담보신탁 의뢰인 홍길동)와 매수인 간에 매매 계약서를 작성하고, 계약금을 위탁자에게 지급하거나 또는 부동산 개업공인중개사가 계약금을 보관하는 방법으로 하고, 중도금 또는 잔금을 지급할 때 그 금액으로 등기부 신탁원부에 있는 우선수익자(대출금융기관)의 채무를 상환하는 절차를 진행하면 된다.

이렇게 상환하면 우선수익자가 수탁사(신탁회사)에 신탁해지 동의서를 보내고, 위탁자가 수탁사에 신탁해지 요청서를 보내는 방법으로 신탁해지 서류를 수령할 수 있고, 이 서류를 등기소에 접수하는 방법으로 신탁관계는 종료되고 소유권이 위탁자에게 귀속된다. 그리고 위탁자가 소유자로 매수인에게 소유권을 이전하면 된다.

따라서 먼저 위탁자와 매수인간에 매매 계약에 관한 합의를 하고, 그 합의 내용대로 매매 계약서를 작성하고, 매매 계약서 특약사항란에 앞의 내용과 같이 합의한 내용을 명기하는 절차로 계약서를 작성하면 된다.

◆ 일반건물과 집합건물에서 건물과 토지 소유자가 다를 때의 계약은?

1) 일반건물에서 건물의 소유자와 토지 소유자가 다른 경우

단독·다가구주택이나 상가건물에서 다음 등기부와 같이 건물소유자와 토지소유자가 다른 경우 건물 소유자와 매매계약을 하면 매수인은 건물의 소유권만 갖게 되고 토지에 대한 권리가 없어서 토지사용료 또는 건물철거의 부담을 갖게 된다.

등기사항전부증명서(말소사항 포함) - 건물

서울특별시 강남구 논현동 ○○○

【 갑 구 】			(소유권에 관한 사항)	
순위번호	등기목적	접수	등기원인	권리자 및 기타사항
1	소유권 보존	2010년 2월 10일 제15307호		소유자 이순신 ○○○○○○-1****** 서울시 강서구 화곡동 ○○○
2	소유권 이전	2011년 2월 10일 제15307호	2011년 2월 10일 매매	소유자 홍길동 ○○○○○○-1****** 서울시 서초구 방배동 ○○○

등기사항전부증명서(말소사항 포함) - 토지

서울특별시 강남구 논현동 ○○○

【 갑 구 】			(소유권에 관한 사항)	
순위번호	등기목적	접수	등기원인	권리자 및 기타사항
1	소유권 이전	1990년 1월 10일 제14300호	1990년 1월 10일 매매	소유자 이성계 ○○○○○○ -1****** 서울시 강남구 역삼동 ○○○
				부동산등기법 제177조의6제1항의 규정에 의하여 1990. 1. 10. 전산이기
2	소유권 이전	2009년 12월 10일 제85308호	2009년 12월 10일 매매	소유자 이순신 ○○○○○○ -1****** 서울시 강서구 화곡동 ○○○

2) 집합건물(아파트 · 연립 · 다세대 · 오피스텔 · 상가 등)에서 대지권미등기

집합건물등기부의 두 번째 표제부에 대지권의 표시가 없으면, 대지권은 있는데 대지 지분정리가 안되어 미등기인지, 대지권 정리가 된 상태인데 대지권이 없는 경우인지를 토지등기부를 확인해서 판단해야 한다. 실제로 대지권이 없는 경우라면 매수인은 대지권이 없는 집합건물소유자와 계약을 하게 된 것으로 대지권은 취득할 수 없다.

등기사항전부증명서(말소사항 포함) - 집합건물

서울시 강남구 논현동 ○○ 삼성래미안아파트 제101동 제15층 제○○○호

【 표 제 부 】		(1동의 건물의 표시) - 〈내용생략〉		
표시번호	접수	소재지번, 건물명칭 및 번호	건물내역	등기원인 및 기타사항

【 표 제 부 】		(전유부분의 건물의 표시) - 〈대지권의 표시가 없음〉		
표시번호	접수	건물번호	건물내역	등기원인 및 기타사항
1	2010년 2월 1일	제15층 제○○호	철근콘크리트조 84.98㎡	도면편철장 제12책232장

【 갑 구 】			(소유권에 관한 사항)		
순위번호	등기목적	접수	등기원인		권리자 및 기타사항
1	소유권 보존	2010년 2월 1일 제21430호			소유자 이순신 ○○○○○○-1****** 서울시 강서구 화곡동 ○○○
2	소유권 이전	2012년 10월 10일 제54397호	2012년 10월 10일 매매		소유자 홍길동 ○○○○○○-1****** 주소 서울시 서초구 방배동 ○○○

3) 집합건물(아파트 · 연립 · 다세대 · 오피스텔 · 상가 등)에서 토지 별도등기

집합건물등기부의 두 번째 표제부에 다음과 같이 대지권의 표시가 되어 있으나 토지별도등기가 있다면,

등기사항전부증명서(말소사항 포함) - 집합건물

서울시 강남구 논현동 ○○ 삼성래미안아파트 제101동 제15층 제○○○호

【 표 제 부 】		(1동의 건물의 표시) - 〈내용생략〉		
표시번호	접수	소재지번, 건물명칭 및 번호	건물내역	등기원인 및 기타사항

【 표 제 부 】	(전유부분의 건물의 표시) – 〈대지권의 표시에 토지별도등기가 있음〉			
표시번호	접수	건물번호	건물내역	등기원인 및 기타사항
1	2010년 2월 1일	제15층 제○○호	철크콘크리트조 84.98㎡	도면편철장 제12책232장

	(대지권의 표시)		
표시번호	대지권의 종류	대지권의 비율	등기원인 및 기타사항
1	1. 소유권대지권	34541.95분의 46.35	2009년 10월 10일 대지권 2010년 2월 1일
			별도등기있음 1토지(을1번 근저당권설정등기) 2010년 2월 1일

【 갑 구 】	(소유권에 관한 사항)			
순위번호	등기목적	접수	등기원인	권리자 및 기타사항
1	소유권 보존	2010년 2월 1일 제21430호		소유자 이순신 ○○○○○○-1****** 서울시 강서구 화곡동 ○○○
2	소유권 이전	2012년 10월 10일 제54397호	2012년 10월 10일 매매	소유자 홍길동 ○○○○○○-1****** 주소 서울시 서초구 방배동 ○○○

매수인은 대지권을 취득할 수 없게 될 수도 있다.

따라서 집합건물에서 토지별도등기 내용[1토지(을1번 근저당권설정등기]을 토지등기부에서 다음과 같이 확인해야한다.

【 을 구 】	(소유권 이외의 권리에 관한 사항)			
순위번호	등기목적	접수	등기원인	권리자 및 기타사항
1	근저당권 설정	2009년 12월 10일 제85308호	2009년 12월 10일 설정계약	채권최고액 150,000,000원 채무자 이순신 서울시 강서구 화곡동 근저당권자 국민은행 서울시 강서구 화곡동 ○○○

집합건물에서 대지권이 표시되어 있으니 집합건물과 대지권이 모두 매도인의 소유가 되는 것 같이 보이지만 훗날 토지별도등기권자인 국민은행이 신청한 경매절차에서 제3자가 낙찰받게 된다면 대지권미등기가 된다.

따라서 토지별도등기가 있다면 토지등기부를 확인해서 그 진위를 판단하고 나서 계약서를 작성해야 한다.

◆ 주택 등이 여러 명의 공동소유자로 등기되어 있는 경우

건물등기사항전부증명서(말소사항 포함) -(토지등기부는 건물등기내용과 같음)

서울특별시 강남구 논현동 ○○○

【 갑 구 】		(소유권에 관한 사항)		
순위번호	등기목적	접수	등기원인	권리자 및 기타사항
1	소유권보존	2010년 2월 10일 제15307호		소유자 이순신 3521-1****** 서울시 강서구 화곡동 ○○○
2	소유권이전	2011년 2월 10일 제15307호	2011년 2월 10일 협의분할 상속	공유자 지분 7분의 3 홍숙자 39212-2****** 서울시 강서구 화곡동 ○○○ 지분 7분의 2 김철민 65212-1****** 서울시 강서구 화곡동 ○○○ 지분 7분의 2 김철수 67212-1****** 서울시 강남구 논현동 ○○○

집합건물이나 일반건물 등이 여러 명의 공동소유자로 등기되어 있다면 임대차계약의 체결은 과반이상의 지분권자와 계약을 하면 공유물 전체에서 민법 제265조에 의해 임차인이 대항력과 우선변제권을 갖게 되지만, 공유물의 처분행위에 해당하는 매매는 지분 일부를 매매하는 경우를 제외하고는 전체 지분권자의 동의가 있어야 처분행위가 가능하다. 따라서 전체 지분권자의 동의(전체 지분권자의 매도용인감증명서를 첨부)를 얻어서 매수해야 완전한 소유권을 취득할 수 있다.

◈ 등기부의 갑구와 을구에 담보물권과 채권 등이 등기되어 있으면!

1) 근저당권, 전세권, 임대차등기, 담보가등기 등이 등기 되어 있는 경우

매수 전에 등기부에 등기된 은행의 근저당권과 전세권자, 담보가등기, 임대차등기 등이 있다면 매수자가 승계하는 조건으로 계약을 하거나 일부 상환 또는 전부 상환하고 등기부에서 감액등기 또는 말소등기를 중도금 또는 잔금지급 전까지 하는 조건으로 계약을 하고, 그 내용을 계약서 특약사항란에 기재해서, 중도금 또는 잔금을 지급할 때 확인하고 지급하면 된다. 승계하는 근저당권이나 전세권, 임대차등기에 대해서는 매수인이 부담하게 되는 채무가 되므로 근저당권의 원금 및 이자, 전세금과 전세기간, 임차금액 및 임대차기간 등을 확인하고, 그 인수하는 금액을 매매대금에서 공제하고 잔금을 지급해야 한다.

2) 조세·공과금 등의 압류와 일반채권의 가압류 등이 등기되어 있는 경우

매수 전에 등기부에 등기된 조세·공과금 등의 압류와 일반채권으로 가압류·압류 등이 있다면 매수인이 인수해야 할 채권금액은 등기부에 등기된 채권금액을 한도로 인수하게 되므로, 매도인 책임 하에 말소등기를 중도금 또는 잔금 지급 전까지 하는 조건으로 계약을 하고, 그 내용을 계약서 특약사항란에 명기해서, 중도금 또는 잔금을 지급할 때 확인하고 지급하면 된다.

위 1)과 2)의 상황에서는 ◐ 다음 8번과 같이 대응하면 된다.

◈ 등기부에 소유권을 제한하는 가처분, 가등기 등이 있는 경우

가처분, 예고등기, 가등기, 경매기입등기(임의경매와 강제경매) 등의 소유권 제한 사항 등이 있다면 부동산을 사고 나서도 이들 권리에 의해서 매수인이 소유권을 잃게 될 수 있으니, 이러한 등기가 있다면 **계약을 하기 전에 잔금지급 이전에 해결하는 조건으로 협의하고, 그 협의내용을 특약사항란에**『등기부상 소유권을 제한하는 가처분 등의 권리는 매수인이 잔금지급 전까지 말소하기로 하고, 만일 매도인의 귀책사유로 말소되지 못하면 매수인은 위 계약내용 제6조에 의해 계약을 해제하고 손해배상을 청구할 수 있다.』고 명기(明記)해야 한다.

◆ 단기간 내에 소유자가 자주 변경된 경우

단기간 내에 권리자(소유자 또는 기타 권리자 등)가 자주 변경되는 경우와 복잡하게 얽혀있는 것은 일단 의심을 하고 분석해야 한다.

06 건축물관리대장과 토지대장을 확인해라!

[김선생] "건축물대장(토지대장)과 **등기사항전부증명서** 등을 확인하여 매도인이 공부상 소유자와 일치하는 가와 대장과 **등기부상의** 표시부분에서 다른 내용이 있는 가를 확인해야 합니다.

건축물대장과 등기부에 등기된 내용이 같을 때는 문제가 없지만, 다르다면 등기부의 표제부에 기재되는 지번·구조·용도·면적 등은 대장이 우선하지만, 소유권에 관한 사항은 등기부가 우선하므로 그 진위 여부를 다시 확인하고 등기부에 등기된 소유자를 매도인으로 해서 매매계약서를 작성하면 된다."

그런데 간혹 **건축물대장상 호수와 현황호수가 바뀌게 되는 사례가 있으니,** 건축물대장 열람과 동시에 건물현황도, 평면도 등을 발급받아 확인해야 합니다. 이러한 현상은 현관이 북쪽에 있을 때 발생하는 착시현상으로, 건물현황도가 남쪽인데 현황도를 거꾸로 보고 아파트 등의 현황호수를 붙이는 오류에서 발생하는 것입니다.

김선생의 특별과외

건축물대장에 불법건축물이 표시되어 있는가를 확인해라!

1. 시·군·구청의 단속이나 민원에 의해 불법건축물로 단속이 되면 몇 차례의 계고와 시정명령을 하고 그래도 시정하지 않으면 건축물대장 갑구에 위반건축물과 그 위반에 해당하는 부분 및 면적 등을 기재하게 된다. 이러한 경우에도 철거하고 증빙자료를 시·군·구청에 제출하면 건축물대장에서 위반건축물이라는 표시를 삭제하게 되지만, 철거가 이루어 질 때까지 불법건축물로 표시되고, 이행강제금을 건축소유자에게 부과한다.

2. 위반건축물이라 해도 임대차보호법이 적용되지 않거나 매매가 불가능한 것이 아니므로, 계약서를 작성할 때 건축물대장을 확인하고 위반건축물로 표시되어 있으면 중개확인설명서에 위반건축물로 체크하고, 그 위반사항을 기재해서 계약서를 정상적으로 작성할 수 있으나 매매계약이라면 물건의 중대한 하자로 인해 매매가격에 영향을 줄 수 있으며 이행강제금의 납부여부와 불법부분의 처리 여부 등을 특약사항란에 다음과 같이 꼼꼼하게 명기해 두어야 한다.

3. 특약사항란에『 ① 본 건물은 위반건축물로 건축물대장(건물번호 ○○○○-○○○○)에 기재되어 있으므로 해당구청 건축과 위반건축물담당자에게 확인받아 그 위반내역을 기재한다. ② 매도인의 책임으로 해당 불법 부분에 대해서 중도금 이전까지 시정조치하고 건축물대장에서 위반건축물 표시를 말소하기로 한다.
또는 ② 위반건축물을 시정조치 없이 인수할 경우에는 본 건물에 부과된 강제 이행금은 납부의무자와 상관없이 부과일을 기준으로 잔금일 이전에 부과된 것은 매도인이, 잔금일 이후에 부과된 것은 매수인의 책임으로 납부하기로 한다』

4. 근린생활시설을 주택으로 불법개조한 건물에 입주하더라도 주택임대차보호법 등으로 보호를 받을 수 있지만, 매수하는 경우에는 주택이 아닌 근린생활시설을 매수하게 되므로 불법건축물로 인해서 이행강제금이 부과가 예상되고, 훗날 매도 시에도 손실이 예상되므로 주의해야 한다.

알아두면 좋은 내용

건축물대장과 토지대장에 대한 분석방법

이 내용은『Chapter 05 건물을 만드는 과정과 등기부 등의 공적장부 완전정복(104쪽)』을 참고하기 바란다.

07 토지이용계획확인서를 확인

토지이용계획확인서는 지역·지구 등의 지정내용과 그 지역·지구 안에서 행위제한 내용이 기재되어 있어서 토지의 이용 및 도시계획시설 결정여부 등을 확인할 수 있는 서류다. 재개발 및 재건축 등의 정비 구역지정과 그에 따른 건축제한 등이 기재되어 있어서 매수자가 계약서를 작성하기 전에 반드시 확인해야 되는 서류중의 하나다.

08 아파트 등에 등기된 채권과 임차권이 있을 때 계약방법

김선생 "매수할 아파트나 다세대주택, 다가구주택에 등기부상 등기된 채권과 등기는 되지 않았지만 특별법으로 당연히 대항력과 우선변제권이 있는 임차인이 있을 수 있는데, 이들 채권을 계약할 때 해결하지 않으면 매수인의 부담으로 남게 됩니다. 그래서 이런 상황에서 다음과 같이 채권을 승계하는 조건으로 계약할 수도 있고, 말소하는 조건으로 계약할 수도 있습니다."

◈ 선순위 채권을 승계하는 조건으로 계약하는 방법은?

1) 등기부에 등기된 근저당권 등을 승계하는 조건으로 계약

매도인은 다가구주택에 2006.1.1. 설정된 국민은행의 융자금 1억원(채권최고액 1억2천만원)을 승계하는 조건으로 계약하기로, 또는 국민은행 융자금 1억중 5천만원을 보증금 잔금으로 상환하고, 감액등기(채권최고액 6천만원)하기로 한다.

2) 주택 등에 임차인들을 승계하는 조건으로 하는 계약

위 주택에는 현재 임차인이 5인이며 임차보증금의 합계 2억1천만원(임차내역: 지하 1층에 1호 5천만원과 2호 2,000만원, 1층에 101호 7,000만원과 102호 3,000만원, 2층에 202호 4,000만원)을 승계하기로 한다.

◆ 등기부에 등기된 채권을 말소하는 조건으로 계약하는 방법

담보물권(금융기관 근저당권+전세권+담보가등기)이나 일반채권(가압류, 압류 등)을 말소하는 조건으로 계약하는 경우는 계약서 특약사항란에 『매도인은 다가구주택에 2011. 1. 1. 설정된 신한은행의 융자금 2억원(채권최고액 2억4천만원)과 2011년 2월 10일 가압류등기(3,000만원), 2012년 2월 10일 압류등기를 잔금지급 이전까지 말소하기로 한다.』라고 기재한다.

09 계약 이후에 추가적인 권리가 발생 시 계약해제 및 손해배상

계약 이후에 매수인이 소유권을 이전받기 전까지 매도인의 귀책사유로 위 주택에 추가적인 권리(근저당권, 임차권, 가압류, 가처분 등)가 발생하면 매수인이 잔금지급 전까지 매도인 책임하에 말소시켜야 한다. 만일 말소시키지 못하면 매수인은 위 계약내용 제6조에 의해 계약을 해제하고 손해배상을 청구할 수 있다는 내용을 계약서 특약사항란에 명기하면 된다.

10. 매매대금 지급 방법과 주택인도 시기에 대한 합의

아파트 매매대금을 계약금, 중도금, 잔금 등으로 나누어 지급하는 시기를 합의해서 그 내용을 계약서 매매대금 지급내용과 주택인도 시기를 기재하면 된다.

11. 계약해제 시 해약금과 위약금에 관한 약정

◆ **해약금약정**

상대방이 계약이행에 착수하기 이전에 해약을 원하는 계약 당사자가 해약금을 지급하고 임의로 계약을 해약할 수 있는데, 민법 제565조에는 다른 약정이 없는 한 계약금을 해약금으로 보고 있다.

부동산 매매계약서 계약내용 『제5조 [계약의 해제] 매수인이 매도인에게 중도금(중도금 약정이 없을 때는 잔금)을 지급하기 전까지 매도인은 계약금의 배액을 상환하고, 매수인은 계약금을 포기하고 본 계약을 해제할 수 있다.

김선생의 한마디

계약금이 해약금이니 계약금을 높이면 그 만큼 계약해제가 어렵지만, 계약금은 해약금의 성격을 가지고 있어서 계약이행에 착수하기 전에 계약당사자가 스스로 계약금을 포기하고 또는 배액을 배상하고 계약을 해제할 수 있으므로, 상대방이 계약을 해제하는 것이 염려가 된다면 계약금을 20%~30%로 해서 계약을 해제하는 것을 어렵게 하면 되지만, 내가 계약을 해제하는 상황이 발생하면 계약금이 높은 것이 오히려 비수가 될 수 있다.

◆ 위약금약정 또는 위약벌약정(채무불이행과 손해배상)

위약금은 손해배상예정과 위약벌을 모두 포함하는 개념으로, 민법은 위약금을 손해배상예정으로 추정하고 있어서, 계약할 때 손해배상을 예정해두었다면 채무불이행에 따라 계약을 해제한 경우 채권자는 손해의 발생과 그 금액을 별도로 입증할 필요 없이 당연히 예정된 손해배상액을 청구할 수 있다.

부동산 매매계약서 계약내용 『제6조 [채무불이행과 손해배상] 매도인 또는 매수인이 본 계약에 관해 불이행이 있을 경우 그 상대방은 불이행자에 대하여 서면으로 최고하고 계약을 해제할 수 있다. 이때 계약 당사자는 계약해제에 따른 손해배상을 상대방에게 청구할 수 있으며, 손해배상에 대한 별도 약정이 없는 한 계약금상당금액을 손해배상금(위약금)으로 본다.』

그러나 계약해제에 따라 손해가 커질 수 있는 계약이라면 계약금을 20~30% 정도로 높여서 계약금을 해약금으로 지급하고 계약을 해제 할 수 없게 하는 방법과 손해배상예정액(위약금과 손해배상을 포괄)을 계약금에 한정하지 말고 금 000원으로 높은 금액으로 정하는 방법으로 계약 당사자 간에 합의해서 계약서 특약사항란에 『본 계약에서 정한 의무를 위반하였을 경우에는 위약금으로 금 000원을 지급키로 한다.』와 같이 명기하면 된다.

그런데 위약금이 과다하다고 판단되면 민법 제398조 제2항에 따라 법원의 감액청구소송으로 감액될 수 있으므로, …

계약이 이행되지 못해서 많은 손해가 발생할 것이 염려가 된다면 위약금보다 강한 위약벌의 약정도 고려해볼 만하다.

12 관리비 및 공과금 체납 여부와 해결 방법에 대한 합의

매도인은 관리비와 제세·공과금을 매수인이 잔금지급하기 전까지 정산해서 납부해야 한다는 내용을 특약사항란에 명기하기로 합의.

13 선수관리비 인계인수에 관한 합의

선수관리비는 매도인과 매수인 사이에 인수인계 확인서를 작성하고 관리사무소에 통지하는 방법으로 매수인이 매매대금과 별도로 매도인에게 지급하고 선수관리비를 승계하는 방식으로 많이 하고 있다.

공동주택관리법 제24조(관리비 예치금) ① 관리주체는 해당 공동주택의 공용부분의 관리 및 운영 등에 필요한 경비(이하 "관리비예치금"이라 한다)를 공동주택의 소유자로부터 징수할 수 있다.

② 관리주체는 소유자가 공동주택의 소유권을 상실한 경우에는 제1항에 따라 징수한 관리비예치금을 반환하여야 한다. 다만, 소유자가 관리비·사용료 및 장기수선충당금 등을 미납한 때에는 관리비예치금에서 정산한 후 그 잔액을 반환할 수 있다.

③ 관리비예치금의 징수 · 관리 및 운영 등에 필요한 사항은 대통령령으로 정한다.

김선생의 조언

선수관리비와 장기수선충당금에 대해 알고 가자!

① **선수관리비는** 공동주택에 최초 입주할 때 1~2달 기간 동안 입주자가 없거나 공실로 되는 경우 관리사무실의 인건비, 경비업체직원의 인건비, 기타 제반 사무비품 구입 등에 사용되는 관리주체의 초기운영자금으로 주택법에 명시되어 있어서, 선수관리비는 재건축 등으로 공동주택이 해체되지 않는 한 반환되지 않는 금액으로 매매시 매도인은 관리사무소에 요청해서 선수관리비를 환불하며 매수인은 선수관리비를 다시 예치하는 방식으로 처리되는 것이 원칙이나 실무에서는 **매도인과 매수인 사이에 인수인계 확인서를 작성하고 관리사무소에 통지하는 방법으로 매수인이 매도인에게 지급하고 선수관리비를 승계**하는 방식으로 많이 하고 있다.(공동주택관리법 제24로 제2항)

② **장기수선충당금은** 장기수선충당금은 관리주체는 장기수선계획에 의하여 공동주택의 주요시설의 교체 및 보수에 필요한 장기수선충당금을 당해 주택의 소유자로부터 징수하여 적립하여야 한다(주택법 제51조, 장기수선충당금의 적립).

이 금액은 매도인이 부담하는 것이다. 그런데 임대중이라면 임차인이 관리비 납부 시 함께 납부했다가 계약 종료 후 임차인이 퇴거 시에 임대인에게 반환 받는 방법으로 진행되므로 매수인과는 무관하다. 만약 임차인을 승계하는 매매계약이라면 임차인의 장기수선충당금을 매도인과 매수인이 소유권변동시점까지 임차인이 납부한 장기수선충당금을 정산해야 한다.

14 부동문자로 된 계약내용에 대한 합의

계약서에 부동문자로 인쇄되어 있는 내용에 대해서 합의한 바 없다고 다음 판례와 같이 상대방이 주장하면 다툼이 발생할 수 있으니, …

계약서 특약사항란에 『① 본 계약은 위 부동문자로 된 계약내용에 합의하고, 위 아파트는 계약 시의 현 시설상태로 매수인에게 인도한다.』로 명기해둬야 한다.

처분문서의 내용이 부동문자로 인쇄되어 있는 경우 그 내용의 의미를 판단하는 방법

처분문서(=계약서)의 기재 내용이 부동문자로 인쇄되어 있다면 인쇄된 예문에 지나지 아니하여 그 기재를 합의의 내용이라고 볼 수 없는 경우도 있으므로 **처분문서라 하여 곧바로 당사자의 합의의 내용이라고 단정할 수는 없고 구체적 사안에 따라 당사자의 의사를 고려하여 그 계약 내용의 의미를 파악하고 그것이 예문에 불과한 것인지의 여부를 판단**하여야 한다[대법 97다36231 판결].

부동산 매매계약서상 "매도인이 위약시에는 계약금의 배액을 매수인에게 배상하고 매수인이 위약시에는 계약금을 포기하기로 하여 위 계약은 통지 없이 해약하기로 한다"는 내용이 부동문자로 인쇄되어 있으나 계약불이행시 위 계약의 효력을 소멸시켜야 할 특별한 사정이 엿보이지 아니하고, 그 부동산상의 저당권설정등기 말소비용을 매수인이 부담하기로 하였고 보증인이 없음에도 이에 관한 부분을 삭제하지 아니한 점등에 비추어 위 조항이 당사자 사이에서 진정하게 이루어진 합의의 내용으로서 구속력이 있는 기재라고 볼 수 없고 단순한 예문조항으로서 무효라고 한 사례[대법 91다21954 판결].

15 주택(아파트나 다가구주택 등) 매매 계약할 때 유의사항

◆ 주택은 건물분 부가세와 등기시 농특세가 면세지만 예외가 있다!

주택은 신축 시 국민주택규모(85㎡) 이하인 경우는 분양가에서 건물분 부가세(토지는 비과세) 10%와 소유권보존등기시 농특세가 면제된다(아파트 등의 공동주택에서 국민주택규모는 도시지역에서는 전용면적이 85㎡ 이하, 비도시지역의 읍 또는 면 지역에서는 전용면적이 100㎡ 이하, 단독·다가구주택에서 주택 전체 연면적으로 국민주택규모를 계산하는 것이 아니라 건축물대장상 분리된 가구 호수별 면적이 85㎡ 이하). 국민주택규모를 초과되는 경우에는 건물분 부가세와 소유권보존등기할 때 농특세가 부과된다. 이러한 요인은 신축 후 거래되는 과정에서도 발생하게 되는데 개인이 주택을 최초로 분양받은 경우 거래가격에 건물분 부가세가 포함되어 거래되므로 국민주택규모를 초과한 주택을 매수하는 사람에게 그 영향이 미치지 않고 농특세만 납부하면 되는데 이는 개인의 경우 사업자가 아니므로 세금계산서 발급대상이 아니기 때문이다.

◆ 사업자가 국민주택규모를 초과하는 주택을 매도할 때는 다르게 생각해야 한다!

① 법인사업자나 개인사업자가 국민주택규모를 초과하는 주택을 분양받거나 법인사업자나 개인사업자 소유 주택을 매수해서 매도하는 경우 분양 시 또는 매수할 때 부과된 건물분 부가세 10%를 환급받고, 매도 시에 환급받은 건물분 부가세를 납부해야 된다.

개인 간의 거래에서는 계산서 및 세금계산서의 발행의무와 부가세 납부의무가 없지만, 법인사업자나 개인사업자간의 거래(매매)에서는 계산서(토지는 비과세로 계산서)와 세금계산서(건물은 부가세가 부과되므로 부가세를 포함한 세금계산서)를 발행의무가 있으므로 사업자간의 매매에서는 매매대금에 추가로 건물분 부가세가 포함된 금액이 총 지급해야 할 금액이 된다. 법인사업자나 개인 사업자가 매매대금에서 건물분 부가세에 대한 별도 약정이 없다면 매매대금에 건물분 부가세를 포함해서 매각한 것으로 봐야 한다는 것이 대법원 판례이다.

② 주택임대사업자(상가임대사업자는 면세사업자가 아님)는 면세사업자라 개인과 같이 부가세를 발급할 수도 없고(환급받을 수도 없고), 납부할 의무가 없어서 국민주택을 초과하는 주택이라도 부과세를 납부할 의무가 없다. 이런 주택임대사업자는 세무서에서만 임대사업자로 등록해서 운영할 수도 있지만, 시·군·구청 등의 지자체에서 임대주택법에 따른 임대주택사업자를 함께해서 등록해서 운영해야 세제혜택을 볼 수 있다.

알아두면 좋은 내용

주택임대사업자를 세무서와 지자체에 함께 등록해야 되는 이유?

① 소득세법 제155조(1세대1주택의 특례)로 1세대1주택 비과세 적용시 주택수에 포함시키지 않는다. 그러나 현재에는 아파트를 제외한 주택만 지자체 임대사업자등록을 할 수 있다.
② 종합부동산세법 시행령 제3조(합산배제 임대주택)로 종부세를 과세하지 않는다. 다만 조정대상지역은 합산배제가 안 된다.
③ 조세특례제한법 제96조(소형주택 임대사업자에 대한 세액감면), 제97조의3(준공공임대주택에 대한 양도소득세의 과세특례), 제97조의4(장기임대주택에 대한 양도소득세의 과세특례), 제97조의5(준공공임대주택에 대한 양도소득세 세액감면) 등으로 임대소득세 및 양도소득세가 감면된다.
④ 지방세법 제31조(임대주택 등에 대한 감면)로 취득시 취득세와 재산세가 감면된다.

위 감면규정 적용 시 임대기간, 임대주택수, 감면율은 개별 규정마다 다르기 때문에 각 조항을 확인하여 판단해야 한다

주택임대사업자를 개인사업자로 등록해서 할 수도 있지만, 법인사업자도 개인사업자와 같이 주택임대차사업을 할 수 있다.

법인의 경우 면세사업자를 별도로 낼 수 있는 것이 아니라 법인사업자(본점사무소)의 업종에 주택임대차사업을 추가하고 별도 주택임대업을 하게 될 주택소재지에 법인분사무소(지점)두고 그 임대사업자로 세무서와 시·군·구청 등에 등록하면 개인사업자와 마찬가지로 건물분 부가세가 면세된다.

그리고 다음 ➡ 주택을 법인사업자로 취득해 매도 시에 유의할 사항에서 부과되고 있는 대도시내에서 5년 미만의 법인의 경우 구등록세분과 구등록세의 20%에 해당하는 교육세에 3배중과도 부과되지 않는다. 어쨌든 주택의 경우 Chapter 24의 03 법인이 취득해 매도 시에 유의할 점과 개인보다 절세가 가능할까?(537쪽)에서 알 수 있듯이 이 내용들을 참고하면 합법적으로 절세할수 있는 방법이 된다. 이렇게 법인이 주택임대사업자를 4년 이상 운영할 경우에는 지방세법 시행령 제26조(대도시 법인 중과세의 예외), 제31호(임대주택법 제6조에 따라 등록을 한 임대사업자가 경영하는 주택임대사업)에 따라 중과되지 않는다. 이러한 모든 사항을 판단해서 주택임대차를 개인 또는 법인사업자로 할 것인가를 판단해야 한다.

③ 법인사업자나 개인사업자 등이 개인 또는 주택임대사업자로부터 국민주택규모를 초과하는 주택을 매수하는 경우에는 더 문제가 심각하다. 개인은 세금계산서를 발급할 수가 없고, 주택임대사업자는 면세사업자라 부가세를 발급할 수 없어서 법인사업자나 개인사업자 등이 부가세를 환급을 받을 수 없는데도 불구하고, 훗날 매도 시 개인에게 매도하든 주택임대사업자에게 매도하든 부가세를 매매가격에 포함해서 매도하게 되므로 그만큼 예측하지 못한 손실이 발생할 수도 있다.

④ 상가주택(겸용주택)의 경우
이런 겸용주택을 취득하거나 보유할 때 발생하는 취득세나 재산세 등 지방세는 상가와 주택을 구분하여 매겨진다.

그러나 국세인 양도세와 건물분 부가세는 다음과 같이 한다.

• 양도소득세는 주택면적이 상가보다 크면 전체를 주택으로 봐서 주택에 해당하는 양도세율이 적용되므로 비과세 혜택을 볼 수 있고, 상가면적이 주택면적보다 크거나 같다면 주택부분은 주택, 상가부분은 상가로 취급해서 양도세율을 적용하게 된다. 그러나 2022년부터 주택의 연면적이 상가연면적보다 큰 경우에도 상가주택 양도가액이 9억원을 초과 하면 주택부분은 주택으로 보고, 상가부분은 상가로 보도록 개정되었다. 양도가액이 9억원 이하이면 종전과 같다.

• 건물분 부가세와 농특세는 양도세와 같이 계산하지 않고 상가면적보다 주택면적이 크거나 적거나 무관하게 상가와 주택부분을 분리하여 상가부분에 대해서 건물분 부가세와 농특세가 부과되고, 주택부분에 대해서 국민주택규모를 이하인 경우에는 면세되고, 국민주택규모를 초과하는 경우에만 건물분 부가세와 농특세가 부과된다.

◈ 주택을 법인사업자로 취득해 매도 시에 유의할 사항
1) 법인 명의로 취득시 취득세와 중과세율

① 법인이 국민주택 규모 이하의 주택을 취득 시에는 취득세 및 교육세 12.4%와 ② 국민주택 규모 초과 시 13.4%(농특세 1% 포함)는 중과세율이 적용된 것으로 5년 미만 법인이 과밀억제권내 부동산을 취득하든, 5년 이상된 법인이 취득하든 동일한 중과세율 12.4%와 13.4%가 적용된다. 이는 □지방세법 제16조 제5항 같은 취득물건에 대하여 둘 이상의 세율이 해당되는 경우에는 그중 높은 세율을 적용한다와 □지방세법 제13조(과밀억제권역 안 취득 등 중과) 제2항 규정에 따라 다음 ③과 같이 5년 미만된 주택의 중과 세율과 비교해서 더 높은 세율인 지방세법 제13조의2(법인의 주택 취득 등 중과) 12.4%(국민주택규모 이하)만 적용한다. 즉 5년 미만된 법인이 주택을 취득하는 경우에는 추가로 구등록세분의 중과는 부과되지 않는다.

③ 지방세법 시행령 제27조(대도시 부동산 취득의 중과세 범위와 적용기준) 제3항과 지방세법 제13조(과밀억제권역 안 취득 등 중과) 제2항에 따라 과밀억

제권 내의 5년 미만 법인이 과밀억제권 내의 주택이 아닌 상가건물, 오피스텔, 공장, 농지, 토지 등을 취득하는 경우에는 구등록세분의 3배 중과가 종전과 같이 적용되므로, ⓐ 취득세 : 표준세율(4%)+3-중과기준세율(2%)×2=8%, ⓑ 지방교육세 : [4%-2%]×20%×3=1.2%, ⓒ 농어촌특별세 : 0.2%이다. 따라서 중과세율은 9.4%가 된다.

2) 법인세율과 주민세 그리고 추가되는 법인세 요약정리

법인이 주택 및 비사업용 토지를 양도한 경우 = 기본 법인세율 10% + 법인세할 주민세 1%(법인세액의 10%) + 추가법인 20%(2021년부터)(양도가액 – 장부가액)이 된다.

여기서 기본법인세율 과세표준은 양도차익(양도가액 – 취득가액) – 일반경비(임대료 및 관리비, 인건비, 기타 비용 등의 법인사업비용)를 공제하여 계산하면 된다.

◆ 주택 누수 등의 하자로 인한 매도인의 하자담보 책임은?

계약서 특약사항란과 다음 중개대상물확인·설명서에 『① 거래대상 주택은 오래된 건물로, 또는 재건축 및 재개발구역 내의 건물로 노후화되어 있어서, 균열과 누수 등이 예상되는 건물임을 확인하고 충분히 설명을 듣고 매수하는 것이므로, 이로 인한 매도인의 담보책임을 묻지 않기로 한다. 또는 ② 건물의 하자와 누수 등이 없음을 매수인(임차인)이 꼼꼼이 확인하고 계약하는 것으로 추후 이러한 사실로 매도인의 담보책임을 묻지 않기로 한다. 』는 내용을 기재했다면 매도인의 담보책임으로 인해서 개업공인중개사와 매도인의 책임은 벗어날 수 있을 것이다. 그러나 매수인(임차인) 등은 이러한 내용 없이 계약하는 방법이 좋을 것이다. 위 ①과 ② 내용에 매수인(임차인)이 합의해 주지 않으면 『③ 건물의 하자와 누수 등이 없음을 매도인(임대인)의 진술로 확인함』이라고 기재하면 개업공인중개사 책임을 면할 수 있다.

16 중개대상물 확인·설명서와 개인정보 수집 동의서

공인중개사가 부동산 중개를 하게 되어 거래를 하게 되면 작성하는 서류는 1. 임대차와 매매 계약서, 2. 중개대상물 확인·설명서, 3. 개인정보 수집 및 이용/활용 동의서 등이 있다.

계약갱신요구권 행사여부 중개대상물 확인·설명 명시 등

② 권리관계	등기부 기재사항		소유권에 관한 사항		소유권 외의 권리사항	
			토지		토지	
			건축물		건축물	
	민간임대 등록여부	등록	[ ] 장기일반민간임대주택 [ ] 공공지원민간임대주택			
			[ ] 그 밖의 유형(　　　　　)			
			임대 의무기간		임대 개시일	
		미등록	[ ] 해당사항 없음			
	계약갱신 요구권 행사 여부		[ ] 확인(확인서류 첨부)　　[ ] 미확인			

② 권리관계의 "계약갱신요구권 행사여부"는 대상물건이 「주택임대차보호법」의 적용을 받는 주택으로서 임차인이 있는 경우 매도인(임대인)으로부터 계약갱신요구권 행사 여부에 관한 사항을 확인할 수 있는 서류를 받으면 "확인"에 √로 표시하여 해당 서류를 첨부하고, 서류를 받지 못한 경우 "미확인"에 √로 표시합니다. 이 경우 「주택임대차보호법」에 따른 임대인과 임차인의 권리·의무사항을 매수인에게 설명해야 합니다.

Chapter 10

아파트 사고팔 때
올바른 매매 계약서
작성 방법

01 아파트 매매 계약서를 내게 유리하게 작성하는 방법

핵심  아파트 소유자가 거주하면서 직접 계약하기

김선생 "지금부터 서울시 서초구 서초동 980번지 대림아파트 102동 505호에 대한 아파트 매매계약서 작성방법에 대해서 살펴보겠습니다. 아파트 소유자는 김정수이고, 이 아파트 매수를 희망하는 분은 박기자입니다."

◆ 매매 대상 물건 분석 및 계약당사자간 합의사항 정리

1) 아파트를 방문해서 매수할 목적에 맞는 우량한 아파트 판단

매수인이 아파트를 방문해보니 매수인이 거주하기에 적당한 면적이고, 소유자가 거주하던 아파트라 그런지 아파트 내부도 깨끗했고, 주변 대중교통과 학군 등이 좋아서 이 아파트를 매수하기로 결정했다.

2) 매수할 아파트를 누가 사용하고, 그 주택에 다른 임차인이 있는지

현재 매수할 아파트는 소유자가 전부 사용하고 있다가 매수인에게 인도하는 조건이므로, 다른 임차인은 없었다.

3) 아파트의 시세를 정확하게 조사하고 나서 매매가격을 협상해라

매수인이 주변 중개업소 3곳을 방문해서 아파트의 시세를 확인하니 6억5천만원에서 6억2천만원대를 형성하고 있어서 매도인에게 6억원이면 매수할 의사가 있다는 점을 중개업소를 통해서 전달했고, 매도인은 6억2천만원 이하로는 팔 수 없다고 해서, 중개업소에 6억1천만원으로 하고 그 대신 잔금지급을 40일 이내로 지급하고 매수자가 있을 때 매도하는 것이 좋지 않겠냐고 설득해서 6억1천만원으로 하는 매매계약에 합의했다.

4) 매수할 아파트의 인도시기를 합의해서 계약해라

아파트 인도와 그 시기에 관한 합의 내용은 다음 9)와 같이 하면 된다.

5) 등기부열람으로 소유자 확인과 권리하자에 대한 분석

① 아파트 등기사항증명서 열람

등기사항전부증명서(말소사항 포함) - 집합건물

서울시 서초구 서초동 980번지 대림아파트 제102동 제5층 제505호

【 표　제　부 】	(1동의 건물의 표시) - 〈내용생략〉		
표시번호	접수	소재지번, 건물명칭 및 번호	건물내역	등기원인 및 기타사항

【 표　제　부 】	(전유부분의 건물의 표시)			
표시번호	접수	건물번호	건물내역	등기원인 및 기타사항
1	2001년 5월 5일	제5층 제855호	철근콘크리트조 84.98㎡	도면편철장 제12책232장

(대지권의 표시)			
표시번호	대지권의 종류	대지권의 비율	등기원인 및 기타사항
1	1. 소유권대지권	34541.95분의 45.80	2001년 3월 15일 대지권 2001년 5월 5일

【 갑　　구 】	(소유권에 관한 사항)			
순위번호	등기목적	접수	등기원인	권리자 및 기타사항
1	소유권 보존	2001년 5월 5일 제31444호		소유자 박정철 ○○○○○○-1****** 서울시 마포구 아현동 ○○○
2	소유권 이전	2010년 8월 10일 제44355호	2010년 8월 10일 매매	소유자 김정수 440701-1226538 주소 서울시 서초구 방배동 550번지
3	가압류	2012년 3월 10일 제5451호	2012년 3월 5일 서울중앙지법 가압류결정(2007가단14321호)	청구금액 3,000만원 채권자 홍길동 서울시 강서구 화곡동 ○○○
4	압류	2012년 3월 20일 제2841호	2012년 2월 9일 압류(징세과1781)	권리자 국 처분청 서초세무서

【 을　　구 】		(소유권 이외의 권리에 관한 사항)		
순위 번호	등기 목적	접수	등기원인	권리자 및 기타사항
1	근저 당권 설정	2011년 10월 12일 5452호	2011년 10월 11일 설정계약	채권최고액 3억 6,000만원 채무자　김정수 근저당권자　우리은행 110111-0023393 서울시 중구 회현동1가 203 (둔촌동지점)

② 등기부상 소유자를 매도인으로 계약해야 한다

등기부를 열람해서 등기부상 소유자가 김정수 임을 확인하고, 본인 확인을 위해서 등기권리증, 주민등록초본, 신분증 등으로 매도인의 신원을 확인했다.

김선생의 조언

대리인과 계약을 하게 된다면 어떻게 대처해야 하나?
대리인과 계약할 때에는 위임용 인감증명서와 인감도장이 날인된 위임장을 확인하고, 계약당사자 본인과 직접 전화 통화해서 위임장에 기재된 위임내역을 다시 확인해야 한다. 그리고 매매 계약서 특약사항란에 대리인과 계약했다는 내용과 잔금 지급하기 전까지 본인이 참석해서 계약서에 자필서명하기로 한다는 내용을 명기(明記)하고, 매매대금을 매도인 계좌로 직접 이체하면 안전한 대리인 계약을 한 것이다.

③ 아파트에 대지권미등기 또는 토지별도등기가 있는 가 확인

아파트에 대지권이 등기되어 있나와 토지별도등기가 있는지를 등기부를 통해 분석해보니 이상이 없었다.

④ 등기부의 을구와 갑구에 등기된 채권을 확인하고 처리 방법은

▶ 다음 7)과 같이 하면 된다.

⑤ 등기부에 소유권을 제한하는 권리 등이 있는 가를 확인

가처분, 예고등기, 경매기입등기 등의 소유권제한 사항 등이 없다.

6) 건축물대장을 확인해서 등기부내역과 일치여부 확인

등기사항증명서와 건축물대장을 확인해 보았는데 다른 내용이 없어서 등기부의 주소로 계약서를 작성하기로 했다.

7) 아파트 등에 등기된 채권과 임차권이 있으면 이렇게 해라

① 채권(등기된 채권과 임차권)을 승계하는 조건으로 계약하려면

매수인이 아파트에 2011. 10. 12. 설정된 우리은행의 융자금 채권최고액 3억6천만원(채권원금 3억원)을 승계하기를 희망해서 매도인이 우리은행에 승계가능 여부를 확인한바 가능하다는 통보를 받아서 잔금지급 시에 채무인수(근저당권의 채무자 명의변경)하고 그만큼 매매대금에서 공제하고 잔금을 지급하기로 한다. <또는 3억중 1억원을 변제하고 2억원을 승계해서 채권최고액 2억4천만원(채권원금 2억원)으로 감액등기 하기로 한다.> 는 내용을 특약사항란에 명기하기로 했다.

② 등기부에 등기된 채권을 말소하는 조건으로 계약하려면

매도인은 아파트에 등기된 2012년 3월 10일 가압류(3,000만원), 2012년 3월 10일 압류를 매수인이 잔금을 지급하기 전까지 말소하기로 한다.

8) 계약 이후에 추가적인 권리가 발생 시 계약해제 및 손해배상

계약 이후에 매수인이 소유권을 이전받기 전까지 매도인의 귀책사유로 위 주택에 추가적인 권리(근저당권, 임차권, 가압류, 가처분 등)가 발생하면 매수인이 잔금지급 전까지 매도인 책임하에 말소시켜야 한다. 만일 말소시키지 못하면 매수인은 위 계약내용 제6조에 의해 계약을 해제하고 손해배상을 청구할 수 있다는 내용을 계약서 특약사항란에 명기하기로 합의.

9) 아파트 매매대금 지급방법과 인도시기에 대한 합의

매도인과 매수인은 서울시 서초구 서초동 980번지 대림아파트 제102동 제5층 제505호의 33평 아파트를 매매대금 6억1천만원으로 하는 매매계약 체결에 합의 했고, 그 매매대금 지급방법은 2013년 2월 1일 계약서 작성과 동시에 매수인이 계약금 10%(6,000만원)를 지급하기로 하고, 중도금은 2013년 2월 20일 1억원, 잔금은 2013년 03월 20일에 우리은행 융자금 3억을 승계하고 나머지 매매잔금 1억5천만원 지급하기로 하고, 동시에 매도인은 매수인에게 아파트를 인도하기로 하는 계약에 합의했다(이 내용을 계약내용 제1조와 2조에 기재하면 된다).

10) 계약해제시 해약금과 위약금에 대한 약정

해약금약정과 위약금약정은 인쇄된 계약서 양식에서 계약내용 제5조 [계약의 해제]와 제6조 [채무불이행과 손해배상]에 따르기로 합의함.
《이 내용은 194~195쪽을 정독하고 나서 계약서를 작성해야 한다.》

11) 관리비 및 공과금 연체 시, 해결방법에 대한 합의

관리비와 제세공과금은 매도인이 잔금을 지급하기 전까지 정산해서 납부해야한다는 내용을 특약에 기재하기로 합의.

12) 선수관리비 인계인수에 관한 합의

선수관리비는 매도인과 매수인 사이에 인수인계 확인서를 작성하고 관리사무소에 통지하는 방법으로 매수인이 매매대금과 별도로 매도인에게 지급하고 선수관리비를 승계하기로 하고 계약서 특약사항란에 명기함.

13) 부동문자로 된 계약내용에 대한 합의

계약서에 기재된 계약내용과 부동문자로 인쇄되어 있는 내용에 대해서 합의한 바 없다고 할 수 있으니, 계약서 특약사항란에 『① 본 계약은 계약당사자들이 계약내용에 합의하고, 개업공인중개사 입회하에 부동문자로 된 계약내용까지 정독하고 계약한 것이다.』로 명기해둬야 한다(자세한 내용은 198쪽과 대법 97다36231, 91다21954 판결 참조).

◆ 아파트 매매 계약서 작성

앞의 내용과 같이 합의한 내용을 증빙자료로 인쇄되어 있는 계약서 양식[네이버 카페 '김동희부사모'에서 확인]을 활용해서 작성한 계약서이다.

김선생 계약서를 바르게 작성하는 방법은 "Chapter 09 아파트 사고파는 계약에서 이것만은 알아야 한다!"를 참고해서 작성하면 된다.

아파트 매매 계약서

매도인과 매수인 쌍방은 아래 표시 부동산에 관하여 다음과 같이 매매계약을 체결한다.

1. 부동산의 표시

소재지	서울시 서초구 서초동 980번지 대림아파트 제102동 제5층 제505호				
토 지	지 목	대	대지권	소유권의 대지권	면 적	45.80㎡
건 물	구 조	철근콘크리트조	용 도	아파트	면 적	84.98㎡

2. 계약내용
제1조 [목적] 위 부동산의 매매에 있어 매도인과 매수인은 매매대금을 다음과 같이 지급키로 한다.

매매대금	금	육억일천만 원정 (₩610,000,000)
계약금	금	육천만 원정은 계약시 지급하고 영수함.　　　영수자 김 정 수 　(인)
중도금	금	일억 원정은 2013년 02월 20일에 지급한다.
융자금 등	금	삼억 원정은 승계하고 특약사항에 별도 명시한다.
잔 금	금	일억오천만 원정은 2013년 03월 20일에 지급한다.

제2조 [소유권이전등] 매도인은 매매대금의 잔금을 수령함과 동시에 매수인에게 소유권이전등기에 필요한 모든 서류를 교부하고 등기절차에 협력하며, 위 부동산에 대하여 2013년 03월 20일 인도하기로 한다.

제3조 [제한물건등의 소멸] 매도인은 위 부동산에 설정된 근저당권, 지상권, 전세권, 임차권 등 소유권의 행사를 제한하는 권리가 있거나 조세공과금 기타 부담금의 미납금 등이 있을 때는 잔금수일 이전까지 그 권리의 하자 및 부담 등을 제거하여 완전한 소유권을 매수인에게 이전하여야 한다. 다만 승계하기로 합의한 권리나 금액에 대해서는 그러하지 아니한다.

제4조 [지방세등] 위 부동산에 관하여 발생한 수익의 귀속과 조세·공과금 등의 부담은 위 부동산의 인도일을 기준으로 하여 그 이전까지는 매도인이, 그 이후부터는 매수인에게 귀속되고, 단 지방세의 납부 의무 및 납부책임은 지방세법의 규정에 따른다.

제5조 [계약의 해제] 매수인이 중도금(중도금약정이 없을 때는 잔금)을 지급하기 전까지 매도인은 계약금의 배액을 배상하고, 매수인은 계약금을 포기하고 본 계약을 해제할 수 있다.

제6조 [채무불이행과 손해배상] 매도인 또는 매수인은 본 계약상의 내용에 대하여 채무불이행이 있을 경우 그 상대방은 채무불이행한 상대방에 대하여 서면으로 이행을 최고하고, 이행하지 않을 경우 계약을 해제 할 수 있다. 이때 계약당사자는 계약해제에 따른 손해배상을 상대방에게 청구할 수

있으며, 손해배상에 대한 별도 약정이 없는 한 계약금상당액을 손해배상금(위약금)으로 본다.
제7조 [신의성실] ① 매도인과 매수인은 위 각 조항을 확인하고, 신의성실의에 따라 그 이행을 준수한다(민법 제2조). ② 개업공인중개사 역시 부동산 전문가로서 책임감을 갖고 계약서를 작성해야 한다.
제8조 [중개수수료] 개업공인중개사는 매도인 또는 매수인의 본 계약 불이행에 대하여 책임지지 않는다. 또한 중개수수료는 본 계약의 체결과 동시에 매도인과 매수인 쌍방이 각각 지급하며, 개업공인중개사의 고의나 과실 없이 거래당사자 사정으로 본 계약이 무효·취소 또는 해약되어도 중개수수료는 각각 지급한다.
제9조 [중개대상물 확인·설명서 교부등] 개업공인중개사는 중개대상물 확인·설명서를 작성하고 업무보증 관계증서(공제증서등) 사본을 첨부하여 거래당사자 쌍방에 교부한다.

3. 특약 사항 – 계약당사자간에 합의한 내용을 다음과 같이 특약으로 기재한다.

① 본 계약은 계약당사자들이 계약내용에 합의하고, 개업공인중개사 입회하에 부동문자로 된 계약내용까지 정독하고 계약한 것이다.

② 위 아파트는 현 시설상태로 매매하는 계약이다.

③ 매수인이 아파트에 2011. 10. 12. 설정된 우리은행의 융자금 채권최고액 3억6천만원(채권원금 3억원)의 승계를 우리은행과 협의한 결과 가능하다고 해서 매수인이 잔금지급 시 채무를 인수(근저당권의 채무자 명의변경)하고 그만큼 매매대금에서 공제하고 잔금을 지급하기로 한다.
〈또는 매도인의 우리은행융자금 3억원을 승계하지 않고 매수인이 희망하는 은행에서 아파트를 담보로 잔금대출을 받아 상환하기로 한다. 또는 잔금으로 전액 변제하고 말소하기로 한다〉

④ 매도인은 아파트에 등기된 2012년 3월 10일 가압류(3,000만원), 2012년 3월 10일 압류를 매수인이 잔금지급 이전까지 말소해야 한다.

⑤ 계약 이후에 매수인이 소유권을 이전받기 전까지 매도인의 귀책사유로 위 아파트에 ③항 이외에 추가적인 권리(근저당권, 임차권, 가압류, 가처분 등)가 발생하면 매수인이 잔금지급 전까지 매도인 책임하에 말소시켜야 한다. 만일 말소시키지 못하면 매수인은 위 계약내용 제6조에 의해 계약을 해제하고 손해배상을 청구할 수 있다.

⑥ 관리비와 제세·공과금은 매도인이 잔금지급 전까지 정산해서 납부해야 한다.

⑦ 선수관리비는 매도인과 매수인 사이에 인수인계 확인서를 작성하고 관리사무소에 통지하는 방법으로 매수인이 매매대금과 별도로 매도인에게 지급하고 선수관리비를 승계하기로 한다.
〈해약금과 위약금 약정이 부동문자로 되어 있어서 합의한 사항이 아니라는 다툼이 발생할 것을 염려 ⑤항에 '위 계약내용 제6조에 의해' 문구를 넣었지만, 명확하기를 희망한다면 ⑧항을 첨가하면 된다〉

⑧ 계약해제로 인한 해약금과 위약금은 위 계약내용 제5조와 제6조에 따르기로 한다.

본 계약에 이의가 없음을 확인하고 증명하기 위해 계약서를 작성하고 서명·날인하여 각자 1통씩 보관한다.

2013년 02월 01일

매도인	주소	서울시 서초구 서운로 221, 102동 505호(서초동, 대림아파트)					
	주민등록번호	440701-1226538		전화	010-4400-1234	성명	김정수 (인)
	대리인	주민등록번호		전화		성명	
매수인	주 소	서울시 서초구 동광로27길 50, 202호(방배동, 한양연립)					
	주민등록번호	750817-1276445		전 화	010-0021-1234	성명	박기자 (인)
	대리인	주민등록번호		전 화		성명	
개업공인 중개사	사무소소재지	서울시 서초구 서운로 900, 110호(서초동, 우성빌딩)					
	등록번호	8254-50000			사무소명칭	대림 공인중개사사무소	
	전화번호	02-534-8949			대표자성명	우선명 (인)	

> **잠깐만!** "특약사항은 계약당사자 간의 사정에 따라 다르게 작성해야 되므로 이 계약서 특약사항란에서는 일반적인 내용으로 작성했으니 계약당사자 간의 사정에 따라 선택하거나 변경해서 이용하면 됩니다."

◆ 계약 합의내용을 계약서에 바르게 기재하는 방법

1) 계약서 양식과 어떻게 작성하면 되나?

"중개업소에 인쇄되어 있는 계약서 양식은 표준화되어 있지 않아서 사용하는 계약서에 따라 조금씩 내용이 다를 수 있으므로 중개업소에 인쇄되어 있는 계약서 양식을 사용하려면 그 내용을 면밀히 읽어보고 나서 계약서로 사용해야 합니다. 필자가 이러한 문제점을 해결하고자 다음 계약서 작성방법과 별도로 계약서 양식을 카페에 별첨했으니 이 계약서 양식을 이용해서, 부동산의 표시와 계약내용, 그리고 특약이 있으면 그 특약내용을 구체적으로 명백히 기재하고 계약당사자와 개업공인중개사가 서명 날인하면 된다. 그래야 계약으로 손해를 보는 일이 발생하지 않게 됩니다. 모호한 표현 등은 사소한 다툼에서도 계약서로 정리될 수가 없고, 법률전문가의 판단을 구하거나 법원의 판단을 구하게 되는 번거로움이 발생하지만, 구체적이고 명백하게 작성했다면 계약서만으로도 다툼을 방지할 수 있습니다." 그리고 계약서 작성할 때 ① 부동산 소재지는 구 지번 주소를 쓰고, ② 계약 당사자인 매도인, 매수인, 개업공인중개사의 주소는 도로명 주소로 기재하여야 한다.

2) 부동산의 표시란 기재방법

계약서에 필수적으로 기재해야 되는 부동산의 표시에 소재지(구 지번 주소), 지목, 구조, 용도, 면적 등의 내용을 기재하면 되는데 유의할 점은 등기부와 건축물대장의 표시내용이 일치하는 경우에는 등기부내용을 기재하면 되지만 다르다면 그 진위를 확인하고 건축물대장상의 표시내용으로 기재해야 한다.

3) 매매대금지급에 관한 계약내용 기재와 영수증

"계약을 체결할 때 계약보증금으로 계약금, 중도금, 잔금의 지급일자를 명기해서 계약서를 작성함과 동시에 계약금을 지급하면 계약이 완전하게 성립합니다. 여기서 계약금은 보증금의 10%로 하고, 중도금은 50% 이내(중도금이 있는 경우만 선순위채권을 포함한 금액임), 나머지는 잔금으로 처리하고, 잔금지급일시는 매매계약일로부터 30일 이내로 하는 것이 일반적인 관례이나 계약당사자 간의 사정에 따라 협의하여 금액을 조정하거나 기간을 단축 또는 연장할 수 있습니다."

계약서가 작성되고 계약금이 지급(현금이나 수표보다는 매도인 계좌로 이체방식을 선택)되면 계약서에서 계약금 지급란에 영수자 매도인의 서명날인과 계약금 영수증(특별한 양식이 필요한 것이 아니므로 문방구 영수증양식 또는 다음 첨부된 영수증과 같이 만들어서 사용가능)을 받고, 이 영수증에 계좌이체 영수증을 함께 붙여서 보관하면 안전하다. 중도금이나 잔금을 지급하는 경우도 마찬가지다.

그러나 유의할 점이 있다. 계약서작성 전에 등기부를 확인해서 등기부에 등기된 내용을 확인하고 하자 발생 시 앞에서와 같이 특약으로 꼼꼼히 기재해서 해결하도록 하고 나서 계약금을 입금하고, 이와 같은 방법은 중도금 및 잔금지급 이전에 계속적으로 확인하고 이상이 없는 경우만 중도금 및 잔금을 지급해야 한다.

김선생 "이 계약은 계약금 10%(6,000만원)를 지급하기로 하고, 중도금은 2013년 2월 20일 1억원, 잔금은 2013년 03월 20일에 우리은행 융자금 3억을 승계하고 나머지 매매잔금 1억5천만원 지급하기로 하고, 동시에 매도인은 매수인에게 아파트를 인도하기로 하는 계약에 합의했고, 다음과 같이 계약금 영수증을 작성해서 매수인에게 교부했습니다."

영 수 증

매수인 박기자 귀하

금 액 : 육천만 원정 (₩60,000,000)
부동산의 표시 : 서울시 서초구 서초동 980번지 대림아파트 제102동 제5층 제505호
상기 금액은 위 부동산 매매대금의 계약금으로 매도인 계좌(신한은행 110-033-555782 예금주 김정수)로 이체받았으므로 이에 대한 증표로서 영수증을 발행합니다.

발 행 일 : 2013년 02월 01일
발 행 인(매도인) : 김 정 수 (인) (전화) 010-4400-1234)
주 소 : 서울시 서초구 서운로 221, 102동 505호(서초동, 대림아파트)

---

4) 제한물권 등과 제세·공과금 등의 소멸

매도인은 위 부동산에 설정된 근저당권, 지상권, 전세권, 임차권 등 소유권의 행사를 제한하는 권리가 있거나 조세·공과금 기타 부담금의 미납금 등이 있을 때는 잔금 지급일 이전까지 그 권리의 하자 및 부담 등을 제거하여 완전한 소유권을 매수인에게 이전하여야 한다.

5) 계약의 해제와 채무불이행에 따른 손해배상 책임

추후 분쟁의 소지를 방지하기 위해서라도 위약금에 대한 특약을 다음과 같이 확실하게 정리해 둘 필요가 있다. 이 내용은 계약서 계약내용 제5조 [계약의 해제]에 해약금 조항과 계약내용 제6조 [채무불이행과 손해배상]에 위약금 조항이 약정되어 있다. <자세한 내용은 194~195쪽을 참고하면 됩니다>

6) 중개수수료 지급에 관한 사항

<542~543쪽을 참고해서 중개수수료를 계산하면 된다>

7) 특약사항 기재방법

특약사항은 계약 이후 분쟁이 발생할 수 있는 내용 등을 예방하고자, 계약 당시에 특별한 사항이 있는 경우, 계약당사자가 요구하는 사항, 개업공인중개사 책임의 대상내용 등을 기재하는 공간이다.

계약서 작성 전에 조사한 내용(주택의 현황조사 등)과 계약서작성시 등기부 등의 열람으로 알게 된 하자내용 등이 있다면 매수인 및 개업공인중개사는 매도인에게 그 개선을 요구할 수 있고 합의가 도달하게 된다면 다툼을 방지하기 위해서, 매도인과 합의한 내용을 계약서의 특약사항란에 꼼꼼하게 기재해서 그 개선으로 하자를 없애고 안전하게 소유권을 취득하고자 하는 목적으로 작성하게 되는데, 계약서에 특약사항란이 부족하다면 매매 약정서를 별도로 작성해서 계약서에 별첨하면 된다.

8) 계약당사자(매도인, 매수인, 개업공인중개사)란 인적사항 기재

이 계약당사자란에는 계약당사자인 매도인과 매수인의 주민등록초본에 기재된 주소(도로명 주소), 전화번호, 성명 등을 기재한다. 그리고 개업공인중개사의 사무소재지(도로명 주소)와 등록번호, 사무소명칭, 전화번호, 대표자 성명 등을 기재하면 된다.

9) 중개대상물 확인·설명서와 개인정보 수집 동의서 작성, 공제증서 첨부

매매 계약서를 작성하고, 중개업법에 따라 개업공인중개사는 중개대상물 확인·설명서와 개인정보 수집 및 이용/활용 동의서를 작성하고, 공제증서 사본을 만들어 이들을 계약서에 첨부해야 한다.

10) 마지막으로 계약서와 중개대상물 확인 · 설명서 등에 서명날인

계약서와 중개대상물 확인·설명서가 작성되면, 마지막으로 개업공인중개사의 중개대상 물건에 대하여 설명을 듣고, 계약서가 합의된 내용대로 작성 되었는가 등을 꼼꼼히 확인하고, 이상이 없는 경우 매도인, 매수인, 개업공인중개사 등이 계약서와 중개대상물 확인·설명서 등에 자필로 서명 날인한다. 그리고 매수인이 계약금을 매도인에게 지급하면, 매도인은 매수인에게 계약금 영수증을 발급해 주고, 계약서를 매도인, 매수인, 개업공인중개사가 각 1부씩 나누어 갖게 됨으로서 주계약(계약서 작성)과 계약금 계약(계약금 지급)이 완료 된다. 그리고 개인정보 수집 동의서에 계약 당사자들의 서명 날인 받는 절차로 마무리하면 된다.

◈ 계약서 작성 이후에 이렇게 대응해라!

"매매계약서와 중개대상물 확인· 설명서가 작성되었다면… ➲ '부동산 실거래가격의 신고'를 계약일로부터 30일(2020년 2월 9일부터 30일로 단축) 이내에 해야 하며, ➲ 계약 이행완료를 위해서 매수인은 매매대금의 잔금지급과 동시에 매도인은 소유권 이전서류와 부동산을 인도. ➲ 매수인은 소유권이전등기를 본인이 직접 또는 법무사 등을 통해서, 등기소에 소유권이전등기를 신청하는 순으로 매매를 마무리하게 됩니다."

1) 매매계약서에 중개대상물 확인설명서와 개인정보 수집 동의서 작성, 공제증서 첨부

매매계약서를 작성하고, 중개업법에 따라 개업공인중개사는 중개대상물 확인설명서와 개인정보 수집 및 이용/활용 동의서를 작성하고, 계약당사자와 개업공인중개사가 서명날인한 다음 업무보증관계서류(공제증서등) 사본을 첨부하여 거래당사자에게 교부한다.

① 중개대상물 확인·설명서
② 업무보증관계서류(공제증서 등)

2) 부동산 거래계약의 신고와 주택거래계약 신고

① 부동산 거래계약 신고 방법과 그 신고서, 신고필증

부동산을 매매하면, 매매 거래당사자 또는 개업공인중개사는 계약체결일로부터 30일(2020년 2월 9일부터 30일로 단축) 이내에 실제거래가격을 관할 시장·군수·구청장에게 공동으로 신고해야 한다. 다만 개업공인중개사가 거래계약서를 작성한 때에는 개업공인중개사가 신고하도록 되어 있다.

② 주택거래계약 신고, 그 신고필증

3) 매매대금의 잔금지급과 아파트인도 및 소유권이전등기

① 잔금 날 잔금지급 시 등기부를 열람해서 추가로 등기된 내용이 있는 지를 확인하고, 특약으로 약속했던 사항들이 제대로 이행되었는지 확인한 다음, 관리비와 제세·공과금 납부 등을 확인하고, 잔금 지급과 동시에 소유권이전 서류와 아파트를 인도받고 신속하게 소유권이전등기를 신청해야 한다.

이때 유의할 점은 우리은행의 융자금(근저당권)을 승계하는 조건이므로 매매대금 잔금에서 우리은행 융자금 공제 후 잔금을 지급하고, 우리은행에서 근저당권의 채무자 명의변경을 해야 한다.

② 잔금을 지급하고 선수관리비를 매매대금과 별도로 관리사무소의 확인을 받아 승계 받으면서 매도인에게 지급하고 건물을 인도받게 되는데… 아파트를 인도받을 때 내부 이용사항에 대해서 매도인으로부터 자세한 설명을 듣고 현관 및 방문 열쇠와 주차카드 등을 인수받아서 이삿짐을 옮기는 절차로 마무리하면 된다.

4) 중개수수료는 어떻게 계산하면 되나?(중개수수료율은 542~543쪽 참조).

5) 매매대금 납부 후 소유권이전등기 하기

02 대리인과 아파트 매매 계약서를 바르게 작성하는 방법

핵심 임차인이 이사가는 조건으로 대리인이 계약하기

◈ 아파트 매매 계약에 관한 핵심정리

 "1번 아파트 매매계약서 사례에서 모든 계약내용은 같지만… 다양한 계약서 작성방법에 대응하기 위해서 계약할 때 조건을 다음과 같이 변경해 봤습니다.

매도인이 모두 회사일로 바빠서 ① 배우자가 대리인으로 위임받아 계약서를 작성하는 방법이고, 아파트에 매도인이 아닌 ② 임차인이 거주하다 매수인에게 인도하고, 매도인의 ③ 융자금을 승계하지 않고 매수인이 새로 융자받는 조건으로 계약하는 방법입니다."

◈ 아파트 매매 계약서 작성(대리인이 작성하는 경우)

앞의 내용과 같이 합의한 내용을 증빙자료로 인쇄되어 있는 계약서 양식〖네이버 카페 '김동희부사모'에서 확인〗을 활용해서 작성한 계약서이다.

김선생 계약서를 바르게 작성하는 방법은 "'Chapter 09 아파트 사고파는 계약에서 이것만은 알아야 한다!'"를 참고해서 작성하면 된다.

아파트 매매 계약서

매도인과 매수인 쌍방은 아래 표시 부동산에 관하여 다음과 같이 매매계약을 체결한다.

1. 부동산의 표시

소재지	서울시 서초구 서초동 980번지 대림아파트 제102동 제5층 제505호					
토 지	지 목	대	대지권	소유권의 대지권	면 적	45.80㎡
건 물	구 조	철근콘크리트조	용 도	아파트	면 적	84.98㎡

2. 계약내용

제1조 [목적] 위 부동산의 매매에 있어 매도인과 매수인은 매매대금을 다음과 같이 지급키로 한다.

매매대금	금	육억일천 원정 (₩610,000,000)
계약금	금	육천만 원정은 계약시 지급하고 영수함. 영수자 김 정 수 대) 이 은 정 (인)
중도금	금	일억 원정은 2013년 02월 20일에 지급한다.
융자금 등	금	삼억 원정은 잔금으로 상환하기로 하고 그 상환방법은 특약사항란에 별도 명기한다.
잔 금	금	사억오천만 원정은 2013년 03월 20일에 지급한다.

제2조 [소유권이전등] 매도인은 매매대금의 잔금을 수령함과 동시에 매수인에게 소유권이전등기에 필요한 모든 서류를 교부하고 등기절차에 협력하며, 위 부동산에 대하여 2013년 03월 20일 인도하기로 한다.

제3조 [제한물건등의 소멸] 매도인은 위 부동산에 설정된 근저당권, 지상권, 전세권, 임차권 등 소유권의 행사를 제한하는 권리가 있거나 조세공과금 기타 부담금의 미납금 등이 있을 때는 잔금수수일 이전까지 그 권리의 하자 및 부담 등을 제거하여 완전한 소유권을 매수인에게 이전하여야 한다. 다만 승계하기로 합의된 권리나 금액에 대해서는 그러하지 아니한다.

제4조 [지방세등] 위 부동산에 관하여 발생한 수익의 귀속과 조세·공과금 등의 부담은 위 부동산의 인도일을 기준으로 하여 그 이전까지는 매도인이, 그 이후부터는 매수인에게 귀속되고, 단 지방세의 납부 의무 및 납부책임은 지방세법의 규정에 따른다.

제5조 [계약의 해제] 매수인이 중도금(중도금약정이 없을 때는 잔금)을 지급하기 전까지 매도인은 계약금의 배액을 배상하고, 매수인은 계약금을 포기하고 본 계약을 해제할 수 있다.

제6조 [채무불이행과 손해배상] 매도인 또는 매수인은 본 계약상의 내용에 대하여 채무불이행이 있을 경우 그 상대방은 채무불이행한 상대방에 대하여 서면으로 이행을 최고하고, 이행하지 않을 경우 계약을 해제 할 수 있다. 이때 계약당사자는 계약해제에 따른 손해배상을 상대방에게 청구할 수 있으며, 손해배상에 대한별도 약정이 없는 한 계약금상당액을 손해배상금(위약금)으로 본다.

제7조 [신의성실] ① 매도인과 매수인은 위 각 조항을 확인하고, 신의성실의에 따라 그 이행을 준수한다(민법 제2조). ② 개업공인중개사 역시 부동산 전문가로서 책임감을 갖고 계약서를 작성해야 한다.

제8조 [중개수수료] 개업공인중개사는 매도인 또는 매수인의 본 계약 불이행에 대하여 책임지지

않는다. 또한 중개수수료는 본 계약의 체결과 동시에 매도인과 매수인 쌍방이 각각 지급하며, 개업공인중개사의 고의나 과실 없이 거래당사자 사정으로 본 계약이 무효·취소 또는 해약되어도 중개수수료는 각각 지급한다.

제9조 [중개대상물 확인·설명서 교부등] 개업공인중개사는 중개대상물 확인·설명서를 작성하고 업무보증 관계증서(공제증서등) 사본을 첨부하여 거래당사자 쌍방에 교부한다.

3. 특약 사항 – 계약당사자간에 합의한 내용을 다음과 같이 특약으로 기재한다.

① 본 계약은 계약당사자들이 계약내용에 합의하고, 개업공인중개사 입회하에 부동문자로 된 계약내용까지 정독하고 계약한 것이다.

② 위 아파트는 현 시설상태로 매매하는 계약이다.

③ 매도인의 우리은행의 융자금 채권최고액 3억6천만원(채권원금 3억원)을 승계하지 않고 매수인이 희망하는 은행에서 아파트를 담보로 잔금대출을 받아 상환하기로 한다. 〈또는 매도인의 우리은행융자금 3억원을 승계하고 매수인이 잔금지급 시 채무를 인수(근저당권의 채무자 명의변경)하고 그만큼 매매대금에서 공제하고 잔금을 지급하기로 한다.〉

④ 매도인은 아파트에 등기된 2012년 3월 10일 가압류(3,000만원), 2012년 3월 10일 압류를 매수인이 잔금지급 이전까지 말소해야 한다.

⑤ 계약 이후에 매수인이 주택을 인도받기 전까지 매도인의 귀책사유로 위 아파트에 ③항 이외에 추가적인 권리(근저당권, 임차권, 가압류, 가처분 등)가 발생하면 매수인이 잔금지급 전까지 매도인 책임하에 말소시켜야 한다. 만일 말소시키지 못하면 매수인은 위 계약내용 제6조에 의해 계약을 해제하고 손해배상을 청구할 수 있다.

⑥ 관리비와 제세공과금은 매도인이 잔금지급 전까지 정산해서 납부해야 한다.

⑦ 현 임차인은 매도인 책임하에 명도해서 잔금납부와 동시에 매수인에게 위 아파트를 인도한다.

⑧ 선수관리비는 매도인과 매수인 사이에 인수인계 확인서를 작성하고 관리사무소에 통지하는 방법으로 매수인이 매매대금과 별도로 매도인에게 지급하고 선수관리비를 승계하기로 한다.

⑨ 위 계약은 매도인의 대리인 이은정과 계약하는 것으로, 대리인임을 증명하는 위임용인감증명서와 인감도장이 날인된 위임장을 첨부하고, 계약금에서 잔금까지 매도인의 계좌로 계좌이체(신한은행 110-033-555782 예금주 김정수)하고 잔금지급하기 전에 반드시 본인이 참석해서 계약서에 자필서명하기로 한다.

본 계약에 이의가 없음을 확인하고 증명하기 위해 계약서를 작성하고 서명·날인하여 각자 1통씩 보관한다.

2013년 02월 01일

매도인	주 소	서울시 강남구 영동대로 220, 105동 801호(대치동, 삼성아파트)					
	주민등록번호	440701-1226538	전 화	010-4400-1234	성 명	김정수(인)
	대리인	주민번호	4602012284976	전 화	010-333-7785	성 명	이은정(인)
매수인	주 소	서울시 서초구 동광로27길 50, 202호(방배동, 한양연립)					
	주민등록번호	750817-1276445	전 화	010-0021-1234	성 명	박기자(인)
	대리인	주민번호		전 화		성 명	
개업공인중개사	사무소소재지	서울시 서초구 서운로 900, 110호(서초동, 우성빌딩)					
	등록번호	8254-50000		사무소명칭		대림 공인중개사사무소	
	전화번호	02-534-8949		대표자성명		우선명(인)	

위 계약은 매도인의 대리인이 계약하는 것이므로, 적법한 대리권이 있는지 여부를 확인하기 위해서 위임용 인감증명서(본인이 직접 발급받은 것으로만)와 인감도장이 날인된 위임장을 첨부하고, 첨부된 위임장에서 대리인이 위임할 수 있는 권리를 확인하고 대리인 본인임을 확인하기 위해서 신분증을 확인한다(신분증을 복사해서 계약서에 첨부).

그리고 적법한 대리인이 계약서를 작성했더라도 유선으로 본인의 매도의사를 확인하고, 계약금에서 잔금까지 매도인의 통장으로 계좌이체하고 잔금지급하기 전에 반드시 본인이 참석해서 계약서에 자필서명하겠다는 내용을 특약란에 기재해두는 것을 잊어서는 안된다.

매도인, 매수인의 위임장과 대리인 계약금 영수증작성은 다음과 같다.

◆ 매도인이 대리인에게 작성해준 위임장

위 임 장

매매대상물 : 서울시 서초구 서초동 980번지 대림아파트 제102동 제505호
소 유 자 : 김 정 수 (주민등록번호 440701-1226538)
주   소 : 서울시 강남구 영동대로 220, 105동 801호 (대치동, 삼성아파트)
연 락 처 : 010-4400-1234

위 매매대상물에 대하여 아래와 같이 대리인에게 매매에 관련한 사항을 위임합니다.

1. 대 리 인
- 성 명 : 이 은 정 (주민등록번호 6201-2284976)
- 주 소 : 서울시 강남구 영동대로 220, 105동 801호 (대치동, 삼성아파트)
- 전 화 : 010-333-7785

2. 대리위임할 사항
상기 매매 대상물의 매매에 대하여 계약을 포함하는 일체의 행위(계약서 작성과 계약금, 중도금 및 잔금수령에 관한 모든 행위)를 대리인에게 위임한다. 다만 아파트 매매대금의 결정은 매도인과 유선(전화번호 010-4400-1234)으로 합의해서 결정해야하며, 계약금과 중도금 및 잔금은 매도인의 계좌(신한은행 110-033-555782 예금주 김정수)로 입금해야 한다.

첨 부 : 인감증명서 1부

2013년 02월 01일
위임인(소유자) : 김 정 수 (인)

김선생의 조언

부부간에도 위임장 확인은 필수다

남편소유 아파트를 처분할 수 있는 대리권이 있다해서 대리인임을 증명하는 서류를 확인하지 않고 부부관계라는 사실만 갖고 매매계약서를 체결했으나 남편이 위임관계를 부인하면서 매수인이 지급한 매매대금을 손해보게 되어 개업공인중개사를 상대로 손해배상을 청구한 소송에서 개업공인중개사의 책임을 인정한 판결[서울지방법원 동부지원 2002가합9224 손해배상 판결]

◆ 대리인이 작성한 계약금, 잔금 수령 등의 영수증

영 수 증

매수인 박기자 귀하

금 액 : 육천만 원정 (₩60,000,000)
부동산의 표시 : 서울시 서초구 서초동 980번지 대림아파트 제102동 제5층 제505호
상기 금액은 위 부동산 매매대금의 계약금으로 계약시 6천만원을 매도인 계좌 (신한은행110-033-555782 예금주 김정수)로 이체하고 이에 대한 증표로서 영수증을 발행합니다.

발 행 일 : 2013년 02월 .01일
발 행 인(매도인) : 매도인의 대리인 이 은 정 (인) (전화: 010-333-7785)
주 소 : 서울시 강남구 영동대로 220, 105동 801호(대치동, 삼성아파트)

알아두면 좋은 내용

계약 합의내용을 계약서에 바르게 기재하는 방법(172쪽 참고)

김선생 "계약 합의내용을 계약서에 바르게 기재하는 방법《◆계약서 작성방법과 반드시 기재해야 할 사항 ~ ◆작성된 계약서에 매도인, 매수인, 개업공인중개사의 서명날인》은 중복 기재를 피하기 위해서 생략했으니, Chapter 09 아파트 사고파는 계약에서 이것만은 알아야 한다!"를 참고해서 기재하면 됩니다."

◆ 계약서 작성 이후에 이렇게 대응해라

김선생 "매매계약서와 중개대상물 확인·설명서가 작성되었다면… ◐ '부동산 실거래가격의 신고' 를 계약일로부터 30일(2020년 2월 9일부터 30일로 단축) 이내에 해야 하며, ◐ 계약 이행완료를 위해서 매수인은 매매대금의 잔금지급과 동시에 매도인은 소유권 이전서류와 부동산을 인도. ◐ 매수인은 소유권

이전등기를 본인이 직접 또는 법무사 등을 통해서, 등기소에 소유권이전등기를 신청하는 순으로 매매를 마무리하게 됩니다."

1) 매매계약서에 중개대상물 확인설명서와 개인정보 수집 동의서 작성, 공제증서 첨부

매매계약서를 작성하고, 중개업법에 따라 개업공인중개사는 중개대상물 확인·설명서와 개인정보 수집 및 이용/활용 동의서를 작성하고, 계약당사자와 개업공인중개사가 서명날인한 다음 업무보증관계서류(공제증서등) 사본을 첨부하여 거래당사자에게 교부한다.

① 중개대상물 확인 · 설명서
② 업무보증관계서류(공제증서 등)

2) 부동산 거래계약의 신고와 주택거래계약 신고

① 부동산 거래계약 신고 방법과 그 신고서, 신고필증

부동산을 매매하면, 매매 거래당사자 또는 개업공인중개사는 계약체결일로부터 30일(2020년 2월 9일부터 30일로 단축) 이내에 실제거래가격을 관할 시장·군수·구청장에게 공동으로 신고해야 한다. 다만 개업공인중개사가 거래계약서를 작성한 때에는 개업공인중개사가 신고하도록 되어 있다.

② 주택거래계약 신고, 그 신고필증

3) 매매대금의 잔금지급과 아파트인도 및 소유권이전등기

① 잔금 날 잔금지급 시 등기부를 열람해서 추가로 등기된 내용이 있는 지를 확인하고, 특약으로 약속했던 사항들이 제대로 이행되었는지를 확인한 다음, 관리비와 제세·공과금 납부 등을 확인하고, 잔금 지급과 동시에 소유권이전 서류와 아파트를 인도받고 신속하게 소유권이전등기를 신청해야 한다.

이때 유의할 점은 매도인의 우리은행 융자금 3억원은 승계하지 않고, 매수인이 매수할 아파트를 담보로 국민은행에서 3억원을 잔금 대출받아 상환하는 조건이므로 매수인이 계약서를 작성하기 전 희망하는 금융기관에 대출 여부를 협의하고, 잔금지급 전에 대출관계 서류 제출 및 대출거래약정서에 자서하고, 잔금일 날 은행 법무사의 입회하에 소유권이전 서류와 근저당권설정 서류를 넘겨주면서 매도인의 우리은행 융자금을 상환하면 된다.

② 잔금을 지급하고 선수관리비를 매매대금과 별도로 관리사무소의 확인을 받아 승계 받으면서 매도인에게 지급하고 건물을 인도받게 되는데… 아파트를 인도받을 때 내부 이용사항에 대해서 매도인으로부터 자세한 설명을 듣고 현관 및 방문 열쇠와 주차카드 등을 인수받아서 이삿짐을 옮기는 절차로 마무리하면 된다.

4) 중개수수료는 어떻게 계산하면 되나?(중개수수료율은 542~543쪽 참조).

5) 매매 잔금 지급 후 소유권이전등기 하기

Chapter 11

아파트분양권, 미등기아파트에서 매매 계약서 작성 비법

01 아파트 분양권 상태에서 매매 계약서 작성 방법

◆ 분양권(전매) 매매 계약할 때 알아야 할 내용 핵심체크!

(1) 분양권 매매계약서 작성 전에 확인해야할 사항

아파트분양권의 시세조사 ➡ 토지등기부를 열람해서 토지등기부상에 기재된 채권내역 확인(① 조합원분양권자만 해당, ②일반분양권자는 분양 받은 채권자로 토지등기부가 없음) ➡ 조합 등에서 분양권 소유자 확인, 분양대금의 미납금, 분양권에 가압류와 압류 또는 가처분 등이 있는 가를 조합에서 확인해야 한다. 분양권에 가압류된 사실을 잔금지급 단계에서 알게 되고 잔금보다 가압류금액이 클 때 어려운 문제가 발생한다. ➡ 투기과열지구 내에서 재건축 조합원 지위 양도 제한 및 재개발 등 조합원 분양권 전매제한 등이 있는가를 확인하고 계약해야 한다.

(2) 분양권 매매계약서 작성

분양권 매매대금은 중도금 지급한 금액(조합원 또는 분양권자가 분양대금을 지급한 금액)과 권리금까지 포함하면 된다. 특약사항에 "분양권 매매금액은 분양대금 중 중도금 2회까지 납입한 금액과 권리금이 포함된 금액이며, 중도금 3차부터는 매수인이 부담하기로 한다."로 명기하면 된다.

(3) 분양권 거래 신고필증을 교부

매매계약서 작성하고, 관할 시, 군. 구청 부동산 관련부서를 방문해 부동산 거래신고(검인)를 해서 신고필증을 교부받는다.

(4) 잔금 지급과 분양계약서 명의변경, 대출승계, 취득세 납부

① 잔금을 지급하기 전에 조합사무실에 확인해서 분양권에 추가로 가압류나

압류 등이 발생했는가를 확인하고, 이상이 없다면 잔금지급 절차를 진행하면 된다.

② 조합원분양권은 잔금 날 1차적으로 매수인의 잔금지급과 동시에 매도인은 토지 소유권이전등기 서류와 분양계약서 명의변경에 필요한 서류 등을 제공해야 한다. 또는 일반분양권은 잔금 날 1차적으로 매수인이 잔금지급과 동시에 매도인은 분양계약서 명의변경에 필요한 서류 등을 제공해야 한다. 이때 잔금지급은 분양권 매매대금에서 대출금 등을 공제하고 잔금을 납부하면 될 것이다.

③ 2차적으로 매도인과 매수인, 개업공인중개사가 동행해서 조합(또는 분양한 회사) 사무실을 방문하여 분양계약서 원본 뒷면에 분양권자 명의변경과 조합장의 도장을 날인 받는 명의변경 절차를 진행한다(또는 명의변경을 확인하는 확약서에 확인도장을 받으면 된다).

④ 3차적으로 분양권을 담보로 대출한 금융기관을 방문해서 대출금의 승계(채무자 명의변경)를 받는다(계약하기 전에 승계 가능 여부를 확인).

⑤ 4차적으로 조합원분양권은 주택에서 건물이 멸실(관리처분 인가 후부터 사용 승인 전까지는 건물이 멸실된 상태임)된 상태에서 승계조합원의 입주권 취득세(토지의 종전권리가액+프리미엄)×4.6%(농어촌특별세 및 지방교육세 포함)를 납부하고, 등기소에서 토지 소유권이전등기를 신청하면 된다.

그러나 일반분양권은 부동산이 아니어서 완공될 때까지 취득세 납부대상이 아니다.

◆ 아파트분양권 물건분석과 계약당사자간 합의사항 정리

김선생 "지금부터 서울시 서초구 서초동 980번지 대림아파트 102동 505호에 대한 아파트 분양권 매매계약서 작성방법에 대해서 살펴보겠습니다.

아파트가 준공되지 않은 분양권상태여서 신축아파트에 대한 소유권을 취득할 수 있는 권리(분양권)를 가진 사람 김정수와 이 분양권을 사기를 희망하는 박기자 사이에 분양권 매매계약을 하는 것입니다."

(1) 재건축하고 있는 아파트 현장을 방문해보니 매수할 목적에 맞았다

매수인이 재건축하고 있는 아파트분양권 현장을 방문해보니 매수인이 거주하기에 좋은 환경이고, 주변 대중교통과 학군 등이 좋아서 신축되고 나면 미래가치의 상승이 예상되어 매수하기로 결정했다.

(2) 아파트 분양권의 시세 조사와 매매 가격에 대한 합의

매도인 주변 아파트의 시세를 조사해보니 6억5천만원 정도여서, 신축아파트 인접을 고려해보면 7억원 이상이 될 것이라는 확신이 서서 선순위채권으로 하나은행 융자금을 3억원을 포함해서 6억원에 매매계약하는 것에 동의했다.

(3) 토지등기부와 조합 등에서 분양권 소유자 확인과 권리분석

① 계약은 등기부상 소유자를 매도인으로 계약해야 한다.

그러나 아파트가 미준공으로 분양권 상태인 경우 미등기로 토지등기부와 분양계약서 원본과 조합, 시공사, 미등기아파트에 대출한 금융기관 등을 통해서 소유자가 김정수임을 확인하고, 본인 확인을 위해서 주민등록초본, 신분증 등으로 매도인 신원을 확인했다. 특히 아파트분양권에 대출한 금융기관 등을 통해서 대출금을 승계 또는 상환에 대한 협의를 계약하기 전에 하게 되는데 이 과정에서 분양권에 대한 소유자임을 확인하면 추후 소유권분쟁에 휘말리지 않게 된다.

② 토지등기부상에 기재된 채권내역 확인과 처리방법에 대한 합의

【 갑 구 】				(소유권에 관한 사항)
순위번호	등기목적	접수	등기원인	권리자 및 기타사항
1 (전 2)	소유권이전	1990년 1월 10일 제14300호	1990년 1월 10일 매매	소유자 이철수 ○○○-1****** 경기도 수정구 신흥동 ○○○
				부동산등기법 제177조의6제1항의 규정에 의하여 1990.1.10. 전산이기

2	소유권이전	2008년 1월 10일 제1309호	2008년 1월 8일 매매	소유자 김정수 440701-1226538 주소 서울시 강남구 대치동 110번지 삼성아파트 제105동 제8층 제801호

【 을 구 】	(소유권 이외의 권리에 관한 사항)			
순위번호	등기목적	접수	등기원인	권리자 및 기타사항
1	근저당권설정	2011년 10월 12일 제85308호	2011년 10월 12일 설정계약	채권최고액 240,000,000원 채무자 김정수 근저당권자 하나은행 110111-0015671 서울시 중구 을지로1가 101-1(종로지점)

    매도인은 토지와 분양권을 포괄담보로 하여 2011. 10. 12. 대출받고 토지만에 설정된 하나은행의 융자금 채권최고액 2억4천만원, 무상이주비 또는 추가대출금(대출원금 2억원)의 승계를 하나은행과 협의한 결과 가능하다고 해서 매수인이 잔금지불 시 채무를 인수(근저당권의 채무자 명의변경)하고 그만큼 매매대금에서 공제하기로 하고, 계약 이후에 매수인이 분양권을 이전받기 전까지 추가적으로 어떠한 권리도 설정하지 않기로 한다는 내용을 특약사항란에 명기하기로 했다.

(4) 분양대금 중 미납금, 금융기관 융자금의 연체금 등을 확인하는 것

    조합과 미등기아파트에 대출한 금융기관 등을 통해서 분양대금 중 미납금, 금융기관의 융자금 연체금 등을 확인해보니 금융기관의 연체금은 없었으나 분양대금 중도금 6회분과 잔금 중 3회분만 납부하고 3회분과 잔금 2억7천5백만원이 미납인데 1회분 5천5백만원은 연체된 중도금으로 연체 이자 180만원이 있고, 나머지 2회분 중도금과 잔금은 매수 이후 납부할 중도금이다. 따라서 연체된 중도금 5천5백만원과 연체이자 180만원은 매매대금 중도금으로 상환하고 나머지 분양대금 중도금 미납금 2회분 1억1천만원과 잔금 1억1천만원만 승계하기로 하는 계약조건이다. <조합원 아파트분양계약서상 – 분담금 납부금액 및 납부일자>

총분담금	계약금(20%)	1차(10%)	2차(10%)	3차(10%)
	계약시	2012. 01. 30	2012. 05. 30	2012. 09. 30
550,000,000	110,000,000	55,000,000	55,000,000	55,000,000

4차(미납)(10%)	5차(미납)(10%)	6차(미납)(10%)	잔금(미납)(20%)
2013. 01. 30	2013. 05. 30	2013. 09. 30	2013. 12. 30
55,000,000	55,000,000	55,000,000	110,000,000

그리고 분양대금이야 변동이 없겠지만 조합원 분양권자가 납부하게 될 추가부담금(청산금)은 재건축진행과정에서 증가될 수도 있고, 감소할 수도 있는데 이러한 부분에 대해서도 분명하게 특약으로 기재해야 한다.

(5) 분양권에 가압류와 압류 또는 가처분 등이 있는가 확인해라.

계약하기 전에 아파트 분양권에 가압류, 압류, 가처분 등이 있는가를 조합 사무실에서 확인했는데 이상이 없었다.

(6) 아파트 분양권 매매대금 지불방법과 중도금 및 융자금 승계합의

서울시 서초구 서초동 980번지 대림아파트 제102동 제5층 제505호의 33평은 미준공된 분양권을 매매하는 것으로 분양권 매매대금 6억2천만원으로 하는 계약서를 2013년 2월 1일 작성과 동시에 계약금 10%인 6,000만원을 지불하기로 하고, 중도금은 2013년 2월 20일 6천만원, 잔금은 2013년 03월 20일에 지불하기로 하고, 잔금 지불시 하나은행 융자금 2억과 분양대금 중도금, 잔금 미납금을 공제후 지불하기로 했는데, 분양대금 중도금과 잔금 미납금 중에서 잔금지불 전까지 연체된 중도금 5천5백만원과 연체이자 180만원은 매도인이 중도금으로 상환하고, 잔금지불 이후의 분양대금 미납금 2억2천만원만 매수인이 승계하기로 하고 이 내용을 특약사항란에 명기하기로 했다.

(7) 계약후 잔금납부 전에 분양권에 가압류나 압류 여부를 확인

계약 이후 매수인이 잔금지불과 분양계약서에서 소유자 명의변경할 때 까지 분양권에 조세나 공과금채권 등의 압류나 일반채권자의 가압류 등이 발생하면 매도인 책임하에 말소시켜야 하며 만일 말소시키지 못하는 사정이 발생하면 매수인은 본 계약서 계약내용 제7조에 의해 계약을 해제하고 손해배상을 청구할 수 있다는 내용을 특약으로 기재.

(8) 발코니 확장비용 등이 있다면

발코니 확장비용 등이 있다면 그 부분에 대해서도 특약으로 명시해야 한다.

(9) 관리비 및 공과금 연체시, 해결방법에 대한 합의

관리비와 제세공과금은 매도인이 잔금지불하기 전까지 정산해서 납부해야 한다는 내용을 특약에 기재하기로 합의.

(10) 조합원 지위 양도 제한과 조합원 분양권 전매 제한 등을 확인

도시 및 주거환경정비법 제39조 제2항 주택법 제63조제1항에 따른 투기과열지구로 지정된 지역에서 재건축사업을 시행하는 경우에는 조합설립인가 후, 재개발사업을 시행하는 경우에는 제74조에 따른 관리처분계획의 인가 후 해당 정비사업의 건축물 또는 토지를 양수한 자는 제1항에도 불구하고 조합원이 될 수 없다.

① 투기과열지구 내에서 조합설립인가 이후 단계의 재건축 예정주택을 양수받은 자는 조합원 지위취득을 제한(양수자는 현금청산 대상임)

② 투기과열지구 내 재개발 조합원 지위는 '관리처분계획인가 후 부터 소유권이전등기시'까지 재개발·도시환경정비사업의 조합원 분양권 전매를 금지한다. 그러나 앞으로는 투기과열지구 내의 재건축구역은 안전진단 통과 이후, 재개발구역은 정비구역지정 이후의 날 중에서 시도지사가 조합원 지위양도 기준일을 지정할수 있도록 변경될 예정이다. (단, 국토교통부장관이 기준일 지정을 요청하는 경우에는 시도지사가 응해야 한다.)

◆ 아파트분양권 매매 계약서를 작성하는 방법

앞의 내용과 같이 합의한 내용을 증빙자료로 인쇄되어 있는 계약서 양식 〖네이버 까페 '김동희부사모' 에서 확인〗을 활용해서 작성한 계약서이다.

아파트 분양권 매매 계약서

매도인과 매수인 쌍방은 아래 표시 아파트분양권에 관하여 다음과 같이 매매계약을 체결한다.

1. 부동산의 표시

소재지	서울시 서초구 서초동 980번지 대림아파트 제102동 제5층 제505호					
평 형	33평형	옵 션		전용면적	84.98㎡	대 지 권	45.80㎡

2. 분양금액과 중도금등 납부내역

분양금액	금	오억오천만 원정 (₩550,000,000)
납부한금액	금	이억칠천오백만 원정 (₩275,000,000)
미납금액	금	이억칠천오백만 원정 (₩275,000,000)
권리금액	금	칠천만 원정 (₩70,000,000)

3. 계약내용

제1조 [목적] 위 아파트분양권의 매매에 있어 매수인은 아래와 같이 매매대금을 지불하기로 한다.

매매대금	금	육억이천만 원정 (₩620,000,000)
계약금	금	육천만 원정은 계약시 지불하고 영수함. 영수자 김 정 수 (인)
중도금	금	육천만 원정은 2013년 02월 20일에 지불한다.
기본융자금	금	이억 원정(무상이주비)은 승계하고 특약사항에 별도 명기한다.
추가융자금	금	〈없음〉 원정은 승계(말소)하고 특약사항에 별도 명기한다.
미납분양대금	금	이억이천만 원정은 승계하고 특약사항에 별도 명기한다.
잔 금	금	팔천만 원정은 2013년 03월 20일에 지불한다.

제2조 [소유권이전등] 매도인은 위 아파트 분양권 매매잔금 지불과 동시에 소유권 및 명의변경 이전에 필요한 서류(분양계약서, 당첨권, 전매동의서, 인감증명서 등)을 매수인에게 교부하고, 위 아파트분양권의 소유권을 행사하는데 적극 협력해야 한다.

제3조 [잔금지급] 매수인이 잔금지불 시 미납분양대금, 연체료이자, 기본융자금(무상이주비) 또는 추가융자금 등의 매도인 채무중에서 매수인이 승계하는 금액을 제외하고는 잔금에서 공제후 지불하기로 한다.

제4조 [제한물건등의 소멸] 매도인은 위 분양권에 설정된 근저당권, 압류, 가압류, 가처분 등 소유권의 행사를 제한하는 사유가 있거나 조세·공과금 기타 부담금의 미납금 등이 있을 때는 잔금수수일 이전까지 그 권리의 하자 및 부담 등을 제거하여 완전한 소유권을 매수인에게 이전하기로 한다. 다만 승계하기로 합의한 권리나 금액에 대해서는 그러하지 아니한다.

제5조 [지방세등] 위 분양권에 관하여 발생한 수익의 귀속과 조세·공과금 등의 부담은 위 부동산의 인도일을 기준으로 하여 그 이전까지는 매도인이, 그 이후부터는 매수인에게 귀속되고, 단 지방세의 납부 의무 및 납부책임은 지방세법의 규정에 따른다.

제6조 [계약의 해제] 매수인이 중도금(중도금약정이 없을 때는 잔금)을 지불하기 전까지 매도인

은 계약금의 배액을 배상하고, 매수인은 계약금을 포기하고 본 계약을 해제할 수 있다.
제7조 [신의성실] ① 매도인과 매수인은 위 각 조항을 확인하고, 신의성실의에 따라 그 이행을 준수한다(민법 제2조). ② 중개업자는 역시 부동산 전문가로서 책임감을 갖고 계약서를 작성해야 한다.
제8조 [중개수수료] 부동산중개업자는 매도인 또는 매수인의 본 계약 불이행에 대하여 책임지지 않는다. 또한 중개수수료는 본 계약의 체결과 동시에 매도인과 매수인 쌍방이 각각 지불하며, 부동산중개업자의 고의나 과실 없이 거래당사자 사정으로 본 계약이 무효·취소 또는 해약되어도 중개수수료는 각각 지급한다.
제9조 [중개대상물 확인·설명서 교부등] 중개업자는 중개대상물 확인·설명서를 작성하고 업무보증 관계증서(공제증서등) 사본을 첨부하여 거래당사자 쌍방에 교부한다.

3. 특약 사항 – 계약당사자간에 합의한 내용을 다음과 같이 특약으로 기재한다.

① 본 계약은 계약당사자들이 계약내용에 합의하고, 중개업자 입회하에 부동문자로 된 계약내용까지 정독하고 계약한 것이다.

② 투기과열지구 내에서 조합원 지위 양도 제한 등이 2017년 9월부터 시행되었으나 이 조합원분양권 매매계약은 법 시행 전의 매매계약이므로 제한 없이 매수인에게 조합원분양권 승계가 가능하다.

③ 본 계약은 미준공된 아파트분양권 매매로, 토지등기부와 분양계약서 원본, 조합, 토지와 분양권을 포괄담보로 대출한 금융기관 등을 통해서 소유자가 김정수임을 확인하고, 본인 확인을 위해서 분양계약서, 주민등록초본, 신분증 등으로 매도인의 신원을 확인했다.

④ 분양대금 미납여부를 조합사무실을 통해서 확인해본 결과 미납금이 2억7천5백만원과 연체이자 180만원이 있어서, 그중 잔금지불 시까지 연체된 미납금 5천5백만원과 연체이자 180만원은 매도인이 매매대금 중도금으로 상환하기로 하고, 잔금지불 이후부터 납부해야할 분양대금 미납중도금과 잔금 2억2천만원은 매수인이 승계하기로 하고 잔금에서 공제후 지불하기로 한다.

⑤ 매수인이 토지와 분양권을 포괄담보로 하여 2011. 10. 12. 설정된 하나은행의 융자금 채권최고액 2억4천만원(대출원금 2억원)의 승계를 우리은행과 협의한 결과 가능하다고 해서 매수인이 잔금지불 시 채무를 인수(근저당권의 채무자 명의변경)하고 그만큼 매매대금에서 공제하고 잔금을 지불하는 계약이다. 다만 연체 이자에 대해서는 중도금으로 상환하기로 한다.

⑥ 계약 이후 매수인이 분양권을 이전받기 전까지 추가적으로 분양권에 가압류나 압류 등과 소유권을 제한하는 권리들이 발생하면 매도인 책임하에 말소시켜야 한다. 만일 말소시키지 못하면 매수인은 위 부동문자 제7조에 의해 계약을 해제하고 손해배상을 청구할 수 있다.

⑦ 매도인이 신청한 옵션계약(베란더 확장)은 매수인이 승계하기로 하고 잔금지불 시 매도인에게 지불하기로 한다. 또는 매도인이 신청한 옵션계약(베란더 확장)은 매매대금에 포함된 것으로 매수

인이 잔금 지불시 공제후 지불하기로 한다.

⑧ 관리비와 제세·공과금은 매도인이 잔금지불 전까지 정산해서 납부해야 한다.

본 계약에 이의가 없음을 확인하고 증명하기 위해 계약서를 작성하고 서명·날인하여 각자 1통씩 보관한다.

2013년 02월 01일

매도인	주 소	서울시 서초구서운로 221, 102동 505호(서초동, 대림아파트)				
	주민등록번호	440701-1226538	전 화	010-4400-1234	성 명	김정수 (인)
	대리인	주민등록번호		전 화		성 명
매수인	주 소	서울시 서초구 동광로27길 50, 202호(방배동, 한양연립)				
	주민등록번호	750817-1276445	전 화	010-0021-1234	성 명	박기자 (인)
	대리인	주민등록번호		전 화		성 명
중개업자	사무소소재지	서울시 서초구 서운로 900, 110호(서초동, 우성빌딩)				
	등록번호	8254-50000		사무소명칭		대림 공인중개사사무소
	전화번호	02-534-8949		대표자성명		우선명 (인)

▶ 잠깐만! "특약사항은 계약당사자 간의 사정에 따라 다르게 작성해야 되므로 이 계약서 특약사항란에서는 일반적인 내용으로 작성했으니 계약당사자 간의 사정에 따라 선택하거나 변경해서 이용하면 됩니다."

◆ 계약서 작성 이후에 어떻게 대응하면 되는가!

"분양권 매매계약서와 중개대상물·확인설명서가 작성되었다면… ▶ '부동산 실거래가격의 신고'를 계약일로부터 30일 이내에 해야 하며, ▶ 계약 이행완료를 위해서 매수인은 매매대금의 잔금지불과 매도인은 소유권 이전서류와 분양계약서 명의변경과 금융기관 융자를 승계하면 됩니다.

따라서 잔금 날 잔금지불 시 조합사무실에 확인해서 분양권에 추가로 가압류나 압류 등이 발생했는가를 확인하고, 특약으로 약속했던 사항들이 제대로 이행되었는지를 다시 한번 확인하고 이상이 없다면 잔금 지급과 동시에 분양계약서 명의변경과 금융기관 융자를 승계하고(근저당권 채무와 승계여부는 계약하기 전에 확인해야 한다), 시군구청 세무과를 방문해서 취득세를 납부하는(조합원분양권자는 건물이 멸실되면 토지에 대한 취득세를 납부하고 토지등기부를 이전 받음, 일반분양권자는 채권이므로 취득세 납부하지 않고 분양권 실거래 신고만 있음.) 절차로 끝이 납니다. 왜냐하면 미등기 아파트로 등기를 할 수 없기 때문이지요.

여기서 분양권 매매 시 잔금지불과 소유권을 이전받는 방법은 228쪽 잔금 지급과 분양권 명의변경을 참고하면되고, 분양권 소유권 이전 시 매도자와 매수인이 첨부할 서류는 247쪽 <알아두면 좋은 내용>을 참고해서 계약서를 작성하면 됩니다."

김선생 "아파트는 보존등기가 되기 전에도 임시사용승인을 받아서 사용하게 되는 경우가 많지요. 그래서 이번 시간은 임시사용승인이 나온 미등기아파트의 매매계약서 작성방법에 대해서 공부하도록 하겠습니다."

02 아파트 완공 후 보존등기 전에 매매 계약서 작성 방법

◈ 미등기아파트 매매 계약을 체결할 때 핵심체크

(1) 임시사용승인이 나온 미등기아파트에서 매매계약

임시사용승인이 나온 미등기아파트라도 입주가 가능해서 소유자뿐만 아니라, 매수자가 사서 입주하거나 임대하는 것 역시 가능하다.

그런데 미등기아파트 상태로 거래할 때 등기된 아파트에 비해서 주의해야할 사항들이 많고 잘못된 분석에 따라 소유권을 취득하지 못하거나 완전한 권리(소유권의 제한)를 행사하지 못하게 되는 사례가 발생하곤 한다.

소유자가 아닌 사람과 매매계약하는 경우가 많고, 가압류·압류·근저당권 등의 소유권 제한이 있는 아파트를 모르고 계약을 하는 경우, 분양대금 중 미납금 및 연체금 등이 있는 사실을 모르고 계약한다거나 대지권이 없는 아파트소유자와 계약을 하는 경우, 대지권이 있어도 토지별도등기된 아파트소유자와 계약하면 추후 토지별도등기채권자에 의해 토지가 경매되면 대지권을 잃게 될 수도 있다. 이러한 이유는 등기부가 있다면 쉽게 확인할 수 있었겠지만 없는 상태에서 대비한다는 것은 쉽지 않기 때문에, 앞에서 열거한 사례에 대비해서 미등기아파트나 분양권 매매계약서를 작성해야 한다.

(2) 미등기아파트에서 매수인의 유의사항

첫째, 소유권을 정확하게 판단해야 한다.

① 분양계약서 원본을 확인해야한다.

분양계약서에는 부동산의 면적과 동/호수, 그리고 소유자의 이름이 명시돼 있다. 분양계약서 앞면에는 최초 분양받은 계약자의 이름이 기재돼 있고, 분양권 상태에서 전매된 경우는 뒷면에 권리/의무 승계란에 자필로 인적사항이 기재돼 있으므로 권리변동이 있었던 분양권이라면 분양계약서 뒷면의 권리/의무 승계란에 기재된 마지막 이름이 최종 소유자로 해석하면 되는데, 그 분양계약서에 조합장 도장이 날인되어 있는가도 확인해야 한다.

따라서 이 **분양계약서 원본에 기재된 소유자의 인적사항과 신분증상 인적사항이 일치하는 가를 확인**하면 된다.

② 재개발과 재건축에서 조합원 아파트는 토지등기부 열람이 가능하다.

재개발과 재건축에서 **조합원 아파트나 다가구주택 등의 건축물**은 멸실되었지만 토지는 남아 있어서 토지등기부를 확인하면 조합원분양권자의 소유권을 확인할 수 있다. 그러나 조합원이 아닌 청약에 의해서 분양받은 **일반분양권자는** 토지등기부에서 확인 할 수 없고 다음 ③번과 같이 확인하면 된다.

③ 조합원분양권자와 일반분양권자 모두 분양계약서 원본(조합장 도장 날인 확인)과 소유자가 일치 하는 가를 조합 등에 문의해서 실제 소유자가 맞는 경우 미

등기아파트소유자 또는 아파트분양권자와 매매계약서를 작성하면 된다.

둘째 추가부담금 또는 분양대금의 미납금, 연체금 등을 확인하는 것

조합원분양권자나 일반분양권자 모두 계약금, 중도금, 잔금 등을 보통 6회에 걸쳐서 분납하게 되는데 이 중 어느 정도까지 납부하였고, 이에 따라서 미납금액에 대한 추가 부담할 금액과 미납금액에 대한 연체된 이자 및 기타 비용 등을 조합 등에 문의하여 정확하게 분석하고, 미등기아파트소유자(분양권자)와 매매계약서를 작성하면 된다.

그리고 분양대금이야 변동이 없겠지만 조합원 분양권자가 납부하게 될 추가부담금(청산금)은 재건축진행과정에서 증가될 수도 있고, 감소할 수도 있는데 이러한 부분에 대해서도 분명하게 특약으로 기재해두어야 한다.

셋째 은행 대출금과 연체금을 확인합니다.

신규로 분양받은 아파트(일반분양권)에 대해 대출받은 은행에서 대출금액 및 이자 등을 확인하여야 하며, 조합원분양권(조합원입주권)인 경우에는 이주비(무상이주비) 및 추가대출금(유상이주비), 연체이자 등에 대하여 대출해 준 은행에 대해서 확인하고 이상이 없는 경우에 매매계약서를 작성하면 된다. 아파트 분양권 및 입주권을 담보로 대출해준 금융기관에 대출금액을 확인하는 것도 중요하지만, 그 과정에서 다시 한번 소유자를 정확하게 확인할 수 있다.

넷째 토지등기부에서 등기된 채권을 찾아라.

조합원분양권자는 건물은 미등기로 등기부를 확인할 수 없지만, 토지등기부를 확인하면 아파트가 지어지기 전에 등기된 가압류·압류·근저당권 등의 채권과 소유권제한 가등기·가처분 등을 확인할 수 있다. 보통 이들 채권을 말소시키고 재건축과정에서 기본이주비(무상이주비)와 추가대출금(유상이주비)을 받고 금융기관이 근저당권을 설정하고 나서 신탁등기가 이루어지지만 말소가 되지 않으면 기본이주비를 받을 수 없고 앞에서 열거한 채권들이 토지등기부에 남아 있게 되는데, 이 채권들이 아파트가 신축되고 보존등기가 될 때까지 상환하고 말소시키지 않으면 아파트 등기부의 표제부의 오른쪽에 토지별도등기로 표시되므로 토지등기부확인은 필수다.

조합원분양권 또는 일반분양권을 담보로 대출한 은행을 통해서 대출금과 연체금을 확인하는 것은 연체금으로 인해서 추후 경매가 진행되는 것을 방지하는 목적과 대출금 과다시 선순위채권으로 남아 있을 수 있으니(건물은 미등기이나 토지별도등기채권으로 남아 있어서 선순위채권이 된다) 매매대금으로 상환하는 조건으로 계약을 체결해야 한다.

이러한 토지별도등기채권에 의해서 경매가 되어 대지권이 제3자소유로 바뀌면 매수인이 대지권이 없는 건물만 매수한 것이 돼 완전한 아파트 소유권을 취득하지 못할수도 있다.

다섯째 조합원 분양권 또는 분양권에 가압류 · 압류가 있는지 확인해라!

분양권과 같이 등기되지 않은 재산권에 대해서도 채권자가 가압류·압류 등을 할 수 있다.

서초구 삼성래미안 조합분양권 매매계약서에서 있었던 이야기다.

분양권의 매매대금은 13억인데 계약금 1억3천만원과 중도금 3억, 그리고 잔금은 금융기관의 융자금 채권최고액 7억2천만원(대출원금 6억원)과 현금 2억7천만원으로 하는 분양권 매매계약서를 체결했다. 그런데 잔금 지불 전에 분양계약서 원본 뒷면에 권리/의무 승계를 위해서 조합 사무실을 했는데, 분양권에 5억원의 채권가압류 사실을 확인하게 되어 잔금지불이 연기되고 소송으로 다투게 된 사례가 있어서 중개업소에서 수수료 한 푼도 받지 못하고 소송비용과 손해배상 책임에 휘말린 사건이 있었다. 중개업자 또는 매수인이 계약서 작성 이후 중도금 지불 전에 조합 사무실에서 가압류·압류 사실만 확인했더라도 간단히 계약조건을 변경하는 방법으로 해결할 수 있었던 문제다.

여섯 번째 조합원 지위 양도 제한과 조합원 분양권 전매 제한 등을 확인해라!
이 내용은 232쪽과 아파트 분양 매매 계약서 특약사항 ②번에 기술한 내용 (234쪽)을 참고하면 되므로 생략했다.

◆ 미등기아파트 물건분석과 계약당사자간 합의사항 정리

김선생 "지금부터 경기도 안양시 동안구 평촌동 980번지 삼성아파트 105동 1004호에 대한 미등기아파트 매매계약서 작성방법에 대해서 살펴보겠습니다. 아파트소유자는 김정수고, 이 아파트를 사기를 희망하는 분은 박기자입니다."

(1) 미등기아파트를 방문해서 매수할 목적에 맞는 우량한 물건인가를 판단

매수인이 아파트를 방문해보니 매수인이 거주하기에 적당한 면적이고, 소유자가 거주하던 아파트라 그런지 아파트 내부도 깨끗했고, 주변 대중교통과 학군 등이 좋아서 이 아파트를 매수하기로 결정했다.

(2) 미등기 아파트시세조사 선순위채권에 대한 합의

매도인이 아파트시세를 조사해보니 6억5천만원 정도여서, 매도인이 선순위 채권으로 하나은행 융자금을 3억원을 포함해서 6억1천만원에 매매계약하는 것에 동의했다.

(3) 토지등기부와 조합 등에서 미등기아파트 소유자 확인과 권리분석
① 계약은 등기부상 소유자를 매도인으로 계약해야 한다

그러나 아파트가 미등기로 토지등기부와 분양계약서 원본과 조합, 미등기아파트에 대출한 금융기관 등을 통해서 소유자가 김정수임을 확인하고, 본인 확인을 위해서 주민등록초본, 신분증 등으로 매도인 신원을 확인했다. 특히 미등기아파트에 대출한 금융기관 등을 통해서 대출금을 승계 또는 상환에 대한 협의를 계약서 작성 전에 하게 되는데 이 과정에서 미등기아파트에 대한 소유자임을 재차 확인하면 추후 소유권분쟁에 휘말리지 않게 된다.

② 토지등기부상에 기재된 채권내역 확인과 처리방법에 대한 합의

【 갑 구 】				(소유권에 관한 사항)
순위번호	등기목적	접수	등기원인	권리자 및 기타사항
1 (전 2)	소유권이전	1990년 1월 10일 제14300호	1990년 1월 10일 매매	소유자 이철수 ○○○-1****** 경기도 수정구 신흥동 ○○○
				부동산등기법 제177조의6제1항의 규정에 의하여 1990.1.10. 전산이기
2	소유권이전	2008년 1월 10일 제1309호	2008년 1월 8일 매매	소유자 김정수 440701-1226538 주소 서울시 강남구 대치동 110번지 삼성아파트 제105동 제8층 제801호

【 을 구 】				(소유권 이외의 권리에 관한 사항)
순위번호	등기목적	접수	등기원인	권리자 및 기타사항
1	근저당권 설정	2015년 10월 12일 제85308호	2015년 10월 12일 설정계약	채권최고액 360,000,000원 채무자 김정수 근저당권자 하나은행 110111-0015671 서울시 중구 을지로1가 101-1(종로지점)

　매도인은 토지와 분양권을 포괄담보로 하여 2015. 10. 12. 대출받고 토지만에 설정된 하나은행의 융자금 채권최고액 3억6천만원, 무상이주비 또는 추가대출금(대출원금 3억원)의 승계를 하나은행과 협의한 결과 가능하다고 해서 매수인이 잔금지불 시 채무를 인수(근저당권의 채무자 명의변경)하고 그만큼 매매대금에서 공제하고 잔금을 지불하고, 계약 이후에 매수인이 잔금지불 시까지 추가적으로 어떠한 권리도 설정하지 않기로 한다.

(4) 분양대금의 미납금, 금융기관 융자금의 연체금 등을 확인하는 것

　조합, 미등기아파트에 대출한 금융기관 등을 통해서 분양대금의 미납금, 금융기관의 융자금 연체금 등을 확인해보니 이상이 없었다.

(5) 미등기 아파트라면 임시사용대장과 분양계약서 원본을 확인해라

임시사용대장을 확인해 보고 분양계약서 원본의 주소와 확인해서 주소와 동호수가 일치하는 가를 확인하고 일치하면 그 주소로 매매계약서를 작성하면 된다.

(6) 아파트 매매대금 지불방법과 인도시기에 대한 합의

경기도 안양시 동안구 평촌동 980번지 대림아파트 제102동 제5층 제505호의 33평 아파트를 매매대금 6억1천만원으로 하는 계약서를 2013년 2월 1일 작성과 동시에 계약금은 매매금액의 약 10%인 6,000만원을 지불하기로 하고, 중도금은 2013년 2월 20일 1억원, 잔금은 2013년 03월 20일에 지불하기로 하고 잔금 지불과 동시에 아파트를 매수인에 인도한다는 내용에 합의.

(7) 계약후 잔금지불 전에 분양권에 가압류나 압류 여부를 확인해라

계약체결 이후 매수인이 잔금지불과 분양계약서에서 소유자 명의변경할때까지 분양권에 조세나 공과금채권 등의 압류나 일반채권자의 가압류 등이 발생하면 매도인 책임하에 말소시켜야 하며 만일 말소시키지 못하는 사정이 발생하면 매수인은 위 계약내용 제6조에 의해 계약을 해제하고 손해배상을 청구할 수 있다는 내용을 특약으로 기재. 이러한 이유로 중도금이나 잔금지불 전에 반드시 조합에 확인하고 지불해야한다.

(8) 관리비 및 공과금 연체시, 해결방법에 대한 합의

관리비와 제세공과금은 매도인이 잔금지불하기 전까지 정산해서 납부해야 한다는 내용을 특약에 기재하기로 합의.

(9) 선수관리비 인계인수에 관한 합의

선수관리비는 매도인과 매수인 사이에 인수인계 확인서를 작성하고 관리사무소에 통지하는 방법으로 매수인이 매매대금과 별도로 매도인에게 지불하고 선수관리비를 승계하기로 하고 계약서 특약사항란에 명기함.

◈ 미등기아파트 매매 계약서를 작성하는 방법

앞의 내용과 같이 합의한 내용을 증빙자료로 인쇄되어 있는 계약서 양식 『네이버 까페 '김동희부사모' 에서 확인』을 활용해서 작성한 계약서이다.

아파트 매매 계약서

매도인과 매수인 쌍방은 아래 표시 부동산에 관하여 다음과 같이 매매계약을 체결한다.
1. 부동산의 표시

소재지	경기도 안양시 동안구 평촌동 980번지 삼성아파트 105동 1004호					
토 지	지 목	대	대지권	소유권의 대지권	면 적	45.80㎡
건 물	구 조	철근콘크리트조	용 도	아파트	면 적	84.98㎡

2. 계약내용
제1조 [목적] 위 부동산의 매매에 있어 매도인과 매수인은 매매대금을 다음과 같이 지불키로 한다.

매매대금	금 육억일천만 원정 (₩610,000,000)
계약금	금 육천만 원정은 계약시 지불하고 영수함. 영수자 김 정 수 (인)
중도금	금 일억 원정은 2018년 02월 20일에 지불한다.
융자금 등	금 삼억 원정은 승계하고 특약사항에 별도 명기한다.
잔 금	금 일억오천만 원정은 2018년 03월 20일에 지불한다.

제2조 [소유권이전등] 매도인은 매매대금의 잔금을 수령함과 동시에 매수인에게 소유권이전등기에 필요한 모든 서류를 교부하고 등기절차에 협력하며, 위 부동산에 대하여 2018년 03월 20일 인도하기로 한다.

제3조 [제한물건등의 소멸] 매도인은 위 부동산에 설정된 근저당권, 지상권, 전세권, 임차권 등 소유권의 행사를 제한하는 권리가 있거나 조세공과금 기타 부담금의 미납금 등이 있을 때는 잔금수일 이전까지 그 권리의 하자 및 부담 등을 제거하여 완전한 소유권을 매수인에게 이전하여야 한다. 다만 승계하기로 합의한 권리나 금액에 대해서는 그러하지 아니한다.

제4조 [지방세등] 위 부동산에 관하여 발생한 수익의 귀속과 조세·공과금 등의 부담은 위 부동산의 인도일을 기준으로 하여 그 이전까지는 매도인이, 그 이후부터는 매수인에게 귀속되고, 단 지방세의 납부 의무 및 납부책임은 지방세법의 규정에 따른다.

제5조 [계약의 해제] 매수인이 중도금(중도금약정이 없을 때는 잔금)을 지불하기 전까지 매도인은 계약금의 배액을 배상하고, 매수인은 계약금을 포기하고 본 계약을 해제할 수 있다.

제6조 [채무불이행과 손해배상] 매도인 또는 매수인은 본 계약상의 내용에 대하여 채무불이행이 있을 경우 그 상대방은 채무불이행한 상대방에 대하여 서면으로 이행을 최고하고, 이행하지 않을 경우 계약을 해제 할 수 있다. 이때 계약당사자는 계약해제에 따른 손해배상을 상대방에게 청구할 수 있으며, 손해배상에 대한별도 약정이 없는 한 계약금상당액을 손해배상금(위약

금)으로 본다.

제7조 [신의성실] ① 매도인과 매수인은 위 각 조항을 확인하고, 신의성실의에 따라 그 이행을 준수한다(민법 제2조). ② 중개업자 역시 부동산 전문가로서 책임감을 갖고 계약서를 작성해야 한다.

제8조 [중개수수료] 부동산중개업자는 매도인 또는 매수인의 본 계약 불이행에 대하여 책임지지 않는다. 또한 중개수수료는 본 계약의 체결과 동시에 매도인과 매수인 쌍방이 각각 지불하며, 부동산중개업자의 고의나 과실 없이 거래당사자 사정으로 본 계약이 무효·취소 또는 해약되어도 중개수수료는 각각 지급한다.

제9조 [중개대상물 확인·설명서 교부등] 중개업자는 중개대상물 확인·설명서를 작성하고 업무보증 관계증서(공제증서등) 사본을 첨부하여 거래당사자 쌍방에 교부한다.

3. 특약 사항 – 계약당사자간에 합의한 내용을 다음과 같이 특약으로 기재한다.

① 본 계약은 계약당사자들이 계약내용에 합의하고, 중개업자 입회하에 부동문자로 된 계약내용까지 정독하고 계약한 것이다.

② 이 미등기아파트는 조합원분양권 아파트로 임시사용승인이 나와 입주가 가능한 상태이고, 투기과열지구 내가 아니라 미등기 전매가 가능한 아파트이다.

③ 미등기아파트로 임시사용대장에 표시된 물건지로 계약서를 작성하고, 계약 시의 현 시설 상태로 매매하는 조건이다.

④ 본 계약은 미등기아파트로, 토지등기부와 분양계약서 원본, 조합, 미등기아파트에 대출한 금융기관 등을 통해서 소유자가 김정수임을 확인하고, 본인 확인을 위해서 분양계약서, 주민등록초본, 신분증 등으로 임대인의 신원을 확인했다.

⑤ 조합, 미등기아파트에 대출한 금융기관 등을 통해서 분양대금의 미납금, 금융기관의 융자금 연체금 등을 확인해본 결과 이상이 없음을 확인했다.

⑥ 매수인이 토지와 분양권을 포괄담보로 하여 2015. 10. 12. 설정된 하나은행의 융자금 채권최고액 3억6천만원(대출원금 3억원)의 승계를 우리은행과 협의한 결과 가능하다고 해서 매수인이 잔금지불 시 채무를 인수(근저당권의 채무자 명의변경)하고 그만큼 매매대금에서 공제하고 잔금을 지불하는 계약이다.

⑦ 계약 이후 매수인이 아파트를 인도받기 전까지 추가적으로 분양권에 가압류나 압류 등과 소유권을 제한하는 권리들이 발생하면 매도인 책임하에 말소시켜야 한다. 만일 말소시키지 못하면 매수인은 위 계약내용 제6조에 의해 계약을 해제하고 손해배상을 청구할 수 있다.

⑧ 매도인이 분양시 기본 시설 이외 추가로 확장한 베란다(옵션계약으로)와 붙박이장, 에어컨 시설 비용 등은 매매대금에 포함된 것으로 매도인은 아파트를 현 시설 상태로 인도하기로 한다.

⑨ 관리비와 제세·공과금은 매도인이 잔금지불 전까지 정산해서 납부해야 한다.
⑩ 선수관리비는 매도인과 매수인 사이에 인수인계 확인서를 작성하고 관리사무소에 통지하는 방법으로 매수인이 매매대금과 별도로 매도인에게 지불하고 선수관리비를 승계하기로 한다.

본 계약에 이의가 없음을 확인하고 증명하기 위해 계약서를 작성하고 서명·날인하여 각자 1통씩 보관한다.

2018년 02월 01일

매도인	주 소	서울시 서초구 서운로 221, 102동 505호(서초동, 대림아파트)				
	주민등록번호	440701-1226538	전 화	010-4400-1234	성 명	김정수 (인)
	대리인	주민등록번호	전 화		성 명	
매수인	주 소	서울시 서초구 동광로27길 50, 202호(방배동, 한양연립)				
	주민등록번호	750817-1276445	전 화	010-0021-1234	성 명	박기자 (인)
	대리인	주민등록번호	전 화		성 명	
중개업자	사무소소재지	서울시 서초구 서운로 900, 110호(서초동, 우성빌딩)				
	등록번호	8254-50000		사무소명칭	대림 공인중개사사무소	
	전화번호	02-534-8949		대표자성명	우선명 (인)	

잠깐만!! "특약사항은 계약당사자 간의 사정에 따라 다르게 작성해야 되므로 이 계약서 특약사항란에서는 일반적인 내용으로 작성했으니 계약당사자 간의 사정에 따라 선택하거나 변경해서 이용하면 됩니다."

◆ 계약서 작성 이후에 어떻게 하면 되는가!

김선생 "매매계약서와 중개대상물·확인설명서가 작성되었다면… ◑ '부동산 실거래가격의 신고'를 계약일로부터 30일 이내에 해야 하며, ◑ 계약 이행완료를 위해서 매수인은 매매대금의 잔금지불과 매도인은 소유권 이전서류와 분양계약서 명의변경과 금융기관 융자승계하면 됩니다.

따라서 잔금 날 잔금지불 시 조합사무실에 확인해서 분양권에 추가로 가압류나 압류 등이 발생했는가를 확인하고, 특약으로 약속했던 사항들이 제대로 이행되었는지를 다시 한 번 확인하고 이상이 없다면 잔금 지불과 동시에 분양계약서 명의변경과 금융기관 융자승계하고(근저당권 채무와 승계여부는 계약하기 전에 확인해야 한다), 시군구청 세무과를 방문해서 취득세를 납부하는(조합원분양권자는 건물이 멸실되면 토지에 대한 취득세를 납부하고 토지등기부를 이전 받음, 일반분양권자는 채권이므로 취득세 납부하지 않고 분양권 실거래 신고만 있음.) 절차로 끝이 난다.

왜냐하면 미등기 아파트로 등기를 할 수 없기 때문이지요.

그리고 잔금지불후 선수관리비를 매매대금과 별도로 지불하고 관리사무소의 확인을 받아서 승계받고 아파트를 인도받으면 되는 것입니다."

 김선생 말풍선

미등기 아파트(분양권) 잔금지불과 소유권을 이전받는 방법은?

잔금일 날 다음과 같은 절차로 진행하세요.
잔금날 1차적으로 잔금지불후, 2차적으로 매도인과 매수인 그리고 중개업자가 동행해서 조합사무실을 방문 분양계약서 원본 뒷면에 분양권자 명의변경과 조합장의 도장을 날인 받고, 3차적으로 분양권을 담보로 대출한 금융기관을 방문해서 대출금을 승계(채무자 명의변경) 받고, 4차적으로 관할 시, 군, 구청 세무과를 방문 취득세 영수증을 발급 받아서(조합원분양권자는 건물이 멸실되면 토지에 대한 취득세를 납부하고 토지등기부를 이전 받음, 일반분양권자는 채권이므로 취득세 납부하지 않고 분양권 실거래 신고만 있음.) 취득신고를 마치면 분양권에 대한 소유권을 완전하게 취득하게 됩니다.

알아두면 좋은 내용

분양권 소유권 이전시 매도자와 매수인이 첨부할 서류

- 매도인서류 : 부동산명의 이전용 인감증명서(매수자 인적사항기록), 초본(전주소지 나오게 발급), 인감도장, 신분증, 부동산거래 신고필증, 아파트분양계약서 원본.
- 매수인서류 : 신분증, 주민등록초본, 도장

03 대지권이 미등기된 아파트 매매 계약서 작성 방법

◆ 대지권미등기와 토지별도등기 아파트 계약할 때 알고 있어야 할 사항

아파트가 보존등기가 되고 나서도 대지권이 미등기 또는 대지권이 등기가 되어 있지만 토지별도등기가 있다면 매수인은 대지권에서 권리를 갖지 못하게 될 수 있으니 유의해야 한다.

그래서 대지권이 미등기된 경우와 토지별도등기가 있다면 그 진실은 토지등기부를 열람해서 찾아야 하는데, 대지권이 정리가 안되어 미등기로 남아 있으면 괜찮지만, 대지권이 다른 사람의 소유가 되어 있는 경우에는 매수인의 권리는 건물에서만 주장할 수 있다. 토지별도등기도 마찬가지로 토지등기부에 등기된 채권 내역을 확인해야 하는데 매도인이 그 채권들을 해결하지 않으면 토지별도등기된 채권자들이 경매를 신청하게 되고 그 과정에서 집합건물소유자(매수인)가 대지권을 낙찰받지 못하면 대지권이 없는 아파트 소유자가 될 수 있으니 계약서 작성단계부터 확인하고 특약사항에 기재해서 잔금지불 시까지 정리하고 잔금을 지불해야 한다.

◆ 대지권미등기 아파트 소유자와 매매 계약서 작성 방법

집합건물등기부의 두 번째 표제부에 대지권의 표시가 없으면, 대지권은 있는데 대지지분정리가 안되어 미등기인지, 대지권정리가 된 상태인데 대지권이 없는 경우인지를 토지등기부를 확인해서 판단하게 되는데, 실제로 대지권이 없는 경우라면 매수인은 대지권이 없는 집합건물소유자와 매매계약서를 작성하게 되므로 집합건물에서만 소유권을 갖고, 대지는 제3자의 소유이므로 대지권소유자에게 구분소유권을 매도청구당하거나 토지사용료를 지불해야 하는 상황이 발생하게 되는 손실이 예상되므로 유의해야 한다.

(1) 아파트등기부가 다음과 같이 대지권이 미등기되어 있다면

등기사항전부증명서(말소사항 포함) - 집합건물
서울시 중랑구 묵동 214, 대우아파트 제105동 제10층 제1001호

【 표 제 부 】			(1동의 건물의 표시) - <내용생략>	
표시번호	접수	소재지번, 건물명칭 및 번호	건물내역	등기원인 및 기타사항

【 표 제 부 】			(전유부분의 건물의 표시)	
표시번호	접수	건물번호	건물내역	등기원인 및 기타사항
1	2012년 10월 10일	제15층 제1501호	철근콘크리트조 84.98㎡	도면편철장 제12책232장

【 갑 구 】				(소유권에 관한 사항)
순위번호	등기목적	접수	등기원인	권리자 및 기타사항
1	소유권보존	2012년 10월 10일 제54397호		소유자 이소령 650701-1246536 주소 서울시 중랑구 묵동 154 3층 301호

대지권이 미등기상태인 경우도 대지권이 정리가 안 되어서 미등기로 남아 있는 경우에는 대지소유권이 있겠지만, 대지소유권 없어서 즉 대지권이 제3자가 소유권을 가지고 있다면 매수인이 건물만 소유권을 취득하게 되므로 손실이 예상되는데, 이러한 사실은 대지권의 고향인 토지등기부를 통해서 확인해야 한다.

(2) 토지등기부를 확인해 보니

아파트가 대지권이 미등기상태여서 대지권이 정리가 안된 미등기인지, 아니면 대지권이 제3자의 소유인지를 확인해본 결과 대지권이 있는데 정리가 안 되어서 미등기 상태로 남아 있다는 사실을 확인할 수 있어서 매매계약서 작성할

때 그러한 내용을 특약사항란에 기재하고 토지등기사항증명서를 첨부하기로 했다.

(3) 대지권이 미등기된 아파트에서 매매계약서 작성

미등기된 아파트에서 매매계약서 작성방법에서 유의할 사항은 미등기아파트 매매계약서 바르게 작성하는 방법을 참고하면 된다.

아파트 매매 계약서

매도인과 매수인 쌍방은 아래 표시 부동산에 관하여 다음과 같이 매매계약을 체결한다.

1. 부동산의 표시

소재지	서울시 중랑구 묵동 214, 대우아파트 제105동 제10층 제1001호					
토 지	지 목	대	대지권	소유권의 대지권	면 적	45.80㎡
건 물	구 조	철근콘크리트조	용 도	아파트	면 적	84.98㎡
임대할 부분	전체				면 적	

2. 계약내용
제1조 [목적] 위 부동산의 매매에 있어 매도인과 매수인은 매매대금을 다음과 같이 지불키로 한다.

매매대금	금 사억 원정 (₩400,000,000)
계약금	금 사천만 원정은 계약시 지불하고 영수함. 영수자 이 소 령 (인)
중도금	금 육천만 원정은 2013년 05월 20일에 지불한다.
융자금 등	금 이억 원정 융자금은 승계하기로 하고 특약사항란에 별도기재 한다.
잔 금	금 일억 원정은 2013년 06월 10일에 지불한다.

제2조 [소유권이전등] 매도인은 매매대금의 잔금을 수령함과 동시에 매수인에게 소유권이전등기에 필요한 모든 서류를 교부하고 등기절차에 협력하며, 위 부동산에 대하여 2013년 06월 10일 인도하기로 한다.
제3조 [제한물건등의 소멸] 매도인은 위 부동산에 설정된 근저당권, 지상권, 전세권, 임차권 등 소유권의 행사를 제한하는 권리가 있거나 조세공과금 기타 부담금의 미납금 등이 있을 때는 잔금수수일 이전까지 그 권리의 하자 및 부담 등을 제거하여 완전한 소유권을 매수인에게 이전하여야 한다. 다만 승계하기로 합의된 권리나 금액에 대해서는 그러하지 아니한다.
제4조 [지방세등] 위 부동산에 관하여 발생한 수익의 귀속과 조세·공과금 등의 부담은 위 부동산의 인도일을 기준으로 하여 그 이전까지는 매도인이, 그 이후부터는 매수인에게 귀속되고, 단 지방세의 납부 의무 및 납부책임은 지방세법의 규정에 따른다.
제5조 [계약의 해제] 매수인이 중도금(중도금약정이 없을 때는 잔금)을 지불하기 전까지 매도인은 계약금의 배액을 배상하고, 매수인은 계약금을 포기하고 본 계약을 해제할 수 있다.

제6조 [채무불이행과 손해배상] 매도인 또는 매수인은 본 계약상의 내용에 대하여 채무불이행이 있을 경우 그 상대방은 채무불이행한 상대방에 대하여 서면으로 이행을 최고하고, 이행하지 않을 경우 계약을 해제 할 수 있다. 이때 계약당사자는 계약해제에 따른 손해배상을 상대방에게 청구할 수 있으며, 손해배상에 대한별도 약정이 없는 한 계약금상당액을 손해배상금(위약금)으로 본다.

제7조 [신의성실] ① 매도인과 매수인은 위 각 조항을 확인하고, 신의성실의에 따라 그 이행을 준수한다(민법 제2조). ② 중개업자 역시 부동산 전문가로서 책임감을 갖고 계약서를 작성해야 한다.

제8조 [중개수수료] 부동산중개업자는 매도인 또는 매수인의 본 계약 불이행에 대하여 책임지지 않는다. 또한 중개수수료는 본 계약의 체결과 동시에 매도인과 매수인 쌍방이 각각 지불하며, 부동산중개업자의 고의나 과실 없이 거래당사자 사정으로 본 계약이 무효 · 취소 또는 해약되어도 중개수수료는 각각 지급한다.

제9조 [중개대상물 확인 · 설명서 교부등] 중개업자는 중개대상물 확인 · 설명서를 작성하고 업무보증 관계증서(공제증서등) 사본을 첨부하여 거래당사자 쌍방에 교부한다.

3. 특약 사항 – 계약당사자간에 합의한 내용을 다음과 같이 특약으로 기재한다.

① 본 계약은 계약당사자들이 계약내용에 합의하고, 중개업자 입회하에 부동문자로 된 계약내용까지 정독하고 계약한 것이다.

② 본 계약은 계약 시의 현 시설상태로 아파트를 매매하는 조건이다. 다만 에어컨 시설과 안방의 붙박이장은 매도인이 별도로 설치한 물건으로 이사 시 수거해 가기로 하고, 그 밖의 분양 시 기본시설 및 부착물은 그대로 남겨두는 조건이다(또는 수거할 수 없다).

③ 본 아파트는 대지권이 미등기상태로 분양계약서와 조합사무실, 그리고 토지등기부를 확인해 본 결과 환지절차 지연으로 대지권등기가 되어 있지 않은 상태이나 분양대지권은 45.80㎡이다. 최초 수분양권자가 분양대금을 완납하였으므로 환지정리가 완료되면 대지권이 당연히 등기된다는 것을 확인하고 계약하는 조건이다.

④ 매수인이 아파트에 2012. 10. 10. 설정된 하나은행의 융자금 채권최고액 2억4천만원(대출원금 2억원)을 승계를 하나은행과 협의한 결과 가능하다고 해서 매수인이 잔금지불 시 채무를 인수(근저당권의 채무자 명의변경)하고 그만큼 매매대금에서 공제하고 잔금을 지불하는 계약이다.

⑤ 계약 이후 매수인이 분양권을 이전받기 전까지 추가적으로 분양권에 가압류나 압류 등과 소유권을 제한하는 권리들이 발생하면 매도인 책임하에 말소시켜야 한다. 만일 말소시키지 못하면 매수인은 위 계약내용 제6조에 의해 계약을 해제하고 손해배상을 청구할 수 있다.

⑥ 임대인이 체납한 세금을 확인하기 위해서 잔금지불 전까지 국세완납증명서와 지방세완납 증명서를 첨부하기로 하고 체납사실이 있는 경우 잔금지불 전까지 해결하기로 한다.

⑦ 관리비와 제세 · 공과금은 매도인이 잔금지불 전까지 정산해서 납부해야 한다.

⑧ 선수관리비는 매도인과 매수인 사이에 인수인계 확인서를 작성하고 관리사무소에 통지하는 방법으로 매수인이 매매대금과 별도로 매도인에게 지불하고 선수관리비를 승계하기로 한다.

본 계약에 이의가 없음을 확인하고 증명하기 위해 계약서를 작성하고 서명·날인하여 각자 1통씩 보관한다.

2013년 05월 01일

매도인	주 소	서울시 중랑구 신내로25길 50, 105동 1001호(묵동, 애우아파트)				
	주민등록번호	650701-1246536	전 화	010-4415-1234	성 명	이소령 (인)
	대리인	주민등록번호		전 화		성 명
매수인	주 소	서울시 영등포구 경인로96길 60, 102동 503호(문래동, 삼성아파트)				
	주민등록번호	640304-1274536	전 화	010-2000-7789	성 명	이군수 (인)
	대리인	주민등록번호		전 화		성 명
중개업자	사무소소재지	서울시 중랑구 신내로20길 35, 101호(묵동, 오성빌딩)				
	등록번호	8254-50000		사무소명칭	사랑 공인중개사사무소	
	전화번호	02-594-8949		대표자성명	정종철 (인)	

▶ 잠깐만! "특약사항은 계약당사자 간의 사정에 따라 다르게 작성해야 되므로 이 계약서 특약사항란에서는 일반적인 내용으로 작성했으니 계약당사자 간의 사정에 따라 선택하거나 변경해서 이용하면 됩니다."

04 아파트 보존등기 후 토지별도등기가 있는 아파트 매매 계약서 작성

◆ 아파트등기부가 다음과 같이 토지별도등기가 있다면

집합건물등기부의 두 번째 표제부에 다음과 같이 대지권의 표시가 되어 있으나 토지별도등기가 있는 경우,

등기사항전부증명서(말소사항 포함) - 집합건물

서울시 강남구 논현동 100, 삼성래미안아파트 제101동 제15층 제1501호

【 표 제 부 】		(1동의 건물의 표시) - 〈내용생략〉		
표시번호	접수	소재지번, 건물명칭 및 번호	건물내역	등기원인 및 기타사항

【 표 제 부 】		(전유부분의 건물의 표시) -〈대지권의 표시에 토지별도등기가 있음〉		
표시번호	접수	건물번호	건물내역	등기원인 및 기타사항
1	2012년 10월 10일	제15층 제○○호	철근콘크리트조 84.98㎡	도면편철장 제12책232장

(대지권의 표시)			
표시번호	대지권의 종류	대지권의 비율	등기원인 및 기타사항
1	1. 소유권대지권	34541.95분의 46.35	2012년 09월 10일 대지권 2012년 10월 10일 별도등기있음 1토지(을1번 근저당권설정등기) 2012년 10월 10일

【 갑 구 】		(소유권에 관한 사항)		
순위번호	등기목적	접수	등기원인	권리자 및 기타사항
1	소유권보존	2012년 10월 10일 제54397호		소유자 홍길동 550701-1246536 주소 서울시 서초구 방배동 154 2층 202호

매수인은 대지권에서 소유권을 주장할 수가 없게 될 수도 있다.

따라서 집합건물의 토지별도등기 내용[1토지(을1번 근저당권설정등기]을 토지 등기부를 발급 받아 확인하고 투자해야 한다.

◈ 토지등기부를 확인해 보니

토지등기부를 확인해 보니 다음과 같이 토지별도등기된 채권내역을 확인할 수 있다.

【 을 구 】		(소유권 이외의 권리에 관한 사항)		
순위번호	등기목적	접수	등기원인	권리자 및 기타사항
1	근저당권 설정	2011년 12월 10일 제85308호	2011년 12월 10일 설정계약	채권최고액 180,000,000원 채무자 홍길동 근저당권자 하나은행 110111-0015671 서울시 중구 을지로1가 101-1(종로지점)

이러한 토지별도등기는 집합건물에서 대지권이 표시되어 있으니 집합건물과 대지권이 모두 매도인의 소유가 되는 것 같이 보이지만 훗날 토지별도등기권자인 하나은행이 신청한 경매절차에서 제3자가 낙찰받게 된다면 대지권미등기가 된다.

따라서 토지별도등기가 있다면 토지등기부를 확인해서 그 진위를 판단하고 나서 계약서를 작성해야 매수인이 완전한 소유권을 취득할 수 있게 된다.

김선생의 한마디

토지별도등기는 대지권미등기로 가는 진행형으로 이해하자!

집합건물은 토지와 건물이 일체되어 거래되고 있지만, 분명한 사실은 아파트등기부(건물등기부등본)와 별도로 토지등기부가 존재합니다. 다만 토지등기부가 아파트의 대지사용권(집합건물등기부의 전유부분 표제부에 대지권으로 표시)으로 등기되고 나서는 집합건물과 별도로 분리해서 거래되거나 토지만에 저당권 등을 설정될 수 없고 설정돼도 무효가되는데, 건물을 짓기 전(나대지 상태에서)에 토지등기부에 소유권 제한에 관한 권리 및 채권(가처분, 예고등기, 가등기, 가압류, 근저당권 등) 등이 등기되어 있다면 대항력이 있어서, 토지와 건물의 권리관계가 일치하지 않으므로 이러한 사실 등을 표시하기 위하여 집합건물등기부의 표제부 대지권의 표시 오른쪽에 "토지별도등기 있음"을 등기하는 것으로 추후 토지별도등기채권자에 의해 경매가 진행되면 매수인은 대지소유권을 잃게 될 수도 있습니다.

◈ 토지별도등기된 아파트 매매 계약서 작성방법

토지별도등기된 아파트에서 매매계약서 작성방법에서 유의할 사항은 미등기아파트 매매계약서 바르게 작성하는 방법을 참고하면 된다.

김선생 계약서를 바르게 작성하는 방법은 "Chapter 09 아파트 내용 [계약에서 이것만은 알아야 한다!]를 참고해서 작성하면 된다.

아파트 매매 계약서

매도인과 매수인 쌍방은 아래 표시 부동산에 관하여 다음과 같이 매매계약을 체결한다.

1. 부동산의 표시

소재지	서울시 강남구 논현동 100, 삼성래미안아파트 제101동 제15층 제1501호						
토 지	지 목	대	대지권	소유권의 대지권	면 적		45.80㎡
건 물	구 조	철근콘크리트조	용 도	아파트	면 적		84.98㎡
임대할 부분	전체				면 적		

2. 계약내용
제1조 [목적] 위 부동산의 매매에 있어 매도인과 매수인은 매매대금을 다음과 같이 지급키로 한다.

매매대금	금 오억 원정 (₩500,000,000)

계약금	금	오천만 원정은 계약시 지급하고 영수함. 　　　　영수자 홍길동 (인)
중도금 등	금	일억 원정은 2013년 03월 10일에 지급한다.
융자금	금	일억오천만 원정은 승계하지 않고 말소하기로 특약사항란에 별도 명기한다.
잔 금	금	삼억오천만 원정은 2013년 03월 30일에 지급한다.

제2조 [소유권이전등] 매도인은 매매대금의 잔금을 수령함과 동시에 매수인에게 소유권이전등기에 필요한 모든 서류를 교부하고 등기절차에 협력하며, 위 부동산에 대하여 2013년 03월 30일 인도하기로 한다.

제3조 [제한물건등의 소멸] – 〈생략〉

　　　　:　　　:

제9조 [중개대상물 확인·설명서 교부등] – 〈생략〉

3. 특약 사항 – 계약당사자간에 합의한 내용을 다음과 같이 특약으로 기재한다.

① 본 계약은 계약당사자들이 계약내용에 합의하고, 개업공인중개사 입회하에 부동문자로 된 계약내용까지 정독하고 계약한 것이다.

② 본 계약은 계약 시의 현 시설상태로 아파트를 매매하는 조건이다. 다만 에어컨 시설과 안방의 붙박이장은 매도인이 별도로 설치한 물건으로 이사 시 수거해 가기로 하고, 그 밖의 분양시 기본시설 및 부착물은 그대로 남겨두는 조건이다(또는 수거할 수 없다).

③ 본 아파트는 대지권이 등기돼 있으나 토지별도등기가 표시되어 있어서 토지등기부를 확인해본 결과 2011년 12월 10일 하나은행 융자금 채권최고액 1억8천만원(대출원금 1억5천만원)이 설정되어 있는데 매수인이 승계하지 않고, 매수할 아파트를 담보로 국민은행에서 2억5천만원을 잔금대출과 현금으로 잔금을 지급하는 계약이므로 매도인은 매매 잔금을 받아 상환하고 말소하는 계약이다.

④ 계약 이후에 매도인의 귀책사유로 위 아파트에 추가적인 권리(근저당권, 임차권, 가압류, 가처분 등)가 발생하면 매수인이 잔금지급 전까지 매도인 책임하에 말소시켜야 한다. 만일 말소시키지 못하면 매수인은 위 계약내용 제6조에 의해 계약을 해제하고 손해배상을 청구할 수 있다

⑤ 임대인이 체납한 세금을 확인하기 위해서 잔금지급 전까지 국세완납증명서와 지방세완납 증명서를 첨부하기로 하고 체납사실이 있는 경우 잔금지급 전까지 해결하기로 한다.

⑥ 관리비와 제세·공과금은 매도인이 잔금지급 전까지 정산해서 납부해야 한다.

⑦ 선수관리비는 매도인과 매수인 사이에 인수인계 확인서를 작성하고 관리사무소에 통지하는 방법으로 매수인이 매매대금과 별도로 매도인에게 지급하고 선수관리비를 승계하기로 한다.

	본 계약에 이의가 없음을 확인하고 증명하기 위해 계약서를 작성하고 서명·날인하여 각자 1통씩 보관한다. 2013년 02월 20일						
매도인	주 소	서울시 강남구 언주로 200, 101동 1501호(논현동, 삼성레미안아파트)					
	주민등록번호	550701-1246536		전 화	010-2213-1234	성 명	홍길동 (인)
	대리인	주민등록번호		전 화		성 명	
매수인	주 소	서울시 종로구 동망산길 17, 105동 801호(창신동, 삼성아파트)					
	주민등록번호	650817-1274455		전 화	010-2133-7789	성 명	이도령 (인)
	대리인	주민등록번호		전 화		성 명	
개업공인 중개사	사무소소재지	서울시 서초구 명달로17길 22-10, 110호(서초동, 미성빌딩)					
	등록번호	5254-30000		사무소명칭		다사랑 공인중개사사무소	
	전화번호	02-584-0012		대표자성명		이정민 (인)	

잠깐만! "특약사항은 계약당사자 간의 사정에 따라 다르게 작성해야 되므로 이 계약서 특약사항란에서는 일반적인 내용으로 작성했으니 계약당사자 간의 사정에 따라 선택하거나 변경해서 이용하면 됩니다."

◆ 계약서 작성 이후에 어떻게 하면 되는가

김선생 "매매계약서와 중개대상물 확인·설명서가 작성되었다면… ➡ '부동산 실거래가격의 신고'를 계약일로부터 30일(2020년 2월 9일부터 30일로 단축) 이내에 해야 하며, ➡ 계약 이행완료를 위해서 매수인은 매매대금의 잔금지급과 동시에 매도인은 소유권 이전서류와 부동산을 인도. ➡ 매수인은 소유권이전등기를 본인이 직접 또는 법무사 등을 통해서, 등기소에 소유권이전등기를 신청하는 순으로 매매를 마무리하게 됩니다."

Chapter 12
Q&A로 풀어보는 상가와 오피스텔 실전투자 노하우!

Chapter 13
오피스텔 투자로 임대 수익과 내 집 마련의 비밀

Chapter 14
남들이 못하는 상가 투자로 노후생활자금 만드는 비법

5편

두고두고 돈 되는 상가, 오피스텔 투자 실무

Chapter 12

Q&A로 풀어보는
상가와 오피스텔
실전투자 노하우!

상가 투자 시 기본적으로 알고 있어야 할 내용은?

상가는 단지내 상가, 근린상가, 주상복합상가, 오피스텔상가, 오피스텔, 상가주택 등이 있다.

◆ 상가는 활성화될 때 그만한 수익성 있는 부동산은 없다!

그러나 활성화에 실패한다면 큰 손실을 보게 된다. 상가투자는 고정적인 임대수익, 또는 시세차익을 창출하기 위해서 시작하게 된다. 이런 상가는 본인이 직접 장사를 하든, 임차인이 영업을 하든, 기본적으로 장사가 잘되어 수익을 높일 수 있어야 한다.

그래서 투자 전에 입지와 상권분석에 신중해야 한다. 반드시 임대수요가 어느 정도이고, 임대료 수준, 입지 등을 분석하여 매수를 결정해야 한다. 아무리 값이 싸더라도 장사가 되지 않는 입지 또는 임대수요가 적은 곳 같으면 피해야 한다. 상가가 경매로 나왔다면 이미 경영이 어려웠던 만큼 입지부분을 더 꼼꼼히 분석해야 한다.

상가 매수의 목적은 세 가지로 정리할 수 있다.

첫째는 자가 사업으로 운영하기 위해 구입하는 것이고, 둘째는 임대수익을 목적으로 하는 것, 셋째는 단기적인 매도로 투자수익을 올리고자 매수하는 경우 등이다. 이 세 가지 측면 모두 중요한 점은 모두가 기본적으로 상가가 잘 되어야만 상가가치가 오르고, 그 반대의 경우에는 상가 가치를 하락시키게 된다는 사실이다.

아파트단지 내 상가와 근린상가, 중심상권상가 등은 고려해야 할 요소가 조금씩 다르다.

◈ 아파트단지 내 상가투자에서 고려할 점은?

아파트단지 내 상가는 아파트 가구 수와 단지 내 주민들의 소비 특성을 분석해야 한다. 일반적으로 35평형 미만의 중소평형 아파트에서는 단지 내 상가 이용률이 높은 반면, 대형 평수가 많은 고급 입주자들은 백화점을 선호한다. 또 대로변에 위치한 상가는 인근지역 주민들을 흡수하여 수익성을 높일 수도 있다. 주변에 대형할인점 등의 입주가 예정되어 있는가 등도 고려해야 한다. 대형유통시설 등의 입주는 아파트단지 내 상가의 영업력을 잠식시키기에 충분하다.

◈ 근린상가는 대로변이 좋다!

대단위 주거단지나 아파트 밀집지역을 배후에 두고서 대로변에 위치하고 있다면 더할 나위 없이 좋은 상가다.

◈ 중심상권의 상가는 경기를 적게 타고 임대료 수준도 높다!

이미 활성화된 곳이기 때문에 감정가 역시 그 점을 고려해 높은 편이다. 상권 변화가 적은 대신 권리금이 많으니, 이 경우 경매를 통해 구입할 수 있다면 그만큼의 수익을 높일 수 있다. 일반적인 매매에서 인정받는 권리금이 경매로 취득 시에는 인정되지 않는 까닭이다. 중심상권상가는 무엇보다도 미래상권의 판도를 분석할 능력을 갖추는 것이 좋다. 일반적으로 지하층이나 고층은 피하는 것이 좋다. 이용자들의 동선이 넓어지면 그만큼 투자가치는 떨어질 수밖에 없다.

1층 출구 방향이 좋고, 에스컬레이터가 있을 때 올라오면서 마주볼 수 있는 자리가 좋다.

필자가 상가를 구입해 사업한 경험에 의하면, 상가 구입 시 주의할 점은 주변 이동인구 및 소득수준, 직업, 연령, 주변에 경쟁업체 입주 여부 또는 추후 입주 가능성 등이 있는가를 종합적으로 2~3주 정도 조사한 다음 결정하는데, 이중에서 기존 주변 경쟁업체 등의 사업이 어느 정도 수익성을 내고 있는가를 사전에 파악하는 것도 중요한 것이다. 이러한 분석은 기존 운영사업장에 고객으로 방문하여 제품을 구입하면서 정보를 얻으면 될 것이다.

상가투자로 성공하려면 본인이 직접 상가를 운영하는 경우는 물론이고, 임대하는 경우도 마찬가지로 임차인의 수익성이 안정되어야만 안정적인 임대수익을 보장받을 수 있다는 사실을 잊지 말아야 한다. 이렇게 입지와 상권분석을 잘해서 좋은 상가에 투자한다면 고정적인 임대수익을 물론이고, 상가를 높은 가격에 팔아서 시세 차익을 올릴 수 있을 것이다.

Q&A 02 상가투자는 어떻게 투자해야 성공할 수 있나?

(1) 상가투자는 어떻게 접근해야 하나?

활성화된 상권에 투자하거나 앞으로 활성화가 예측되는 곳, 또는 현재 상권은 좋지 않지만, 매수 후 상가를 번영시킬 수 있는 업종으로 리모델링하는 방법도 있다. 그리고 간혹 상권이 우수한 데도 잘못된 업종 선택으로 상가 가치가 떨어진 곳이 있다. 이 상가는 입지와 상권에 맞는 업종 선택만으로도 상가 가치의 증가를 가져 올 수 있다.

(2) 상가는 위치 선점이 중요하다!

1층 상가를 분양받거나 매수할 계획이라면 어떤 업종을 선택해야 상가를 활성화시킬 수 있는가를 고민해야 한다. 업종은 직접 발품을 팔아 시장조사를 하거나 아니면 인근 상가에 입점한 업종과 상권의 유동인구를 철저히 분석해서 판단해야 한다. 그리고 나서 매수하거나 임대를 선택하면 될 것이다. 2층, 3층, 4층 이상 상층부 상가도 마찬가지이다. 각 층에 맞는 업종을 선택해서 임대하는 방법으로 상가를 활성화시킬 수 있고, 임대수익이 높은 상가는 그 가치가 높아질 수밖에 없기 때문이다.

(3) 상가를 분양 받으려면 분양가가 적정한가를 체크해라!

신규분양 상가에서 분양가가 적정한가를 확인하는 것은 쉽지 않다. 그래서 임대수익률을 기준으로 매수 여부를 결정하는 사례가 많다. 그런데 분양업체 등이 상가를 분양할 때 기본적으로 신규로 입주하는 약국이나 병원, 그밖에 임차인 등에게 많은 혜택을 주면서 입주시키고, 임대수익률만 올려놓는 경향이 많다. 이러한 요인은 2년 또는 5년 후에 재계약 과정에서 임대수익률이 하락되는 이유가 되고, 그러한 현상은 상가가치의 하락으로 이어지는 사례가 많다. 따라서 기존 임차인을 내보내고 새로운 임차인이 입주를 하더라도 같은 임대수익을 올릴 수 있는가를 확인하고, 그 임대수익률을 바탕으로 적정한 분양가를 판단하는 것이 우선이다.

(4) 상가로 성공할 수도, 공실로 손해 볼 수도 있다!

매수시점에서 임대수익률이 적정한가! 공실로 손해보고 있는가!를 분석하는 것도 중요하지만, 앞으로의 주변변화 즉 주변에 비슷한 상가나 대형 유통점 등의 입점 등으로 상권변화가 발생할 수 있나? 까지 꼼꼼히 체크해야 한다. 월세 수익은 무조건 분양가격 대비 수익률로 나타난다.

그렇지만 적절한 월세가 아닌 높은 월세는 재계약 과정에서 임차인들로부터 외면당하게 되므로, 공실이 발생하거나 임대수익의 감소를 가져오게 된다는 사실을 알고 있어야 한다.

모든 부동산 투자는 어느 정도 위험부담이 항상 동반된다. 그러므로 언제라도 예기치 못한 상황에 탄력적으로 대비하는 습관을 갖는 것이 중요하다. 공실을 미연에 방지하는 것이 가장 좋지만, 만약 공실이 나더라도 생존할 수 있는 길을 미리 생각해 두어야 한다.

(5) 분양가가 비싸더라도 우량한 상가에 투자해야 성공한다!

우량한 상가는 가격이 높은 대신 투자자들이 두려움을 갖는 공실의 위험에서 해방될 수 있다. 공실이 없으니 당연히 안정적인 월세 수익을 얻을 수 있다. 임차인이 서로 입점하려고 하는 상가를 찾는 것이야말로 상가 투자의 핵심이자 최종 목표라 할 수 있다. 여기에 장사를 잘하는 임차인까지 입점 시키는 전략으로 상가가치를 더욱 높일 수 있을 것이다. 그런데 유의할 점은 호경기가 그리 오래 가지 않는다는 사실이다. 그래서 상가가 좋은 위치에 입지하고 있더라도 분양가가 지나치게 비싸다면, 현재 임차인 등이 부담하기에 어려운 월세를 지급하고 있다면, 이러한 현상은 상가가치의 하락으로 이어질 가능성이 높다.

(6) 상가는 투자하지 말아야 할 곳도 있다!
① 지나다니는 사람이 적은 곳
② 사람들의 발길이 오지 않는 상가
③ 주변에 대형마트나 백화점이 있는 곳
④ 권리금과 월세가 너무나 싼 곳
⑤ 세입자가 자주 바뀌는 곳
⑥ 경사진 곳에 위치한 상가
⑦ 유동인구가 있는 시간 대에 사람이 없는 곳

(7) 입지가 좋은데 장사가 안 되는 상가를 선택해라!

기본적으로 유동인구가 많고 상가가 활성화되어 있는 입지인데도 불구하고 잘못된 업종 선택으로 장사가 안 되는 상가는 시세보다 저렴하게 매수할 수 있다. 필자는 이러한 상가를 사서 그 상권에 맞는 업종을 입주시키는 전략만으로 상가 가치를 높인 사례가 있다. 이 방법은 매수전략에만 국한되는 것이 아니라 상가를 임대해서 장사를 하는 경우도 마찬가지이다.

Q&A 03 상가 입지와 상권분석은 어떻게 해야 하나?

◆ 입지와 상권의 정의

(1) 입지는 하나의 개별점포 입장에서 보면 상점을 개설하고 영업을 하기 위한 입지조건이 되지만, 소비자의 입장에서 보면 보다 편리하게 상품을 구매할 수 있는 구매지점이다.

따라서 외식 상품과 고객이 만나는 접객장소, 음식점의 대지나 점포가 소재하는 위치적 조건, 음식점의 매출을 결정하는 요인을 의미한다.

(2) 상권은 상가 점포의 세력이 미치는 범위, 고객을 흡수할 수 있는 지리적 영역, 마케팅의 단위로서의 공간적 범위를 말한다. 따라서 어떤 점포가 고객을 끌어들이는 지리적 범위가 어느 정도인지를 분석하는 것을 상권분석이라 한다.

◆ 상권조사 분석은 어떻게 해야 하나?

(1) 상권조사 분석의 핵심은?

상권의 규모로 상권력(활성화 정도)을 분석하고 상권의 특성 및 경쟁 상황을 파악할 수 있다. 상권은 입지를 기준으로 한 유효수요층의 범위이므로 입지가 우선 선정되어야 하지만 상권의 중심점을 입지로 가정하여 상권조사와 분석을 시행한다.

1차 상권(500미터 이내), 2차 상권(1,000미터 이내), 3차 상권(1,500미터 이내), 상권단절요인에 의한 규모와 범위를 지정할 필요가 있다. 또한 신도시 개발과 구도시의 슬럼화(대전, 성남) 등 행정구역상의 현황 조사로 상권에 미치는 영향력을 분석해야 한다.

그리고 상권 내 인구특성(인구 수, 가구 수, 남녀비율, 연령대별 비율, 인구증감, 거주형태, 가계지출, 외식비 지출 등)을 파악한다.

이를 위해서 통행 인구수와 성향 조사, 관찰을 통한 직접 조사, 주 메뉴 유효구매층 등에 대한 통행인구 조사를 한다. 또한 접근성과 가시성을 판단하기 위한 교통 및 통행량 조사를 한다. 그리고 상권분석의 핵심인 경쟁점포 조사와 상권변화의 예측이 필요하다.

(2) 상권특성의 분석

상권특성의 분석이란 행정구역상 제한, 유동인구 및 거주인구의 인구 통계적 특성(나이, 성별, 소득수준, 소비수준 등), 교통량 등을 파악하는 활동을 뜻한다.

① 통행인구 조사 방법

통행인구의 양과 통행 인구의 성별, 연령별과 인구 통계적 성향과 통행인구의 통행 목적 및 보행속도와 같은 통행 인구의 성향도 함께 파악해야 한다. 통행인구의 조사는 최소한 평일과 주말에 따라 달리 조사하여야 하며 시간대별로도 조사하고, 통행인구의 조사를 후보 점포에서만 하는 것이 아니라 길의 건너편 등에서도 조사해야 한다. 이러한 통행인구 조사는 다음 통행인구 조사표를 이용해 작성하면 된다.

구 분		평일			주말		
		11~12시	16~17시	19~20시	11~12시	16~17시	19~20시
남자	10대						
	20대						
	30대						
	40대						
	50대						

여자	10대							
	20대							
	30대							
	40대							
	50대							
	합계							

② 교통량 조사 방법

교통 및 통행량의 조사는 업체의 접근성, 가시성을 확인할 수 있는 요소이다. 이러한 교통량 조사는 다음 교통량 조사표를 이용해 작성하면 된다.

구분	11~12시	13~14시	14~15시	15~16시	16~17시	17~18시	18~19시	19~20시	…
승용차									
화물차									
버스									
기타									
합계									

(3) 상권분석의 핵심인 경쟁점포 조사

경쟁점포를 정의한다는 것은 이미 업종과 업태가 결정되었음을 가정하여, 직접적 경쟁업체 뿐 아니라 잠정적 경쟁업체도 정의가 필요하다.

상권분석의 최종 목적은 매출액 추정을 통한 타당성 분석	➡	경쟁점포 조사를 통해 가능
경쟁점포의 위치와 수	➡	인터넷을 활용한 방법과 직접 조사를 병행
경쟁점포의 내부현황 조사	➡	영업시간, 정기휴일, 면적, 메뉴, 종업원수 촉진수단, 좌석수, 영업활성화 정도, 고객의 특성, 인지도 등
미스터리 쇼핑을 통한 조사	➡	서비스 수준, 메뉴의 가격 및 맛, 메뉴의 구성 및 가치

예상 매출액의 추정	→	실질 조사를 통한 추정, 식재료 납품업자나 주류 납품업자를 통한 추정, 주변 점포나 부동산을 통한 추정

(4) 상권의 변화를 예측해야 한다!

상권에도 수명주기가 존재함	→	활성화되기도 했다가 침체되기도 함
향후 상권의 수명주기를 예측	→	• 주변의 도시개발, 집객시설의 상권에 진출 • 상권 내 과도한 상가건물의 신축 • 도시 주요시설의 이전 등 (도시계획 확인원, 아파트 재개발 정보 등)

물리적 변화 뿐 아니라 소비자의 성향이나 라이프 스타일의 변화도 상권변화를 촉진한다. 주변 상권의 확대·축소 가능성을 파악하고, 주변 건물의 신축·철거계획 등과 개발계획(지하철역, 재개발/재건축, 백화점·할인점, 도시계획변경, 횡단보도 설치 등)등을 조사한다.

Q&A 04 상가 선임대 후분양상가가 안전할까? 위험성은?

◆ 분양회사가 선임대 후 분양하는 이유는?

상가 분양을 활성화시키기 위해서 분양할 때 임차인부터 입주시켜서, 임대수익률이 확보되는 선에서 분양하는 사례가 증가하고 있다. 왜냐하면 분양 희망자들이 공실 없이 임대 수익률이 확보되는 것을 희망하기 때문이다. 선임대후 후분양 상가는 준공까지 얼마 남지 않았거나 완공된 시점에 분양과 입점을 시작, 투자자 입장에서 공실 없이 임대료를 챙길 수 있다는 장점이 있는 것은 분명하다.

◆ 선임대 후 분양 시 임대 수익률 7%의 함정

회사원 이영철(가명)씨는 고정적인 임대수익이 필요했다. 그래서 수익형 부동산을 알아보던 중 보증금 1억원에 월세 400만원에 임대가 맞춰져 있다는 분양가 8억원의 상가를 결정했다. 왜냐하면 상가를 분양 받아서 공실 없이 바로 임대수익을 얻을 수 있다는 장점에서 상가를 분양 받았다고 한다.

분양 받고 1년 동안 월세 400만원을 잘 받았는데, 임차인이 계약기간 만료 전에 계약해지 통지를 해 왔다(임차인은 계약 만료 전까지 계약해지 통지, 임대인은 6개월 전부터 1개월 전까지 계약해지).

임대차계약기간을 1년으로 한 것이 그 원인 이었다. 그래서 새 임차인을 구하고자 노력했지만, 주변 임대수준은 종전 임대수준보다 한참 낮은 5,000만원에 100만원 수준으로 장기간 공실로 두다가 5,000만원에 100만원으로 새 임차인을 입주했다고 한다.

이러한 현상은 분양회사 등이 고가로 분양하기 위한 전략으로 선임대 후 후분양하는 과정에서 임차인에게 1년 동안 일정한 월세를 보전하는 방법으로 입주시키거나 분양회사와의 담합의 결과로 발생한 것이다. 상가를 분양하는 과정에서 이러한 일들은 자주 발생되므로, 신규로 분양 받기를 희망하는 분들은 유의해야 한다.

이렇게 이를 악용하는 못된 분양업자와, 이들과 한패거리인 임차인이 있을 수 있다. 임대수익률에 비례해 분양가가 결정되는 상가 투자의 특성을 잘 이용해서 상가를 높은 분양가로 매도하고자 하는 전략이다.

◆ 선임대 후분양 상가 피해 줄이는 법은?

<u>계약을 상가 시행업체 또는 건축주와 체결하는 가를 확인해야 한다.</u>

계약자가 분양회사 직원으로 돼 있다면 '가짜' 선임대 계약일 가능성에 대해서 꼼꼼하기 따져봐야 한다. 상가 시행업체 또는 건축주와 계약을 체결했더라

도 향후 계약자 명의로 승계해 주는 임대차 승계계약서를 발급해 주는지 여부도 확인해야 한다.

임대를 확정해 주는 임대보장증서 안전할까?

최근에는 해당 계약기간 동안 임대를 확정해 주는 임대보장증서와 수익률을 보장하는 임대수익보장 확약서도 등장하고 있다. 대내외적 요인을 들어 실제 이행되지 않는 경우도 있으니 이러한 계약을 맹신해선 안 될 것이다.

업계 한 전문가는 "이 외에도 수익률 보장을 내세우면서 시행사가 임대료를 보조해 수익률을 맞춰주겠다는 경우도 있는데, 애초 분양가 자체가 높게 책정됐을 가능성이 높고, 약속한 임대료 보조 기간을 지키는 사례도 드물어 조심해야 한다"고 조언하고 있다.

유명 프랜차이즈의 입점의향서를 제시하는 경우도 있다!

유명 프랜차이즈의 입점의향서를 실제 계약서인양 제시하는 경우도 있다. 입점의향서는 계약 확정에 대한 의사 표시가 아니므로 실제 계약서를 확인하는 게 좋다.

장기간 임대의사 여부를 확인해야 한다!

분양상가 임차인의 영업이 활성화되고 있는가와 임차인을 직접 만나 장기간의 임차 의지가 있는가를 파악하고 투자 여부를 결정해야 한다. 병원이나 약국 등 특수 업종이라면 해당 면허증을 확인하는 것도 하나의 방법이 될 수 있다.

선임대 후 후분양 상가는 투자자의 공실 위험에 대한 불안 요소를 이용한 것으로 적정 임대료 파악이 불가한 신규 택지지구나 초기 신도시에서 많이 접할 수 있다. 때문에 상가 물량이 많은 지역의 상가투자에서 주의해야 한다. 눈앞의 이익에 취해 현상을 제대로 파악하지 못하는 사람들이 많은데 이는 투자의 손실로 이어질 가능성이 높은 것이다.

Q&A 05 오피스텔은 상가와 투자 방법을 다르게 해야 한다!

오피스텔은 일반적으로 업무용으로 건축되었음에도 불구하고, 실제 사용용도에 따라 업무용 또는 주거용으로 판단하게 된다.

① 오피스텔 중 업무용 오피스텔은 주거용 목적이 아니라 상가이기 때문에 입주하는 사람이 사업자등록을 하면, 상가건물임대차보호법 적용대상으로 1세대 2주택에 해당되지 않고, 상가건물 취득세율인 4.6%를 적용 받는다.

② 오피스텔에 입주하는 사람이 주민등록을 하면, 주거용으로 간주되고 주택임대차보호법 적용대상이다. 이렇게 주거용 오피스텔로 사용하는 경우에는 주택으로 보기 때문에 1세대 2주택에 해당될 수도 있지만, 무주택자의 경우 1세대 1주택자로 비과세 혜택을 볼 수도 있다는 장점도 있다. 주거용 오피스텔의 취득세는 4.6%(교육세, 농특세 포함)의 세율을 적용 받는다. 오피스텔은 건축물대장상 업무용으로 지어졌기 때문에 개인과 법인 모두가 업무용으로, 또는 주거용으로 사용하든 동일한 취득세율 4.6%를 적용 받는다.

이밖에 자세한 내용은 Chapter 15의 14번에서 ◆ 상가나 오피스텔 등은 건물분 부가세와 상임법의 적용대상이다(350쪽). ◆ 업무용 오피스텔은 상가와 다르게 적용되고 있다(353쪽). ◆ 상가나 오피스텔 등을 법인사업자로 취득해 매도 시에 유의할 사항(354쪽)과 Chapter 16의 02번에서 ◆ 개인 간에 주거용으로 오피스텔 매매 계약서 작성(367쪽). ◆ 개인 간에 업무용으로 오피스텔 매매 계약서 작성(370쪽). Chapter 16의 04 오피스텔을 사업자가 개인에게 팔 때 계약서 작성(379쪽)을 참고하면 될 것이다.

Q&A 06 오피스텔 투자에서 성공하려면 이렇게 투자해라!

◈ 오피스텔이 위치하고 있는 입지 여건

오피스텔은 어디에 위치하고 있냐에 따라 투자의 성공여부가 결정된다. 입지가 역세권, 업무지구 등 주변의 수요가 탄탄해야만 공실의 위험에서 벗어날 수 있다. 오피스텔의 무덤은 수요가 없어서 공실이 발생하는데 있다. 탁월한 배후지를 가지고 있을 때 공실의 위험을 줄일 수 있다. 주변에 사무실, 학교 등이 집중되어 임대 수요자를 충분히 확보할 수 있는 곳이라면 좋다.

◈ 안정적인 임대수익을 보장 받을 수 있는 곳

오피스텔 투자 시 매물에서 수익성보다 더 신경써야하는 것이 안정성이다. 공실률이 높은 오피스텔은 매매가격이 저렴한 편인데 공실률이 높다는 건 그만큼 오피스텔 투자의 가치가 떨어진다는 것이다.

매매가격이 저렴하다고 무조건 투자할 것이 아니라 임대수요를 체크해서 계속적인 임대수익율과 시세차익을 노려 볼 수 있는 곳에 투자해야 성공할 수 있다. 오피스텔에서 임대수익율과 가치가 떨어지게 하는 요인 중 하나가 수요자가 없어서 공실이 발생하고, 이러한 공실로 인해서 1동 전체의 관리비가 증가되고, 그로 인해서 개별 관리비의 증가로 이어지고 있다.

아파트의 경우 대단지가 좋다는 것은 누구나 알고 있다. 이는 대단지가 소단지 아파트보다 주거환경이 좋기 때문이다. 이 공식이 오피스텔에도 그대로 적용되지 않고, 그 반대의 효과가 발생할 수도 있다. 왜냐하면 오피스텔의 경우 주거용으로도 사용하지만, 업무용으로 사용하는 경우가 많아서, 그 수요가 제한되어 있기 때문이다.

◆ 오피스텔 투자물건을 선택하는 방법

 신규 분양하는 경우는 분양가에 거품이 있을 수가 있다. 보통 새로 지어진 오피스텔의 경우 새건물에 대한 분양가 거품이 있고, 주변 기존 오피스텔의 월세 시세보다 높게 책정되어 있는 경우가 많다.

 따라서 신규분양 오피스텔의 경우에는 주변의 매매가격 및 임대료 수준 등을 미리 확인하고 적정한 가격에 분양 받는 전략이 필요하다.

 지어진지 3~4년 정도 지나서 가격에 거품이 어느 정도 빠진 뒤에 구매하거나 일반매매보다 급매나 경매·공매로 구입하는 방법도 좋은 방법이다. 어차피 오피스텔은 시세차익을 노리는 것보다 매월 월세를 받을 목적으로 투자하는 수익형 부동산이기 때문이다.

 신규 오피스텔은 시행사가 대지소유권을 확보하고, 신탁계약이나 분양보증을 받아서 관할 시·군·구청에 분양신고를 하고 분양한다. 이때 사전예약금을 받고 동·호수를 지정해주는 사전분양을 하는 경우가 있는데, 시행사가 사전예약금을 다른 곳에 투자한다거나 부도가 날 수도 있으므로 사전분양은 피하는 것이 좋다.

◆ 오피스텔은 대형보다 소형이 유리하다!

 오피스텔은 전세보다는 월세 수요가 많고, 1인 가구나 독신 직장인, 대학생이 주 고객이므로 비싼 임대료나 목돈이 들어가는 전세보증금은 임대를 어렵게 할 수도 있다. 따라서 소형오피스텔에 투자하는 것이 좋다. 소형 평수가 수요도 많고, 빠르게 회전할 수 있어서 공실률을 적게 만들어 주고 있기 때문이다. 기본적으로 소형 평수가 수요도 많아서, 공실률이 적으면서 임대수익율의 증가를 가져다준다. 단점은 올라서 시세차익을 보는 것은 다음 주거용을 대체할 수 있는 대형오피스텔은 못 딸아 간다.

◆ 주거용을 대체할 수 있는 중형과 대형 오피스텔을 찾아라!

오피스텔은 주택과 다르게 업무용 수요가 많은 곳이면서, 주거를 대체할 수 있는 방 2개~ 3개로 구성된 대형 오피스텔이라면, 그 가치가 더욱 증가한다. 이는 아파트 전세가와 아파트 가격의 상승으로 소비자들이 대체할 수 있는 주택을 찾으면서 발생한 새로운 수요이기 때문이다. 이런 중형(방 2개)과 대형(방 3개) 주상복합아파트와 함께 있다면 오피스텔만 있는 건물보다 가치가 있어서 더 오른다.

Q&A 07 상가건물에는 일반건물과 집합건물이 있다!

상가는 단지내 상가, 근린상가, 주상복합상가, 오피스텔상가, 오피스텔, 상가주택 등이 있다(건축법시행령 제3조의5 별표1 용도별 건축물의 종류).

◆ 단지내 상가

단지내 상가는 아파트 단지내 상가와 기존 주택의 단지내 상가가 있다.

◆ 근린상가

근린상가는 중심상가, 근린상가, 유통상가, 일반상가로 1종, 2종 편의시설 위주로 구성되어있는 건물이다.

◆ 주상복합상가

주상복합상가는 상층부는 아파트(3~4층 이상은 주택)이나 하층부는 상가(1~3층 등은 상가)로 구성되어 있다. 주거공간과 상업공간이 복합된 아파트로 주상복합아파트라고도 부르고, 상가와 아파트만 있는 경우도 있지만, 1~2층은 상가, 3~7층은 오피스텔, 8~15층은 아파트를 한 건물로 구성하고 있기도 한다.

◈ 오피스텔상가

오피스텔상가는 상층부는 오피스텔이나 하층부는 상가(1~3층 등은 근린상가)로 구성되어있다

◈ 오피스텔

오피스텔은 주택법에 따라서는 준주택으로 주택 외 건물, 건축법에 따라 지어진 건축물로 건물전체가 업무용 오피스텔로 구성되어 있는 건물이다. 오피스텔은 업무용으로 지어졌는데에도 사용용도에 따라 주거용 오피스텔과 업무용 오피스텔로 구분하기도 한다. 특히 방2개~3개로 구성된 중대형 오피스텔은 주거를 대체할 수 있는 오피스텔로 인정 받아 계속적으로 가격이 상승하고 있다.

◈ 상가주택

상가겸용주택이라고도 하는데, 한 건물에 주택과 상가가 복합되어 있는 경우로, 보통 1층은 상가, 2~3층은 주택으로 사용한다.

알아두면 좋은 내용

건물은 일반적인 독립건물과 집합건물이 있다

① 일반적인 독립건물은?
 토지와 건물이 분리되어 거래의 대상이 되는 건물로 주택과 상가 등이 있다. 주택으로 단독주택, 다중주택, 다가구주택, 공관 등이 있고, 상가건물로 근린상가와 상가주택과 공장 등이 있다.

② 집합건물이란?
 집합건물에서 구분소유권이 성립 되고 나서 대지사용권은 집합건물과 분리 처분할 수 없다(집합건물법 제20조). 따라서 대지권은 집합건물 전유부분의의 처분에 따르게 된다. <u>이러한 집합건물은</u> 공동주택으로 아파트, 연립주택, 다세대주택, 기숙사 등과 상가건물로 근린상가와 주상복합상가, 오피스텔상가, 지식산업센터 등이 있다.

◈ 도시형생활주택과 생활형숙박시설

(1) 도시형 생활주택

도생은 주택법이 적용되는 공동주택으로 불리는 건축물로 오피스텔과 비슷하자만, 다른 점은 300세대 미만, 수도권의 경우 85㎡ 이하의 면적, 그리고 주택 수에 포함되고(20㎡이하 1채는 주택수에 포함 안됨). 발코니 설치 및 확장이 가능하다는 것이다.

(2) 생활형 숙박시설

숙박업 또는 임대업을 할 수 있고, 숙박업의 경우 호텔보다 저렴한 가격에 취사까지 할 수 있는 장점이 있어서 외국인들이 많이 찾는 숙박 형태이다.

이 생활형 숙박시설의 가장 큰 장점은 주택 수에 포함되지 않고, 종합부동산세에서도 배제되면서 전매제한이 없다는것이다.

오피스텔의 경우 건축법이 적용되지만, 생숙의 경우 건축법과 공중위생관리법이 적용된다.

이러한 생활형 숙박시설을 국토교통부가 2021년 10월 14일부터 2023년 10월 14일까지 한시적으로 건축물 용도를 오피스텔로 변경하는 오피스텔 건축기준을 일부 완화해 시행한다고 밝혔다.

Q&A 08 상가나 오피스텔 등을 분양할 때 계약면적과 평형 계산

◈ 집합건물 상가나 오피스텔을 분양할 때 계약면적은?

등기부에서는 전유면적(=전용면적)만 등기되고, 공용면적은 등기되어 있지 않다. 건축물대장에서만 상가건물의 경우 **전용면적 + 기타 공용면적 등이 기재**되어 있는데, 이 면적들의 합계가 분양할 때의 계약면적이다.

아파트 등의 경우 전용면적 + 주거전용면적을 합산한 게 공급면적이고, 공급면적이 곧 분양면적이다. 그리고 "계약면적"이라 함은 공급면적 + 기타공용면적이 포함되는 것으로 아파트의 경우 분양면적 기준으로 안내되고, 상가와 오피스텔 등은 계약면적을 기준으로 안내하고 있다.

◆ 상가나 오피스텔 투자에서 전용율이 얼마나 중요한가?

상가나 오피스텔 등의 집합건물에서 전용율이란 분양면적에서 복도, 계단, 관리사무소 등 공공시설면적을 제외한 나머지 면적이 분양면적에서 얼마만큼을 차지하는가를 보여주는 백분율이다. 전용율이 높다는 것은 실사용 면적이 그만큼 넓다는 것을 의미한다.

일반적으로 분양광고 등에 등장하는 3.3㎡당 분양가격은 전용면적이 아닌 분양면적으로 책정된다. 전용율이 다른 상가를 직접 골라 계산해 보면 차이점을 분명하게 느낄 수 있다.

예를 들어 분양면적 37.2㎡에서 3.3㎡당 분양가격이 2,500만원이다. 여기서 A상가는 50%의 전용율이고, B상가는 70%의 전용율이다.

A와 B 상가 모두 분양가가 281,818,182원으로 겉으로는 차이점이 없어 보이지만, 주목할 점은 실사용 면적대비 분양가의 차이가 발생한다는 점이다.

A상가의 경우 실사용 면적은 18.6㎡로 실사용 면적대비 분양가를 계산해 보면 3.3㎡당 50,000,000원이고, B상가의 경우 실사용 면적은 26.04㎡로 실사용 면적대비 분양가를 계산해 보면 A상가보다 29% 정도 저렴한 35,714,286원 수준이다. 그리고 전용율이 높은 상가에 비해 낮은 상가가 관리비도 적게 발생하는 것으로 알려졌다.

이처럼 전용율을 이용해 실사용 면적대비 분양가격을 비교해 보면 동일한 분양가격으로 책정되어 있다고 하더라고 훨씬 저렴한 상가투자가 가능하다. 하지만 전용율이 높다고 무조건 좋은 것만은 아니다.

Q&A 09 상가투자에서 전용율만 높으면 무조건 좋을까?

주거용 부동산 투자에선 공급면적 대비 전용면적의 비율이 전용율이다. 그러나 상가 투자에서는 전용율이 높으면 좋겠지만, 이밖에도 고려할 사항이 많다.

◆ 전용율이 높으면 공용부분이 적어 상가 활성화가 어렵다!

전용율이 높으면 그만큼 공용부분이 적어지게 되고, 이는 내부통로 등의 협소로 이어지게 되므로, 상가 활성화에 필요한 면적을 확보 하지 못할 수도 있다.

◆ 상가 투자는 전용율보다 상권이 우수해야 성공한다!

상가에서는 전용율보다는 기존 상권, 배후수요, 유동인구 등이 우수해야 장사가 잘되는 상가의 가치를 높여 준다.

한국창업부동산정보원에 따르면, 상가라 해도 종류별로 전용율이 조금씩 다르다. 주상복합상가(전용율 54.2%)나 쇼핑몰 상가인 멀티테마상가(60.3%)는 비교적 전용율이 낮고, 근린상가(57.9%)나 단지내 상가(70%)는 전용율이 높다. 그러나 그렇다고 해서 전용율이 높은 상가가 수익률이 높은 건 아니다.

장경철 한국창업부동산정보원 이사는 "상가는 거주용이 아니라 전용율보다는 수익율이 가장 중요하다"며 "상가에 투자할 때는 전용율과 함께 입지와 유동인구 등을 반드시 파악해야 한다"고 말했다.

따라서 상가의 입지가 좋고 미래전망이 밝은 지역에서 전용율마저 높으면 투자 가치고 높다고 이해하면 될 것이다.

◈ 아파트와 다세대주택, 상가건물에서 약식으로 평형 계산 방법

보통 아파트의 전용율은 70%, 다세대주택이나 연립주택 등은 80%선이나 주상복합아파트 전용율은 60~70% 선인데 반해서, 상가나 오피스텔 등의 전용율은 대략 50% 선이다.

그리고 집합건물에서 평형 계산방법은 앞의 6번의 아파트와 같이 계산해야 정확한 면적을 확인할 수 있다. 하지만 현장답사 과정에서 집합건물의 전용면적만 알고 있을 때 건축물대장을 확인하지 않고, <u>약식으로 계산하는 방법은?</u>

① 아파트는 전용면적 84.98㎡×0.3025×1.3(주거공용면적이 전용면적의 30% 수준임)=33.41로 34평형

② 다세대주택이나 연립주택은 전용면적 59.78㎡×0.3025×1.2(주거공용면적이 전용면적의 20% 수준임)=21.70으로 22평형

③ 상가나 오피스텔 등은 전용면적 48.54㎡×0.3025×2(상가 등은 전용면적이 51%, 공용면적이 49%이기 때문)= 29.36으로 30평형으로 판단하면 된다. 그러나 이 계산 방법은 부동산을 현장 조사하는 과정에서 전용면적만 알고 있을 때 약식으로 면적을 계산하는 것이지 정확한 계산방법은 앞의 6번과 7번과 같이 건축물대장을 통해서 계산해야 한다.

01 서초파라곤 오피스텔을 낙찰 받아 1억1천만원 벌다!

◆ 2021년 부동산 취득부터 양도 시까지 세금 절세 비법

개인명의 또는 법인명의로 부동산 취득부터 보유 및 양도 시까지 발생하는 세금(취득세, 재산세, 종합부동산세, 개인의 양도소득세, 법인의 법인세)을 알고, 절세하는 방법으로 투자해야 성공할 수 있다. 그런데 2021년 개정된 부동산 세제는 세무사도 버거워할 정도로 복잡하다. 그래서 세금을 알기 쉽게 정리해서, 책 마지막 Chapter 23~24(506쪽~558쪽)에 기술해 놓았으니 참고하기 바란다.

(1) 오피스텔을 주거용으로 사용하느냐, 업무용으로 사용하느냐의 큰 차이점은?

① <u>주거용으로 사용하면</u>(본인이 전입신고 또는 임차인이 전입신고 시) 주택의 과세 체계로, 건물분 부가세가 면제되고(임대한 경우에도 임차인의 월세에 대한 부가세가 면세이다), 주택임대차보호법의 적용대상으로 오피스텔을 1주택자로 보아 2년 이상 보유하면 양도세 비과세 혜택을 볼 수 있다(조정대상 지역 내는 2년 보유 및 거주해야 비과세).

그러나 다주택자의 경우에는 주택 수에 포함되어 취득세 중과(조정대상지역 내에서 새로운 주택을 취득하므로 인해서 2주택자가 되는 경우 8.4%, 3주택자가 되는 경우 12.4%)와 양도소득세가 중과[2021년 6월 1일부터 조정대상지역 내에서 2주택자는 기본세율(1년 미만은 70%, 2년 미만은 60%, 2년 이상 보유 시 6~45%)에 20%, 3주택자는 기본세율에 30%]된다. 그리고 주택에 해당하는 재산세와 종합부동산세가 부과된다.

② **업무용으로 사용 시에는** 즉 업무용(본인이 사업자등록 또는 임차인이 사업자등록, 사업자가 없이 업무용으로 사용하는 경우도 포함)으로 사용하면, 주택이 아닌 건물의 과세체계가 적용된다. 따라서 매매대금 중 건물분은 부가세 10%가 포함된 세금계산서와 토지분은 면세로 부가세가 없는 계산서를 발행해야 한다. 임대한 경우에는 임차인의 월세에 10% 해당하는 금액을 부가세로 하여 세무서에 납부해야 한다. **상임법의 적용대상으로 주택과 같이 비과세 혜택은 누릴 수는 없지만 주택 수에 포함되지 않아서,** 오피스텔을 보유한 상태에서 주택을 취득해도 취득세가 중과되지 않고, 기본취득세율 4.6%가 부과된다. 그리고 기존 1주택자가 업무용 오피스텔을 보유하면서 기존 1주택을 양도 시에 비과세 혜택도 볼 수 있다. 기존주택 여러 채를 보유하고 있더라도, 오피스텔 양도 시에 중과되지 않고, 1년 미만은 50%, 2년 미만은 40%, 2년 이상은 6~45%의 기본세율만 적용받는다는 장·단점이 있다. 그리고 업무용에 해당하는 재산세와 종합부동산세가 부과되는데, 오피스텔은 공시가격이 80억원을 초과해야만 종부세가 과세되므로 절세효과가 높다.

따라서 매도인의 사정에 따라 용도를 주거용, 또는 업무용으로 선택해서 매도해야 한다. 이는 매수인 역시 같은 방법으로 용도를 정해서 매수해야 한다.

(2) 법인사업자로 취득하는 것이 개인명의보다 절세가 될까?

① 법인이 주택을 취득하는 경우에는 중과된 취득세율 12.4%(국민주택규모 이하)가 적용되지만, 오피스텔을 취득하는 경우에는 주거용으로 사용하든, 업무용으로 사용하든 동일하게 4.6%의 기본세율만 적용된다.

② 법인소득(부동산 양도차익)이 발생하면 2억 이하인 경우 10%, 2억~200억 이하는 20%, 200억 초과~3,000억 이하는 22%, 3,000억원 초과 시에는 25%의 법인세가 부과된다. 그리고 법인이 주택 및 비사업용 토지 등의 양도차익에 대해서 20%(2021년부터 20%)의 법인세가 추가된다.

㉠ **법인이 주택 및 비사업용 토지를 양도한 경우** = 법인세 10%(법인사업소득 − 임대료 및 관리비, 인건비, 기타 비용 등의 법인사업비용) + 지방소득세(법인세액의 10%) + 추가되는 법인세 20%(2021년부터는 20%)(주택양도가액 − 주택취득 장부가액) + 지방소득세(추가법인세액의 10%)가 된다. 여기서 주택취득 장부가액은 낙찰대금 + 소유권이전 제비용 + 리모델링 등의 자본적 지출비용 등이 포함된다.

㉡ **상가건물과 오피스텔 등은 추가되는 법인세가 없어서** 법인세 10% + 지방소득세(법인세액의 10%)만 납부하면 된다. 따라서 주택이 아닌 상가나 오피스텔을 법인명의로 취득하면, 취득세 4.6%, 건물분 부가세 10%, 법인세 10%, 법인세액의 10%인 지방소득세만 납부하게 되므로 개인보다 절세효과가 높다.

필자도 그래서 법인명의로 오피스텔에 투자해서 다음 사례 등과 같이 높은 수익을 낼 수 있었다.

◆ 필자가 강남역 서초파라곤 27평형 오피스텔에 관심을 가진 이유는?

25번의 부동산대책에 따라 앞에서와 설명한 바와 같이 주택 취득부터 양도 시까지 세무사도 버거울 정도로 중과세율이 적용되고 있다. 그래서 세금을 모르고 투자했다가 낭패를 본 사람들이 증가하고 있다. 필자도 이러한 위험성 때문에 이 책의 마지막 Chapter 23~24(506쪽~558쪽)에 세금에 관해서 자세하게 기술해 놓은 것이다. 필자가 세금을 절세하면서 수익성을 높일 수 있는 부동산을 찾아보았다. 주거를 대체할 수 있는 오피스텔이면서 위치가 좋으면, 그 가치가 증가될 수 있다고 판단했다. 왜냐하면 임대차 3법의 영향에 따라 전세 물건의 부족현상이 발생하고, 그에 따라 전세가와 주택 가격의 상승으로 이어질 것으로 판단했기 때문이다. 그래서 다음 사례와 같이 주거용을 대체할 수 있는 방

2개와 욕실 2개의 오피스텔로 강남역 5번 출구에 위치하고 있는 물건을 찾아 입찰했다. 이 주변은 삼성사옥과 다수의 기업체, 우수한 학군 등으로 업무용과 주거용 수요가 많아서 미래가치가 높을 것이라고 판단했다. 특히 롯데칠성 부지 13,000평 개발과 경부고속도로 지하화, 1차적으로 신분당선 신사역까지 연장 등으로 계속적으로 수요가 증가할 것이다.

오피스텔은 주택과 다르게 업무용 수요가 많은 곳이라야 계속적으로 가격이 상승할 수 있고, 주거용으로 대체할 수 있는 물건이라면, 그 영향력은 더욱 증가할 수 있기 때문이다.

◆ 강남역 서초파라곤 27평형 오피스텔의 사진과 주변 현황도

◆ 입찰결과와 낙찰 받고, 팔아서 1억1천3백만원을 벌었다!

▎상세입찰결과

물건관리번호	2019-00000-001		
재산구분	압류재산(캠코)	담당부점	서울동부지역본부
물건명	서울특별시 서초구 서초동 0000-00 서초파라곤 제4층 제000호		
공고번호	202004-00000-00	회차 / 차수	021 / 001
처분방식	매각	입찰방식/경쟁방식	최고가방식 / 일반경쟁
입찰기간	2020-06-08 10:00 ~ 2020-06-10 17:00	총액/단가	총액
개찰시작일시	2020-06-11 11:02	집행완료일시	2020-06-11 11:17
입찰자수	유효 3명 / 무효 0명(인터넷)		
입찰금액	비공개		
개찰결과	낙찰	낙찰금액	비공개
감정가 (최초 최저입찰가)	비공개	최저입찰가	비공개
낙찰가율 (감정가 대비)	비공개	낙찰가율 (최저입찰가 대비)	비공개

응찰자가 3명이었는데, 필자가 법인 명의로 6억3,800만원에 낙찰 받았다.

잔금은 2020년 7월 22일에 은행에서 75% 정도 대출을 받아 잔금을 납부했고, 2020년 7월 22일 잔금 납부와 동시에 8억원에 매매 계약을 체결했다.

취득금액은 낙찰 금액 638,000,000원과 소유권이전등기비용 30,000,000원(취득세 4.6%+법무사비용)이다.

따라서 법인 명의로 취득부터 양도 시까지 소요된 비용을 공제하고 남은 수익은 다음과 같다.

법인 양도금액 8억원-매수금액 6억3,800만원-등기비용 3,000만원-매도시 중개수수료 400만원-법인세 1,280만원-지방소득세 128만원으로 총수익은 1억1,392만원이 발생했다. 이렇게 세금을 절세하는 방법으로 투자해야 성공할 수 있다.

02 오피스텔 30평형을 일반매매로 사서, 임대수익 올리는 비법!

필자는 앞의 02번과 같은 이유로 오피스텔에 관심을 갖는 분들이 증가되고 있다는 사실을 알고 있었다. 그래서 온비드 공매로 낙찰 받아 8억에 팔았던 경험을 바탕으로, 급매물로 나온 30평형대 오피스텔을 일반매매로 매수했다. 이 30평형대는 방 3개와 욕실 2개로 구성되어 있어서 주거용을 대체할 수 있는 물건으로 미래가치가 높은 물건이었는데, 매수자가 지방에 근무하고 있었던 관계로 시세보다 낮은 금액인 8억2,000만원(매매대금 7억9,600만원+건물분 부가세 2,400만원)에 매수할 수 있었다. 이러한 물건을 사면 높은 임대수익과 팔아서 시세차익도 볼 수 있지만, 필자는 팔지 않고 임대소득을 통한 노후생활자금을 만들 계획이다.

◆ 서초파라곤 30평형 오피스텔의 단지정보와 주변 현황도!

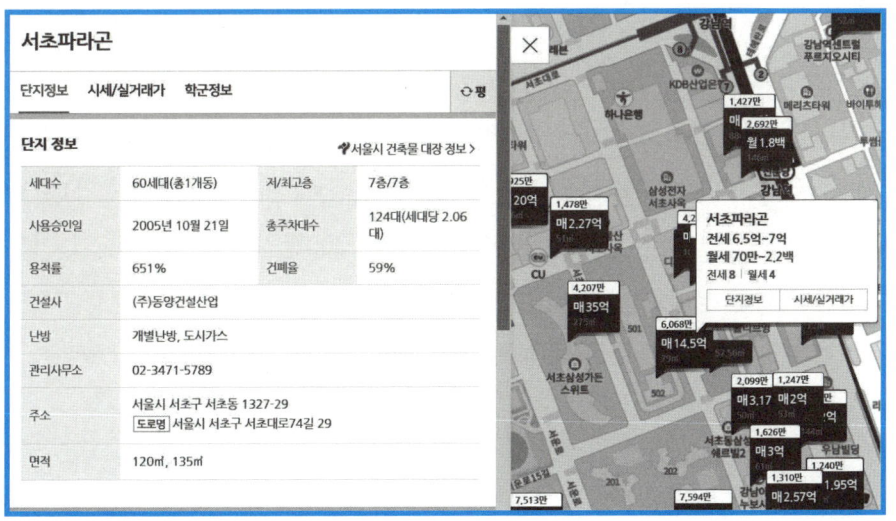

◆ **30평형 오피스텔 실거래가와 내부 구조도는 다음과 같다!**

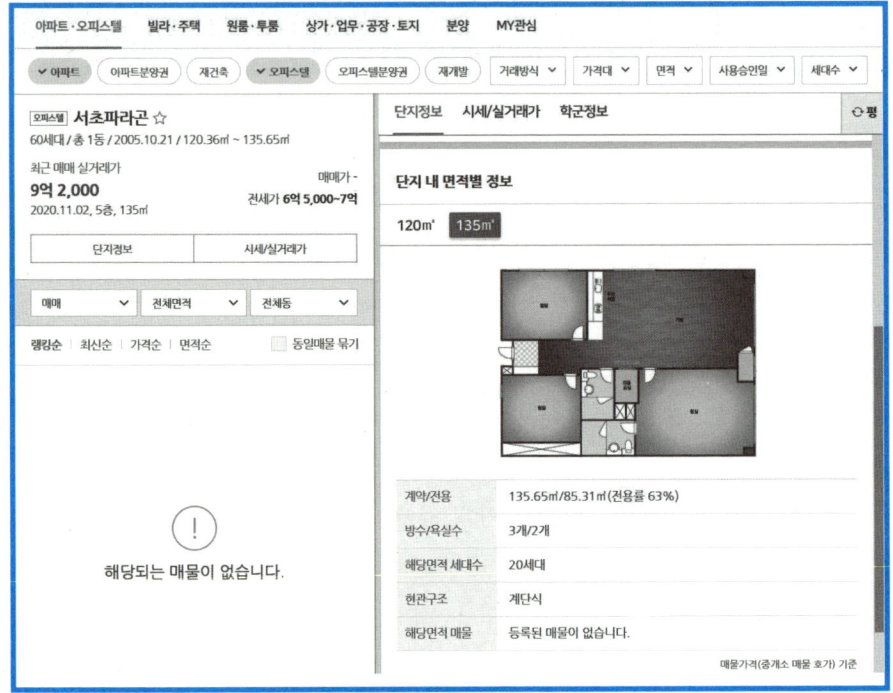

좌측 상단에 거래된 9억2,000만원은 필자가 지인에게 소개해서 매수한 실거래가이다.

그리고 하단을 보면 알 수 있듯이 매매물건이 없다. 필자가 8억2,000만원(매매대금 7억9,600만원+건물분 부가세 2,400만원)에 매수할 당시에는 11억원 매물 1개가 있었지만, 이 매물을 지인이 9억2,000만원에 매수했고, 그 이후 매물은 사라진 상태로 현재 12억원에 매도하는 것도 가능하다.

어쨌든 이 물건을 매수할 때 매매 계약서는 다음과 작성했다.

◆ 7억9,600만원에 매수한 매매 계약서와 임대차 계약서

(1) 매수당시 오피스텔 매매 계약서

부동산(오피스텔) 매매 계약서

매도인과 매수인 쌍방은 아래 표시 부동산에 관하여 다음 계약 내용과 같이 매매계약을 체결한다.

1. 부동산의 표시

소재지	서울특별시 서초구 서초동 1327-29 서초파라곤 제0층 제 000 호						
토지	지목	대	면적	2148.4 ㎡	대지권종류	소유권	대지권비율 2148.4분의14.93
건물	구조	철근콘크리트구조	용도	업무시설		면적	85.31 ㎡

2. 계약내용

제1조 [목적] 위 부동산의 매매에 대하여 매도인과 매수인은 합의에 의하여 매매대금을 아래와 같이 지불하기로 한다.

매매대금	금 칠억구천육백만원정	(₩796,000,000)
계약금	금 칠천구백육십만원정	은 계약시에 지불하고 영수함 ※영수자
중도금	금 오천만원정	은 2020년 11월 12일에 지불한다
잔금	금 육억육천육백사십만원정	은 2020년 11월 23일에 지불한다

제2조 [소유권 이전 등] 매도인은 매매대금의 잔금 수령과 동시에 매수인에게 소유권 이전등기에 필요한 모든 서류를 교부하고 등기절차에 협력 하여야 하며, 위 부동산의 인도일은 2020년 11월 23일 로 한다.

제3조 [제한물권 등의 소멸] 매도인은 위 부동산에 설정된 저당권, 지상권, 임차권 등 소유권의 행사를 제한하는 사유가 있거나 제세공과금 기타 부담금의 미납 등이 있을 때에는 잔금 수수일까지 그 권리의 하자 및 부담 등을 제거하여 완전한 소유권을 매수인에게 이전한다. 다만, 승계하기로 합의하는 권리 및 금액은 그러하지 아니하다.

제4조 [지방세 등] 위 부동산에 관하여 발생한 수익의 귀속과 제세공과금 등의 부담은 위 부동산의 인도일을 기준으로 하되, 지방세의 납부의무 및 납부책임은 지방세법의 규정에 의한다.

제5조 [계약의 해제] 매수인이 매도인에게 중도금(중도금이 없을때에는 잔금)을 지불하기전 까지 매도인은 계약금의 배액을 상환하고, 매수인은 계약금을 포기하고 본 계약을 해제할 수 있다.

제6조 [채무불이행과 손해배상의 예정] 매도인 또는 매수인은 본 계약상의 내용에 대하여 불이행이 있을 경우, 그 상대방은 불이행한 자에 대하여 서면으로 최고하고 계약을 해제할 수 있다. 그리고 계약 당사자는 계약해제에 따른 손해배상을 각각 상대방에게 청구할 수 있으며, 손해배상에 대하여 별도의 약정이 없는 한 계약금을 손해배상의 기준으로 본다.

제7조 [중개보수] 개업공인중개사는 매도인 또는 매수인의 본 계약 불이행에 대하여 책임을 지지 않는다. 또한 중개보수는 본 계약 체결에 따라 계약 당사자 쌍방이 각각 지불하며, 개업공인중개사의 고의나 과실없이 본 계약이 무효, 취소 또는 해제 되어도 중개보수는 지급한다. 공동중개인 경우에 매도인과 매수인은 자신이 중개 의뢰한 개업공인중개사에게 각각 중개보수를 지불한다.

제8조 [중개보수 외] 매도인 또는 매수인이 본 계약 이외의 업무를 의뢰한 경우, 이에 관한 보수는 중개보수와는 별도로 지급하며 그 금액은 합의에 의한다.

제9조 [중개대상물확인설명서교부 등] 개업공인중개사는 중개대상물확인설명서를 작성하고 업무보증관계증서(공제증서 등) 사본을 첨부하여 거래당사자 쌍방에게 교부한다. (교부일자 : 2020년 10월 12일)

[특약사항]
1.현 시설 상태에서의 매매 계약이며, 등기사항 증명서를 확인하고,계약을 체결함.
2.2020년 10월 8일 계약금 일부인 금이천만원정을 지불하였으며, 나머지 계약금 오천구백육십만원은 10월 12일 지불함.
3.계약일 현재 을구에 명시된 저당이 없으며, 매도인은 잔금 및 등기 이전일까지 이를 유지함.
4.본계약은 사업자(매도인)와 사업자(매수인)간의 매매계약으로, 위 매매대금 원에 건물분부가세24,000,000원(건물분부가세포함으로 매수자부담임)으로 정하고,매도인은 토지매매대금 계산서와 건물매매대금 세금계산서를 잔금지급시에 발행하며 매수인에게 교부함.
5.계약일 현재 보증금 금이천만원 월세이백이십만원(부가세별도)로 임차중이며,2020년 10월 28일 까지 매도인 책임하에 명도하여,10월 29일 이후 임차인이 맞춰지지 않을 경우 관리비는 매수인이 부담함. 잔금일 전 임차 조건 변경에 따라 보증금을 승계하는 조건이며 잔금일은 당겨질 수 있음.
6.선수관리예치금은 잔금일 매도인에게 반환하기로함.
7.잔금 시까지의 각종 공과금은 매도자 부담으로 함.
8.본 계약은 양 당사자가 위 특약사항과 확인 설명서를 확인 후,계약 서명 및 날인함.
9.본 특약사항에 기재되지 않은 사항은 민법상 계약에 관한 규정과 부동산매매 일반 관례에 따른다.
10.매도인계좌번호: 신한은행110-019-000000 예금주 O O O

(2) 매수 후 임대할 때 작성한 오피스텔 월세 계약서

부동산(오피스텔) 월세 계약서

임대인과 임차인 쌍방은 아래 표시 부동산에 관하여 다음 계약 내용과 같이 임대차계약을 체결한다.

1. 부동산의 표시

소재지	서울특별시 서초구 서초동 1327-29 서초파라곤 제0층 제 000 호					
토 지	지 목	대	면 적	2148.4 ㎡	대지권종류	소유권	대지권비율	2148.4분의14.93
건 물	구 조	철근콘크리트구조			용 도	업무시설	면 적	85.31 ㎡
임대할부분	701호전부						면 적	85.31 ㎡

2. 계약내용

제1조 [목적] 위 부동산의 임대차에 한하여 임대인과 임차인은 합의에 의하여 임차보증금 및 차임을 아래와 같이 지불하기로 한다.

보증금	금 육천만원정	(₩60,000,000)	
계약금	금 일천만원정	은 계약시에 지불하고 영수함 ※영수자	(인)
잔 금	금 오천만원정	은 2021년 01월 23일에 지불한다	
차 임	금 이백오십만원정	은 매월 23일 (선불) 지불한다.	부가세(별도)

제2조 [존속기간] 임대인은 위 부동산을 임대차 목적대로 사용할 수 있는 상태로 2021년01월23일 까지 임차인에게 인도하며, 임대차 기간은 인도일로부터 2023년01월22일(24개월) 까지로 한다.
제3조 [용도변경 및 전대 등] 임차인은 임대인의 동의없이 위 부동산의 용도나 구조를 변경하거나 전대 임차권 양도 또는 담보제공을 하지 못하며 임대차 목적 이외의 용도로 사용할 수 없다.
제4조 [계약의 해지] 임차인의 차임 연체액이 2기의 차임액에 달하거나, 제3조를 위반 하였을 때 임대인은 즉시 본 계약을 해지 할 수 있다.
제5조 [계약의 종료] 임대차 계약이 종료된 경우 임차인은 위 부동산을 원상으로 회복하여 임대인에게 반환한다. 이러한 경우 임대인은 보증금을 임차인에게 반환하고, 연체 임대료 또는 손해배상금이 있을 때는 이들을 제하고 그 잔액을 반환한다.
제6조 [계약의 해제] 임차인이 임대인에게 중도금(중도금이 없을때는 잔금)을 지불하기 전까지 임대인은 계약금의 배액을 상환 하고, 임차인은 계약금을 포기하고 이 계약을 해제할 수 있다.
제7조 [채무불이행과 손해배상의 예정] 임대인 또는 임차인은 본 계약상의 내용에 대하여 불이행이 있을 경우 그 상대방은 불이행한 자에 대하여 서면으로 최고하고 계약을 해제 할 수 있다. 이 경우 계약 당사자는 계약해제에 따른 손해배상을 각각 상대방에게 청구할 수 있으며, 손해배상에 대하여 별도의 약정이 없는 한 계약금을 손해배상의 기준으로 본다.
제8조 [중개보수] 개업공인중개사는 임대인 또는 임차인의 본 계약 불이행에 대하여 책임을 지지 않는다. 또한 중개보수는 본 계약 체결에 따라 계약 당사자 쌍방이 각각 지불하며, 개업공인중개사의 고의나 과실 없이 본 계약이 무효, 취소 또는 해제 되어도 중개보수를 지급한다. 공동중개인 경우에 임대인과 임차인은 자신이 중개 의뢰한 개업공인중개사에게 각각 중개보수를 지급한다.
제9조 [중개대상물확인설명서교부 등] 개업공인중개사는 중개대상물확인설명서를 작성하고 업무보증관계증서 (공제증서 등) 사본을 첨부하여 거래당사자 쌍방에게 교부한다. (교부일자 : 2020년 12월 28일)

[특약사항]
1. 위 오피스텔은 계약 시의 현 시설상태로 임차인에게 인도하기로 하며, 등기사항 증명서를 확인 후 서명 및 날인함.
2. 위 계약은 임대인이 업무용 용도로만 임대하는 조건으로 임차인과 합의했고, 그에 따라 임차인은 건물인도와 동시에 사업자등록을 마치고 임대차기간동안 유지해야 한다.
3. 따라서 임차인이 업무용으로 사용하지 않고 주거용으로 사용해서는 임대인에게 손해가 발생 시, 임대인은 임대차기간 중이라도 계약을 해지할 수 있고, 그에 따른 손해배상책임을 물을 수 있다.
4. 위 계약은 임대인이 오피스텔에 2020. 11. 23. 설정된 중부새마을금고 근저당권(접수번호 제206629호)의 융자금 채권최고액 718,800,000원(채권원금 599,000,000원)이 있는 상태에서 계약하는 것이다.
5. 임대인은 현 시설물의 고착물에 대해 관리 및 수리비를 지불하며, 임차인은 그외 소소한 부분을 부담함.
 (단, 임차인의 사용 부주의로 발생하는 고착물의 수리비용은 임차인이 부담함)
6. 임차인은 만기전 퇴실시 차기 임차인 확정 후 보증금을 반환 받으며, 관리비,중개보수를 부담함.
7. 임차인은 잔금이후 관리비를 지불하며, 관리실 규정에 따른다.
8. 임대인은 임차인의 임대보증금에 대한 전세권 설정에 동의 및 협조함.
9. 본 업무용오피스텔은 (주)크로스포스트에서 본점 이외에 사무소로 추가로 임차하여 사용하는 건으로 세금계산서는 법인 본 사업장으로 발행함.
10. 기타사항은 민법 임대차보호법 및 부동산임대차 계약 일반 관례에 따르기로 한다.
11. 임차인은 월차임 250만원(부가세25만원별도),총275만원(부가세포함)은 매월 23일 임대인의 계좌
 [신한은행 140-012-000000 예금주 ㈜0000]에 선불로 입금한다.

필자는 매수하고 나서 2,000만원을 들여 수선하고, 보증금 6,000만원에 월세 250만원(부가세 별도)로 임대해서 임대수익을 올리고 있다.

03 풍성위버폴리스 오피스텔을 낙찰 받아 성공한 사례

◆ **오피스텔을 살 때 주거용으로 사용하냐, 업무용으로 사용하냐가 중요!**

종합부동산세와 건물분 부가가치세, 그리고 양도소득세에 있다.

주거용으로 사용하면 주택의 과세 체계로, 업무용으로 사용 시에는 주택외 건물의 과세체계가 적용된다.

주거로 사용하면 건물분 부가세가 면제되지만, 양도세율은 주택으로 중과 또는 비과세된다.

업무용으로 사용하면 건물분 부가세가 되지만, 양도세율은 주택으로 중과되지 않고 일반세율이 적용된다는 차이가 있다.

<세금계산 방법은 Chapter 24 부동산 양도 시 개인의 양도세와 법인의 법인세 절세 비법!(528~558쪽)을 참고하면 된다.>

◈ 풍성위버오피스텔 입찰정보내역

[용도복합용건물 / 오피스텔]
경기도 화성시 반송동 00-0 풍성위버플리스 000호 오피스텔

처분방식 / 자산구분	매각 / 기타일반재산
용도	오피스텔
면적	토지 - / 건물 90.206㎡
감정평가금액	259,000,000원
입찰방식	일반경쟁(최고가방식) / 총액
입찰기간 (회차/차수)	2020-05-06 10:00 ~ 2020-05-06 17:00 (1/1)
유찰횟수	5 회
집행기관	교보자산신탁(주)
담당자정보	사업지원팀 / OOO / 02-3404-3504

최저입찰가(예정금액)　　259,000,000원

[입찰유형]
- ☐ 전자보증서가능　　☑ 공동입찰가능
- ☐ 2회 이상 입찰가능　☐ 대리입찰가능
- ☐ 2인 미만 유찰여부　☐ 공유자 여부
- ☐ 차순위 매수신청가능

◈ 오피스텔 사진과 위치도

◆ 지하철 4호선 인덕원~동탄 복선전철과 수도권 광역급행 철도(GTX) 3개 노선이 개통

(1) 지하철 4호선 인덕원역에서 동탄신도시를 잇는 18개 정차역

인덕원~동탄 복선전철은 지하철 4호선 인덕원역에서 동탄신도시를 잇는 18개 정차역, 총 37.1km 길이의 노선이다. 노선의 표정속도(역 정차 시간을 포함한 속도)는 완행이 약 50km, 급행이 65.3km로 빠르게 운행될 예정이다. 특히 동탄에서는 SRT 및 GTX, 영통에서는 분당선, 광교에서는 신분당선과 환승이 가능해 수도권 서남부 지역의 핵심 광역교통망이 될 것으로 기대를 모으고 있다.
<new1 2020. 08. 18. 기사입력>

(2) 수도권 광역급행철도(GTX) 3개 노선이 개통

수도권 광역급행철도(GTX) 3개 노선이 개통하면 경기도 아파트값이 평균 12% 오를 것이란 연구 결과가 나왔다. 경기 남·북부 간 아파트값 격차는 좁혀질 전망이다.

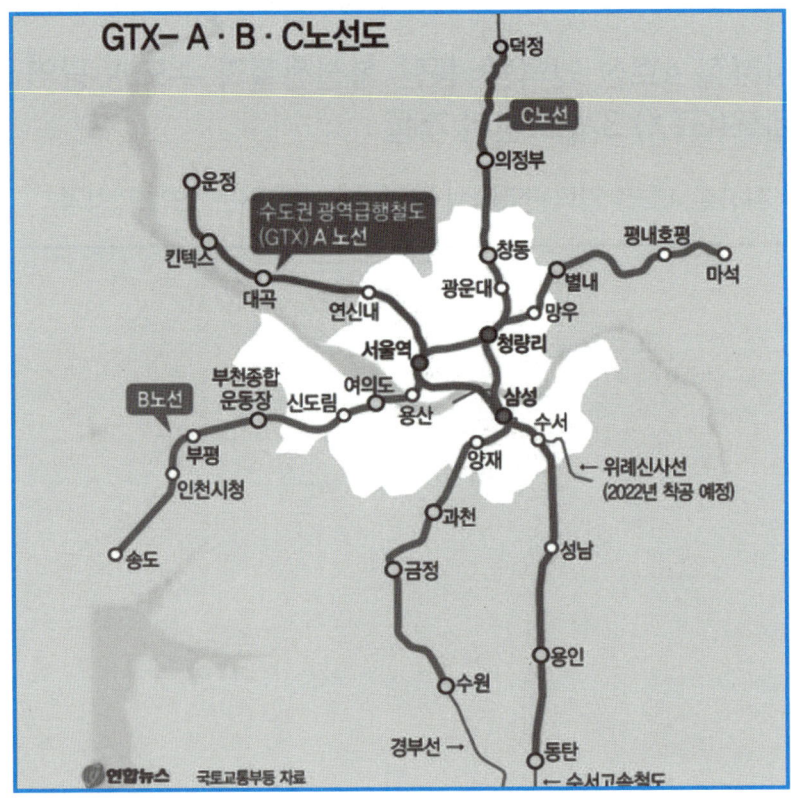

경기연구원이 27일 펴낸 '경기도 대중교통 교통비용과 주택가격의 관계에 관한 연구:GTX 개통 효과를 중심으로) 연구보고서'에 따르면 GTX 3개 노선 개통 시 경기도 아파트값이 평균 12%(㎡당 50만원) 오르는 것으로 나타났다. 경기도 아파트값 추정모형을 구축해 GTX 3개 노선 개통에 따른 아파트 가격변화를 예측한 결과다. GTX-A 노선은 운정~동탄, GTX-B 노선은 송도~마석, GTX-C 노선은 덕정~수원 구간에 각각 건설할 예정이다. <중앙일보 2020. 09. 27. 기사입력>

◆ 수익분석 후 입찰에 참여해서 1억2,000만원을 벌다!

주변 부동산에서 최초 분양가가 4억5,000만원이었는데, 현재 교통사정 등으로 인하여 거래되는 시세는 3억원이고, 지하철 4호선 연장과 수도권 광역급행철도(GTX) 3개 노선이 개통이 되면 최소한 4억5,000만원에서 5억원은 충분할 것이라고 했다. 그래서 다음과 같이 단독으로 156,789,000원에 낙찰 받았다.

상세입찰결과

물건관리번호	2020-0000-000000	기관명	교보자산신탁(주)
물건명	경기도 화성시 반송동 93-1 풍성위버폴리스 000호 오피스텔		
공고번호	202004-00000-00	회차 / 차수	006 / 001
처분방식	매각	입찰방식/경쟁방식	최고가방식 / 일반경쟁
입찰기간	2020-05-20 10:00 ~ 2020-05-20 17:00	총액/단가	총액
개찰시작일시	2020-05-21 09:10	집행완료일시	2020-05-21 09:22
입찰자수	유효 2명 / 무효 0명(인터넷)		
입찰금액	비공개		
개찰결과	낙찰	낙찰금액	156,789,000원
감정가 (최초 최저입찰가)	259,000,000원	최저입찰가	154,000,000원
낙찰가율 (감정가 대비)	60.54%	낙찰가율 (최저입찰가 대비)	101.81%

그리고 명도 후 2억원에 재 임대했으니 투자금을 공제하고도 3,000만원 정도

잉여가 발생했다.

지인은 지하철4호선 연장과 수도권 광역급행철도(GTX) 3개 노선이 개통이 되면 최소한 4억5,000만원에서 5억원에 팔 계획인데 이는 충분할 것으로 예상된다.

04 도곡푸르지오 오피스텔을 임대해 노후생활자금 만들기

◆ 도곡푸르지오 32평형 오피스텔에 관심을 가진 이유는?

오피스텔은 주택과 다르게 업무용 수요가 많은 곳이라야 계속해서 가격이 오른다. 이렇게 업무용 수요가 많으면서 주거용으로 대체할 수 있는 물건이라면, 그 영향력은 더욱 증가한다.

왜냐하면 2020년 8월 임대차 3법의 영향에 따라 전세 물건의 부족현상이 발생하고, 그에 따라 전세가와 주택 가격의 상승으로 이어질 것으로 판단했기 때문이다.

그래서 주거용을 대체할 수 있는 방 2개와 욕실 1개의 오피스텔이면서 교통이 우수한(강남역과 양재역 3번 출구) 위치에 있는 물건을 찾아보았다. 이러한 물건을 사면 높은 임대수익과 팔아서 시세차익도 볼 수 있지만, 필자는 팔지 않고 임대소득을 통한 노후생활자금을 만들 계획이다. 특히 이 물건은 다음 주변 현황도를 보면 알 수 있듯이 우수한 초·중·고 학군이 7분 거리에 있다는 것이 장점이다.

◆ 도곡푸르지오 32평형 오피스텔 주변 현황도

 이 물건은 10억 5,000만원에 부동산중개업소에 나온 매물인데 매도인과 협의해서 10억원에 매수했다. 왜냐하면 양재역은 신분당선과 지하철 3호선, 신설되는 GTX 역세권, 그리고 인근 7분 거리에 초·중·고 우수 학군이 위치해 있기 때문이다. 필자는 10억이면 시세보다 2억원은 저평가된 물건이라 생각하고 바로 수리해서 팔아도 12억원은 받을 수 있고, 천천히 매물로 내놓아도 13억원은 충분히 받을 수 있을 것으로 분석했다.

 필자의 이런 분석은 매수 후 1개월이 지난 2021년 10월 현재 네이버 부동산 매물 시세를 확인하면 알 수 있듯이 적중했던 것 같다.

◆ 32평형 오피스텔 시세와 임대수익은 얼마나 올리게 되었나?

이렇게 오피스텔을 매매대금 10억원+등기비용 4,700만원(취득세 등 4.6%)매수했지만(매도인이 주택임대사업자였기 때문에 건물분 부가세는 없음), 은행대출금 7억5,000만원과 보증금 5,000만원으로 실투자금은 2억5,000만원이다. 매수 후 1개월이 지난 현재 네이버 부동산 매물 시세를 확인해 보니 15억원으로 올랐다. 하지만, 이 가격은 실제 거래되는 가격이 아니다. 그야말로 호가다. 그래도 장기적으로는 14억원에는 팔 수 있다는 확신이 생겨서 기분이 좋다. 필자는 학군과 교통이 좋은 관계로 2,500만원 비용을 들여서 올수리했고, 삼성병원에 근무하는 외국인 의사 분에게 보증금 5,000만원에 월세 290만원으로 임대 수익을 올리고 있는 중이다.

오피스텔도 필자와 같은 방법으로 투자하면 실패하지 않고 성공할 것이라 믿는다.

05 KB부동산 신탁공매로 동림오피스텔을 낙찰 받아 성공한 사례

　이 사례는 서울시 관악구 봉천동에 있는 동림오피스텔로 지하철 2호선 낙성대역에서 직접 엘리베이터로 올라갈 수 있도록 건축되어 있다. 그래서 여성과 자녀분들이 안전문제로 선호하고, 강남역과 가까운 거리에 있어서 직장인들도 선호하는 오피스텔이다. 감정가가 7,600만원을 최초매각예정가격으로 시작해서 3차에 61,560,000원으로 매각절차가 진행되고 있었다. 이 오피스텔을 현장답사를 통해서 시세를 조사해 보았더니 8,000만원 정도로 감정가보다 시세가 높다는 사실을 알 수 있었다.

◈ 동림오피스텔의 사진과 주변 현황도

◆ 동림오피스텔 신탁공매물건에 대한 권리분석

　이 오피스텔은 필자가 낙찰 받아서 임대수익을 올리다가 팔아서 높은 수익을 올렸던 사례이다. 매도 시기가 송도에서 오피스텔분양권이 프리미엄이 9,000만 원으로 형성하고 있었던 시기라, 이 오피스텔 역시 수요자가 많았다. 그래서 1억 3,000만원에 매도하고 시세차익을 올릴 수 있었다. 필자는 그동안 부동산투자 경험을 생각하면 느끼는 바가 많다. 단타로 투자해서 성공할 수 있는 일은 그리 많지 않다는 것이다. 신탁공매투자도 단타 수익만 고집하지 말고, 장기적인 투자를 고려해야 한다.

Chapter 14
남들이 못하는 상가 투자로 노후생활자금 만드는 비법

01 상가투자 방법과 실제 투자해서 성공한 사례

◆ 상가는 어떻게 접근해서 투자해야 하나?

(1) 상가 매수의 목적은 세 가지로 정리할 수 있다!

첫째, 자가 사업으로 운영하기 위해 구입하는 것이고, 둘째, 임대수익을 목적으로 하는 것, 셋째, 단기적인 매도로 투자수익을 올리고자 매수하는 경우 등이다. 이 세 가지 측면 모두 중요한 점은 모두가 기본적으로 상가가 잘 되어야만 상가가치가 오르고, 그 반대의 경우에는 상가 가치를 하락시키게 된다.

(2) 상가로 성공할 수도, 공실로 손해 볼 수도 있다!

매수시점에서 임대수익률이 적정한가! 공실로 손해보고 있는가!를 분석하는 것도 중요하지만, 앞으로의 주변변화 즉 주변에 비슷한 상가나 대형 유통점 등의 입점 등으로 상권변화가 발생할 수 있나? 까지 꼼꼼히 체크해야 한다.

공실은 점포를 임대하는 분들에게 가장 큰 고민이다. 관리비와 은행 대출이자도 감당하기가 어렵다. 이런 상가점포는 가격하락으로 이어지기 때문에 현재 임대수익뿐만 아니라 앞으로 발생할 주변현황에 따른 임대수익의 변화에도 적절하게 대처가 필요하다.

상가 입지나 상권을 제대로 분석하기 위해선 상가 공실 발생의 원을 정확히 분석할 수 있어야 한다.

상가투자로 성공하는 방법은 적정한 임대수익이 보장되는 좋은 입지의 상가를 좋은 가격(주변 상가보다 싼 가격)에 사서, 좋은 가격(매수 당시보다 높은 가격)으로 팔아야 한다.

그런데, 간혹 간혹 상권이 우수한 데도 잘못된 업종 선택으로 상가 가치가 떨어진 곳이 있다. 이 상가는 입지와 상권에 맞는 업종 선택만으로도 상가 가치의 증가를 가져 올 수 있다. 상가 고수들이 자주 활용하는 방법이다.

◆ 구분상가를 매수해서 임대수익을 올린 사례

얼마 전 필자가 지인에게 역세권 구분상가를 사준 사례를 소개하고자 한다. 이 구분상가는 강남역 5번 출구에 있어서 주변이 업무중심지역과 주거지역이 혼잡해 있다. 그래서 임대수요가 보장된 상가로 볼 수 있다. 그런데 신종 코로나 영향으로 임차인이 3개월치 월세를 납부하지 않아서 임대인이 어려워하고 있었다.

필자는 업종만 바꾸면 영업이 활성화될 수 있을 것으로 판단해서 소개한 것이다.

(1) 건물사진과 주변현황도

(2) 상가에 맞는 업종 변경으로 성공한 사례

이 상가는 종전 임차인이 과거 6년 동안 운영해 왔던 사업이 신종코로나 영향으로 사업을 포기하게 되었고, 그로 인해서 임대인이 어려움을 겪고 있었다. 그래서 구분상가 2층 000호 전용면적 36.5평으로 시세가 20억원 이상의 가치가 있는 데에도 17억원(건물분 부가세 별도)에 매수할 수 있었다. 지인은 매수해서 건축물대장과 등기부를 000호 전용면적 30평과 000-1호 전용면적 6.5평으로 분할해서 30평은 병원으로 임대하고, 6.5평은 약국으로 임대하려고 공실로 해서 중개업소에 내놓은 상태이다. 그런데 얼마 전 지인에게서 전화가 왔는데 25억원에 매수하겠다는 분이 나왔지만 팔지 않았다고 한다.

02 북가좌6구역 근린생활시설을 신규아파트에 도전하다!

이 근린생활시설은 1층 000호(건물전용면적 78.66㎡, 대지면적 36.66㎡)로 공부상으로는 근린생활시설인제 현황은 주거용으로 사용하고 있어서 불법 건축물로 이행강제금이 부과되고 있다.

2018년 4월 26일 이런 사실을 확인했지만 북가좌6구역 단독주택재건축에 위치하고, 매수당시 시세가 3억원 정도이고, 분양자격이 있을 것으로 보고 2억 6,000만원에 매수하기로 결정했다.

◈ 상가건물 사진과 주변현황도

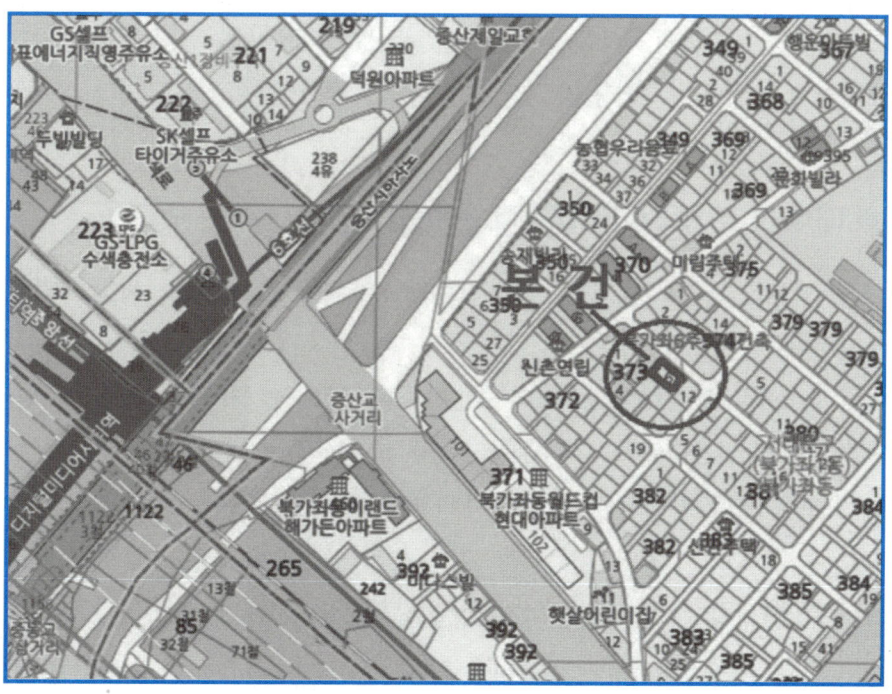

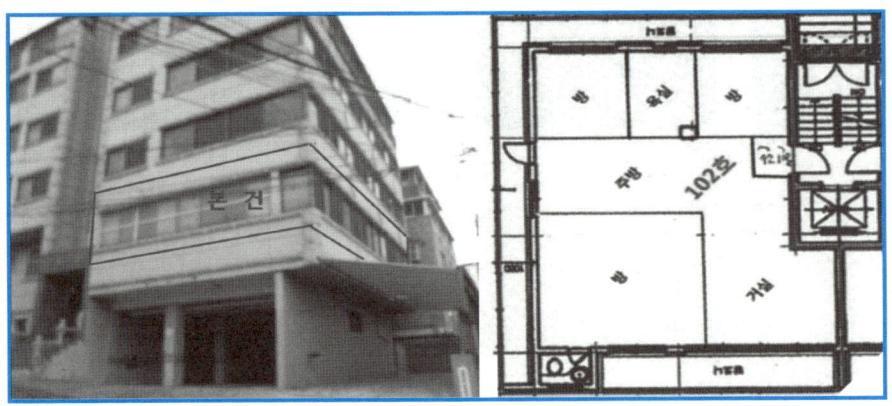

이 구분상가는 서울특별시 서대문구 북가좌동 소재 '북가좌초등학교' 남서측 인근에 위치하며, 부근은 다세대주택, 아파트, 단독주택, 근린생활시설 등이 혼재해 있다. 주변교통 현황은 인근에 디지털미디어시티역(6호선, 경의중앙선, 공항철도의 환승역), 노선버스 정류장이 소재하여 좋은 편이다.

그리고 상가건물의 구조는 철근콘크리트조 평스라브지붕 5층건내 1층 000호이지만 실제 사용은 주거용(방3, 거실, 주방, 욕실 등)으로 이용하고 있다.

◆ **매수하고 5억4,000만원 올랐고, 분양자격도 있다?**

2018년 4월 26일 2억6,000만원에 매수했는데, 2021년 10월에 시세를 확인해보았더니 8억원까지 올랐다.

북가좌6구역 단독주택재건축내 구분상가를 구입하는 경우에는 분양자격 여부가 성공의 지름길이다. 간혹 분양자격이 없어서 현금청산금 되는 경우가 있는데 이 경우에는 손해를 볼 수도 있기 때문에 주의해야 한다.

단독주택재건축 상가, 오피스텔 등이 분양자격을 가지려면, 다음 2가지 중 하나에 해당되어야 한다.

<서울시 도시 및 주거환경 정비조례 제37조(단독주택재건축사업의 분양대상 등)>
제1항 단독주택재건축사업으로 건립되는 공동주택의 분양대상자는 관리처분계획기준일 현재 다음 각 호의 어느 하나에 해당하는 토지등소유자로 한다.
   1. 종전의 건축물 중 주택 및 그 부속토지를 소유한 자
   2. 분양신청자가 소유하고 있는 권리가액이 분양용 최소규모 공동주택 1가구의 추산액 이상인 자. 다만, 분양신청자가 동일한 세대인 경우의 권리가액은 세대원 전원의 가액을 합하여 산정할 수 있다.

단독주택재건축 사업구역 내에 있는 이 근린생활시설은 상가를 분양 받는 것이 원칙이지만, 서울시 도시정비조례 제37조 제1항 2호(새로 분양하는 가장 작은 평수의 조합원분양가보다 크면)에 해당되면 공동주택(아파트)도 분양 받을 수 있다.

그래서 이 근린상가는 신축이 예상되는 최소평형의 권리가액보다 커서 분양자격이주어질 것으로 분석하고 매수한 것이다.

이 북가좌 6구역은 단독주택재건축지역으로 2014년 5월 29일 정비구역으로 지정된 후 사업이 급물살을 타기 시작한 후 2020년 02월 13일 조합설립이 되었다. 그리고 현재 시공사를 선정하기 위해서 준비 중에 있다. 따라서 예상분양가 등을 분석해 보면 이 구분상가로 새 아파트 25평형을 분양 받으려면 추가부담금 2억원, 34평형을 분양 받으려면 추가부담금 3억원이 예상된다.

그런데, 앞으로 지어지는 새 아파트 시세는 25평형은 최소 15억원, 34평형은 17억원으로 예상되므로 기대수익이 상당하다. 그래서 지인은 신축아파트를 분양 받을 때까지 보유하고 있다.

03 춘천에 있는 상가를 낙찰 받아 성공한 사례

◆ 한국자산신탁에서 춘천에 있는 상가공매물건을 발견하다!

상가에 대해서는 모르는 게 많았지만, 부딪혀 가면서 배우는 것이 훨씬 많을 것이라고, 또 완벽한 지식을 쌓고 투자를 진행하기엔 시간이 너무 오래 걸릴 것이라고 생각했다.

열심투자자 모드로 열심히 물건을 찾고 또 찾았다. 어느 날 다음과 같은 신탁공매물건을 발견하게 되었다.

◆ 상가물건 선정을 위한 현장답사(임장) 여행

기분 좋게 춘천 가는 기차에 타고 막국수/송어회를 먹을 생각을 하며 입찰호수를 결정할 때까지 춘천에 머문다는 생각으로 인근 숙박업소도 알아봤다.

도착해서 현장에 가보니,

101~103호는 아예 벽을 터서 통으로 한정식 집을 하고 있었고(이래서 그룹매각을 했던 것이었다), 104호는 CU편의점을 하고 있었고, 105호는 조그마한 치킨집(제일 작은 물건이다)하고 있었다.

이번 공매공고에 포함되지 않으나, 연번인 106호는 새마을금고가 있었다.

등기부를 열람해보니, 새마을금고가 직접 매입한 것이었다.

107호는 108호와 같이 터서 횟집을 하고 있었고(왜 이 두 호수는 101~103호처럼 그룹매각을 하지 않지? 하는 의문이 들었다),

109호는 '커피에 반하다'라는 소형 프랜차이즈 커피숍이 들어와 있었다.

일단 104호 편의점에서 담배와 커피를 사고, 신용카드로 계산을 하여 사업주 명의가 시행사와 무슨 관련이 있는지 생각해 보았다(Tip : ① 신탁물건은 소유자는 신탁회사명의로 되어있지만, 실질은 위탁자인 시행사의 소유이다. ② 시행사 대표와 성은 같았지만, 그 외 특이사항은 없었다. 나중에 알고 보니 시행사 대표의 친동생이 운영하고 있었다).

그리고 109호에서 커피를 시켜놓고 앉아서 회전율을 계산해 보았다. 1500~2000원정도의 아메리카노를 팔며 가게 안쪽의 테이블이 5개 정도 있었는데 4개가 차있다. 한 시간 정도 앉아 있는데 테이크아웃 손님이 꽤 많았다.

인근 상권을 둘러보고 공인중개사에 탐문을 하며 밤이 오길 기다렸다. 해가 지자, 동행한 후배와 107~108호의 횟집에 들어가 회에 소주 한잔을 하며 두근거리는 긴장감과 여행의 여유로움을 즐겼다(물론 가게영업상황을 살펴보며). 횟집은 그다지 손님이 많지 않았고 가게주인은 활력이 없어 보였다.

횟집을 나와 편의점 앞에서 저녁 영업상황을 지켜보고 숙소에 돌아가 단잠을 잤다. 다음날 101~103호 한정식 집에서 점심을 먹고, 임장을 반복하며 입찰할 호수 결정을 저울질했다.

◈ 현장답사 후 입찰할 상가를 선정하다!

서울로 돌아오며, 각 물건의 장·단점을 파악해 봤다.

101~103호 : 한정식 집. 장사가 잘 안 되는 것처럼 보였다. 면적이 커서 임대료가 꽤 될 텐데 가게 주인이 여유로워 보였다. 장사에 크게 관심이 없는 것 같은 느낌까지 들었다. 음식은 전라도 한상이라 맛은 있었으나, 우리 테이블 말고는 손님이 별로 없었고, 저녁 시간에도 한산했다. ⇨ 특수관계인의 냄새가 났다. 최저입찰 가격도 5억이 넘고, 만약 명도를 하더라도, 저 면적 전부에 한 임차인을 들이기보다, 쪼개서 3개호수를 임대를 놓는 것이 쉬울 텐데 공사비가 든다. 특히 특수관계인과 엮이면 지리한 소송이 예상되므로 이 물건은 스킵하기로 했다(나중에 알고 보니, 시행사 대표의 누나가 운영하는 음식점이었다).

104호 : CU편의점. 손님이 그렇게 많지는 않았지만 중심상업지역의 대로에 맞닿아 있고 무엇보다 편의점이기 때문에 수천만원의 시설비를 투자했다는 것이 마음에 들었다. 또한 편의점 본사와의 계약 잔여기간에 따라 달라지겠지만, 이 임차인이 명도를 하려해도 CU본사에 물어줄 돈이 생기니 필자가 낙찰 받으면 임대를 이어갈 수밖에 없는 상황이 클 것으로 판단됐다. 합격점!

> 편의점 본사와의 계약은 크게 3가지로 나뉘어지는데, 임대료를 누가 부담하느냐에 따라 정산방식이 달라진다. 계약종류에 따라서 임차인이 계약에 묶여있는 무게가 달라지니 참고

105호 : 치킨집이긴 한데, 면적이 너무 작다. 가격도 제일 싸지만, 추후 매각 시 약점이 많은 물건으로 판단되었다. 입찰 후순위!

107~108호 : 횟집. 장사가 그다지 잘되는 편이 아니다. 개별물건이지만, 만약 107~108호 전부를 사지 못하면 타인과 관리권한 및 임대차계약 등에서 벌어질 문제의 소지가 많다. 특히 나와 다른 호수를 매입하는 타인이 '특수관계인' 이라면.. 생각만 해도 끔찍하다. 이건 입찰 시 상황을 봐야 겠지만 일단 입찰 2순위!

109호 : 커피프랜차이즈. 최저입찰가 1억원, 가격도 싸고 이틀 커피 세잔이나 먹으면서 지켜본 바로는 알짜장사가 되는 집인 것 같다. 길 건너에 대형 커피프랜차이즈가 있는데도 여기 손님이 몰리는 걸 보면 불경기는 불경기 인가보다. 그래도 프랜차이즈니까 시설비도 어느 정도 투자가 되었을 것 이고, 장사가 이 정도 되는데 굳이 바로 명도하기보다는 매입 후 필자와 새로운 임대차계약을 체결할 가능성이 높아 보였다.

위 판단들을 종합해볼 때, 가진 돈이 많지 않았던 필자는 104호/109호/107~108호(현장에서 동시에 매입이 가능할 경우에 한하여) 순서로 입찰 순서를 정했다.

◆ 입찰준비와 입찰당일 현장공매로 입찰하는 과정과 낙찰

(1) 입찰가(날짜/차수)를 결정해야 한다.

이 당시에 신탁공매장은 경매와 같이 입찰자가 많지 않아서, 굳이 서둘러 고가입찰을 할 이유가 없었다. 4회차, 5회차가 2012. 11. 14. 10:00 / 14:00 오전 / 오후로 연속이다. 11월 14일 오전입찰에 가서 상황을 보며 4회차에 들어갈 수도, 4회차 유찰 후 수의계약을 할 수도, 5회차에 입찰을 할 수도, 아니면 정말 아무도 없으면 최종 유찰 후 단독 수의계약의 기분 좋은 낙찰을 할 수도 있겠다는 시나리오를 머릿속에 그렸다. 현재까지 파악한 것, 손에 넣은 자료들을 정리하여 지난번 몇 번의 낙찰/매도 시 이용해서 신탁공매에 대해 잘 아시는 은행 지점 담당자를 찾아갔다. 사정을 설명하고, 몇 가지 조건을 걸고 낙찰 후 대출을 상당히 많이(최저낙찰가 기준 약 90%정도) 해 주는 조건으로 승낙을 받아 기분좋게 돌아왔다.

(2) 입찰당일 현장공매로 입찰하는 과정과 낙찰

전날 104/109/107~108 각 호수와 4회차/5회차 낙찰/수의계약 상황에 각각 대응할 수 있는 수표를 찾아 아침 일찍 공매장에 도착했다.

커피 한잔 마시며, 앞으로 벌어질 다양한 상황에 기민하게 대처하기로 다짐하고 공매장에 올라갔다.

공매장 내부는 대부분 이렇습니다. 개별매각조건이라 엄청난 사람들이 몰리는 물건이 아닌 이상 이렇게 일반 회의실에 공매장을 갖춰 놓고 진행합니다.

4회차 10:00입찰 30분 전이 되자, 한두 사람이 서성이기 시작한다. 인상이 좋지 않다. 째려보더니 말을 걸려는 느낌이라 화장실에 가버렸다. 다시 돌아와도 아직도 서성이는 사람이 있다. 말을 건다.

<이거 살라고요? 아직 모르겠어요. 이거 사면 큰일 나요. 아 그런가요? 되게 어려운 물건인가보죠? 이거 시행사가 수십억이...>
많이 들어보던 패턴이다. 그냥 무시하기로 했다.

10분 전이 되자, 신탁회사 공매담당 직원이 내려온다.
"입찰10분 전입니다. 입장하시기 바랍니다"
"입찰5분 전입니다. 입장하시기 바랍니다"
"입찰3분 전입니다. 입장하시기 바랍니다"
"입찰1분 전입니다. 입장하시기 바랍니다"

재빨리 공매장에 들어갔다. 아까 말을 거시던 험악한 아저씨는 들어올 것 같았는데 안 들어온다. 공매담당 직원이 들어오며 문을 걸어잠근다.

"입장을 마감합니다"

4회차에 입찰자가 없어서 단독으로 입찰에 참여했다. 아까 저 '특수관계인' 느낌의 아저씨는 뭐였을까? 궁금했지만 평정심을 되찾고 입찰서류 작성에 온 신경을 기울였다.

마지막 5회차라고 해봐야 10%를 차감하는 것이 숫자 계산상은 맞지만, 최저낙찰가는 우선수익자인 은행에서 Bottom Line을 미리 정해 공매진행을 요청하기 때문에 10%에 못 미치는 것이 대부분입니다. 고로 단독 4회차 입찰이지만,

뭐 크게 더 쓰는 것도 아니고 저 아저씨가 입찰에 참여할지 모르는 상황이었기 때문에 들어올 수밖에 없었습니다.

이제 배팅을 시작할 때다. 내 앞에 모든 선택지가 갑자기 열렸다. 104/109/107,108 무엇이라도 살 수 있었지만, 준비해온 돈은 2개 호수를 입찰할 수 있는 계약금...

밖의 아저씨가 허수일지 모른다는 생각이 들었고, 일단 1순위로 찍은 104호 물건을 혼자 단독입찰하게 되었으니 이번 회차의 최저가인 180,000,000원으로 입찰하고 오후에 나머지 물건을 입찰하기로 판단했다. 서류작성을 마치고 낙찰을 받았다. 보통 낙찰 후 매매 계약은 정해진 기일 내에 하면 되므로(유찰 후 수의계약은 "계약"이므로 당일 계약하게 됩니다) 굳이 잔금기일(대출기표)을 5일 앞당길 필요도 없고, 오후 5회차 입찰도 준비해야 되서 매매계약서 작성은 며칠 있다가 진행하기로 담당자에게 얘기하고 일단 공매장을 떠났다.

밖의 아저씨가 5회차 입찰 개시 이전에 수의계약을 할지도 모른다는 생각에 공매담당자 사무실 자리 근처에서 얼쩡거리며 서류(소송/가압류 서류 등)를 요구하고 필자의 시선 안에 두었습니다. 12:00가 되자 담당자가 점심을 먹으러 나가고 안심입니다. 재빨리 점심을 먹고 다시 오후 공매개시 이전까지 공매장 인근에서 대기했습니다. 14:00 5회차 입찰 30분전이 되자, 아까 그 아저씨와 한명이 더 등장했습니다. 아까와 비슷한 얘기를 하며 왜 샀냐는 둥, 이거 어떻게 처리하려고 하느냐는 둥 말들이 많으십니다. 그냥 적당히 응대해 주며 기다리는데, 한명이 더 오십니다. 아 이번에는 경쟁입찰이 되겠구나.. 그냥 오전에 조용할 때 나머지 하나를 더 입찰할걸.. 하는 후회도 듭니다.

공매담당자가 내려옵니다. 예의 10분전! 5분전! 1분전! 카운트다운을 하고 공매장에 들어갔습니다. 하지만 밖의 인원들은 들어올 생각을 하지 않습니다. 상황이야 나중에 파악하기로 하고 일단 2순위였던 109호 커피숍을 최저가인 101,000,000원에 단독으로 낙찰 받았습니다.

공매장을 나와 이제 밖의 상황들을 파악해야 될 때가 됐습니다. 특수관계인 같아 보이는 사람들에게 명함을 주고, 연락처를 받습니다. "혹시 큰일 날 물건을 산거면 나중에 꼭 좀 도와달라고..", 겸손하면 일단 반은 먹고 들어갑니다.

이분들 연락처를 받은 이유는, 어차피 특수관계인이라면 물건 관련 내용을 많이 파악하고 있고, 추후 송달도 안 되는 내용증명 반송절차 여러 번 거치는 것보다, 그냥 전화해서 만나고 얘기하는 게 시간을 절약할 수 있기 때문입니다. 또한 자기들의 '형님'이라는 시행사 관계인은 결국 만나야할 사람이므로 여러모로 시간 절약상 연락처를 받아두었습니다.

자 길고 긴 준비를 한, 입찰이 이렇게 끝났고, 일단 하루 아무 생각도 안하고 푹 쉬기로 하고,

내겐 아직 5일의 매매계약 여유일 + 60일의 잔금기일로 총 65일의 시간이 남아 있습니다.

《해당물건 낙찰가율》

구 분	입찰호수	감정평가액	매입가격	감평가대비 낙찰가
1	109호(커피숍)	287,000,000	101,000,000	35.19%
2	104호(편의점)	560,000,000	180,000,000	32.14%
누계		847,000,000	281,000,000	33.18%

◆ 대출준비 및 매매계약서 작성

하루 푹 쉬고, 은행 담당자에게 관련 서류들을 일단 메일로 보냈다. 탁상감정을 이미 했지만 입수한 감정평가서(신탁공매용) 등 약속한 매매가 90% 대출을 받을 수 있는 준비서류들을 착실하게 전달했다.

매매계약을 체결하고, 세무서에서 매수인의 지위로 사업자등록을 열람해 봤다. 최악의 경우 임대보증금을 물어줄 수도 있는데, 가게 규모나 특수관계인 같지 않은 임차인들답게, 예상한대로 1000만원 ~ 2000만원 정도의 보증금이 사업자 열람 결과 나왔다. 감정평가액 40% 정도 수준에 매입했는데, 이 정도는 물어

줘도 큰 타격이 아니라는 생각과 최선의 칼을 준비해서 저 보증금 역시 계획한 대로 날리고 재계약을 유도해야 겠다는 최초 다짐이 공존하는 순간이었다.

◈ 낙찰 받고 현장을 다시 답사하다!

104호 편의점, 109호 커피숍의 임장자 ⇨ 낙찰인 ⇨ 매수인으로 며칠 사이에 지위가 격상했습니다.

먼저 109호 커피숍 여사장님을 면담했습니다. 미리 준비해간 판례와 앞으로 진행될 상황에 대해서 차분히 설명을 드렸더니, 당황해 하시며 "제가 사려고 했는데!!" 하십니다. 이것도 많이 듣던 소리입니다.

천천히 법무사나, 변호사랑 상담해 보시고 연락 달라고 명함을 드리고 나왔습니다.

다음은 104호 편의점에서 매수자라고 말씀드리니, 남자 분께서 잠시 기다리라고 형님을 불러야겠다고 합니다. 조금 기다렸더니, 단단해 보이는 중년 남성분께서 나왔습니다. 명함을 드리니, 본 물건의 위탁자로 등기부에 기재되어 있던, 시행사 대표의 명함을 주었습니다. "CU편의점 여기 내 친동생인데 장사가 너무 안 된다. 이걸 왜 샀냐? 이거 장사 접고 나가게 하려면 일억은 줘야 될 거다"라는 말씀을 하시 길래 그냥 아까 109호 커피숍에 드렸던 판례와 몇몇 서류들을 드리며 더 잘 아실 테니 변호사와 상담해 보고 연락주시라고 하고 나왔습니다.

현장답사의 결과, 우선 점유이전금지가처분부터 하는 게 났다는 판단이 들어서 신탁회사 직원을 설득해 보기로 마음먹었다. 매수인 지위로 점유이전금지가처분이 가능한지, 아니면 신탁회사로부터 채권자지위를 승계 받을 수 있는지, 가능하면 무슨 서류가 필요한지 변호사에게 질의해 보기로 하며 서울로 돌아왔다. 왜냐하면 이미 신탁사에서 점유이전금지가처분과 명도소송을 진행하고 있었기 때문이다.

향후 점유이전금지가처분신청과 명도소송을 승계 받아 소송을 진행 중인 상황에 연락이 와서 첫 번째, 109호 커피숍은 감정가의 35%인 101,000,000원에 낙찰 받아서 보증금 2,000만원에 월세 140만원(연 1,680만원)으로 임대해서 연 20.7%에 임대수익이 발생했고, 두 번째, 104호 편의점은 감정가의 32%인 180,000,000원에 낙찰 받아서 보증금 3,000만원에 월세 180만원(연 2,160만원)으로 임대해서 연 14.4%의 임대수익이 발생했습니다.

《해당물건 임대수익률》

구 분	입찰호수	매입가격	임대현황	수익률
1	109호(커피숍)	101,000,000	2000/140	20.74%
2	104호(편의점)	180,000,000	3000/180	14.40%
누계		281,000,000	5000/320	16.62%

그리고 몇 년 동안 임대해서 소득을 올리다가 팔아서 높은 시세차익을 볼 수 있었던 기분 좋은 물건이었습니다.

지인회사가 신탁공매로 수익형 건물을 마련하다!

◆ 지인회사는 신탁공매가 진행되는 건물의 임차인이다!

지인회사 ㈜ OO시스템자산운영은 신탁공매가 진행되는 근린상가에 보증금 5억원 및 월세 1,400만원으로 임대차계약서를 작성하고 입주해서 영업 중에 있다.

지인회사가 상가건물임대차계약서를 작성당시에 등기부를 확인해보니 다음과 같이 2015년 6월 5일 이OO로 소유권이전등기(접수번호 제157527호, 위탁자)와 같은 날짜로 ㈜하나은행신탁으로 소유권이전등기(접수번호 제157528호, 수탁자)가 이루어진 상태였다.

[건물] 서울특별시 강남구 삼성동 00-13

순위번호	등 기 목 적	접 수	등 기 원 인	권리자 및 기타사항
30	공유자전원지분전부이전	2015년6월5일 제157527호	2015년3월27일 매매	소유자 이OO 000000-******* 서울특별시 송파구 잠실로 00, 000동 0000호(잠실동,트리지움) 매매목록 제0000-3242호
31	소유권이전	2015년6월5일 제157528호	2015년6월5일 신탁	수탁자 주식회사하나은행 110111-0015671 서울특별시 중구 을지로 55(을지로2가)
	~~신탁~~			~~신탁원부 제0000-9354호~~
32	소유권이전	2016년1월27일 제17732호	2015년9월1일 수탁자경질	수탁자 주식회사하나은행 110111-0672538 서울특별시 중구 을지로 66 (을지로2가)
~~33~~	~~압류~~	~~2018년8월1일 제143035호~~	~~2018년7월13일 압류(세관(고액)-12767)~~	~~권리자 서울특별시강남구~~
34	33번압류등기말소	2018년10월26일 제195622호	2018년10월26일 해제	
35	소유권이전	2018년11월5일 제202431호	2018년10월5일 매매	소유자 주식회사 OO시스템자산운용 000000-0054933 서울특별시 강남구 삼성로122길 00 (삼성동) 매매목록 제0000-5800호
	31번 신탁등기말소		신탁재산의처분	

신탁등기된 건물에서 상가건물임대차보호법으로 대항력을 주장하려면 신탁등기 전에 상임법상 대항요건을 갖추고 있어야 대항력이 있고, 이후에 대항요건을 갖춘 임차인은 대항력을 주장할 수 없다는 사실 정도는 지인회사도 알고 있었다. 그래서 입주를 꺼리고 있는 상태에서 수탁자(주식회사 하나은행 신탁)와 우선수익자(대출금융기관)의 동의를 얻어 위탁자와 상거건물임대차계약서를 작성하고, 대항요건(사업자등록+건물인도)을 갖추고 있으면 대항력이 있다는 사실을 알려 주었다. 그래서 계약하기 전에 수탁자와 우선수익자의 동의 확인을 공증사무실에서 공증 받고, 위탁자와 계약 후 대항요건을 갖춘 상태에서 영업 중이다가 신탁공매가 진행된 상태이다.

◈ 지인회사가 임차한 건물 내역과 건물 사진 등

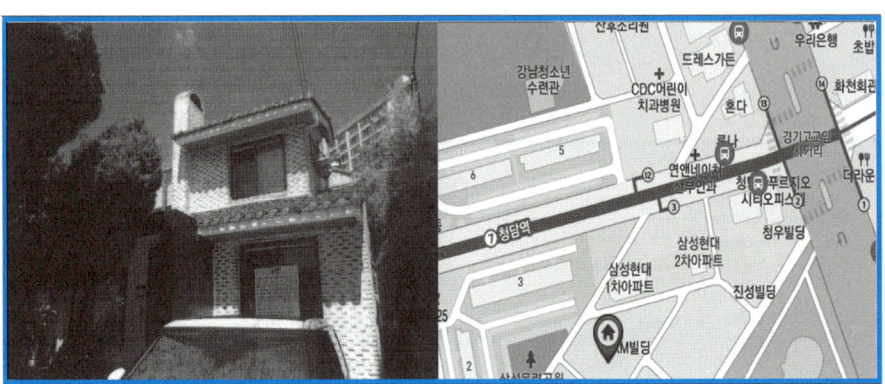

토지, 건물 감정평가명세표

일련번호	소재지	지번	지목 및 용도	용도지역 및 구조	연 적 (㎡)		감정평가액		비 고
					공부	사정	단가	금액	
1	서울특별시 강남구 삼성동	00-13	대	제1종 전용주거지역	535.7	535.7	12,600,000	6,749,820,000	
가	동소 [도로명주소] 서울특별시 강남구 삼성로122길 00	00-13	근린생활 시설	연와조 슬라브위 기와지붕 2층					
				1층	143.80	222.4	377,000	83,844,800	1,000,000 x 17/45
				2층	78.60				
				지하층	65.28	65.28	283,000	18,474,240	750,000 x 17/45
	합 계				이	하	여	W6,852,139,040.- 백	

◆ 이 신탁공매는 다음 공매공고문과 같이 매각되었다!

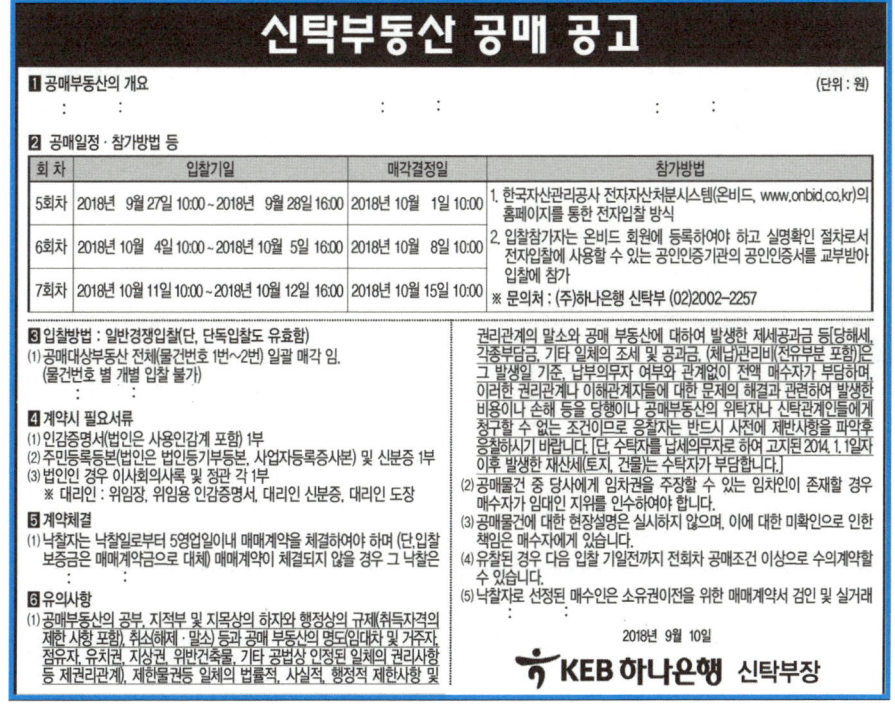

따라서 신탁등기 이후에 위탁자와 계약하고 입주한 지인회사 ㈜ OO시스템 자산운영은 신탁공매가 진행되는 근린상가에 보증금 5억원 및 월세 1,400만원으로 대항력을 행사할 수 있는 임차인이다.

일반적으로 신탁등기 이후에 입주하고 대항요건을 갖춘 상가임차인은 대항력이 없지만 위탁자가 수탁자와 우선수익자의 동의를 얻어 계약한 경우에는 대항력이 있어서 신탁공매로 매수하는 낙찰자는 보증금 5억원 및 월세 1,400만원, 그리고 임대차기간을 인수해야 한다.

쉽게 말하면 보증금 5억원을 인수해야 한다. 필자가 이런 사실을 자문해주었으며, 임차인인 지인회사가 자신의 보증금을 합한 금액으로 입찰가를 정해서 수익분석 후 다음과 같이 입찰에 참여해서 낙찰 받았다.

◆ 지인회사가 입찰에 참가해서 낙찰 받아 성공한 사례

상세입찰결과

물건관리번호	2018-0700-000000	기관명	주식회사 하나은행
물건명	서울특별시 강남구 삼성동 00-13 근린생활시설		
공고번호	201809-33619-01	회차 / 차수	001 / 005
처분방식	매각	입찰방식/경쟁방식	최고가방식 / 일반경쟁
입찰기간	2018-09-27 10:00 ~ 2018-09-28 16:00	총액/단가	총액
개찰시작일시	2018-10-01 10:00	집행완료일시	2018-10-01 10:03
입찰자수	유효 3명 / 무효 0명(인터넷)		
입찰금액	비공개		
개찰결과	낙찰	낙찰금액	6,401,707,777원
감정가 (최초 최저입찰가)	6,852,139,040원	최저입찰가	5,842,000,000원
낙찰가율 (감정가 대비)	93.43%	낙찰가율 (최저입찰가 대비)	109.58%

시세가 78억 정도여서 입찰가 6,401,707,777원에 입찰했다. 자신의 보증금 5억 원을 포함해도 69억이니 시세보다 9억 정도 싸게 산 셈이다. 이 상가건물은 주변이 발전하는 지역으로 2019년 말에 조사해 보니 매물은 없는 상태이고, 90억 원에 팔라는 부동산 중개업소도 있었다고 낙찰 받게 해줘서 고맙다는 말을 들었다.

05 한국자산신탁의 현장공매에서 1층 상가점포를 낙찰 받아 임대한 사례

이 사례는 서울시 마포구 창전동 442 서강한화오벨리스크 109호 전용면적 33.38㎡(공동주택)이고 분양면적은 67.26㎡이다. 감정가

289,900,000원을 최초매각예정가격으로 시작해서 6차까지 저감되어 171,400,000원으로 매각절차가 진행되고 있었다. 이 상가를 현장답사를 통해서 시세를 조사해 보았더니 2억3,000만원 정도로 감정가가 시세보다 높게 형성되어 있다는 사실을 알 수 있었다. 이 상가의 사진과 주변 현황도, 입찰정보 및 입찰결과 내역은 다음과 같다.

◆ 마포 상가 109호의 사진과 주변 현황도

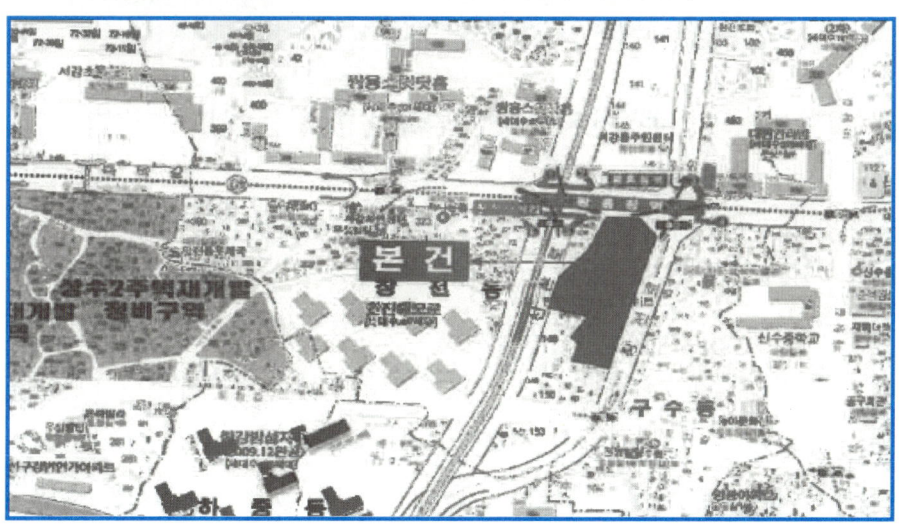

◈ 이 신탁기관 상가공매에서 권리분석은 어떻게 하면 되나?

신탁재산 등의 공매에서 권리분석은 공적장부를 통해서 확인하는 방법과 수탁사의 공매담당자, 그리고 우선수익자(대출금융기관)를 통해서 확인하는 방법이 있다.

(1) 공적장부 등을 통해서 권리를 분석하는 방법

이 구분상가 109호는 위탁자가 점유하고 있는 것이 아니라 신탁등기일 이후에 위탁자와 상가건물임대차계약서를 작성하고 커피하우스를 운영하고 있었다. 상가임대차보호법상 대항요건(사업자등록과 건물인도)을 신탁등기일 이전에 갖추고 있었으면 대항력이 있는 임차인으로 낙찰자가 인수할 수도 있는 물건이다. 그러나 이 공매물건에서는 신탁등기일 이후에 대항요건을 갖추고 있었고, 수탁자와 우선수익자의 동의를 얻어 대항요건을 갖추고 있는 것이 아니어서 수탁사와 우선수익자에 대해서 대항력을 행사할 수 없다. 그런 이유로 수탁사가 수차례 상가를 비우라고 통지했다고 한다. 어쨌든 이러한 상가건물임차인은 대항력이 없어서 낙찰자가 인수하지 않아도 된다. 그러나 확인할 수 없다면 다음과 같이 우선수익자 등으로부터 확인하고 입찰에 참여해야 한다.

(2) 수탁사의 공매담당자, 우선수익자를 통해서 확인하는 방법

앞에서와 같은 방법으로 확인할 수 없을 때에는 수탁사의 공매담당자와 우선수익자(대출금융기관 등)를 통해서 확인하고 권리를 분석하면 된다. 특히 우선수익자는 대출심사단계에서 사업자등록 열람 등을 통해서 대항력 유무를 판단하고, 대출을 실행하게 되므로 공매대상 부동산에 대해서 자세한 내용을 알고 있다. 우선수익자의 전화번호는 수탁사의 공매담당자에게 문의해서 확인하면 된다.

◆ 신탁재산 공매 매각대금에서 배당 우선순위 결정 방법

신탁재산을 공매로 매각했다면 다음과 같은 순서로 배당하면 된다.
<여기서 배당순위는 앞에서 기술한 바 있으므로 지면상 생략했다.>

◆ 낙찰 받고 나서 어떻게 대응했나?

 이 공매물건은 필자의 지인이 낙찰 받은 물건이다. 지인은 낙찰 받고 나서 5일 이내에 한국자산신탁을 방문해서 매매 계약서를 작성했다. 그리고 필자에게 명도를 부탁해서 위임장을 가지고 현장을 방문해서 커피하우스를 운영하는 임차인과 협의를 하게 되었다. 대화가 쉽지 않아서 점유이전금지가처분과 명도소송을 병행해서 진행했다. 먼저 점유이전금지가처분결정문으로 집행관과 함께 상가점포를 방문해서 임차인에게 전달했다. 그리고 명도소송을 진행하는 과정에서 협의가 이루어져 명도를 할 수 있었다. 현재 임대보증금 1,000만원과 월세 100만원(부가세 별도)으로 임대하고 있다.

2억3,000만원 정도 가는 상가를 173,820,000원에 낙찰 받아서 월세 100만원을 받고 있어서 지인은 요즘 행복하다.

06 재개발구역 상가주택 2분의 1을 공매로 낙찰받아 성공한 사례

이 상가주택은 지하1층과 지상1~2층은 근린상가이고 3층만 주택이다. 그리고 이 상가주택은 소유자가 2명으로 각 1/2씩 공유지분으로 되어 있는데 그 중 1/2 지분만 공매가 진행된 물건이다. 이 지역은 LH공사가 주관하고 대림산업이 시공하는 재개발구역으로 2017년 12월경에 4,800여 세대의 공동주택사업이 착공

되어 곧 준공을 앞두고 있다. 그래서 매수인은 다른 공유자와 협의해서 공동으로 분양을 신청하든가, 현금청산 받는 방법이 있는데 입찰 전에 확인해 본 결과 현금청산을 받더라도 감정가 정도가 예상되는 물건이었다.

그렇게 판단하게 된 동기는 감정가가 6억700만원인데 반해서 시세는 6억8,000만원에서 7억원을 호가하고 있었기 때문이다. 따라서 3억4천만원에 공매 낙찰 받아 감정가수준의 현금청산을 받을 경우 약 2억5천만원 정도의 수익이 예상되었다.

◈ 토지 지분공매 절차에서 공매물건의 사진과 주변 현황도

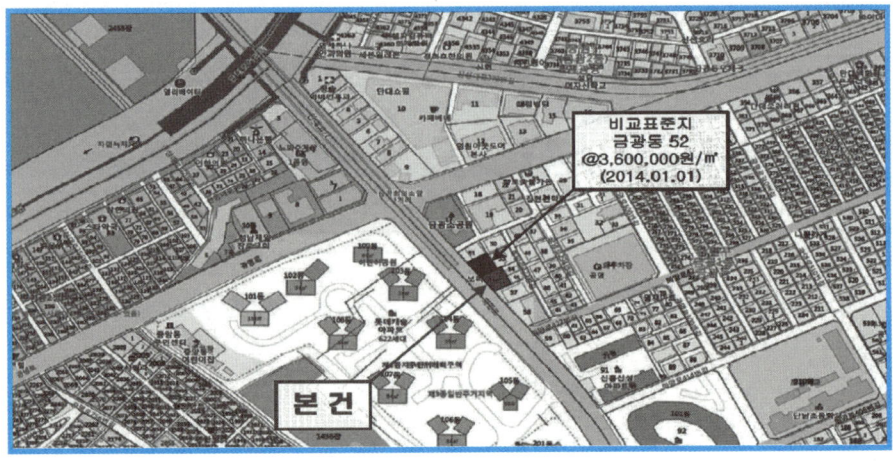

◈ 상가주택 2분의 1 지분 온비드공매 입찰정보 내역

필자는 345,600,000원에 입찰하여 낙찰 받았고, 차순위자가 333,770,000원에 입찰하였다.

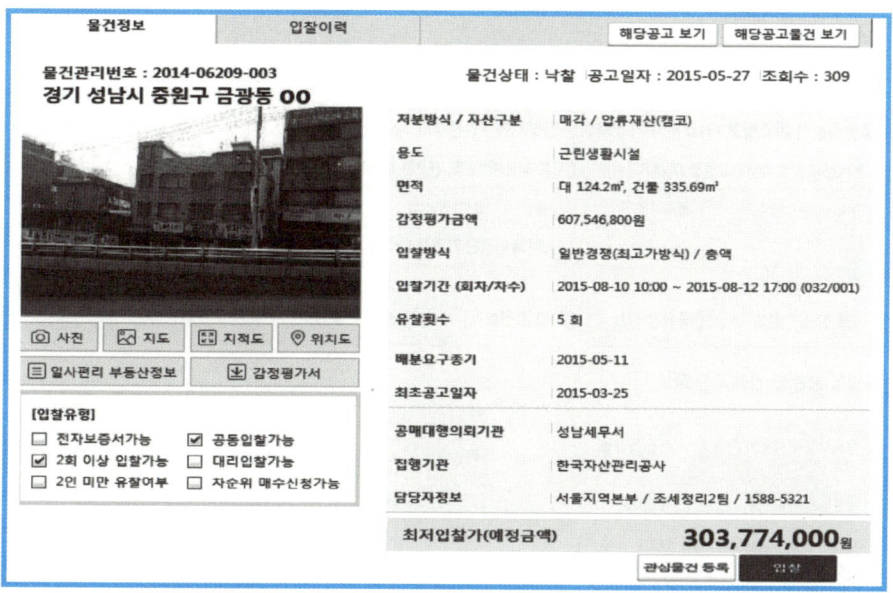

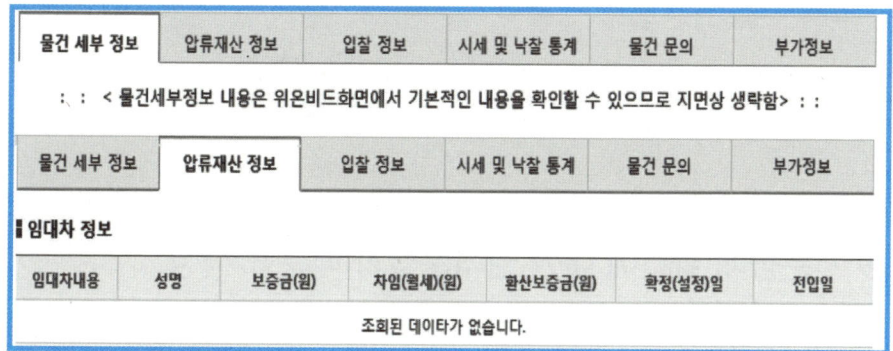

등기사항증명서 주요정보

번호	권리종류	권리자명	설정일자	설정금액(원)
1	위임기관	성남세무서	-	미표시
2	근저당권	문OO	2000-07-26	351,000,000
3	근저당권	농업협동조합중앙회	2001-08-20	39,000,000
4	가압류	주식회사국민은행(안산서기기업금융지점)	2004-05-27	123,516,791

권리분석 기초정보 (권리분석 기초자료는 입찰시작 7일전부터 제공됩니다)

- 배분요구 및 채권신고현황 (배분요구서를 기준으로 작성하였으며, 신고된 채권액은 변동될 수 있습니다.)

번호	권리종류	권리자명	설정일	설정금액(원)	배분요구일	배분요구채권액(원)	말소가능 여부	기타
:	:	:	<이하 내용은 지면상 생략했음>	:	:			

| 물건 세부 정보 | 압류재산 정보 | **입찰 정보** | 시세 및 낙찰 통계 | 물건 문의 | 부가정보 |

입찰 방법 및 입찰 제한 정보

전자보증서 사용여부	사용 불가능	차순위 매수신청 가능여부	신청 불가능
공동입찰 가능여부	공동입찰 가능	2인 미만 유찰여부	1인이 입찰하더라도 유효한 입찰로 성립
대리입찰 가능여부	대리입찰 불가능	2회 이상 입찰 가능여부	동일물건 2회 이상 입찰 가능

회차별 입찰 정보

입찰번호	회차/차수	구분	대금납부/납부기한	입찰기간	개찰일시	개찰장소	매각결정일시	최저입찰가(원)
2201406209003	032/001	인터넷	일시불/ 낙찰금액별 구분	2015-08-10 10:00~ 2015-08-12 17:00	2015-08-13 11:00	전자자산처분시스템(www.onbid.co.kr) 공매재산명세	2015-08-17 10:00	303,774,000

◆ 지분공매 물건에 대한 권리분석과 배분표 작성

이 공매물건에서 특이한 것은 말소기준권리인 문○○의 근저당권(채무자 이소령 가명)은 이 상가주택의 공유자이다. 이 상가주택에는 대항력 있는 임차인 등이 없어서 공매로 낙찰 받으면 인수할 권리가 없다. 그런데도 가격이 이렇게 떨어진 이유는 지분으로 매각되는 물건이면서 공매물건이라 그런 것으로 판단

된다. 아마도 경매물건이있다면 더 많은 분들이 관심을 가졌을 것이고, 이 상가주택이 가치가 높은 것을 알 수 있었던 경쟁자들로 인해서 필자는 낙찰 받지 못했을 것이다. 그나마 이러한 물건이 공매로 매각된 것은 필자에게 행운이다.

이 1/2 지분공매 예상배분표를 작성하면 매각대금 345,000,000원 - 공매비용 10,022,400원으로 배분금액은 335,577,600원이 된다. 이 금액을 가지고 배분하면 다음과 같다.

- **1순위** : 성남시 중원구청 재산세 168만원(당해세 우선변제금)
- **2순위** : 문○○ 근저당 3억83만원(근저당권 우선변제금)
- **3순위** : 성남세무서 33,067,600원으로 배분절차가 종결된다.

◈ 지분공매에서 2대1의 경쟁률을 뚫고 상가주택을 낙찰 받았다!

▌상세입찰결과

물건관리번호	2014-06209-003		
재산구분	압류재산(캠코)	담당부점	서울지역본부
물건명	경기 성남시 중원구 금광동 00		
공고번호	201505-02060-00	회차 / 차수	032 / 001
처분방식	매각	입찰방식/경쟁방식	최고가방식 / 일반경쟁
입찰기간	2015-08-10 10:00 ~ 2015-08-12 17:00	총액/단가	총액
개찰시작일시	2015-08-13 11:08	집행완료일시	2015-08-13 11:45
입찰자수	유효 2명 / 무효 0명(인터넷)		
입찰금액	345,600,000원/ 333,770,000원		
개찰결과	낙찰	낙찰금액	345,600,000원
감정가 (최초 최저입찰가)	607,546,800원	최저입찰가	303,774,000원
낙찰가율 (감정가 대비)	56.88%	낙찰가율 (최저입찰가 대비)	113.77%

▌대금납부 및 배분기일 정보

대금납부기한	2015-09-16	납부여부	납부
납부최고기한	-	배분기일	2015-10-14

◆ 매수 이후의 대응 현황

낙찰 받고 나서 명도하러 갔다가 알게 된 사실은 다른 공유자가 10년 전부터 알고 지내던 친구와 이 상가주택을 공동으로 매수하게 되었다고 한다. 친구가 자금이 부족해서 공유자 문○○가 자금을 빌려주면서 근저당권을 설정한 것이라고도 했다. 그리고 본인은 3층에 거주하고 지분공매된 체납자는 2층에 거주하고 있다는 사실을 알 수 있었다.

매수인은 2층에 거주하고 있는 체납자를 명도하고 나서 공유자 문○○와 상의하여 체납자가 거주하고 있는 공간을 2억원에 전세를 놓았고, 분양 신청대신 현금청산을 선택했다. 입찰 전에도 분석한 바도 있지만 감정가 정도로 현금청산되면 매수인은 약 9천여만원 투자해서 2억5,000만원 정도 시세차익을 보게 되므로 입찰에 참여할 때부터 양도세 절세를 목적으로 법인사업자 명의로 낙찰 받았다.

매수인은 345,600,000원 공매 입찰하여 낙찰 받은 후 잔금대출을 270,000,000원을 실행하여 매수인의 소요자금은 취등록세 포함하여 91,934,000원이 투자되었다.

매수인은 2017년 중순경 현금청산을 받을 것이라고 예상하고 투자하였으나, 2017년 1월 현금청산금을 받았다. 현금청산금 685,188,490원에서 본인투자금(345,600,000원 + 취등록세 16,934,000원 + 대출이자 15,000,000원 = 377,534,000원)를 공제할 경우 총수익은 307,654,490원이 실현되었다. 여기서 매수인의 투입소요자금대비 연 수익률은 307,654,490원/106,934,000원 = 287.70%로 아주 성공적인 투자가 되었다. 이러한 금액을 노후생활자금에 보태면 아주 행복할 것이다.

다음은 성남시 금광1구역 재개발사업에서 현금청산금을 받게 된 감정평가 금액과 공문서류를 첨부했으니 독자분들도 이러한 공매나 경매물건이 있으면 투자해서 성공의 기쁨을 맛보기 바란다.

◈ 성남시 금광1구역 재개발사업에서 현금청산금으로 탈출한 사례

이 재개발구역내의 상가주택 2분의 1을 낙찰 받아 다음 한국토지주택공사의 현금청산 내역과 같이 현금청산금을 받고 탈출한 사례이다.

살기좋은 국토, 행복한 주거 From LH

 ## 한 국 토 지 주 택 공 사

수신자 : 금광1구역 현금청산자 제위
(경유)
참   조 :
제   목 : 금광1구역 현금청산 시행 안내

1. 귀하와 귀댁의 가정에 건강과 행복이 가득하시길 기원합니다.

2. 금광1구역 주택재개발 정비사업 시행과 관련하여 「도시 및 주거환경정비법」 제47조 및 동법시행령 제48조에 의거 현금청산을 아래와 같이 시행하오니 붙임 안내문을 참고하여 구비서류 작성 및 지참하시어 기한 내 청산금 신청에 협조하여 주시기 바랍니다.

- 아   래 -

□ 신청장소 : 금광1 재개발 현장사무소(수정구 신흥동   번지 아이에스빌딩 5층)
□ 신청기간 : '16. 10. 5 ~ 11. 3(오전10:00 ~ 오후 4:00, 주말·공휴일 제외)

붙 임 : 1. 현금청산 내역서 1부
         2. 현금청산 안내문 1부. 끝.

한국토지주택공사 경기지역본부장

한국토지주택공사 경기지역본부

문서번호 :
수   신 : 주식회사조이 귀하
제   목 : 현금청산협의요청

에 편입된 귀 소유 토지 등에 대한 현금청산계획을 다음과 같이 정하고 「도시 및 주거환경정비법」 제47조 및 동법시행령 제48조에 따라 협의를 요청하오니 계약체결기간내에 협의에 응하여 주시기 바랍니다.

― 다   음 ―

계약체결기간	2016.10.05~2016.11.03	협의 및 계약체결장소	금광1 재개발 현장사무소
계약 및 지급조건	['별첨' 보상 안내문 참조]		
제출요구서류	['별첨' 보상 안내문 참조]		

현금청산내역

구분	소재지	지번	지분면적(㎡)	물건의 종류	구조및규격	수량	보상액(원)	비고
토지	경기도 성남시 중원구 금광동	56	124.20				533,439,000	
물건	경기도 성남시 중원구 금광동	56		가옥-가외 3건	알씨및연와조,철근콘크리트조		151,749,490	

토지 현금청산명세

소유자 : 주식회사   귀하   주소 : 경기도 성남시 중원구 희망로422번길   (금광동)

일련번호	소재지	지번	공부지목	편입면적(㎡)	지분	지분면적(㎡)	보상금액
1	경기도 성남시 중원구 금광동	56	대	248.40	1/2	124.20	533,439,000

물건 현금청산명세

소유자 : 주식회사   귀하   주소 : 경기도 성남시 중원구 희망로422번길   (금광동)

일련번호	소재지	지번	물건의종류	구조 및 규격	수량(건)	단위	지분	보상금액
1	경기도 성남시 중원구 금광동	56	가옥-가	알씨및연와조,철근콘크리트조	671	㎡	1/2	150,984,240
2	경기도 성남시 중원구 금광동	56	기타지장물-창고	판넬조, 3.3*2.2	7	㎡	1/2	435,600
3	경기도 성남시 중원구 금광동	56	기타지장물-지하출입구	시멘트벽돌조, 1.1*2	2	㎡	1/2	254,650
4	경기도 성남시 중원구 금광동	56	기타지장물-대문	소	1	식	1/2	75,000

07 신탁공매에서 상가가 유찰되어 수의계약을 체결한 사례

이 사례는 서울시 서초구 서초동 더샵서초상가로 102동 102호와 103호에 관한 신탁공매 물건으로 상가사진과 주변 현황도, 입찰정보 및 수의계약을 체결한 내역은 다음과 같다.

◈ 신탁공매 상가 주변 현황도와 사진

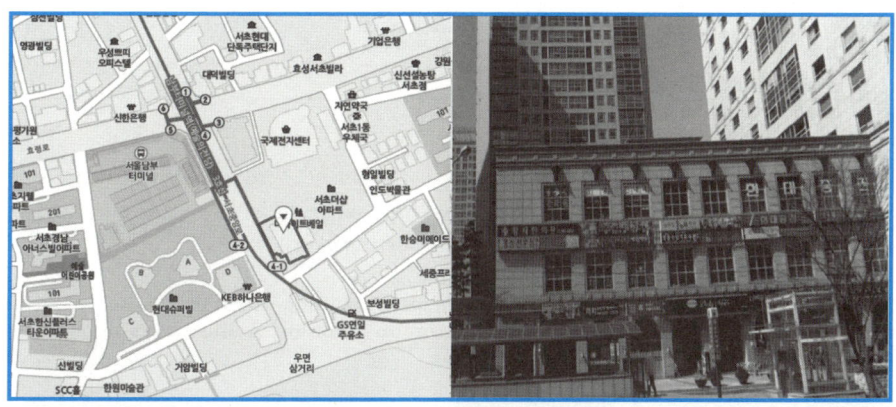

◆ 생보부동산 신탁공매 상가 공고정보 내용

신탁기관홈페이지에서 앞에서와 같은 공매물건을 찾은 다음 신탁공매 공고정보 내용에서 공매대상 부동산의 내역과 공매입찰일정, 입찰방법 및 입찰서류, 낙찰 받고 나서 매매 계약체결, 그리고 잔금납부 및 명도에 관한 사항 등을 확인한 다음 입찰에 참여하면 된다.

□ 공매물건명
서울시 서초구 서초동 1445-14외 1필지 더샾서초 102동102, 103호

□ 공매 부동산의 개요
1. 공매대상 부동산의 표시
소재지 : 서울특별시 서초구 서초동 1445-14외 1필지 더샾 서초

공매물건동·호수		대지권의 비율	전유면적(㎡)	비고
1	제102동 제1층 제102호	12708.9분의 4.21 2843.7분의 0.92	22.82	
2	제102동 제1층 제103호	12708.9분의 4.21 2843.7분의 0.92	22.82	

□ 공매내용 및 공매결과
2. 공매일정 및 차수별 최저입찰가격
(단위:원, VAT별도)

공매 일시 및 차수별 최저입찰가격

공매물건	1차	2차	3차	4차	5차	6차	7차	8차
	2014.11.12 (수)10:00유찰	2014.11.12 (수)14:00유찰	2014.11.19 (수)10:00유찰	2014.11.19 (수)14:00유찰	2014.11.26 (수)10:00(유찰)	2014.11.26 (수)14:00(유찰)	2014.12.03 (수)10:00(유찰)	2014.12.03 (수)14:00
1	196,000,000	178,000,000	161,000,000	145,000,000	132,000,000	120,000,000	109,000,000	99,000,000
2	196,000,000	178,000,000	161,000,000	145,000,000	132,000,000	120,000,000	109,000,000	99,000,000

※ 잔금납부시 건물가액의 10%를 V.A.T로 별도 납부하셔야 합니다.

※ 7회차 유찰후 수의계약 체결

□ 입찰방법
3. 공매장소
- 서울특별시 서초구 강남대로 299(서초동, 강남매트로빌딩 9층) (주)생보부동산신탁 회의실
- 문의처 : 02)3404-3565

4. 입찰방법 : 일반경쟁입찰 (단독입찰가능)
1) 본 공매는 개별매각 조건입니다.
2) 각 회차별 최저입찰가격 이상 최고입찰자에게 낙찰합니다.
3) 최고가 동일 입찰자가 2인 이상인 경우에는 동 입찰자들을 대상으로 최고 동가 입찰가를 최저 공매가격으로 즉시 재입찰을 실시하여 낙찰자를 결정합니다.
4) 입찰보증금 : 입찰금액의 10% 이상 현금 또는 금융기관 및 우체국 발행 자기앞수표
(단, 추심료 별도 납부)를 입찰서에 동봉 제출합니다.

□ 입찰서류
5. 입찰신청서류
1) 입찰서(당사 소정 양식) 1부
2) 입찰참가자격 확인 및 이행 각서(예금보험공사 양식) 1부
3) 인감도장 및 신분증
4) 인감증명서(법인은 사용인감제 포함) 1부
5) 주민등록초본(법인등기부등본) 및 사업자등록증 사본 1부
6) 입찰보증금 (유찰시 당일 반환)
※ 대리인의 경우는 위임장, 위임용 인감증명서, 대리인 신분증 지참

□ 계약체결
공매공고안 참조

□ 유의사항
공매공고안 참조

◆ 상가를 신탁공매에서 이렇게 분석하고 매수했다!

임차인이 점유하고 있다면, 상임법으로 보호받는 임차인 여부를 확인해야 한다. 이때 대항력 있는 임차인(신탁등기 전에 대항요건을 갖춘 임차인)이면, 낙찰자가 인수 또는 매각대금으로 보증금을 상환하고 건물을 인도해 주는 조건으로 매각하는 것인가를 확인해야 한다.

그리고 가치를 분석해야 한다. 상가는 임대수요가 많아야 가치가 높아진다. 임대수요가 적다면 상가가치는 떨어질 수밖에 없다.

그래서 투자하기 전에 임대수요가 어느 정도이고, 임대료 수준, 입지 등을 분석하여 매수를 결정해야 한다. 아무리 값이 싸더라도 장사가 안 되는 입지 또는 임대수요가 적은 곳 같으면 피해야 한다.

이 상가와 같이 공실인 상가에 입찰하려면 새로운 임차인을 구하는 것과 관리비 연체 등의 문제를 해결할 수 있어야 한다.

이 신탁공매 상가는 서울시 서초구 서초동 더샵서초상가로 102동 102호와 103호가 매각되고 있는 것으로, 1회차로 102호와 103호가 똑같이 최초매각예정금액 1억 9,600만원으로 시작했는데, 7회차 1억0900만원까지 입찰자가 없어서 유찰되었다. 이때 수의계약은 7회차 유찰 즉시부터 8회차가 새로 시작되기 전까지 할 수 있다.

홍길동은 8회차에 싸게 사는 것도 중요하지만, 더 높은 가격으로 매각될 수 있다는 불안감으로 생보부동산 공매담당자를 방문해서 7회차 1억0900만원 가격으로 102호와 103호를 수의계약으로 매수했다.

왜냐하면 이 상가 102호와 103호를 가지고 커피숍이나 편의점 등으로 임대하면 임대수입이 12% 정도 보장될 것으로 판단했기 때문이다.

Chapter 15
상가와 오피스텔 사고파는 계약에서 알고 있어야 할 내용

Chapter 16
다양한 오피스텔에서 내게 유리한 계약서 작성 방법

Chapter 17
사업자간 상가건물 매매 계약과 사업포괄양수도 계약

6편

내게 유리한 상가, 오피스텔 계약서 작성 실무

Chapter 15

상가와 오피스텔 계약에서 꼭 알고 있어야 할 내용

01 바람직한 투자는 우량한 부동산을 찾는 것이다!

　매수할 상가나 오피스텔, 토지를 방문해서 내가 매수할 목적에 맞는지 여부를 먼저 판단하고 매수 여부를 결정해야 한다.

　① 상가건물을 매수할 때 내가 직접 장사를 하든, 임대수익을 기대하든, 어떤 면에서도 장사가 잘 될 수 있는 상가를 매수해야 그 가치가 증가될 수 있으니 상권분석을 잘해서 선택해야 한다. ② 오피스텔을 매수할 때에도 업무용으로 또는 주거용으로 사용할 것인지를 판단해서 그 목적에 맞는가를 먼저 판단하고, ③ 토지(대지, 전, 답, 과수원 등)를 매수할 때 역시 그 매수목적에 맞아야만 성공적인 부동산 투자가 될 수 있다.

02 계약하기 전에 매수할 부동산의 현황을 파악하라!

◈ 매수할 상가 등에 수리나 개선이 필요한 부분이 있나?

　상가나 오피스텔, 토지의 수리나 개선 등이 필요한 부분이 있는가를 꼼꼼히 살피고 매수를 결정해야 한다. 부동산을 매수하고 나서 수리나 개선할 부분이 나타난다면 매수인이 비용을 들여 개선해야 되기 때문이다.

◈ 매수할 상가 등을 누가(소유자, 임차인) 사용하고 있는가?

현재 매수할 상가나 오피스텔, 토지를 소유자가 사용하고 있는지, 아니면 임차인이 사용하고 있는 지를 확인해야 한다.

◈ 매수할 상가 등에 임차인의 수와 임차보증금을 확인해라!

상가건물 등에서 다수의 임차인이 발생할 수 있고, 이러한 상가건물 등을 매수하는 경우 건물에서 전체 가구 수를 확인해서 임차인의 수 및 임차보증금의 합계를 정확하게 파악해야 한다.

그리고 임차인이 특별법의 보호대상에 해당되는지, 아닌지 등을 파악해서 부동산을 매수해야지 이러한 내용을 확인하지 않고 매수하면 매수인이 뜻하지 못한 손실을 볼 수도 있다.

임차인이 특별법의 보호대상이면 대항력이 있어서 매수인은 매도인이 계약한 임대차에서 임대인의 지위를 자동적으로 승계하게 되므로 퇴거를 요구할 수 없고 계약기간 만료 후 임차보증금반환 의무도 갖게 된다. 임차인을 조사하는 경우에 임차보증금에 채권가압류나 압류된 사실이 있는가도 확인해야 한다.

◈ 매수부동산이 영업할 업종에 규제 또는 제한이 있는지를 확인

① 영업할 업종이 상가용도와 적합한 가를 건축물대장과 해당 관공서 담당공무원을 통해서 확인해야 한다. 현 상가에서 신고 및 허가관련 사항, 소방관련 시설, 전력용량 등이 가능한 가를 확인해야 하는데… 현 상가에서 영업행위의 규제로 업종을 상향(1종에서 2종으로)해야 하는 경우와 영업 관련 규제사항을 개선해서 영업을 하게 되는 경우, 전력용량이 부족하여 증설해야 되는 경우가 있다.

② 동일업종에 대한 영업금지규정이 있는가!

상가건물에서 동일업종이 영업할 수 없다는 규정이나 자체규약 등이 있을 때 그러한 사실을 모르고 입주해서 손해를 보는 사례가 발생하고 있으니, 동일업종제한 등을 매도인 및 관리단(상가번영회 사무실등), 관리 사무실 등을 통해서 확인해야 한다.

③ 건물신축 또는 개발행위를 위해 토지를 매수하는 경우에도 건물신축이나 개발행위 제한 등을 계약하기 전에 확인해야 한다.

03 계약하기 전에 매수할 부동산의 시세를 정확하게 파악해라!

계약하기 전에 매수할 상가나 오피스텔, 토지의 시세를 정확하게 파악하는 것이 중요한데, 이러한 시세조사는 다음 김선생의 핵심강의노트처럼 인터넷에서 매매와 전세 시세를 확인하고, 매수를 소개한 중개업소 이외에 다른 주변 중개업소 2~3곳을 방문해서 확인해야 한다. 이렇게 다양한 방법으로 매매와 전세, 월세 시세를 확인해야 정확하게 파악할 수 있다. 매수부동산을 시세보다 비싸게 구입하면 그만큼 그 부담은 매수인에게 돌아가게 되기 때문이다.

김선생의 핵심 강의노트 Ⅳ

부동산 매매와 전세 시세를 인터넷과 중개업소에서 확인하는 방법

1. 인터넷창에서 "부동산 114"를 검색해서 확인하는 방법
    이 화면에서 전체매물 또는 매매, 전세, 월세 등을 체크해서 매매 시세, 전세와 월세 시세 등을 확인할 수 있다.
2. 인터넷창에서 "네이버 부동산"을 검색해서 확인하는 방법
3. 국토교통부 실거래가 공개시스템(rt.molit.go.kr)
    이 화면을 검색해서 아파트, 연립/다세대주택, 단독/다가구 등의 실제 거래된 가격과 거래 시기 등을 확인할 수 있다.
4. 주변 중개업소에서 매매와 전세 시세를 직접 확인해라!
    상가건물을 소개한 중개업소 이외에 다른 주변 중개업소 2~3곳을 방문해서 확인해야 한다. 이렇게 다양한 방법으로 매매와 전세, 월세 시세를 확인해야 정확하게 파악할 수 있다.

04 매수할 부동산의 등기부 열람과 유의할 사항

인터넷에서 대법원인터넷등기소(www.iros.go.kr)를 검색해서 열람 또는 발급하여 분석하면 된다.

◆ 등기사항증명서를 열람해서 어떻게 분석해야 하나?

다음 내용은 『Chapter 05 건물을 만드는 과정과 등기부 등의 공적장부 완전정복』에 기술되어 있어서 지면상 생략했다.

1) 등기사항증명서엔 어떤 종류가 있나?

2) 토지와 건물등기사항증명서를 보는 법과 권리에서 우선순위

3) 집합건물 등기사항증명서를 보는 법과 분석하는 방법

4) 등기부에서 우선순위 결정방법과 등기부의 신뢰 관계

◈ 누구와 매매계약을 체결해야 완전한 소유권을 보장받나?

1) 계약은 등기부상 소유자를 임대인으로 계약해야 한다

계약하기 전에 등기부를 열람해서 등기부상 소유자가 누구인지를 확인하고, 본인 확인을 위해서 주민등록초본, 신분증 등으로 임대인의 신원을 확인하라!

계약 상대방은 등기부상 소유자와 계약을 해야 한다.

2) 대리인과 계약할 때 어떻게 대처해야 안전할까?

대리인이 계약한다면, 계약서에 위임용인감증명서와 인감도장이 날인된 위임장을 첨부하고 대리인이 계약을 하였다는 내용과 계약금에서 잔금까지 매도인의 통장으로 계좌이체하고 잔금 지급하기 전에 반드시 본인이 참석해서 계약서에 자필서명하기로 한다는 내용을 특약사항란에 명기(明記)하고, 이 내용을 매도인과 전화로 확인해야 한다.

3) 가등기된 상가건물은 누구와 계약을 해야 매수인이 보호될까

『Chapter 09의 05번, ■ 가등기된 주택은 누구와 계약을 해야 매수인이 보호될까?(181쪽)』을 참고하면 되므로 생략했다.

4) 상가건물 등이 신탁등기되어 있다면 누구랑 계약해야 하나?

『Chapter 09의 05번, ■ 주택 등이 신탁등기되어 있다면 누구랑 계약해야 하나?(183쪽)

◈ 일반건물과 집합건물에서 건물과 토지 소유자가 다를 때의 계약은?

1) 일반건물에서 건물의 소유자와 토지 소유자가 다른 경우

일반상가건물에서 건물소유자와 토지소유자가 다른 경우 건물 소유자와 매매계약을 하면 매수인은 건물의 소유권만 갖게 되고 토지에 대한 권리가 없어서 토지사용료 또는 건물철거의 부담을 갖게 된다.

2) 집합건물(상가건물, 오피스텔 등)에서 대지권미등기인 경우

집합건물등기부의 두 번째 표제부에 대지권의 표시가 없으면, 대지권은 있는데 대지 지분정리가 안되어 미등기인지, 대지권 정리가 된 상태인데 대지권이 없는 경우인지를 토지등기부를 확인해서 판단하게 되는데, 실제로 대지권이 없는 경우라면 매수인은 대지권이 없는 집합건물 소유자와 계약을 하게 된 것으로 대지권은 취득할 수 없어서 손해를 보게 된다.

3) 집합건물(상가건물, 오피스텔 등)에서 토지별도등기가 있는 경우

집합건물등기부의 두 번째 표제부에 다음과 같이 대지권의 표시가 되어 있으나 토지별도등기가 있다면,

등기부등본(말소사항 포함) - 집합건물

서울시 강남구 논현동 ○○ 채움미디움 제101동 제10층 제○○○호

【표 제 부】(1동의 건물의 표시) --- <내용생략>				
표시번호	접 수	소재지번, 건물명칭 및 번호	건물내역	등기원인 및 기타사항

【표 제 부】(전유부분의 건물의 표시) --<대지권의 표시에 토지별도등기가 있음>				
표시번호	접 수	건물번호	건물내역	등기원인 및 기타사항
1	2010년 2월 1일	제10층 제○○호	철근콘크리트조 64.58m²	도면편철장 제12책232장

(대지권의 표시)			
표시번호	대지권의 종류	대지권의 비율	등기원인 및 기타사항
1	1. 소유권대지권	34541.95분의 32.35	2009년 10월 10일 대지권 2010년 2월 1일 별도등기있음 1토지(을1번 근저당권설정등기) 2010년 2월 1일

【갑 구】(소유권에 관한 사항)				
순위번호	등기목적	접 수	등기원인	권리자 및 기타사항
1	소유권보존	2010년 2월 1일 제21430호		소유자 이순신 OOOOOO-1****** 서울시 강서구 화곡동 OOO
2	소유권이전	2002년 10월 10일 제54397호	2012년 10월 10일 매매	소유자 홍길동 OOOOOO-1****** 주소 서울시 서초구 방배동 OOO

매수인은 대지권을 취득할 수 없게 될 수도 있다.

따라서 집합건물에서 토지별도등기 내용[1토지(을1번 근저당권설정등기)]을 토지등기부에서 다음과 같이 확인해야한다.

【을 구】(소유권 이외의 권리에 관한 사항)				
순위번호	등 기 목 적	접 수	등 기 원 인	권리자 및 기타 사항
1	근저당설정	2009년 12월 10일 제85308호	2009년 12월 10일 설정계약	채권최고액 150,000,000원 채무자 이순신 서울시 강서구 화곡동 근저당권자 국민은행 서울시 강서구 화곡동 OOO

집합건물에서 대지권이 표시되어 있으니 집합건물과 대지권이 모두 매도인의 소유가 되는 것 같이 보이지만 훗날 토지별도등기권자인 국민은행이 신청한 경매절차에서 제3자가 낙찰받게 된다면 대지권은 제3자 소유가 된다. 따라서 토지별도등기가 있다면 토지등기부를 확인해서 그 진위를 판단하고 나서 계약서를 작성해야 한다.

◆ 상가건물 등이 여러 명의 공동소유자로 등기되어 있는 경우

『Chapter 09의 05 공동소유 다가구주택 매매 계약서 작성하는 방법(188쪽)』을 참고하면 되므로 생략했다.

◆ 등기부의 갑구와 을구에 담보물권과 채권 등이 등기되어 있으면?

1) 근저당권, 전세권, 임대차등기, 담보가등기 등이 등기되어 있는 경우

매수 전에 등기부에 등기된 은행의 근저당권과 전세권자, 담보가등기, 임대차등기 등이 있다면 매수자가 승계하는 조건으로 계약을 하거나 일부 상환 또는 전부 상환하고 등기부에서 감액등기 또는 말소등기를 중도금 또는 잔금지급 전까지 하는 조건으로 계약을 하고, 그 내용을 계약서 특약사항란에 기재해서, 중도금 또는 잔금을 지급할 때 확인하고 지급하면 된다. 승계하는 근저당권이나 전세권, 임대차등기에 대해서는 매수인이 부담하게 되는 채무가 되므로 근저당권의 원금 및 이자, 전세금과 전세기간, 임차금액 및 임대차기간 등을 확인하고, 그 인수하는 금액을 매매대금에서 공제하고 잔금을 지급해야 한다.

2) 조세·공과금 등의 압류와 일반채권의 가압류 등이 등기되어 있는 경우

매수 전에 등기부에 등기된 조세·공과금 등의 압류와 일반채권으로 가압류·압류 등이 있다면 매수인이 인수해야 할 채권금액은 등기부에 등기된 채권금액을 한도로 인수하게 되므로, 매도인 책임 하에 말소등기를 중도금 또는 잔금 지급 전까지 하는 조건으로 계약을 하고, 그 내용을 계약서 특약사항란에 명기해서, 중도금 또는 잔금을 지급할 때 확인하고 지급하면 된다.

위 1)과 2)의 상황에서는 ▶ 다음 07번과 같이 대응하면 된다.

◆ 등기부에 소유권을 제한하는 가처분, 가등기 등이 있는 경우

가처분, 예고등기, 가등기, 경매기입등기(임의경매와 강제경매) 등의 소유권

제한사항 등이 있다면 부동산을 사고 나서도 이들 권리에 의해서 매수인이 소유권을 잃게될 수 있으니, 이러한 등기가 있다면 **계약을 하기 전에 잔금지급 이전에 해결하는 조건으로 협의하고, 그 협의내용을 특약사항란에**『**등기부상 소유권을 제한하는 가처분 등의 권리는 매수인이 잔금지급 전까지 말소하기로 하고, 만일 매도인의 귀책사유로 말소되지 못하면 매수인은 위 계약내용 제6조에 의해 계약을 해제하고 손해배상을 청구할 수 있다.**』고 명기(明記)해야 한다.

◆ 단시일 내에 소유자가 자주 변경된 경우

단시일 내에 권리자(소유자 또는 기타 권리자 등)가 자주 변경되는 경우와 복잡하게 얽혀있는 것은 일단 의심을 하고 분석해야 한다.

05 건축물관리대장과 토지대장을 확인해라!

김선생 "건축물대장(토지대장)과 등기사항전부증명서를 확인하여 매도인이 공부상 소유자와 일치하는 가와 대장과 등기부상의 표시부분에서 다른 내용이 있는 가를 확인해야 합니다.

건축물대장과 등기부에 등기된 내용이 같을 때는 문제가 없지만, 다르다면 등기부의 표제부에 기재되는 지번·구조·용도·면적 등은 대장이 우선하지만, 소유권에 관한 사항은 등기부가 우선하므로 그 진위 여부를 다시 확인하고 등기부에 등기된 소유자를 매도인으로 해서 매매계약서를 작성하면 된다."

이 밖에도 자세한 내용은 Chapter 09의 『06 건축물관리대장과 토지대장을 확인해라!』에서 "김선생의 조언 – **건축물대장에 불법건축물이 표시되어 있는 가를 확인해라!(191쪽)**"를 참고하면 된다.

06 토지이용계획확인서를 확인

토지이용계획확인서는 지역·지구 등의 지정내용과 그 지역·지구 안에서 행위제한 내용이 기재되어 있어서 토지의 이용 및 도시계획시설 결정여부 등을 확인할 수 있는 서류다. 재개발 및 재건축 구역지정과 그에 따른 건축제한 등이 기재되어 있어서 매수자가 계약서를 작성하기 전에 반드시 확인해야 되는 서류 중의 하나다.

07 매수부동산에 등기된 채권과 임차권이 있을 때 계약방법

매수할 부동산(상가건물과 오피스텔, 토지)에 등기부에 등기된 채권과 등기는 되지 않았지만 특별법으로 당연히 대항력과 우선변제권이 있는 임차인이 있을 수 있는데, 이들 채권을 계약할 때 해결하지 않으면 매수인의 부담으로 남는다. 그래서 이런 상황에서 다음과 같이 채권을 승계하는 조건으로 계약할 수도 있고, 말소하는 조건으로 계약할 수도 있다.

◆ 선순위채권을 승계하는 조건으로 계약하는 경우

1) 등기부에 등기된 근저당권 등을 승계하는 조건으로 계약

매수할 상가건물, 오피스텔, 토지 등에 선순위담보물권(금융기관 근저당권+전세권+담보가등기)이 있는 경우 채권금액을 확인하고, 계약서 특약사항란에 『매수인이 상가건물에 2006. 1. 1. 설정된 국민은행의 융자금 1억원(채권최고액 1

억2천만원)을 승계하는 조건으로 계약하기로, 또는 국민은행 융자금 1억 중 5천만원을 보증금 잔금으로 상환하고, 감액등기(채권최고액 6천만원)하기로 한다.』로 명기하면 된다.

  2) 상가건물 등에 임차인들을 승계하는 조건으로 하는 계약

  계약서 특약사항란에 『상가건물에는 현재 임차인이 5인이며 임차보증금의 합계 2억9천만원(임차내역: 지하 1층에 1호 5천만원과 2호 2,000만원, 1층에 101호 7,000만원과 102호 3,000만원, 2층에 202호 4,000만원)』을 승계하기로 한다.

◆ 등기부에 등기된 채권을 말소하는 조건으로 계약하려면

  담보물권(금융기관 근저당권+전세권+담보가등기)이나 일반채권(가압류, 압류 등)을 말소하는 조건으로 계약하는 경우는 계약서 특약사항란에 『매도인은 다가구주택에 2011. 1. 1. 설정된 신한은행의 융자금 2억원(채권최고액 2억4천만원)과 2011년 2월 10일 가압류등기(3,000만원), 2012년 2월 10일 압류등기를 잔금지급 이전까지 말소하기로 한다.』로 명기하면 된다.

08 계약 이후에 추가적인 권리가 발생 시 계약해제 및 손해배상

  계약 이후에 매수인이 소유권을 이전받기 전까지 매도인의 귀책사유로 위 주택에 추가적인 권리(근저당권, 임차권, 가압류, 가처분 등)가 발생하면 매수인이 잔금지급 전까지 매도인 책임하에 말소시켜야 한다. 만일 말소시키지 못하면 매수인은 위 계약내용 제6조에 의해 계약을 해제하고 손해배상을 청구할 수 있다는 내용을 계약서 특약사항란에 명기하면 된다.

09 매매대금 지급 방법과 주택인도 시기에 대한 합의

아파트 매매대금을 계약금, 중도금, 잔금 등으로 나누어 지급하는 시기를 합의해서 그 내용을 계약서 매매대금 지급내용과 주택인도 시기를 기재하면 된다.

10 계약해제 시 해약금과 위약금에 관한 약정

다음 내용은 『Chapter 09의 11 계약해제시 해약금과 위약금에 관한 약정 (194~195쪽』에 기술되어 있어서 지면상 생략했다.
1) 해약금약정
2) 위약금약정 또는 위약벌약정(채무불이행과 손해배상)

11 관리비 및 공과금 체납 여부와 해결방법에 대한 합의

매도인은 관리비와 제세 · 공과금을 매수인이 잔금지급하기 전까지 정산해서 납부해야한다는 내용을 특약사항란에 명기하기로 합의.

12 선수관리비 인수인계에 관한 합의

선수관리비는 매도인과 매수인 사이에 인수인계 확인서를 작성하고 관리사무소에 통지하는 방법으로 매수인이 매매대금과 별도로 매도인에게 지급하고 선수관리비를 승계하는 방식으로 많이 하고 있다.

13 부동문자로 된 계약내용에 대한 합의

계약서에 부동문자로 인쇄되어 있는 내용에 대해서 합의한 바 없다고 다음 판례와 같이 상대방이 주장하면 다툼이 발생할 수 있으니, 계약서 특약사항란에 『① 본 계약은 위 부동문자로 된 계약내용에 합의하고, 본 상가는 계약 시의 현 시설상태로 매수인에게 인도한다.』로 명기해둬야 한다.

14 상가건물과 오피스텔 등을 매매 계약할 때 유의사항

◈ **상가건물의 종류**

① **단지내 상가** - 아파트 단지내 상가와 기존 주택의 단지내 상가가 있다.

② **근린상가** – 중심상가, 근린상가, 유통상가, 일반상가로 1종, 2종 편의시설 위주로 구성되어 있는 건물이다.

③ **주상복합상가** – 상층부는 아파트(3~4층 이상은 주택)이나 하층부는 상가(1~3층 등은 상가)로 구성되어 있다. 주거공간과 상업공간이 복합된 아파트로 주상복합아파트라고도 부르고, 상가와 아파트만 있는 경우도 있지만, 1~2층은 상가, 3~7층은 오피스텔, 8~15층은 아파트를 한 건물로 구성하고 있기도 한다.

④ **오피스텔상가**는 상층부는 오피스텔이나 하층부는 상가(1~3층 등은 근린상가)로 구성되어 있다.

⑤ **오피스텔**은 주택법에 따라서는 준주택으로 주택 외 건물, 건축법에 따라 지어진 건축물로 건물전체가 업무용 오피스텔로 구성되어 있는 건물이다. 오피스텔은 업무용으로 지어졌는데에도 사용용도에 따라 주거용 오피스텔과 업무용 오피스텔로 구분하기도 한다. 특히 방2개~3개로 구성된 중대형 오피스텔은 주거를 대체할 수 있는 오피스텔로 인정 받아 계속적으로 가격이 상승하고 있다.

⑥ **상가주택**은 1~2층 등은 상가로, 그외 상층부는 주택인 경우로 겸용주택이라고도 한다.

◆ 상가나 오피스텔 등은 건물분 부가세와 상임법의 적용대상이다!

상가건물은 집합건물로 상가건물과 오피스텔 등이 있고, 집합건물이 아닌 일반상가건물(건물과 토지가 독립된 부동산)로 나뉘고 있다. 이들 상가건물은 분양 시에 분양가격에서 건물분의 부가세 10%와 소유권보존등기시 농특세가 부과되고 있고, 그 영향은 분양 이후에도 미치고 있다.

① 개인이 최초 상가를 분양받아 개인 또는 임대사업자(일반사업자나 법인사업자 포함)에게 매도하는 경우에는 세금계산서를 발급할 수가 없어서 분양당시 건물분 부가세를 매매가격에 포함해서 매도하게 된다. ⇨ 이 상황에서는 건물분 부가세가 매도가격에 포함되어 사라져 버리게 된다.

② 개인으로부터 임대사업자(일반사업자나 법인사업자 포함) 등이 매수 후 개인에게 매도하면 건물 매매대금은 세금계산서(건물 매매대금+건물분부가세), 토지 매매대금은 부가세가 면제되므로 계산서를 발행해서 건물분 부가세를 관할 세무서에 납부(매도가격에 건물분 부가세가 포함되므로)해야 되니 그 부가세만큼 예측하지 못한 손실이 발생할 수도 있다. 총 매매대금이 7억5,000만원에서 건물 매매대금과 토지 매매대금 계산 방법은 ㉠ 건물 매매대금 = 매매대금 7억5,000만원 ×건물 기준시가(246,581,000원)/[건물 기준시가(246,581,000원)+건물분 부가세(24,658,100원)+토지 공시지가(395,108,000원)] = 277,536,662원이고, ㉡ 건물분 부가세 = 건물분 부가세(24,658,100원)/666,347,100원(건물 기준시가+건물분 부가세+토지 공시지가) =27,753,666원, ㉢ 토지 매매대금 = 7억5,000만원 ×토지 공시지가(395,108,000원)/666,347,100원(건물 기준시가+건물분 부가세+토지 공시지가) = 444,709,672원이 된다. 왜냐하면 살 때 개인에게 부가세를 받지 못해서 환급받지 못했는데, 팔 때는 부가세를 발급해야 하고, 새로운 매수인이 개인이다 보니 부가세를 매도가격처럼 여기게 되므로 건물분 부가세까지 매도가격에 포함해서 팔게 되기 때문이다. ⇨ 개인이 매도 시 매도가격에 포함되어 사라졌다가 다시 살아나는 일이 발생한다(① 상가나 오피스텔 등의 임대사업자는 일반사업자라 이렇게 부가세가 부과대상이지만, ② 오피스텔을 주거용으로 주택임대사업자가 매수한 경우에는 면세사업자라 계산서로 발급하게 되므로 부가세를 납부하지 않아도 된다).

그러나 개인으로부터 매수한 임대사업자 등이 다른 임대사업자 등에게 매도할 때(상가나 오피스텔 등의 임대사업자의 경우만)에는 건물분 부가세까지 포함해서 세금계산서를 발급하고, 매수인이 부가세를 환급 받는 방법으로 진행하게 되므로, 건물분 부가세를 매도인이 부담하지 않아도 되니 손해가 발생하지 않는다. 그렇다고 하더라도 매도가격의 증가라는 생각으로 매수하려는 임대사업자 등도 있을수 있는데 이런 경우 매수를 꺼릴수도 있을것이다.

③ 부가세가 이어져 내려가는 일 ⇨ 임대사업자(일반사업자나 법인사업자 포함)등이 최초로 분양받거나 임대사업자 등으로 매수한 경우 ⇨ 임대사업자(일반사업자나 법인사업자 포함) 등에게 매도하면 건물분 세금계산서를 임대사업자 등에게 발급하고, 환급받은 부가세를 납부하니 손해가 없지만, 다음 ④번과 같은 혜택을 볼 수는 없다.

④ 부가세를 매수인에게 승계시키는 경우(사업포괄양수도계약) ⇨ 임대사업자(일반사업자나 법인사업자 포함)가 다른 임대사업자 등에게에게 매도 시 사업포괄양수도 계약으로 매매하면 매도인은 부가세만큼 혜택(환급받은 부가세 납부의무가 면제)을 볼 수 있다. 매수인이 매수 시 임대사업자가 아니지만 신규로 등록해서 사업포괄양수도 계약을 하는 경우에도 가능하지만, 매수인이 임대사업자 등을 등록 하지 않으면 매도인이 환급받은 부가세 10%를 납부해야 되는 문제가 발생하므로 개업공인중개사 또는 매도인은 매매계약서 작성 시 반드시 사업포괄양도양수 부분을 매수인에게 상세히 설명하고 사업포괄양도양수 계약서를 별도로 작성해서 첨부해야 한다.

<이 내용은 Chapter 15의 14 상가건물과 오피스텔 매매계약시 유의사항(349쪽)과 Chapter 16의 02 오피스텔 매매 계약서 작성(개인 간의 거래)(367쪽), Chapter 16의 03 오피스텔 사업자가 팔 때 매매 계약서를 작성하는 방법(372쪽), Chapter 17의 02 집합건물상가 매매 계약서와 사업포괄양수도 계약서 작성(398쪽과 Chapter 17의 03 법인명의의 상가건물을 법인이 매수할 때 올바른 계약서 작성 비법(409쪽)을 참고하면 된다>

⑤ 사업자 등이 매도하는 경우에 매매대금에서 건물분 부가세 10%를 포함해서 받아서 납부해야 한다. 그래서 매매 계약서를 작성할 때 잊지 말아야 할 사항

이 매매대금 000만원(건물분 부가세 00만원을 포함한 금액임)으로 매매하는 조건이다. 또는 매매대금 000만원(건물분 부가세 00만원 별도임)으로 괄호안의 금액은 매매대금과 별도로 매수인이 부담하기로 한다는 것으로 약정하면 된다. 그리고 그러한 사실을 특약사항란에 명기함과 동시에 건물분 세금계산서(건물분 부가세가 포함된 세금계산서)와 토지분 계산서(토지는 부가세가 면세되므로 계산서로)를 작성하면 된다. 유의할 점은 매매 계약서를 작성할 때에 특약사항에 "부가가치세 별도" 라는 약정이 없이 매매가 이루어지면 매매대금에 건물분 부가세가 포함된 것으로 보기 때문에 그만큼 매매대금이 적어지게 된다.

상가를 분양받을 때 분양금액에 포함된 부가가치세를 환급받기 위해서 일반사업자로 등록하는 것이 일반적이지만, 간혹 간이사업자로 등록하는 경우가 있다. 이때 세금계산서를 발행할 수가 없어서 부가가치세를 환급받을 수 없고, 부가가치세를 공급받는자 매도인에게 세금계산서를 발급할 수도 없다. 이러한 간이사업자도 건물분 부가세를 납부해야하는데, 그 계산방법은 일반사업자와 다르게 앞의 ②번과 같은 방법으로 건물 매매대금을 구하고, 이 금액 0000원 × 부동산임대료에 대한 업종별 부가가치율은 30/100 × 부가가치세율 10% = 간이사업자의 부가가치세율은 3%이다. 이렇게 계산한 건물분 부가세를 포함해서 매매대금 000만원(건물분 부가세 3%를 포함한 금액임)을 정하고, 그러한 내용을 특약사항란에도 명기해야 한다.

◆ 업무용 오피스텔은 상가와 다르게 적용되고 있다!

상가건물은 업무용 또는 상업용 건물로 인정돼 상임법만 적용받게 된다.
오피스텔은 용도가 업무용으로 건축되었음에도 불구하고, 실제 사용 용도에 따라서 용도를 주거용(본인이 전입신고 또는 임차인이 전입신고)으로 사용하면 건물분 부가세가 면제되고, 주택임대차보호법의 적용대상으로 양도세가 비과세 혜택(1주택자가 2년 보유) 또는 1년 미만은 40%, 1년 이상 보유하다가 팔면 일반세율(6~45%)을 적용 받는다. **이렇게 매수인이 주거용으로 임대하면 임차인의 월세에 대한 부가세가 면세된다.**

　업무용(본인이 사업자등록 또는 임차인이 사업자등록, 사업자가 없이 업무용으로 사용하는 경우도 포함)으로 사용하면 건물분(대지권은 부가세가 면세되므로)의 부가세 10%가 부과되고 상임법의 적용대상으로 양도소득세가 1년 미만은 50%, 2년 미만은 40%, 2년 이상 보유 후 매도하면 일반세율(6~45%)을 적용 받게 된다. 하지만, 주택 수에 포함되지 않아, 기존에 보유하고 있는 다른 주택에 대해서 비과세혜택을 볼 수 있는 장점과 단점이 따르게 되므로 임대인의 사정에 따라 용도를 주거용 또는 업무용으로 정해서 임대해야 한다. **이렇게 매수인이 업무용으로 임대하면 임차인의 월세에 대한 부가세가 부과된다.**

　용도가 주거용이냐, 업무용이냐의 기준점은 매수 시점을 기준으로 하는 것이 아니라 매도 시점에 어떠한 용도로 사용하고 있느냐에 따라 달라진다.

　주거용으로 사용하다가 업무용으로 파는 것이 유리하다고 판단되면 업무용으로 만들어 매도하면 되고, 반대로 매수 시점에 업무용으로 사용하다 주거용으로 변경하는 경우도 주거용도(소유자가 전입신고 또는 임차인이 전입신고)로 사용하다 매도하면 주거용으로 양도세 혜택을 볼 수 있다. **유의할 점은** 업무용으로 사용기간은 주거용의 보유기간 혜택에서 제외되고 주거용도로 사용한 기간만 가지고 비과세 여부를 판단하게 된다는 사실이다.

　<위 ①과 ②의 자세한 내용은 Chapter 24의 08 법인사업자로 취득하는 것이 개인명의 또는 개인사업자보다 절세가 될까?(555쪽을 참고하면 된다)>

◆ 상가나 오피스텔 등을 법인사업자로 취득해 매도 시에 유의할 사항

1) 법인 명의로 취득시 취득세와 중과세율
① 법인이 국민주택 규모 이하의 주택을 취득 시에는 취득세 및 교육세 12.4%

와 ② 국민주택 규모 초과 시 13.4%(농특세 1% 포함)는 중과세율이 적용된 것으로 5년 미만 법인이 과밀억제권내 부동산을 취득하든, 5년 이상된 법인이 취득하든 동일한 중과세율 12.4%와 13.4%가 적용된다. 이는 □지방세법 제16조 제5항 같은 취득물건에 대하여 둘 이상의 세율이 해당되는 경우에는 그중 높은 세율을 적용한다와 □지방세법 제13조(과밀억제권역 안 취득 등 중과) 제2항 규정에 따라 다음 ③과 같이 5년 미만된 주택의 중과 세율과 비교해서 더 높은 세율인 지방세법 제13조의2(법인의 주택 취득 등 중과) 12.4%(국민주택규모 이하)만 적용한다. 즉 5년 미만된 법인이 주택을 취득하는 경우에는 추가로 구등록세분의 중과는 부과되지 않는다.

③ 지방세법 시행령 제27조(대도시 부동산 취득의 중과세 범위와 적용기준) 제3항과 지방세법 제13조(과밀억제권역 안 취득 등 중과) 제2항에 따라 과밀억제권 내의 5년 미만 법인이 과밀억제권 내의 주택이 아닌 상가건물, 오피스텔, 공장, 농지, 토지 등을 취득하는 경우에는 구등록세분의 3배 중과가 종전과 같이 적용되므로, ⓐ 취득세 : 표준세율(4%)+3-중과기준세율(2%) ×2=8%, ⓑ 지방교육세 : [4%-2%]×20%×3=1.2%, ⓒ 농어촌특별세 : 0.2%이다. 따라서 중과세율은 9.4%가 된다.

2) 법인세율과 지방소득세 그리고 추가되는 법인세 요약정리

법인이 주택 및 비사업용 토지를 양도한 경우 = 기본 법인세율 10% + 법인세할 지방소득세 1%(법인세액의 10%) + 추가법인세20%(2021년부터)(양도가액 - 장부가액)이 된다.

여기서 일반법인세의 과세표준은 양도차익(양도가액 - 취득가액)- 일반경비(임대료 및 관리비, 인건비, 기타 비용 등의 법인사업비용)를 공제하여 계산하면 된다.

(위 1)과 2)의 자세한 내용은 24의 08 법인사업자로 취득하는 것이 개인명의 또는 개인사업자보다 절세가 될까?(555쪽을 참고하면 된다).

◈ 영업업종이 상가용도와 적합한가에 대한 판단이 먼저이다!

영업을 하려면 업종이 상가용도와 적합한지 여부를 건축물대장과 해당 관공서 담당공무원을 통해서 신고 및 허가관련 사항과 소방관계시설이 적합한지, 전력용량이 적합한가 등을 반드시 확인해야한다.

현 상가에 영업행위의 규제로 업종을 상향(1종에서 2종으로)해야 하는 경우와 영업관련 규제사항을 개선해서 영업을 하게 되는 경우, 전력용량 부족을 증설을 하게 되는 경우, 그 비용을 매수 전에 계산해 보고 매수를 결정하는 지혜도 필요하다.

◈ 영업할 업종제한이나 동일업종에 대한 영업금지규정이 있는지!

시청 또는 구청의 담당부서에서 매수인이 영업할 업종이 가능한 대상인지 규제대상에 해당하는 가를 확인(음식점일 경우 구청 보건위생과)하고, 그리고 주의해야 할 점이 있는데 상가건물에서 상가번영회의 자체규약으로 인한 손해도 있다, 상가분양당시 분양조건으로 본 건물에서 동일업종이 영업할 수 없다는 규정이나 분양 이후에도 상가번영회 자체의 정관으로 동일업종제한 등이 있다면 그러한 사실을 모르고 매수해서 시설을 설치하고 영업을 했을 때 그 손실이 예상되기 때문이다.

15. 행정청의 허가가 있어야 소유권을 취득하게 되는 경우

토지거래허가구역에 있는 토지나 학교법인의 부동산, 농지의 매매에 있어서 매매계약체결 시 행정청의 별도의 허가가 필요하다.

◆ 토지거래허가구역 내에서 토지 매매 계약 시

토지거래허가구역내의 토지에 대해 토지거래계약을 하려는 계약당사자는 공동으로 시장, 군수, 구청장의 허가를 받아서 계약을 해야 한다.

허가를 받지 않고 계약한 토지거래계약은 효력이 발생하지 않는다(국토법 제118조 제6항).

◆ 외국인의 토지취득

외국인·외국정부 등이 대한민국안의 토지를 취득하는 계약을 체결하는 경우에는 계약체결일로부터 30일 이내에 시장, 군수, 구청장에게 신고해야 한다(외국인토지법 제4조 제1항).

다만 공인중개사법 및 부동산신고에 관한 법률에 따라 부동산거래신고를 한 경우 또는 주택거래신고를 한 경우에는 외국인토지법에 따른 취득신고가 면제된다.

◆ 농지 매매 계약 시

농지를 취득하려는 자는 시·군·구·읍·면장에게서 농지취득자격증명을 발급받아야 한다. 따라서 농지취득자격증명을 발급받고자 하는 자는 농업경영계획서(주말농장은 제외)를 작성하여 소재지를 관할하는 시·군·구·읍·면장에게 농취증을 발급을 신청해서 발급받아 부동산 소유권이전등기 시 첨부해야 소유권이전등기의 효력이 발생하게 된다.

16 매도인의 하자담보책임과 중개대상물 확인·설명서 등의 작성

◆ 주택 누수 등의 하자로 인한 매도인의 하자담보 책임은?

계약서 특약사항란과 다음 중개대상물 확인·설명서 작성 방법은 203쪽을 참고해서 작성하면 된다.

◆ 중개대상물 확인·설명서와 개인정보 수집 동의서

자세한 내용은 204쪽 16 중개대상물 확인·설명서와 개인정보 수집 동의서를 참고하면 된다.

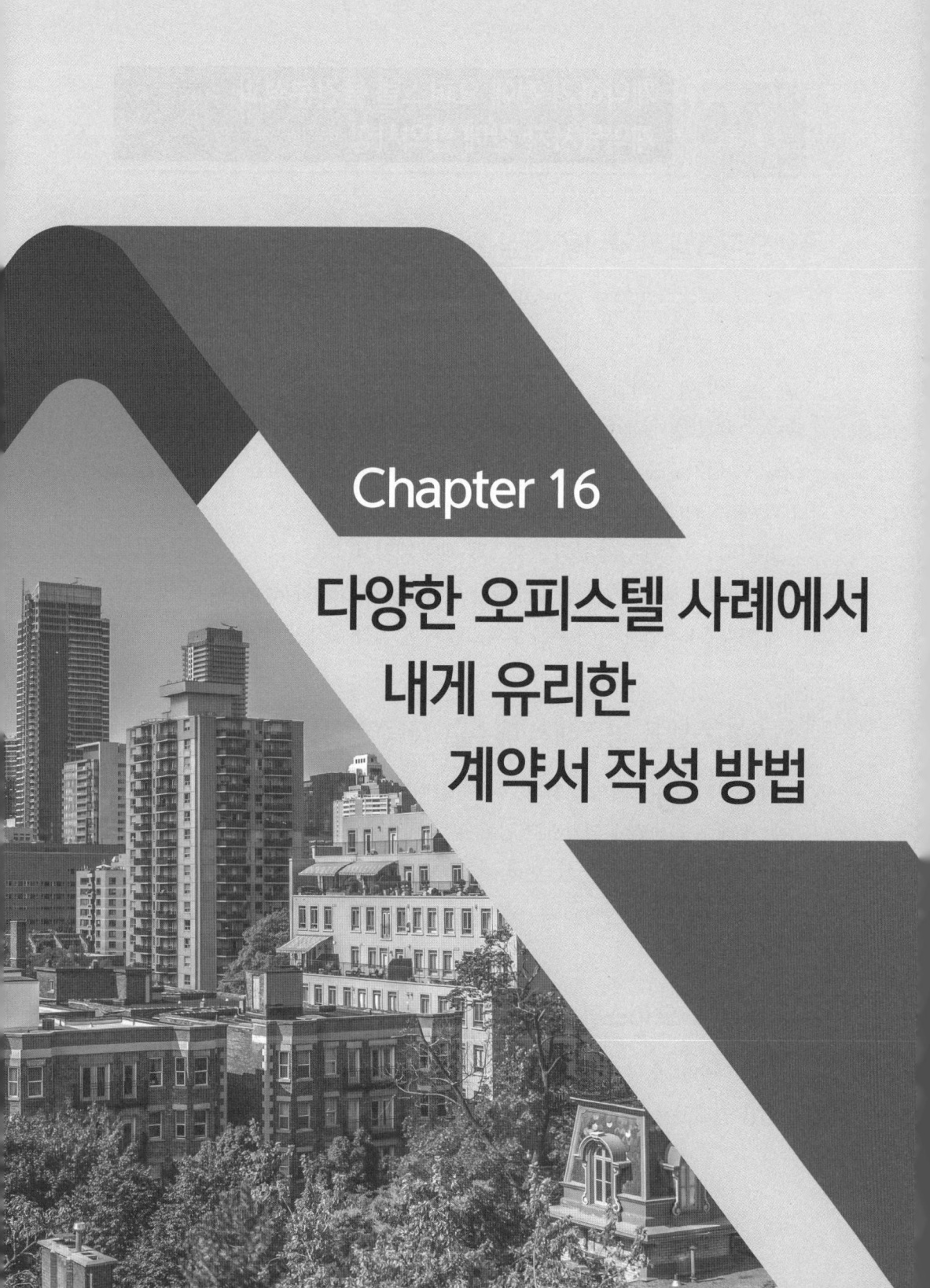

01 계약하기 전에 오피스텔 물건분석과 계약당사자 간에 합의사항

◈ 오피스텔 계약내용 핵심 요약정리

　서울시 종로구 창신동 100번지 문화 오피스텔 제10층 제1004호에 대한 매매 계약서 작성방법이다. 오피스텔의 소유자는 김미영이고, 이 오피스텔을 사서 입주하고자 하는 사람은 이민주이다. 이 오피스텔은 현재 임차인 홍길동이 보증금 2,000만원 월세 60만원(주거용으로 부가세 면세)에 주거용도로 사용하고 있고, 이 임차인은 승계하는 조건으로 매매 계약서를 작성하는 방법으로 매도인과 매수인이 직접 계약하는 계약이다.

　첫 번째 02 개인 간에 문화 오피스텔 매매 계약서이고,
　두 번째 03 사업자가 개인에게 문화 오피스텔 매매 계약서 작성이고,
　세 번째 04 사업자 간에 문화 오피스텔 매매 계약서 작성 방법이다.

◈ 오피스텔을 방문해서 매수할 목적에 맞는가에 대한 판단

　매수인이 오피스텔의 현장과 내부를 살펴보니, 위치가 1호선과 4호선이 교차하는 동대문 역세권에 위치하고 있어서 오피스텔의 목적에 맞게 임대수요가 많다는 것을 확인할 수 있었고, 오피스텔 내부도 건축된 지가 오래되지 않아 깨끗한 편이어서 이 오피스텔을 사서 임대하기로 마음을 정했다.

◈ 매수할 오피스텔을 누가 사용하고, 다른 임차인이 있는지

　현재 매수할 오피스텔은 소유자가 아닌 다른 임차인이 사용하고 있고, 이 임차인을 승계하는 조건으로 매수하기로 했고, 다른 임차인은 없다.

◆ 오피스텔의 시세를 정확하게 조사하고 나서 매매가격을 협상해라!

매수인이 주변 중개업소 2곳을 방문해서 오피스텔의 시세를 확인하니 1억5천만원에서 1억6천만원 대를 형성하고 있고 매도인이 매도의사를 표시한 1억5천만원에 매매 계약하는 것에 동의했다.

◆ 등기부열람으로 소유자 확인과 권리 하자에 대한 분석

① 오피스텔의 등기사항증명서 열람

등기사항전부증명서(말소사항 포함) - 집합건물

서울시 종로구 창신동 100번지 문화 오피스텔 제10층 제1004호

【 표 제 부 】 (전유부분의 건물의 표시)					
표시번호	접수	건물번호	건물내역	등기원인 및 기타사항	
1	2009년 1월 20일	제3층 제302호	철근콘크리트조 27.84㎡	도면편철장 제5책132장	

(대지권의 표시)			
표시번호	대지권의 종류	대지권의 비율	등기원인 및 기타사항
1	1. 소유권대지권	1420분의 25.04	2009년 1월 15일 대지권 2009년 1월 20일

【 갑 구 】 (소유권에 관한 사항)				
순위번호	등기목적	접수	등기원인	권리자 및 기타사항
1	소유권보존	2009년 1월 20일 제11430호		소유자 최성진 ○○○○○○-1***** 서울시 은평구 불광동 ○○○
2	소유권이전	2011년 5월 10일 제154397호	2011년 5월 10일 매매	소유자 김미영 630408-2047948 주소 서울시 동대문구 장안동 180

【 을 구 】 (소유권 이외의 권리에 관한 사항)				
순위번호	등기목적	접수	등기원인	권리자 및 기타사항
1	근저당권 설정	2011년 5월 10일 154398호	2011년 5월 09일 설정계약	채권최고액 84,000,000원 채무자 김미영 근저당권자 하나은행 110111-0015671 서울시 중구 을지로1가 101-1(종로지점)

② 매매계약은 등기부상 소유자를 매도인으로 계약해야 한다

등기부를 열람해서 등기부상 소유자가 김미영임을 확인하고, 본인 확인을 위해서 주민등록초본, 신분증 등으로 임대인의 신원을 확인했다.

③ 오피스텔에 대지권미등기 또는 토지별도등기가 있는 가 확인

오피스텔에 대지권이 등기되어 있나와 토지별도등기가 있나를 등기부를 분석해보니 이상이 없었다.

④ 등기부의 을구와 갑구에 등기된 채권을 확인하고 처리 방법은

❏ 다음 7)와 같이 하면 된다.

⑤ 등기부에 소유권을 제한하는 권리 등이 있는 가를 확인

가처분, 예고등기, 경매기입등기 등의 소유권제한 사항 등이 없다.

◈ 건축물대장을 확인해서 등기부 내역과 일치여부 확인

등기사항증명서와 건축물대장을 확인해 보았는데 다른 내용이 없어서 등기부의 주소로 계약서를 작성하기로 했다.

그리고 건축물대장상 전용면적 27.84㎡이고, 공용면적이 27.04㎡으로 17평형에 해당하는 오피스텔이었다.

◈ 오피스텔에 등기된 채권과 임차권이 있으면 이렇게 해라!

① 매수인은 오피스텔에 2011. 5. 10. 설정된 하나은행의 융자금 채권최고액 8천4백만원(대출원금 7천만원)을 승계하는 조건으로 매수하기로 하고 하나은행에 유선으로 문의해본 결과 승계가 가능하다는 연락을 받아서 잔금지급 시에 채무인수(근저당권의 채무자 명의변경)하고 그만큼 매매대금에서 공제하고 잔금을 지급하기로 했다.

② 오피스텔에 임차인이 보증금 2,000만원 월세 60만원(부가세면세)에 주거용도로 사용하고 있어서, 매수인이 임차인을 승계하는 조건으로 매매계약서에 합의했고 그 임차보증금은 매매대금 잔금에서 공제후 지급하기로 한다는 내용을 계약서 특약사항란에 명기하면 된다.

◆ 계약 이후에 추가적인 권리가 발생 시 계약해제 및 손해배상

계약 이후에 매수인이 소유권을 이전받기 전까지 매도인의 귀책사유로 위 아파트에 추가적인 권리(근저당권, 임차권, 가압류, 가처분 등)가 발생하면 매수인의 잔금지급 전까지 매도인 책임하에 말소시켜야 한다. 만일 말소시키지 못하면 매수인은 위 계약내용 제6조에 의해 계약을 해제하고 손해배상을 청구할 수 있다는 내용을 계약서에 명기하기로 함.

◆ 매매대금 지급 방법과 오피스텔 인도 시기에 대한 합의

서울시 종로구 창신동 100번지 문화 오피스텔 제1004호의 17평형 오피스텔을 매매대금 1억5천만원으로 하는 매매계약 체결에 합의 했고, 그 매매대금 지급방법은 2013년 3월 10일 계약서 작성과 동시에 매수인이 계약금 10%(1,500만원)를 지급하기로 하고, 중도금은 2013년 3월 30일 3천만원, 잔금은 2013년 04월 20일에 하나은행 융자금 7천만원과 임차인의 임차보증금 2천만원을 승계하고 나머지 매매잔금 1천5백만원 지급하기로 하고, 동시에 매도인은 매수인에게 건물을 인도하기로 하는 계약에 합의했다(이 내용을 계약내용 제1조와 2조에 기재하면 된다).

◆ 계약해제 시 해약금과 위약금에 대한 약정

해약금약정과 위약금약정은 인쇄된 계약서 양식에서 계약내용 제5조 [계약의 해제]와 제6조 [채무불이행과 손해배상]에 따르기로 합의함.

《이 내용은 194~195쪽을 정독하고 나서 계약서를 작성해야 한다.》

◆ 관리비 및 공과금 연체 시, 해결방법에 대한 합의

관리비와 제세공과금은 매도인이 잔금지급하기 전까지 정산해서 납부해야 하나 임차인이 거주하는 조건으로 승계받기 때문에 관리비 및 공과금에 대한 특약조건은 생략하기로 했다.

◆ 선수관리비 인수인계에 관한 합의

선수관리비는 매도인과 매수인 사이에 인수인계 확인서를 작성하고 관리사무소에 통지하는 방법으로 매수인이 매매대금과 별도로 매도인에게 지급하고 선수관리비를 승계하기로 하고 계약서 특약사항란에 명기함.

◆ 부동문자로 된 계약내용에 대한 합의

계약서에 부동문자로 인쇄되어 있는 내용에 대해서 합의한 바 없다고 상대방이 주장하면 다툼이 발생할 수 있으니, …

계약서 특약사항란에 『① 본 계약은 위 부동문자로 된 계약내용에 합의하고, 위 오피스텔은 계약 시의 현 시설상태로 매수인에게 인도한다.』로 명기해둬야 한다(자세한 내용은 198쪽과 대법 97다36231, 91다21954 판결 참조)

◆ 사업자가 오피스텔 취득 시 취득세 중과와 보유 및 매도 시 세금 문제

1) **오피스텔**을 주거용으로 사용하느냐, 업무용으로 사용하느냐의 큰 차이점은?
오피스텔은 용도가 업무용으로 됐음에도 불구하고, 실제 사용 용도를, 주거용으로 사용하느냐, 업무용으로 사용하느냐에 따라 취득세, 종합부동산세와 부가가치세 그리고 양도소득세에 차이가 있다.

① 주거용으로 사용하면 즉 주거용(본인이 전입신고 또는 임차인이 전입신고)으로 사용하면 주택의 과세 체계로, 건물분 부가세가 면제되고(임대한 경우에도 임차인의 월세에 대한 부가세가 면세이다), 주택임대차보호법의 적용대상으로 오피스텔을 1주택자로 보아 2년 이상 보유하면 양도세 비과세 혜택을 볼 수 있다(조정대상 지역내에서는 2년 거주해야 비과세). 그러나 다주택자의 경우에는 주택 수에 포함되어 취득세와 양도소득세가 중과될 수 있다. 그리고 주택에 해당하는 재산세와 종합부동산세가 부과된다.

② 업무용으로 사용 시에는 즉 업무용(본인이 사업자등록 또는 임차인이 사업자등록, 사업자가 없이 업무용으로 사용하는 경우도 포함)으로 사용하면, 주택 외 건물의 과세체계가 적용된다. 따라서 건물분(대지권 비과세)의 부가세 10% 부과된다(임대한 경우에도 임차인의 월세에 대한 부가세가 10%가 부과된다).

상임법의 적용대상으로 주택과 같이 비과세 혜택은 누릴 수는 없지만 주택 수에 포함되지 않아서, 오피스텔을 보유한 상태에서 주택을 취득해도 취득세가 중과되지 않고, 기존 1주택자가 주택을 양도 시에도 비과세 혜택을 볼 수 있다. 그리고 기존주택 여러 채를 보유하고 있더라도, 오피스텔 양도 시에 중과되지 않고, 1년 미만은 50%, 2년 미만은 40%, 2년 이상은 6~45%의 기본세율만 적용 받는다는 장·단점이 있다. 그리고 업무용에 해당하는 재산세와 종합부동산세가 부과되는데, 오피스텔은 공시가격이 80억원을 초과해야만 종부세가 과세되므로 절세효과가 높다.

따라서 매도인의 사정에 따라 용도를 주거용, 또는 업무용으로 선택해서 매도해야 한다. 이는 매수인 역시 같은 방법으로 용도를 정해서 매수해야 한다.

③ 2020년 8월 12일 이후에 취득한 오피스텔은 취득세 산정 시 주택 수에 포함되므로 주의해야 한다!

모든 오피스텔이 주택 수에 포함되는 것이 아니다. ㉠ 법 시행 전인 2020년 12월 11일 이전에 취득한 오피스텔은 주거용으로 사용하든, 업무용으로 사용하든 주택 수에서 배제된다.

㉡ 법 시행 후인 2020년 8월 12일 이후에 취득한 오피스텔을 주택으로 사용하면 주택 수에 포함되어, 추후 주택을 추가로 취득하면 2주택자로 8.4%(조정대상지역 내)가 중과된다.

이때 주거용 오피스텔을 보유한 상태에서 아파트를 구입할 때 중과되는 것이고, 아파트가 있는 상태에서 주거용 오피스텔을 취득 시에는 중과되지 않고 취득세가 4.6%이다. 오피스텔을 취득 시 취득세는 주거용이든 업무용이든 무관하게 건축물대장상 업무용에 해당하는 4.6%가 동일하게 적용한다.

㉢ 2020년 8월 12일 이후에 취득한 오피스텔이라도 주택으로 사용하지 않고 업무용으로 사용하면 주택 수에 배제되어, 업무용 오피스텔을 보유하면서 아파트를 추가로 취득해도 무주택자로 1~3%의 기본 취득세율만 적용된다.

2) 오피스텔 임대차계약서에도 용도가 주거용이냐 업무용이냐가 중요하다.

오피스텔의 임대차계약에 빠지지 않는 계약조건이 용도를 업무용으로 사용하는 조건 또는 주거용으로 사용하는 조건으로 임대하는 계약이다.

① 업무용도로 임대 시에는 사업자가 있는 임차인만 대상으로 하든가 또는 전입신고를 하지 않는다는 조건이, ② 주거용도로 임대 시에는 사업자등록을 해서는 안 된다는 것과 임차인이 전입신고를 하는 조건 등이 빠지지 않고 특약으로 기재하고 있다. 유의할 점은 이러한 조건은 계약할 때만 지켜서 되는 것이 아니라 입주 후에도 매수인 또는 임차인이 전입신고를 하면 매수인은 주거용도

로 인정돼 주택 수에 포함될 수 있다. 그리고 주거용으로 임대하는 경우에는 임차인의 월세에 대한 부가세가 면세되므로 월세 000원(주거용으로 부가세 면세)로 기재해야 하고, 업무용으로 임대하면 임차인의 월세에 대한 부가세가 부과되므로 월세 000원(부가세 별도)로 기재해야 한다는 사실이다.

02 개인 간에 오피스텔 매매 계약서를 작성하는 방법

◈ 주거용으로 문화 오피스텔 매매 계약서 작성

앞의 01 내용과 같이 합의한 내용을 증빙자료로 인쇄되어 있는 계약서 양식 『네이버 카페 '김동희부사모' 에서 확인』을 활용해서 작성한 계약서이다. 그런데 이 사례는 오피스텔 매수인 이민주가 무주택자로 주거용으로 2년만 보유하다가 팔면 양도세를 비과세 받을 수 있다. 그래서 주거용도로 사용하고 있는 임차인과 협의해서 임대차 기간동안 주민등록을 이전하지 않기로 확인을 받고 승계하는 계약서를 작성한 것이다.

김선생 계약서를 바르게 작성하는 방법은 "Chapter 15 상가와 오피스텔 사고파는 계약에서 알고 있어야 할 내용"을 참고해서 작성하면 된다.

오피스텔 매매 계약서   주거용

매도인과 매수인 쌍방은 아래 표시 부동산에 관하여 다음과 같이 매매계약을 체결한다.
1. 부동산의 표시

소재지	서울시 종로구 창신동 100번지 문화 오피스텔 제10층 제1004호					
토 지	지 목	대	대지권	소유권의 대지권	면 적	25.04㎡
건 물	구 조	철근콘크리트조	용 도	주거용	면 적	27.84㎡

2. 계약내용

제1조 [목적] 위 부동산의 매매에 있어 매도인과 매수인은 매매대금을 다음과 같이 지급키로 한다.

매매대금	금	일억오천만 원정 (₩150,000,000)		
계약금	금 영	일천오백만 원정은 계약시 지급하고 영수함. (인)	영수자	김 미
중도금	금	삼천만 원정은 2017년 03월 30일에 지급한다.		
융자금 등	금	구천만 원정은 융자금 칠천만 원과 보증금 이천만 원으로 승계하기로 하고 특약사항에 별도 명기한다.		
잔 금	금	일천오백만 원정은 2017년 04월 20일에 지급한다.		

제2조 [소유권이전등] 매도인은 매매대금의 잔금을 수령함과 동시에 매수인에게 소유권이전등기에 필요한 모든 서류를 교부하고 등기절차에 협력하며, 위 부동산에 대하여 2017년 04월 20일 인도하기로 한다.

제3조 [제한물건등의 소멸] 매도인은 위 부동산에 설정된 근저당권, 지상권, 전세권, 임차권 등 소유권의 행사를 제한하는 권리가 있거나 조세공과금 기타 부담금의 미납금 등이 있을 때는 잔금수수일 이전까지 그 권리의 하자 및 부담 등을 제거하여 완전한 소유권을 매수인에게 이전하여야 한다. 다만 승계하기로 합의한 권리나 금액에 대해서는 그러하지 아니한다.

제4조 [지방세등] 위 부동산에 관하여 발생한 수익의 귀속과 조세·공과금 등의 부담은 위 부동산의 인도일을 기준으로 하여 그 이전까지는 매도인이, 그 이후부터는 매수인에게 귀속되고, 단 지방세의 납부 의무 및 납부책임은 지방세법의 규정에 따른다.

제5조 [계약의 해제] 매수인이 중도금(중도금약정이 없을 때는 잔금)을 지급하기 전까지 매도인은 계약금의 배액을 배상하고, 매수인은 계약금을 포기하고 본 계약을 해제할 수 있다.

제6조 [채무불이행과 손해배상] 매도인 또는 매수인은 본 계약상의 내용에 대하여 채무불이행이 있을 경우 그 상대방은 채무불이행한 상대방에 대하여 서면으로 이행을 최고하고, 이행하지 않을 경우 계약을 해제 할 수 있다. 이때 계약당사자는 계약해제에 따른 손해배상을 상대방에게 청구할 수 있으며, 손해배상에 대한별도 약정이 없는 한 계약금상당액을 손해배상금(위약금)으로 본다.

제7조 [중개수수료] 개업공인중개사는 매도인 또는 매수인의 본 계약 불이행에 대하여 책임지지 않는다. 또한 중개수수료는 본 계약의 체결과 동시에 매도인과 매수인 쌍방이 각각 지급하며, 개업공인중개사의 고의나 과실 없이 거래당사자 사정으로 본 계약이 무효·취소 또는 해약되어도 중개수수료는 각각 지급한다.

제8조 [중개대상물 확인·설명서 교부등] 개업공인중개사는 중개대상물 확인·설명서를 작성하고 업무보증관계증서(공제증서등) 사본을 첨부하여 거래당사자 쌍방에 교부한다.

3. 특약 사항

① 본 계약은 위 부동문자로 된 계약내용에 합의하고, 위 오피스텔은 현 시설상태로 매매하는 계약이다.

② 매수인이 오피스텔에 2015. 05. 10. 설정된 하나은행의 융자금 채권최고액 8천4백만(대출원금 7천만원)을 승계를 하나은행과 협의한 결과 가능하다고 해서 매수인이 잔금지급 시 채무인수(근저당권의 채무자 명의변경)하고 그만큼 매매대금에서 공제하고 잔금을 지급하기로 한다.

③ 매수인이 오피스텔의 임차인 홍길동[임대차내역: 보증금 2천만원, 월세 60만원(주거용으로 부가

세 면세), 임대차기간 2016.07.10. ~2017.07.09.]을 승계하기로 하고, 잔금 지급 시 매매대금에서 공제 후 잔금을 지급하기로 한다.

④ 매수인은 무주택자여서 오피스텔을 주거용으로 2년만 보유하다 팔면 양도세를 비과세 받을 수 있다. 그래서 주거용도로 사용하고 있는 임차인과 협의해서 임대차 기간동안 주민등록을 이전하지 않기로 확인을 받고, 승계하기로 했다.

⑤ 계약 이후에 매수인이 오피스텔을 인도받기 전까지 매도인의 귀책사유로 위 오피스텔에 ②항과 ③항 이외에 추가적인 권리(근저당권, 임차권, 가압류, 가처분 등)가 발생하면 매수인이 잔금지급 전까지 매도인 책임하에 말소시켜야 한다. 만일 말소시키지 못하면 매수인은 위 계약내용 제6조에 의해 계약을 해제하고 손해배상을 청구할 수 있다.

⑥ 관리비와 제세·공과금은 매도인이 잔금지급 전까지 정산해서 납부해야 한다.

⑦ 선수관리비는 매도인과 매수인 사이에 인수인계 확인서를 작성하고 관리사무소에 통지하는 방법으로 매수인이 매매대금과 별도로 매도인에게 지급하고 선수관리비를 승계하기로 한다.

본 계약에 이의가 없음을 확인하고 증명하기 위해 계약서를 작성하고 서명·날인하여 각자 1통씩 보관한다.

2017년 03월 10일

매도인	주 소	서울시 동대문구 한천로 220(장안동)				
	주민등록번호	630408-2047948	전 화	010-2222-1234	성 명	김미영 (인)
	대리인	주민등록번호		전 화		성 명
매수인	주 소	서울시 영등포구 경인로80길 50, 202호(문래동 1가, 한양연립)				
	주민등록번호	750510-2047345	전 화	010-4000-1234	성 명	이민주 (인)
	대리인	주민등록번호		전 화		성 명
개업공인중개사	사무소소재지	서울시 종로구 동만산길 30, 105호(창신동, 오성빌딩)				
	등록번호	4254-40000		사무소명칭	종로 공인중개사사무소	
	전화번호	02-5844-8949		대표자성명	박정진 (인)	

🔸 잠깐만! "특약사항은 계약당사자 간의 사정에 따라 다르게 작성해야 되므로 이 계약서 특약사항란(아파트 매매 약정서)에서는 일반적인 내용으로 작성했으니 계약당사자 간의 사정에 따라 선택하거나 변경해서 이용하면 됩니다."

> **알아두면 좋은 내용**
>
> **계약 합의내용을 계약서에 바르게 기재하는 방법(336쪽 참고)**
>
> 김선생 "계약 합의내용을 계약서에 바르게 기재하는 방법《◆ 계약서 작성방법과 반드시 기재해야 할 사항 ~ ◆ 작성된 계약서에 매도인, 매수인, 개업공인중개사의 서명날인》은 중복 기재를 피하기 위해서 생략 했으니, "Chapter 15 상가와 오피스텔 사고파는 계약에서 알고 있어야 할 내용"』을 참고해서 기재하면 됩니다."

◆ 업무용으로 문화 오피스텔 매매 계약서 작성

앞의 01 내용과 같이 합의한 내용을 증빙자료로 인쇄되어 있는 계약서 양식《네이버 카페 '김동희부사모' 에서 확인》을 활용해서 작성한 계약서이다. 그런데 이 사례는 **오피스텔 매수인 이민주가 기존에 주택을 보유하고 있고, 그 주택을 비과세 혜택을 보기 위해서, 오피스텔을 업무용으로 사용하여 주택 수에 포함시키지 않으려고 한다.** 그래서 주거용도로 사용하고 있는 임차인을 매도인 책임하에 내보내고, 오피스텔을 매수인에게 인도하는 계약이다.

오피스텔 매매 계약서 [업무용]

매도인과 매수인 쌍방은 아래 표시 부동산에 관하여 다음과 같이 매매계약을 체결한다.

1. 부동산의 표시

소재지	서울시 종로구 창신동 100번지 문화 오피스텔 제10층 제1004호					
토 지	지 목	대	대지권	소유권의 대지권	면 적	25.04㎡
건 물	구 조	철근콘크리트조	용 도	업무용	면 적	27.84㎡

2. 계약내용
제1조 [목적] 위 부동산의 매매에 있어 매도인과 매수인은 매매대금을 다음과 같이 지급키로 한다.

매매대금	금	일억오천만 원정 (₩150,000,000)
계약금	금	일천오백만 원정은 계약시 지급하고 영수함. 　　영수자 김 미 영 (인)
중도금	금	삼천만 원정은 2017년 03월 30일에 지급한다.
융자금 등	금	칠천만 원정은 승계하고 특약사항에 별도 명기한다.
잔 금	금	삼천오백만 원정은 2017년 04월 20일에 지급한다.

제2조 [소유권이전등] 매도인은 매매대금의 잔금을 수령함과 동시에 매수인에게 소유권이전등기에 필요한 모든 서류를 교부하고 등기절차에 협력하며, 위 부동산에 대하여 2017년 04월 20일 인도하기로 한다.

제3조 [제한물건등의 소멸] 매도인은 위 부동산에 설정된 근저당권, 지상권, 전세권, 임차권 등 소유권의 행사를 제한하는 권리가 있거나 조세공과금 기타 부담금의 미납금 등이 있을 때는 잔금수수일 이전까지 그 권리의 하자 및 부담 등을 제거하여 완전한 소유권을 매수인에게 이전하여야 한다. 다만 승계하기로 합의한 권리나 금액에 대해서는 그러하지 아니한다.

제4조 [지방세등] 위 부동산에 관하여 발생한 수익의 귀속과 조세·공과금 등의 부담은 위 부동산의 인도일을 기준으로 하여 그 이전까지는 매도인이, 그 이후부터는 매수인에게 귀속되고, 단 지방세의 납부 의무 및 납부책임은 지방세법의 규정에 따른다.

제5조 [계약의 해제] 매수인이 중도금(중도금약정이 없을 때는 잔금)을 지급하기 전까지 매도인은 계약금의 배액을 배상하고, 매수인은 계약금을 포기하고 본 계약을 해제할 수 있다.

제6조 [채무불이행과 손해배상] 매도인 또는 매수인은 본 계약상의 내용에 대하여 채무불이행이 있을 경우 그 상대방은 채무불이행한 상대방에 대하여 서면으로 이행을 최고하고, 이행하지 않을 경우 계약을 해제 할 수 있다. 이때 계약당사자는 계약해제에 따른 손해배상을 상대방에게 청구할 수 있으며, 손해 배상에 대한별도 약정이 없는 한 계약금상당액을 손해배상금(위약금)으로 본다.

제7조 [중개수수료] 개업공인중개사는 매도인 또는 매수인의 본 계약 불이행에 대하여 책임지지 않는다. 또한 중개수수료는 본 계약의 체결과 동시에 매도인과 매수인 쌍방이 각각 지급하며, 개업공인중개사의 고의나 과실 없이 거래당사자 사정으로 본 계약이 무효·취소 또는 해약되어도 중개수수료는 각각 지급한다.

제8조 [중개대상물 확인·설명서 교부등] 개업공인중개사는 중개대상물 확인·설명서를 작성하고 업무 보증관계증서(공제증서등) 사본을 첨부하여 거래당사자 쌍방에 교부한다.

3. 특약 사항

① 본 계약은 위 부동문자로 된 계약내용에 합의하고, 위 오피스텔은 현 시설상태로 매매하는 계약이다.

② 매수인이 오피스텔에 2015. 05. 10. 설정된 하나은행의 융자금 채권최고액 8천4백만(대출원금 7천만원)을 승계를 하나은행과 협의한 결과 가능하다고 해서 매수인이 잔금지급 시 채무인수(근저당권의 채무자 명의변경)하고 그만큼 매매대금에서 공제하고 잔금을 지급하기로 한다.

③ 매수인은 기존에 주택을 보유하고 있고, 그 주택을 비과세 혜택을 보기 위해서 위 오피스텔을 업무용도로 사용하고자 했다. 그래서 주거용도로 사용하고 있는 임차인 홍길동을 매도인 책임하에 내 보내고, 매수인이 잔금지급과 동시에 오피스텔을 인도하는 조건이다.

④ 계약 이후에 매수인이 오피스텔을 인도받기 전까지 매도인의 귀책사유로 위 오피스텔에 ②항 이외에 추가적인 권리(근저당권, 임차권, 가압류, 가처분 등)가 발생하면 매수인이 잔금지급 전까지 매도인 책임하에 말소시켜야 한다. 만일 말소시키지 못하면 매수인은 위 계약내용 제6조에 의해 계약을 해제하고 손해배상을 청구할 수 있다.

⑤ 관리비와 제세·공과금은 매도인이 잔금지급 전까지 정산해서 납부해야 한다.

⑥ 선수관리비는 매도인과 매수인 사이에 인수인계 확인서를 작성하고 관리사무소에 통지하는 방법으로 매수인이 매매대금과 별도로 매도인에게 지급하고 선수관리비를 승계하기로 한다.

본 계약에 이의가 없음을 확인하고 증명하기 위해 계약서를 작성하고 서명·날인하여 각자 1통씩 보관한다.

2017년 03월 10일

매도인	주 소	서울시 동대문구 한천로 220(장안동)				
	주민등록번호	630408-2047948	전 화	010-2222-1234	성 명	김 미 영 (인)
	대리인	주민등록번호		전 화		성 명
매수인	주 소	서울시 영등포구 경인로80길 50, 202호(문래동 1가, 한양연립)				
	주민등록번호	750510-2047345	전 화	010-4000-1234	성 명	이 민 주 (인)
	대리인	주민등록번호		전 화		성 명
개업공인중개사	사무소소재지	서울시 종로구 동만산길 30, 105호(창신동, 오성빌딩)				
	등록번호	4254-40000		사무소명칭		종로 공인중개사사무소
	전화번호	02-5844-8949		대표자성명		박 정 진 (인)

03 오피스텔을 사업자가 개인에게 팔 때 매매 계약서 작성 방법

◈ 오피스텔을 사업자가 개인에게 주거용으로 팔 때 계약서 작성 방법

앞의 01 내용과 같이 합의한 내용을 증빙자료로 인쇄되어 있는 계약서 양식〖네이버 카페 '김동희부사모' 에서 확인〗을 활용해서 작성한 계약서이다. 그런데 이 사례는 오피스텔 매도인이 개인사업자로 채움 김미영(상호와 성명)과 매수인인 개인 이민주가 매매 계약서를 작성하는 방법이다. 그리고 이 오피스텔을 주거용으로 사용하고 있는 임차인 홍길동[임대차내역: 보증금 2천만원, 월세 60만원(주거용으로 부가세 면세), 임대차기간 2016.07.10. ~2017.07.09.]을 승계하기로 하고, 잔금 지급 시 매매대금에서 공제 후 잔금을 지급하기로 하는 계약이다. **오피스텔을 이렇게 주거용으로 보유하다가 팔면** ① 주택으로 인정되어 임차인은 주임법으로 보호받으면서 월세에 대한 부가세가 면세되고, ② 매도인은 건물분 부가세가 면세되므로 건물분 부가세가 포함된 세금계산서를 작성하지 않고, 토지와 건물 전체 매매대금에 대해서 계산서만 작성하면 된다. 따라서 계약서에 매매대금을 기재하고, 매매대금에 대한 계산서를 작성해서 매수인에게 계약서와 함께 제공함과 동시에 관할 세무서에 신고하는 절차로 진행하면 된다.

※ 유의할 점은 주거용도로 사용하더라도 국민주택규모를 초과하면 건물분 부가세가 부과된다는 사실이다.

오피스텔 매매 계약서 [주거용]

매도인과 매수인 쌍방은 아래 표시 부동산에 관하여 다음과 같이 매매계약을 체결한다.

1. 부동산의 표시

소재지	서울시 종로구 창신동 100번지 문화 오피스텔 제10층 제1004호				
토 지	지 목	대	대지권	소유권의 대지권	면 적 25.04㎡
건 물	구 조	철근콘크리트조	용 도	주거용	면 적 27.84㎡

2. 계약내용
제1조 [목적] 위 부동산의 매매에 있어 매도인과 매수인은 매매대금을 다음과 같이 지급키로 한다.

매매대금	금	일억오천만 원정 (₩150,000,000)	
계약금	금	일천오백만 원정은 계약시 지급하고 영수함. (인)	영수자 채움 김 미 영
중도금	금	삼천만 원정은 2017년 03월 30일에 지급한다.	
융자금	금	구천만 원정은 융자금 칠천만 원과 보증금 이천만 원으로 승계하고 특약사항에 별도 명기한다.	
잔 금	금	일천오백만 원정은 2017년 04월 20일에 지급한다.	

제2조 [소유권이전등] 매도인은 매매대금의 잔금을 수령함과 동시에 매수인에게 소유권이전등기에 필요한 모든 서류를 교부하고 등기제2조 [소유권이전등] 매도인은 매매대금의 잔금을 수령함과 동시에 매수인에게 소유권이전등기에 필요한 모든 서류를 교부하고 등기절차에 협력하며, 위 부동산에 대하여 2017년 04월 20일 인도하기로 한다.
제3조 [제한물건등의 소멸] 매도인은 위 부동산에 설정된 근저당권, 지상권, 전세권, 임차권 등 소유권의 행사를 제한하는 권리가 있거나 조세공과금 기타 부담금의 미납금 등이 있을 때는 잔금수수일 이전까지

그 권리의 하자 및 부담 등을 제거하여 완전한 소유권을 매수인에게 이전하여야 한다. 다만 승계하기로 합의한 권리나 금액에 대해서는 그러하지 아니한다.

제4조 [지방세등] 위 부동산에 관하여 발생한 수익의 귀속과 조세·공과금 등의 부담은 위 부동산의 인도일을 기준으로 하여 그 이전까지는 매도인이, 그 이후부터는 매수인에게 귀속되고, 단 지방세의 납부 의무 및 납부책임은 지방세법의 규정에 따른다.

제5조 [계약의 해제] 매수인이 중도금(중도금약정이 없을 때는 잔금)을 지급하기 전까지 매도인은 계약금의 배액을 배상하고, 매수인은 계약금을 포기하고 본 계약을 해제할 수 있다.

제6조 [채무불이행과 손해배상] 매도인 또는 매수인은 본 계약상의 내용에 대하여 채무불이행이 있을 경우 그 상대방은 채무불이행한 상대방에 대하여 서면으로 이행을 최고하고, 이행하지 않을 경우 계약을 해제 할 수 있다. 이때 계약당사자는 계약해제에 따른 손해배상을 상대방에게 청구할 수 있으며, 손해배상에 대한별도 약정이 없는 한 계약금상당액을 손해배상금(위약금)으로 본다.

제7조 [중개수수료] 개업공인중개사는 매도인 또는 매수인의 본 계약 불이행에 대하여 책임지지 않는다. 또한 중개수수료는 본 계약의 체결과 동시에 매도인과 매수인 쌍방이 각각 지급하며, 개업공인중개사의 고의나 과실 없이 거래당사자 사정으로 본 계약이 무효·취소 또는 해약되어도 중개수수료는 각각 지급한다.

제8조 [중개대상물 확인·설명서 교부등] 개업공인중개사는 중개대상물 확인·설명서를 작성하고 업무보증관계증서(공제증서등) 사본을 첨부하여 거래당사자 쌍방에 교부한다.

3. 특약 사항

① 본 계약은 위 부동문자로 된 계약내용에 합의하고, 위 오피스텔은 현 시설상태로 매매하는 계약이다.

② 매수인이 오피스텔에 2015. 05. 10. 설정된 하나은행의 융자금 채권최고액 8천4백만(대출원금 7천만원)을 승계를 하나은행과 협의한 결과 가능하다고 해서 매수인이 잔금지급 시 채무인수(근저당권의 채무자 명의변경)하고 그만큼 매매대금에서 공제하고 잔금을 지급하기로 한다.

③ 매수인이 오피스텔의 임차인 홍길동[임대차내역: 보증금 2천만원, 월세 60만원(주거용으로 부가세 면세), 임대차기간 2016.07.10. ~2017.07.09.]을 승계하기로 하고, 잔금 지급 시 매매대금에서 공제 후 잔금을 지급하기로 한다.

④ 개인사업자가 매도하는 것이지만 주거용으로 보유하다가 팔아서 건물분 부가세가 면세된다. 따라서 위 매매대금 1억5,000만원에 대한 계산서만 잔금지급 시에 발행하여 교부하기로 했다.

※ 유의할 점은 주거용도로 사용하더라도 국민주택규모를 초과하면 건물분 부가세가 부과된다는 사실이다.

⑤ 계약 이후에 매수인이 오피스텔을 인도받기 전까지 매도인의 귀책사유로 위 오피스텔에 ②항과 ③항 이외에 추가적인 권리(근저당권, 임차권, 가압류, 가처분 등)가 발생하면 매수인이 잔금지급 전까지 매도인 책임하에 말소시켜야 한다. 만일 말소시키지 못하면 매수인은 위 계약내용 제6조에 의해 계약을 해제하고 손해배상을 청구할 수 있다.

⑥ 관리비와 제세·공과금은 매도인이 잔금지급 전까지 정산해서 납부해야 한다.

⑦ 선수관리비는 매도인과 매수인 사이에 인수인계 확인서를 작성하고 관리사무소에 통지하는 방법으로 매수인이 매매대금과 별도로 매도인에게 지급하고 선수관리비를 승계하기로 한다.

본 계약에 이의가 없음을 확인하고 증명하기 위해 계약서를 작성하고 서명·날인하여 각자 1통씩 보관한다.

2017년 03월 10일

매도인	주 소	서울시 동대문구 한천로 220(장안동)					
	주민등록번호	630408-2047948	전 화	010-2222-1234	성 명	채움 김미영 (인)	
	대리인	주민등록번호		전 화		성 명	
매수인	주 소	서울시 영등포구 경인로80길 50, 202호(문래동 1가, 한양연립)					
	주민등록번호	750510-2047345	전 화	010-4000-1234	성 명	이 민 주 (인)	
	대리인	주민등록번호		전 화		성 명	
개업공인 중개사	사무소소재지	서울시 종로구 동만산길 30, 105호(창신동, 오성빌딩)					
	등록번호	4254-50000			사무소명칭	종로 공인중개사사무소	
	전화번호	2-5844-8949			대표자성명	박 정 진 (인)	

잠깐만! 특약사항은 계약당사자 간의 사정에 따라 다르게 작성해야 되므로 이 계약서 특약사항란(아파트 매매 약정서)에서는 일반적인 내용으로 작성했으니 계약당사자 간의 사정에 따라 선택하거나 변경해서 이용하면 됩니다."

> **계약 합의내용을 계약서에 바르게 기재하는 방법(336쪽 참고)**
>
> **김선생** "계약 합의내용을 계약서에 바르게 기재하는 방법《◆ 계약서 작성방법과 반드시 기재해야 할 사항 ~ ◆ 작성된 계약서에 매도인, 매수인, 개업공인중개사의 서명날인》은 중복 기재를 피하기 위해서 생략 했으니, "Chapter 15 상가와 오피스텔 사고파는 계약에서 알고 있어야 할 내용"을 참고해서 기재하면 됩니다."

◈ 오피스텔을 사업자가 개인에게 업무용으로 팔 때 계약서 작성 방법

1) 오피스텔 계약내용 핵심 요약정리

이 사례는 오피스텔 매도인이 개인사업자로 채움 김미영(상호와 성명)과 매수인이 개인 이민주가 매매 계약서를 작성하는 방법이다. 그리고 **이 오피스텔을 업무용으로 사용하고 있는 임차인 홍길동**[임대차내역 : 보증금 2천만원, 월세 60만원(부가세별도), 임대차기간 2016.07.10. ~2017.07.09,]을 승계하기로 하고, 잔금 지급 시 매매대금에서 공제 후 잔금을 지급하기로 하는 계약이다. 그래서 매매대금을 건물 매매대금과 토지 매매대금으로 나누고, 건물 매매대금은 세금계산서(부가세 포함), 토지 매매대금은 부가세가 면세되므로 계산서만 작성하는 방법으로 계약서에 매매대금을 기재하고, 건물 세금계산서와 토지 계산서를 작성해서 매수인에게 계약서와 함께 제공함과 동시에 관할 세무서에 신고 납부하는 절차로 진행하면 된다.

2) 사업자간의 거래에서는 계산서와 세금계산서를 발행할 의무가 있다

계약당사자간에 매매대금 1억5,000만원과 별도로 건물분 계산서를 납부해야 하는 경우에는 토지매매대금과 건물매매대금으로 안분해서 건물 부가세를 구하고, 매매대금 1억5,000원과 건물분 부가세 0000원이 매도인과 매수인이 주고받게 되는 금액이 된다.

계산방법은 건물 매매대금 = 매매대금 1억5,000만원×건물 기준시가(46,509,000원)/[건물기준시가(46,509,000원)+토지공시지가(45,305,000원)]=75,983,510원이고, 토지 매매대금 = 1억5,000만원×토지 공시지가/(건물기준시가 + 토지공시지가)=74,016,490원이 된다. 따라서 토지매매대금 74,016,490원 + 건물 매매대금 75,983,510원 + 건물분 부가세 7,598,351원으로 토지 매매대금 계산서와 건물 매매대금 세금계산서를 잔금지급 시에 발행하여 교부하기로 합의해서 매수인이 매도인에게 지급해야 할 총 금액은 157,598,351원이라는 내용을 특약사항란에 명기하기로 했다.

> **매매대금 1억5,000만원이 건물분 부가세가 포함된 경우**
> 계산방법은 ① 건물 매매대금 = 매매대금 1억5,000만원×건물 기준시가(46,509,000원)/[건물 기준시가(46,509,000원)+건물분 부가세(4,650,900원)+토지 공시지가(45,305,000원)] = 72,320,087.41원이고, ② 건물분 부가세 = 매매대금 1억5,000만원×건물분 부가세(4,650,900원)/96,464,900원(건물 기준시가+건물분 부가세+토지 공시지가) =7,232,008.74원, ③ 토지 매매대금 = 1억5,000만원×토지 공시지가(45,305,000원)/96,464,900원(건물 기준시가+건물분 부가세+토지 공시지가) = 70,447,903.83원이 된다.
> 따라서 건물분 세금 계산서(건물 물품대 72,320,087원+7,232,009원=79,552,095원)를, 토지분 계산서(70,447,904원)를 발행하면 된다.

3) 문화 오피스텔 매매 계약서를 바르게 작성하는 방법

오피스텔 매매 계약서 [업무용]

매도인과 매수인 쌍방은 아래 표시 부동산에 관하여 다음과 같이 매매계약을 체결한다.

1. 부동산의 표시

소재지	서울시 종로구 창신동 100번지 문화 오피스텔 제10층 제1004호					
토 지	지 목	대	대지권	소유권의 대지권	면 적	25.04㎡
건 물	구 조	철근콘크리트조	용 도	업무용	면 적	27.84㎡

2. 계약내용
제1조 [목적] 위 부동산의 매매에 있어 매도인과 매수인은 매매대금을 다음과 같이 지급키로 한다.

매매대금	금 일억오천칠백오십구만팔천삼백오십일 원정 (₩157,598,351)(건물분 부가세 7,598,351원 포함금액)
계약금	금 일천오백만 원정은 계약시 지급하고 영수함. 영수자 채움 김 미 영 (인)
중도금	금 삼천만 원정은 2017년 03월 30일에 지급한다.
융자금	금 칠천만 원정은 승계하고 특약사항에 별도 명기한다.
잔 금	금 사천이백오십구만팔천삼백오십일 원정은 2017년 04월 20일에 지급한다.

제2조 [소유권이전등] 매도인은 매매대금의 잔금을 수령함과 동시에 매수인에게 소유권이전등기에 필요한 모든 서류를 교부하고 등기절차에 협력하며, 위 부동산에 대하여 2017년 04월 20일 인도하기로 한다.
제3조 [제한물권등의 소멸] 매도인은 위 부동산에 설정된 근저당권, 지상권, 전세권, 임차권 등 소유권의 행사를 제한하는 권리가 있거나 조세공과금 기타 부담금의 미납금 등이 있을 때는 잔금수수일 이전까지

그 권리의 하자 및 부담 등을 제거하여 완전한 소유권을 매수인에게 이전하여야 한다. 다만 승계하기로 합의한 권리나 금액에 대해서는 그러하지 아니한다.

제4조 [지방세등] 위 부동산에 관하여 발생한 수익의 귀속과 조세·공과금 등의 부담은 위 부동산의 인도일을 기준으로 하여 그 이전까지는 매도인이, 그 이후부터는 매수인에게 귀속되고, 단 지방세의 납부 의무 및 납부책임은 지방세법의 규정에 따른다.

제5조 [계약의 해제] 매수인이 중도금(중도금약정이 없을 때는 잔금)을 지급하기 전까지 매도인은 계약금의 배액을 배상하고, 매수인은 계약금을 포기하고 본 계약을 해제할 수 있다.

제6조 [채무불이행과 손해배상] 매도인 또는 매수인은 본 계약상의 내용에 대하여 채무불이행이 있을 경우 그 상대방은 채무불이행한 상대방에 대하여 서면으로 이행을 최고하고, 이행하지 않을 경우 계약을 해제 할 수 있다. 이때 계약당사자는 계약해제에 따른 손해배상을 상대방에게 청구할 수 있으며, 손해배상에 대한별도 약정이 없는 한 계약금상당액을 손해배상금(위약금)으로 본다.

제7조 [중개수수료] 개업공인중개사는 매도인 또는 매수인의 본 계약 불이행에 대하여 책임지지 않는다. 또한 중개수수료는 본 계약의 체결과 동시에 매도인과 매수인 쌍방이 각각 지급하며, 개업공인중개사의 고의나 과실 없이 거래당사자 사정으로 본 계약이 무효·취소 또는 해약되어도 중개수수료는 각각 지급한다.

제8조 [중개대상물 확인·설명서 교부등] 개업공인중개사는 중개대상물 확인·설명서를 작성하고 업무보증관계증서(공제증서등) 사본을 첨부하여 거래당사자 쌍방에 교부한다.

3. 특약 사항

① 본 계약은 위 부동문자로 된 계약내용에 합의하고, 위 오피스텔은 현 시설상태로 매매하는 계약이다.

② 매수인이 오피스텔에 2015. 05. 10. 설정된 하나은행의 융자금 채권최고액 8천4백만(대출원금 7천만원)을 승계를 하나은행과 협의한 결과 가능하다고 해서 매수인이 잔금지급 시 채무인수(근저당권의 채무자 명의변경)하고 그만큼 매매대금에서 공제하고 잔금을 지급하기로 한다.

③ 매수인이 오피스텔의 임차인 홍길동[임대차내역: 보증금 2천만원, 월세 60만원(업무용으로 부가세별도), 임대차기간 2016.07.10.~2017.07.09.]을 승계하기로 하고, 잔금 지급 시 매매대금에서 공제 후 잔금을 지급하기로 한다.

④ 개인사업자가 매도하는 것으로 위 매매대금을 토지매매대금 74,016,490원 + 건물 매매대금 75,983,510원 + 건물분 부가세 7,598,351원으로 정하고, 토지 매매대금 계산서와 건물 매매대금 세금계산서를 잔금지급 시에 발행하여 교부하기로 합의해서, 매수인이 매도인에게 지급해야 할 총금액은 157,598,351원이다.

⑤ 계약 이후에 매수인이 오피스텔을 인도받기 전까지 매도인의 귀책사유로 위 오피스텔에 ②항과 ③항 이외에 추가적인 권리(근저당권, 임차권, 가압류, 가처분 등)가 발생하면 매수인이 잔금지급 전까지 매도인 책임하에 말소시켜야 한다. 만일 말소시키지 못하면 매수인은 위 계약내용 제6조에 의해 계약을 해제하고 손해배상을 청구할 수 있다.

⑥ 관리비와 제세·공과금은 매도인이 잔금지급 전까지 정산해서 납부해야 한다.

⑦ 선수관리비는 매도인과 매수인 사이에 인수인계 확인서를 작성하고 관리사무소에 통지하는 방법으로 매수인이 매매대금과 별도로 매도인에게 지급하고 선수관리비를 승계하기로 한다.

본 계약에 이의가 없음을 확인하고 증명하기 위해 계약서를 작성하고 서명·날인하여 각자 1통씩 보관한다.

2017년 03월 05일

매도인	주 소	서울시 동대문구 한천로 220(장안동)					
	주민등록번호	630408-2047948	전 화	010-2222-1234	성 명	채움 김미영(인)	
	대리인	주민등록번호		전 화		성 명	
매수인	주 소	서울시 영등포구 경인로80길 50, 202호(문래동 1가, 한양연립)					
	주민등록번호	750510-2047345	전 화	010-5555-1234	성 명	이 민 주 (인)	
	대리인	주민등록번호		전 화		성 명	
개업공인 중개사	사무소소재지	서울시 종로구 동만산길 30, 105호(창신동, 오성빌딩)					
	등록번호	4254-40000		사무소명칭		종로 공인중개사사무소	
	전화번호	02-5844-8949		대표자성명		박 정 진 (인)	

04 오피스텔을 사업자 간에 팔 때 매매 계약서를 작성하는 방법

◈ 오피스텔을 사업자 간에 팔 때 주거용으로 매매 계약서를 작성하는 방법

이 사례는 사업자 간에 오피스텔 매매 계약서를 작성하는 방법으로, 매도인이 채움 김미영(상호와 성명)과 매수인 화랑 이민주(상호와 성명)가 매매 계약서를 작성하는 방법이다. 그리고 이 오피스텔을 주거용으로 사용하고 있는 임차인 홍길동[임대차내역: 보증금 2천만원, 월세 60만원(주거용으로 부가세 면세), 임대차기간 2016.07.10.~2017.07.09.,]을 승계하기로 하고, 잔금 지급 시 매매대금에서 공제 후 잔금을 지급하기로 하는 계약이다. 오피스텔을 이렇게 주거용으로 보유하다가 팔면 ① 주택으로 인정되어 임차인은 주임법으로 보호받으면서 월세에 대한 부가세가 면세되고, ② 매도인은 건물분 부가세가 면세되므로 건물분 부가세가 포함된 세금계산서를 작성하지 않고, 토지와 건물 전체 매매대금에 대해서 계산서만 작성하면 된다. 따라서 계약서에 매매대금을 기재하고, 매매대금에 대한 계산서를 작성해서 매수인에게 계약서와 함께 제공함과 동시에 관할 세무서에 신고하는 절차로 진행하면 된다.

✤ 유의할 점은 주거용도로 사용하더라도 국민주택규모를 초과하면 건물분 부가세가 부과된다는 사실이다.

계약서를 작성하는 방법은 『03 오피스텔을 사업자가 팔 때 매매 계약서를 작성하는 방법에서 ✤ 오피스텔을 사업자가 개인에게 주거용으로 팔 때 계약서 작성 방법(372~374쪽)』과 같이 작성하면 된다.

◈ 오피스텔을 사업자 간에 팔 때 업무용으로 매매 계약서를 작성하는 방법

이 사례는 사업자 간에 오피스텔 매매 계약서를 작성하는 방법으로, 매도인이 채움 김미영(상호와 성명)과 매수인 화랑 이민주(상호와 성명)가 매매 계약서를 작성하는 방법이다. 그리고 이 오피스텔을 업무용으로 사용하고 있는 임차인 홍길동[임대차내역: 보증금 2천만원, 월세 60만원(부가세별도), 임대차기간 2016.07.10. ~ 2017.07.09.]을 승계하기로 하고, 잔금 지급 시 매매대금에서 공제 후 잔금을 지급하기로 하는 계약이다. 그래서 매매대금을 건물 매매대금과 토지 매매대금으로 나누고, 건물 매매대금은 세금계산서(부가세 포함), 토지 매매대금은 부가세가 면세되므로 계산서만 작성하는 방법으로 계약서에 매매대금을 기재하고, 건물 세금계산서와 토지 계산서를 작성해서 매수인에게 계약서와 함께 제공함과 동시에 관할 세무서에 신고 납부하는 절차로 진행하면 된다.

계약서를 작성하는 방법은 『03 오피스텔을 사업자가 팔 때 매매 계약서를 작성하는 방법에서 ✤ 오피스텔을 사업자가 개인에게 업무용으로 팔 때 계약서 작성 방법(375~378쪽)』과 같이 작성하면 된다.

05 계약서 작성 이후에 이렇게 대응해라!

매매계약서와 중개대상물 확인·설명서가 작성되었다면, ⇨ '부동산 실거래가격의 신고'를 계약일로부터 30일(2020년 2월 9일부터 30일로 단축) 이내에 해야 하며, ⇨ 계약 이행완료를 위해서 매수인은 매매대금의 잔금지급과 동시에 매도인은 소유권 이전서류와 부동산을 인도. ⇨ 매수인은 소유권이전등기를 본인이 직접 또는 법무사 등을 통해서, 등기소에 소유권이전등기를 신청하는 순으로 매매를 마무리하게 된다.

◈ 매매계약서에 중개대상물 확인·설명서와 개인정보 수집 동의서 작성, 공제증서 첨부

매매계약서를 작성하고, 중개업법에 따라 개업공인중개사는 중개대상물 확인설명서와 개인정보 수집 및 이용/활용 동의서를 작성하고, 계약당사자와 개업공인중개사가 서명날인한 다음 업무보증관계서류(공제증서등) 사본을 첨부하여 거래당사자에게 교부한다.
① 중개대상물 확인·설명서
② 업무보증관계서류(공제증서 등)

◈ 부동산 거래계약의 신고와 주택거래계약 신고

① 부동산 거래계약 신고 방법과 그 신고서, 신고필증

부동산을 매매하면, 매매 거래당사자 또는 개업공인중개사는 계약체결일로부터 30일(2020년 2월 9일부터 30일로 단축) 이내에 실제거래가격을 관할 시장·군수·구청장에게 공동으로 신고해야 한다. 다만 개업공인중개사가 거래계약서를 작성한 때에는 개업공인중개사가 신고하도록 되어 있다.

② 주택거래계약 신고, 그 신고필증

◈ 매매대금의 잔금 지급과 오피스텔 인도 및 소유권이전등기

① 잔금 날 잔금 지급 시 등기부를 열람해서 추가로 등기된 내용이 있는지를 확인하고, 특약으로 약속했던 사항들이 제대로 이행되었는지를 확인한 다음, 관리비와 제세·공과금 납부 등을 확인하고, 잔금 지급과 동시에 소유권이전 서류와 오피스텔을 인도받고 신속하게 소유권이전등기를 신청해야 한다. 이때 유의할 점은 잔금에서 하나은행 융자금과 임차보증금을 공제한 1천5백만원을 지급하고, 하나은행에서 근저당권의 채무자 명의변경을 해야 한다.

② 잔금을 지급하고 선수관리비를 매매대금과 별도로 지급하고 관리사무소의 확인을 받아 승계받고 건물을 인도받게 되는데, … 이 오피스텔은 임차인이 거주하고 있어서 임차인이 새로운 소유자가 임차인의 권리를 승계하는 데에 동의한다와 오피스텔이 주거용도로 이용되기 위해서 주민등록을 이전하지 않기로 확인을 받아 두는 절차로 마무리하면 된다(기존 임차인이 주거용으로 사용하고 있는데, 주민등록을 이전하면 업무용으로 판단될 수 있기 때문이다).

◈ 중개수수료는 어떻게 계산하면 되나?

(중개수수료율은 542쪽~543쪽 참조).

◈ 잔금 납부 후 소유권이전등기 하기

Chapter 17

사업자간 상가건물 매매 계약과 사업포괄양수도 계약

01 임대사업자 간 상가건물 매매 계약서 작성 방법

◆ 상가건물을 매매할 때 유의할 사항

임대사업자(일반사업자나 법인사업자 포함)가 상가건물이나 오피스텔, 일반건물 등을 매도하는 경우에는 양도소득세만 있는 것이 아니라 건물분 부가세도 있다는 사실을 알고 있어야 한다.

상가건물은 집합건물로 상가건물과 오피스텔 등이 있고, 집합건물이 아닌 일반상가건물(건물과 토지가 독립된 부동산)로 나뉘고 있다. 이들 상가건물은 분양 시에 분양가격에서 건물분의 부가세 10%와 소유권보존등기시 농특세가 부과되고 있고, 그 영향은 분양 이후에도 미치고 있다.

① **개인이 최초 상가를 분양받아 개인 또는 임대사업자(일반사업자나 법인사업자 포함)에게 매도하는 경우**에는 세금계산서를 발급할 수가 없어서 분양당시 건물분 부가세를 매매가격에 포함해서 매도하게 된다. ⇨ 이 상황에서는 건물분 부가세가 매도가격에 포함되어 사라져 버리게 된다.

② **개인으로부터 임대사업자(일반사업자나 법인사업자 포함) 등이 매수 후 개인에게 매도하면** 건물 매매대금은 세금계산서(건물 매매대금+건물분 부가세), 토지 매매대금은 부가세가 면제되므로 계산서를 발행해서 건물분 부가세를 관할 세무서에 납부(매도가격에 건물분 부가세가 포함되므로)해야 되니 그 부가세만큼 예측하지 못한 손실이 발생할 수도 있다. 총 매매대금이 7억5,000만원에서 건물 매매대금과 토지 매매대금 계산 방법은 ㉠ **건물 매매대금** = 매매대금 7억5,000만원 ×건물 기준시가(246,581,000원)/[건물 기준시가(246,581,000원)+건물분 부가세(24,658,100원)+토지 공시지가(395,108,000원)] = 277,536,662

원이고, ⓛ **건물분 부가세** = 건물분 부가세(24,658,100원)/666,347,100원(건물 기준시가+건물분 부가세+토지 공시지가) =27,753,666원, ⓒ **토지 매매대금** = 7억 5,000만원 ×토지 공시지가(395,108,000원)/666,347,100원(건물 기준시가+건물분 부가세+토지 공시지가) = 444,709,672원이 된다. 왜냐하면 살 때 개인에게 부가세를 받지 못해서 환급받지 못했는데, 팔 때는 부가세를 발급해야 하고, 새로운 매수인이 개인이다 보니 부가세를 매도가격처럼 여기게 되므로 건물분 부가세까지 매도가격에 포함해서 팔게 되기 때문이다. ⇨ 개인이 매도 시 매도가격에 포함되어 사라졌다가 다시 살아나는 일이 발생한다.

그러나 개인으로부터 매수한 임대사업자 등이 다른 임대사업자 등에게 매도할 때(상가나 오피스텔 등의 임대사업자의 경우만)에는 건물분 부가세까지 포함해서 세금계산서를 발급하고, 매수인이 부가세를 환급 받는 방법으로 진행하게 되므로, 건물분 부가세를 매도인이 부담하지 않아도 되니 손해가 발생하지 않는다. 그렇다고 하더라도 매도가격의 증가라는 생각을 매수한 임대사업자 등이 갖을 수도 있기 때문에 매수를 꺼릴 수도 있을 것이다.

③ 부가세가 이어져 내려가는 일 ⇨ 임대사업자(일반사업자나 법인사업자 포함)등이 최초로 분양받거나 임대사업자 등으로 매수한 경우 ⇨ 임대사업자(일반사업자나 법인사업자 포함) 등에게 매도하면 건물분 세금계산서를 임대사업자 등에게 발급하고, 환급받은 부가세를 납부하니 손해가 없지만, 다음 ④번과 같은 혜택을 볼 수는 없다.

④ 부가세를 매수인에게 승계시키는 경우(사업포괄양수도계약) ⇨ 임대사업자(일반사업자나 법인사업자 포함)가 다른 임대사업자 등에게 매도 시 사업포괄양수도 계약으로 매매하면 매도인은 부가세만큼 혜택(환급받은 부가세 납부의무가 면제)을 볼 수 있다. 매수인이 매수 시 임대사업자가 아니지만 신규로 등록해서 사업포괄양수도 계약을 하는 경우에도 가능하지만, 매수인이 임대사업

자를 등록 하지 않으면 매도인이 환급받은 부가세 10%를 납부해야 되는 문제가 발생하므로 개업공인중개사 또는 매도인은 매매계약서 작성 시 반드시 사업포괄양도양수 부분을 매수인에게 상세히 설명하고 사업포괄양도양수 계약서를 별도로 작성해서 첨부해야 한다.

⑤ 사업자 등이 매도하는 경우에 매매대금에서 건물분 부가세 10%를 포함해서 받아서 납부해야 한다. 그래서 매매 계약서를 작성할 때 잊지 말아야 할 사항이 매매대금 000만원(건물분 부가세 00만원을 포함한 금액임)으로 매매하는 조건이다. 또는 매매대금 000만원(건물분 부가세 00만원 별도임)으로 괄호안의 금액은 매매대금과 별도로 매수인이 부담하기로 한다는 것으로 약정하면 된다. 그리고 그러한 사실을 특약사항란에 명기함과 동시에 건물분 세금계산서(건물분 부가세가 포함된 세금계산서)와 토지분 계산서(토지는 부가세가 면세되므로 계산서로)를 작성하면 된다. 유의할 점은 매매 계약서를 작성할 때에 특약사항에 "부가가치세 별도" 라는 약정이 없이 매매가 이루어지면 매매대금에 건물분 부가세가 포함된 것으로 보기 때문에 그만큼 매매대금이 적어지게 된다.

◆ 매매 대상 물건 분석 및 계약당사자간 합의사항 정리

김선생 "이 일반상가건물은 경기도 성남시 수정구 신흥동 440번지에 위치하고 있고, 현재 4명의 상가임차인들이 영업하고 있습니다.

소유자 정한수 임대사업자와 매수인 김정민 임대사업자가 협의해서 계약하는 것으로 매매계약서와 별도로 계산서(토지는 부가세가 비과세)와 세금계산서(건물은 부가세를 포함)를 발행해서 주고받기로 한 계약입니다."

잠깐만! "Chapter 15 상가와 오피스텔 사고파는 계약에서 알고 있어야 할 내용"을 참고해서 계약하면 독자분도 계약서 작성의 달인이 될 수 있습니다"

1) 상가건물을 방문해서 매수할 목적에 맞는 상가건물 판단

매수인이 상가건물을 방문해보니 유동 인구가 많고 상권이 활성화돼 있어서 안정적인 임대소득을 노릴 수 있는 상가건물이었다.

2) 매수할 상가건물을 누가 사용하고, 그 상가건물에 다른 임차인이 있는지

현재 매수할 상가건물은 다수의 상가임차인이 영업을 하고 있다.

그 임차인들의 임차내역은 다음 8)과 같고 이때 이들 임차인들에 대한 대응방법은 ◐ 다음 8)과 같이 하면 된다.

3) 매수부동산이 영업할 업종에 규제 또는 제한이 있는 지를 확인

① 영업할 업종이 상가용도와 적합한 가를 건축물대장과 해당 관공서 담당공무원을 통해서 확인해야 한다. 현 상가에 신고 및 허가관련 사항, 소방관련 시설, 전력용량 등이 가능한가를 확인해야 하는데… 현 상가에서 영업행위의 규제로 업종을 상향(1종에서 2종으로)해야 하는 경우와 영업 관련 규제사항을 개선해서 영업을 하게 되는 경우, 전력용량이 부족하여 증설해야 되는 경우가 있다.

② 동일업종에 대한 영업금지규정이 있는가!

상가건물에서 동일업종이 영업할 수 없다는 규정이나 자체상가규약 등이 있을 때 그러한 사실을 모르고 입주해서 손해를 보는 사례가 발생하고 있으니, 동일업종제한 등을 매도인 및 관리단(상가번영회 사무실등), 관리 사무실 등을 통해서 확인해야 한다.

4) 상가건물의 시세를 정확하게 조사하고 나서 매매가격을 협상해라

매수인이 주변 중개업소 3곳을 방문해서 상가건물의 시세를 확인하니 상가건물의 시세는 6억5천만원 정도를 형성하고 있고, 주변 상권이 계속적으로 활성화되고 있다는 중개업소들의 정보제공으로 6억1천5백만원이면 급매물에 해당한다는 생각으로 매도인이 제시한 6억3천만원에서 1천5백만원을 내린 6억1천5백만원에 매수의사를 밝혔는데, 매도인이 사업자간의 거래로 토지 계산서와 건물 세금계산서를 발행해서 교부해야 하니 건물분 부가세를 포함해서 614,794,540원에 하자고 해서 매매계약에 동의했다

5) 매수할 상가건물의 인도시기를 합의해서 계약해라!
상가건물 인도와 그 시기에 관한 합의내용은 다음 10)과 같이 하면 된다.

6) 등기부열람으로 소유자 확인과 권리하자에 대한 분석
① 상가건물의 건물등기부와 토지등기부 열람
등기사항전부증명서(말소사항 포함) - 건물

[건물] 경기도 성남시 수정구 신흥동 440번지

【 표 제 부 】			(건물의 표시)	
표시번호	접수	소재지번 및 건물번호	건물내역	등기원인 및 기타사항
1 (전 1)	1994년 1월 10일	경기도 성남시 수정구 신흥동 440번지	철근콘크리트 평 슬래브지붕 3층 근린생활시설 1층 84.02㎡ 2층 84.02㎡ 3층 84.02㎡ 지층 65.24㎡ 용도 지층, 1층: 일반음식점 2층, 3층: 사무실	부동산등기법 제177조의 6 제1항의 규정에 의하여 1999년 04월 28일 전산이기

【 갑 구 】			(소유권에 관한 사항)		
순위번호	등기목적	접수	등기원인	권리자 및 기타사항	
1 (전 2)	소유권이전	1994년 1월 10일 제708호	1994년1월10일 매매	소유자 이만기 ○○○○○○-1****** 경기도 중원구 중동 ○○○ 부동산등기법 제177조의 6 제1항의 규정에 의하여 1999년 04월 28일 전산이기	
2	소유권이전	2008년 4월 22일 제7305호	2008년.4월21일 매매	소유자 정한수 620704-1234567 서울시 송파구 마천동 180 한양연립 제2층 202호	
3	가압류	2010년 5월 25일 제20453호	2010년 5월 24일 수원지방법원 성남지원 가압류결정 (2010가단 1234호)	청구금액 4,200만원 채권자 우기선 서울시 은평구 불광동 ○○○	

【 을 구 】			(소유권 이외에 관한 사항)		
순위번호	등기목적	접수	등기원인	권리자 및 기타사항	
:	:	:	:	:	
2	근저당 설정	2008년 4월 22일 제7306호	2008년 4월21일 설정계약	채권최고액 240,000,000원 채무자 정한수 근저당권자 국민은행 110111-2365321 서울시 중구 남대문로2가 9-1 (종로지점) 공동담보 토지 경기도 성남시 수정구 신흥동 440번지	

등기사항전부증명서(말소사항 포함) - 토지

[토지] 경기도 성남시 수정구 신흥동 440번지

【 표 제 부 】		(토지의 표시)			
표시번호	접수	소재지번	지목	면적	등기원인 및 기타사항
1 (전 1)	1994년 1월 10일	경기도 성남시 수정구 신흥동 440번지	대	195㎡	부동산등기법 제177조의6제1항의 규정에 의하여 1999.4.28. 전산이기

【 갑 구 】			(소유권에 관한 사항)		
순위번호	등기목적	접수	등기원인	권리자 및 기타사항	
1 (전 2)	소유권이전	1994년 1월 10일 제709호	1994년 1월 10일 매매	소유자 이만기 ○○○○○○ -1****** 경기도 중원구 중동 ○○○ 부동산등기법 제177조의 6 제1항의 규정에 의하여 1999년 04월 28일 전산이기	
2	소유권이전	2008년 4월 22일 제7307호	2008년 4월 21일 매매	소유자 정한수 620704-1234567 서울시 송파구 마천동 180 한양연립 제2층 202호	
3	가압류	2010년 5월 25일 제20454호	2010년 5월 24일 수원지방법원 성남 지원 가압류결정 (2010가단 1234호)	청구금액 2,200만원 채권자 우기선 서울시 은평구 불광동 ○○○	

【 을 구 】			(소유권 이외에 관한 사항)		
순위번호	등기목적	접수	등기원인	권리자 및 기타사항	
:	:	:	:	:	
2	근저당 설정	2008년 4월 22일 제7308호	2008년 4월 21일 설정계약	채권최고액 240,000,000원 채무자 정한수 근저당권자 국민은행 110111-2365321 서울시 중구 남대문로2가 9-1 (종로지점) 공동담보 토지 경기도 성남시 수정구 신흥동 440번지	

② 계약은 등기부상 소유자를 매도인으로 계약해야 한다.
건물등기부와 토지등기부를 열람해 보니 소유자가 모두 정한수임을 확인할 수 있었고, 본인 확인을 위해서 주민등록초본, 신분증 등으로 매도인의 신원을 확인했다.

③ 상가건물에서 건물과 토지가 동일 소유자인가를 확인
상가건물에서 건물소유자와 토지소유자가 같아야 하는데 확인해 보니 소유자가 일치해서 이상이 없었다.

④ 등기부의 을구와 갑구에 등기된 채권을 확인하고 처리 방법은
○ 다음 7)과 같이 하면 된다.

⑤ 등기부에 소유권을 제한하는 권리 등이 있는가를 확인
가처분, 예고등기, 경매기입등기 등의 소유권제한 사항 등이 없다.

7) 건축물대장을 확인해서 등기부내역과 일치여부 확인
등기부등본과, 건축물대장을 확인해 보았는데 소유자와 부동산 표시내용이 다른 내용이 없어서 등기부의 주소로 계약서를 작성하기로 했다. 그리고 건축물대장에 위반건축물 표시가 있는가도 확인해 봤지만 이상이 없었다.

8) 상가건물에 등기된 채권과 임차권이 있으면 이렇게 해라!
① 선순위 채권이 있는 상태에서 계약하려면
㉠ 등기부에 등기된 채권을 승계하는 조건으로 계약하려면

매수인이 상가건물에 2008. 4. 22. 설정된 국민은행의 융자금 채권최고액 2억4천만원(대출원금 2억원)을 승계하기를 희망해서 매도인이 국민은행에 승계가능 여부를 확인한 바 가능하다는 통보를 받아서 잔금지급 시에 채무인수(근저당권의 채무자 명의변경)하는 조건으로 하고, 그 금액은 매매잔금에서 공제하기로 하는 조건에 합의했다.

ⓒ 상가건물에 임차인들을 승계하는 조건으로 계약하는 경우

위 상가건물에는 현재 임차인이 4인이며 임차보증금의 합계 1억4천만원(임차내역: ➡ 지하 1층 이상수 보증금 3천만원에 월세 30만원(부가세별도), ➡ 1층 김민기 보증금 5천만원에 월세 120만원(부가세별도), ➡ 2층 이영준 보증금 3천만원에 50만원(부가세별도), ➡ 3층 박정기 보증금 3천만원에 월세 50만원(부가세별도))을 승계하고, 매매대금에서 공제하기로 한다.

② 등기부에 선순위채권을 말소하는 조건으로 계약하는 조건

매도인은 상가건물에 등기된 2010년 5월 25일 가압류 2,200만원(채권자 우기선)을 매수인이 잔금지급 이전까지 말소하기로 했다.

9) 계약 이후에 추가적인 권리가 발생 시 계약해제 및 손해배상

계약 이후에 매수인이 소유권을 이전받기 전까지 매도인의 귀책 사유로 위 주택에 추가적인 권리(근저당권, 임차권, 가압류, 가처분 등)가 발생하면 매수인이 잔금지급 전까지 매도인 책임하에 말소시켜야 한다. 만일 말소시키지 못하면 매수인은 위 계약내용 제6조에 의해 계약을 해제하고 손해배상을 청구할 수 있다는 내용을 계약서 특약사항란에 명기하기로 합의.

10) 상가건물의 매매대금 지급방법과 인도시기에 대한 합의

매도인과 매수인은 경기도 성남시 수정구 신흥동 440번지의 상가주택을 매매대금 614,794,540원(건물분 부가세 14,794,540원포함)으로 하는 매매계약 체결에 합의 했고, 그 매매대금 지급방법은 2013년 2월 1일 계약서 작성과 동시에 매수인이 계약금 10%(6,000만원)를 지급하기로 하고, 중도금은 2013년 2월 20일 1억원, 잔금은 2013년 3월 20일에 국민은행 융자금 2억원과 임차인들의 임차보증금 합계 1억4천만원을 승계하고, 나머지 매매잔금 113,794,540원 지급하기로 하고, 동시에 매도인은 매수인에게 상가건물을 인도하기로 하는 계약에 합의했다.

따라서 매수인은 잔금지급과 동시에 국민은행 근저당권의 채무자 명의를 변

경하고, 상가건물 임차인들의 임대차계약을 승계받는 절차 즉 임차인에게 계약 내용을 확인하고, 이상이 없는 경우 매도인으로부터 임대차계약서를 인도받기로 한다는 내용을 특약사항란에 명기하면 된다.

11) 사업자간의 거래에서는 계산서와 세금계산서를 발행의무가 있다.

개인 간의 거래에서는 계산서 및 세금계산서의 발행의무와 부가세 납부의무가 없지만, 임대사업자(개인사업자, 법인사업자)간의 거래(매매)에서는 계산서(토지는 면세로 계산서)와 세금계산서(건물은 부가세 부과되므로 부가세를 포함한 세금계산서)를 발행의무가 있으므로 사업자간의 매매에서는 매매대금에 추가로 건물분 부가세가 포함된 금액이 총 지급해야 할 금액이 된다.

따라서 계약당사자간에 매매대금을 6억원으로 정했다면 토지 매매대금과 건물 매매대금으로 안분해서 건물 부가세를 구하고 그 금액이 매도인과 매수인이 주고받게 되는 금액이 된다.

계산방법은 건물 매매대금 = 매매대금 6억 × 건물 기준시가(96,581,000원)/[건물 기준시가(96,581,000원)+토지공시지가(295,108,000원)]=147,945,400원이고, 토지 매매대금 = 6억 × 토지 공시지가/(건물기준시가 + 토지공시지가)=452,054,600원이 된다. 따라서 토지 매매대금을 452,054,600원 + 건물 매매대금 147,945,400원 + 건물분 부가세 14,794,540원으로 토지 매매대금 계산서와 건물 매매대금 세금계산서를 잔금지급 시에 발행하여 교부하기로 합의해서 매수인이 매도인에게 지급해야 할 총 금액은 614,794,540원이라는 내용을 특약사항란에 명기하기로 했다.

> **매매대금 1억5,000만원이 건물분 부가세가 포함된 경우**
>
> 계산방법은 ① 건물 매매대금 = 매매대금 1억5,000만원×건물 기준시가(46,509,000원)/[건물 기준시가(46,509,000원)+건물분 부가세(4,650,900원)+토지 공시지가(45,305,000원)] = 72,320,087.41원이고, ② 건물분 부가세 = 매매대금 1억5,000만원×건물분 부가세(4,650,900원)/96,464,900원(건물 기준시가+건물분 부가세+토지 공시지가) =7,232,008.74원, ③ 토지 매매대금 = 1억5,000만원×토지 공시지가(45,305,000원)/96,464,900원(건물 기준시가+건물분 부가세+토지 공시지가) = 70,447,903.83원이 된다.
> 따라서 건물분 세금 계산서(건물 물품대 72,320,087원+7,232,009원=79,552,095원)를, 토지분 계산서(70,447,904원)를 발행하면 된다.

쉽게 이해하기

사업자는 상가건물에서 건물분 부가세를 납부해야 한다.
매도인은 부가세를 납부하고(매수 시 환급받은 부가세 납부), 매수인은 매수 시 환급받고 훗날 매도시 부가세를 납부하면 된다. 그러나 사업포괄양수도로 매도하면 건물분 부가세가 절세되지만 반대로 개인에게 매도 시에는 그 만큼 손실이 발생할 수도 있다.

12) 해약금과 위약금에 대한 약정

해약금약정과 위약금약정은 인쇄된 계약서 양식에서 계약내용 제5조 [계약의 해제]와 제6조 [채무불이행과 손해배상]에 따르기로 합의함.
《이 내용은 194~195쪽을 정독하고 나서 계약서를 작성해야 한다.》

13) 관리비 및 공과금 연체시, 해결방법에 대한 합의

관리비와 제세공과금은 매도인이 잔금지급하기 전까지 정산해서 납부해야 한다는 내용을 특약에 기재하기로 합의.

14) 부동문자로 된 계약내용에 대한 합의

계약서에 기재된 계약내용과 부동문자로 인쇄되어 있는 내용에 대해서 합의한 바 없다고 할 수 있으니, 계약서 특약사항란에 『① 본 계약은 계약당사자들이 계약내용에 합의하고, 개업공인중개사 입회하에 부동문자로 된 계약내용까지 정독하고 계약한 것이다.』로 명기해둬야 한다(자세한 내용은 198쪽과 대법 97다36231, 91다21954 판결 참조).

◈ 상가건물 매매 계약서 작성

앞의 내용과 같이 합의한 내용을 증빙자료로 인쇄되어 있는 계약서 양식 『네이버 카페 '김동희부사모'에서 확인』을 활용해서 작성한 계약서이다.

김선생 계약서를 바르게 작성하는 방법은 "Chapter 15 상가와 오피스텔 사고파는 계약에서 알고 있어야 할 내용"을 참고해서 작성하면 된다.

상가건물 매매 계약서   일반건물

임대인과 임차인 쌍방은 아래 표시 부동산에 관하여 다음과 같이 임대차계약을 체결한다.
1. 부동산의 표시

소재지	경기도 성남시 수정구 신흥동 440번지				
토 지	지 목	대		면 적	195㎡
건 물	구 조	철근콘크리트조	용 도 근린생활시설	전용면적	317.30㎡

2. 계약내용
제1조 [목적] 위 부동산의 임대차에 있어 임대인과 임차인은 보증금을 다음과 같이 지급키로 한다.

매매대금	금	육억구백육십오만팔천일백 원정(건물분 부가세 9,658,100원 포함금액)
계약금	금	육천만 원정은 계약시 지급하고 영수함. 영수자 정 한 수 (인)
중도금	금	일억 원정은 2013년 02월 20일에 지급한다.
융자금 등	금	삼억사천만 원정은 융자금 이억 원과 보증금 일억사천만 원으로 승계하고 특약사항에 별도 명기한다.
잔 금	금	일억구백육십오만팔천일백 원정은 2013년 03월 10일에 지급한다.

제2조 [소유권이전등] 매도인은 매매대금의 잔금을 수령함과 동시에 매수인에게 소유권이전등기에 필요한 모든 서류를 교부하고 등기절차에 협력하며, 위 부동산에 대하여 2013년 03월 10일 인도하기로 한다.
제3조 [제한물건등의 소멸] 매도인은 위 부동산에 설정된 근저당권, 지상권, 전세권, 임차권 등 소유권의 행사를 제한하는 권리가 있거나 조세공과금 기타 부담금의 미납금 등이 있을 때는 잔금수수일 이전까지 그 권리의 하자 및 부담 등을 제거하여 완전한 소유권을 매수인에게 이전하여야 한다. 다만 승계하기로 합의한 권리나 금액에 대해서는 그러하지 아니한다.

제4조 [지방세등] 위 부동산에 관하여 발생한 수익의 귀속과 조세·공과금 등의 부담은 위 부동산의 인도일을 기준으로 하여 그 이전까지는 매도인이, 그 이후부터는 매수인에게 귀속되고, 단 지방세의 납부 의무 및 납부책임은 지방세법의 규정에 따른다.

제5조 [계약의 해제] 매수인이 중도금(중도금약정이 없을 때는 잔금)을 지급하기 전까지 매도인은 계약금의 배액을 배상하고, 매수인은 계약금을 포기하고 본 계약을 해제할 수 있다.

제6조 [채무불이행과 손해배상] 매도인 또는 매수인은 본 계약상의 내용에 대하여 채무불이행이 있을 경우 그 상대방은 채무불이행한 상대방에 대하여 서면으로 이행을 최고하고, 이행하지 않을 경우 계약을 해제 할 수 있다. 이때 계약당사자는 계약해제에 따른 손해배상을 상대방에게 청구할 수 있으며, 손해배상에 대한별도 약정이 없는 한 계약금상당액을 손해배상금(위약금)으로 본다.

제7조 [신의성실] ① 매도인과 매수인은 위 각 조항을 확인하고, 신의성실의에 따라 그 이행을 준수한다(민법 제2조). ② 개업공인중개사 역시 부동산 전문가로서 책임감을 갖고 계약서를 작성해야 한다.

제8조 [중개수수료] 개업공인중개사는 매도인 또는 매수인의 본 계약 불이행에 대하여 책임지지 않는다. 또한 중개수수료는 본 계약의 체결과 동시에 매도인과 매수인 쌍방이 각각 지급하며, 개업공인중개사의 고의나 과실 없이 거래당사자 사정으로 본 계약이 무효·취소 또는 해약되어도 중개수수료는 각각 지급한다.

제9조 [중개대상물 확인·설명서 교부등] 개업공인중개사는 중개대상물 확인·설명서를 작성하고 업무보증 관계증서(공제증서등) 사본을 첨부하여 거래당사자 쌍방에 교부한다.

3. 특약 사항 – 계약당사자간에 합의한 내용을 다음과 같이 특약으로 기재한다.

① 본 계약은 계약당사자들이 계약내용에 합의하고, 개업공인중개사 입회하에 부동문자로 된 계약내용까지 정독하고 계약한 것이다.

② 위 상가건물은 현 시설상태로 매매하는 계약이다.

③ 본 계약은 임대사업자간의 매매계약이므로 위 매매대금 609,658,100원은 토지 매매대금 503,419,000원 + 건물 매매대금 96,581,000원(국세청건물기준시가기준) + 건물분 부가세 9,658,100원으로 정하고, 토지 매매대금 계산서와 건물 매매대금 세금계산서를 잔금지급 시에 발행하여 교부하기로 한다(매도인은 환급받은 건물분 부가세를 세무서에 납부하고, 매수인은 부가세를 환급받으면 된다).

(그렇지만 정확한 계산방법은 건물 매매대금=매매대금 6억원×건물기준시가(96,581,000원) / [건물기준시가(96,581,000원)+토지공시지가(295,108,000원)]=147,945,400원이고, 토지 매매대금=매매대금 6억원×토지 공시지가/(건물기준시가+토지공시지가)=452,054,600원이다. 따라서 토지 매매대금 계산서(452,054,600원)와 건물매매대금 세금계산서(건물 세금계산서 본세 147,945,400원원, 부가세 14,794,540원)로 총매매대금은 614,794,450원으로 해야한다.)

④ 매수인이 상가건물에 2008. 04. 22. 설정된 국민은행의 융자금 채권최고액 2억4천만원(대출원금 2억원)과 임차보증금 1억4천만원(지1층 이상수 보증금 3천만원(월세30만원) + 1층 김민기 보증금 5천만원(월세120만원) + 2층 이영준 보증금 3천만원(월세50만원) + 3층 박정기 보증금 3천만원(월세50만원)을 승계하고, 매수인이 매매대금에서 공제하고 잔금을 지급하기로 한다.

⑤ 매도인은 상가건물에 등기된 2010년 05월 25일 가압류 2천2백만원(채권자 우기선)을 매수인이 잔금지급 이전까지 말소하기로 한다.

⑥ 계약 이후에 매수인이 소유권을 이전받기 전까지 매도인의 귀책사유로 위 상가건물에 ④항 이외에 추가적인 권리(근저당권, 임차권, 가압류, 가처분 등)가 발생하면 매수인이 잔금지급 전까지 매도인 책임하에 말소시켜야 한다. 만일 말소시키지 못하면 매수인은 위 계약내용 제6조에 의해 계약을 해제하고 손해배상을 청구할 수 있다.

⑦ 관리비와 제세 · 공과금은 매도인이 잔금지급 전까지 정산해서 납부해야 한다.

⑧ 매수인은 ④항의 승계를 위해서 잔금지급과 동시에 우리은행 근저당권의 채무자 명의를 변경하고, 임차인들의 임대차계약을 승계(임차인에게 임대차내역을 확인하고 임대차계약서를 인도)받기로 한다.

본 계약에 이의가 없음을 확인하고 증명하기 위해 계약서를 작성하고 서명 · 날인하여 각자 1통씩 보관한다.

2013년 02월 01일

매도인	주 소	서울시 송파구 마천로39길 38-10, 202호(마천동, 한양연립)				
	주민등록번호	620704-1234567	전 화	010-7788-1234	성 명	정한수(인)
	대리인	주민등록번호		전 화		성 명
매수인	주 소	경기도 성남시 분당구 새마을로83번길 30, 102동 1004호(서현동, 한양아파트)				
	주민등록번호	650307-1275175	전 화	010-5555-1234	성 명	김정민(인)
	대리인	주민등록번호		전 화		성 명
개업공인중개사	사무소소재지	경기도 성남시 수정로 200, 101호(신흥동, 삼성빌딩)				
	등록번호	7235-80000		사무소명칭	대산 공인중개사사무소	
	전화번호	031-734-8949		대표자성명	유경수(인)	

잠깐만! 상가주택에서 건물분 부가세 계산방법은?

상가주택은 주택과 상가가 혼합되어 있는 건물을 말한다. 상가주택 중 상가분 건물가액 산출하기하는 방법은 상가건물가액 = 양도가액 × 상가분(토지공시지가액+건물 기준시가액) / 상가분(토지공시지가액+건물 기준시가액) + 개별주택가격으로 상가분 건물가액을 계산해서 10% 부가세를 계산하면 된다. 반대로 주택가액을 계산할 때에는 분자에 개별주택가격을 입력해서 계산하면 된다.

> **알아두면 좋은 내용**
>
> **계약 합의내용을 계약서에 바르게 기재하는 방법**
>
> 김선생 "계약 합의내용을 계약서에 바르게 기재하는 방법《◆ 계약서 작성방법과 반드시 기재해야 할 사항 ~ ◆작성된 계약서에 매도인, 매수인, 개업공인중개사의 서명날인》은 중복 기재를 피하기 위해서 생략 했으니, Chapter 15 상가와 오피스텔 계약에서 꼭 알고 있어야 할 내용(336쪽)을 참고해서 기재하면 됩니다."

◆ 계약서 작성 이후에 이렇게 대응해라!

"매매계약서와 중개대상물 확인설명서가 작성되었다면… ◆ '부동산 실거래가격의 신고'를 계약일로부터 30일(2020. 2. 9.부터 30일로 단축) 이내에 해야 하며, ◆ 계약 이행완료를 위해서 매수인은 매매대금의 잔금지급과 동시에 매도인은 소유권 이전서류와 부동산을 인도. ◆ 매수인은 소유권이전등기를 본인이 직접 또는 법무사 등을 통해서, 등기소에 소유권이전등기를 신청하는 순으로 매매를 마무리하게 됩니다."

02 집합건물 상가 매매 계약서와 사업포괄양수도 계약서 작성

 상가건물을 사업포괄양수도 계약으로 매매하기

"상가건물과 오피스텔 매매계약서 작성 시 유의사항은 『Chapter 15 상가와 오피스텔 계약에서 꼭 알고 있어야 할 내용(336쪽)을 참고해서 작성하면 되는데, Chapter 16의 02 오피스텔 개인 간에 오피스텔 매매계약서를 바르게 작성하는 방법(367쪽)은 사업포괄양수도계약이 아닌 개인과 개인 간의 매매계약으로 세금계산서를 발행하지 않지만…

사업자 간(임대사업자, 개인사업자, 법인사업자 간)의 거래는 세금계산서를 발행하고 매도인은 환급받은 부가세를 관할 세무서에 납부해야 한다(384쪽~417쪽 참조).

이번 집합 상가건물 매매계약서는 사업자가 개인에게 매수한 경우 부가세를 추가로 납부하지 않기 위해서, 또는 사업자 간에 환급받은 부가세를 납부하지 않기 위해서 사업자 간 사업포괄양수도로 매매 계약하는 방법인데 이 경우 매도인이 사업자라도 부가세 납부의무가 면제됩니다."

◈ 상가건물 매매와 사업포괄양수도 계약이란?

사업포괄양수도란 사업장을 양도·양수하는 경우에 사업자의 명의만 변경하게 되고 사업장의 실체는 그대로 유지하게 되는데 이러한 경우를 사업의 포괄적양수도라 한다.

사업자가 그 사업에 대한 모든 권리와 의무를 다른 사업자에게 승계시키는 것으로 양도되는 사업장 내역에 대해 부가가치세가 과세되지 않기 때문에 매도인이 환급받은 부가세를 납부하지 않아도 되는 장점이 있고, 매수인 역시 건물분에 대한 세금계산서를 발행하지 않아도 되어 자금 부담을 부가세만큼 줄일 수 있다. 이는 사업포괄양수도 계약으로 사업자(임대사업자, 일반사업자, 법인사업자)와 사업자(임대사업자, 일반사업자, 법인사업자, 또는 신규로 사업자 등록 포함 모두가 해당되나, 간이사업자는 대상이 아님)가 상가건물을 매매하는 경우에 많이 이용하는 계약이다.

알아두면 좋은 내용

포괄적 양도양수가 되기 위해서는 다음과 같은 요건을 갖추어야 한다.

첫째 동일업종으로 사업이 포괄양도양수돼야 한다.
사업을 포괄양도하는 것이므로 반드시 동일업종으로 승계가 이루어져야 하며 포괄승계의 여부는 사업의 물적설비의 승계에 의해서 판정한다.

둘째, 사업양도양수 계약서 등에 의거 포괄적 양도사실이 확인돼야 한다.

셋째, 양도자 및 양수자가 과세사업자이어야 한다.
양도자 및 양수자가 과세사업자이어야 하며, 사업양수 후 양수자가 면세사업으로 전환하는 경우에는 사업양수도가 인정되지 않는다. 양수인이 사업자가 아닌 경우도 사업의 포괄적양수도 계약서를 작성하고 나서, 신규로 포괄적양수도 계약서 사본을 첨부해 사업자등록을 신청하면 된다. 그리고 양도인은 부가세 확정시까지 사업양도신고서를 세무서에 제출하면 부가세를 비과세 받게 된다.

<사업양도신고서 제출 방법>
사업을 포괄적으로 양도양수한 경우에는 양도자는 부가가치세 확정신고를 할 때 '사업양도신고서'를 제출하여야 하고, 양수자는 사업자등록을 할 때 일반과세자로 사업자등록을 하여야 하며, 양도양수계약서 사본을 제출하여야 한다.

넷째, 사업양수 후 업종을 변경해도 괜찮다.
양도당시 양수도 계약절차가 적법하게 이루어진 이상 양수인이 양수받고 업종을 변경하는 경우도 부가세가 비과세되는 사업포괄양수도로 인정된다.

다섯째, 양도인은 사업자를 반드시 폐업해야 하나?
양도인은 사업을 양수인에게 넘기는 것으로 폐업(폐업신고서 제출시 폐업사유란에 사업양수도 항목에 체크해서 제출하면 별도 사업양도신고서를 제출하지 않아도 됨)하는 것이 보통이지만, 사업자번호를 폐업하지 않고 그대로 가지고 다른 사업장에서 영업행위를 하는 것도 가능하다.

◆ 상가건물에 대한 물건분석 및 계약당사자간 합의사항 정리

김선생 "자, 지금부터 서울시 성동구 금호동 200, 신동아로잔뷰 1층 110호에 대한 집합건물 상가 매매 계약서를 작성하는 방법에 대해서 살펴보겠습니다.

집합건물 상가 소유자 이순신은 임대사업자로 상가를 매매하고자 하는데, 환급받은 부가세를 고려해서 매수자가 사업의 포괄적양수도로 매수하기를 희망해서 홍길동이 신규로 임대사업을 등록해서 매수하는 조건으로 계약하는 방법입니다."

잠깐만! Chapter 15 상가와 오피스텔 계약에서 꼭 알고 있어야 할 내용(336쪽)을 참고해서 계약하면 독자분도 계약서 작성의 달인이 될 수 있습니다"

1) 상가건물을 방문해서 매수할 목적에 맞는가에 대한 판단

매수인이 상가건물의 현장과 내부를 살펴보니, 역세권에 위치하고 임대수요가 많다는 것을 확인할 수 있었고, 임차인이 오리숯불갈비집을 운영[보증금 1억에 월세 200만원(부가세별도)]하는데, 시설이 깨끗해서 그런지 손님 등이 많아 보여 영업이 잘되고 있는 인상을 받았고, 바닥 권리금이 7천만원에서 8천만원을 형성하고 있었다.

특히 연간 임대수익율을 계산해 보니 매매대금 7억에서 하나은행 융자금 3억과 임차보증금 1억을 공제하면 실투자금은 3억으로 연 차임 2천4백만원이 발생하고 이 금액에 하나은행 융자금 1억에 대한 연 이자가 6%로 6백만원 이니 이 금액을 공제하면 실제 임대수익은 1천8백만원이 된다는 계산이 나오고, 이 금액을 실투자금으로 나누면 연간 임대수익율은 6%가 되어 홍길동은 이 상가를 사서 임대사업을 하기로 마음을 정했다.

2) 매수할 상가건물을 누가 사용하고, 그 건물에 다른 임차인이 있는지

현재 매수할 상가건물은 소유자가 아닌 다른 임차인이 사용하고 있고, 이 임차인을 승계하는 조건으로 매수하기로 했고, 다른 임차인은 없다.

3) 상가건물의 시세를 정확하게 조사하고 나서 매매가격을 협상해라

매수인이 주변 중개업소 2곳을 방문해서 상가건물의 시세를 조사하니 7억원에서 7억5천만원대를 형성하고 있어서 매도인과 7억원에 매매 계약하는 것에 동의했다.

4) 매수할 상가건물의 인도시기를 합의해서 계약해라

상가건물의 인도와 그 시기에 관한 합의 내용은 다음 9)와 같이 하면 된다.

5) 등기부열람으로 소유자 확인과 권리하자에 대한 분석

① 집합건물 상가 등기사항증명서 열람

등기사항전부증명서(말소사항 포함) - 집합건물

서울시 성동구 금호동 200, 신동아로잔뷰 1층 110호

【 표 제 부 】		(1동의 건물의 표시) – 〈내용생략〉		
표시번호	접수	소재지번, 건물명칭 및 번호	건물내역	등기원인 및 기타사항

【 표 제 부 】		(전유부분의 건물의 표시)		
표시번호	접수	건물번호	건물내역	등기원인 및 기타사항
1	2008년 10월 20일	제1층 제110호	철근콘크리트조 67.84㎡	2008년 10월1일 등기 도면편철장 제5책132장

(대지권의 표시)			
표시번호	대지권의 종류	대지권의 비율	등기원인 및 기타사항
1	1. 소유권대지권	3420분의 27.04	2008년 8월 5일 대지권 2008년 10월 20일

【 갑 구 】			(소유권에 관한 사항)	
순위번호	등기목적	접수	등기원인	권리자 및 기타사항
1	소유권보존	2008년 10월 20일 제71430호		소유자 이순신 560104-1273475 서울시 서대문구 아현동 100

【 을 구 】				(소유권 이외의 권리에 관한 사항)
순위번호	등기목적	접수	등기원인	권리자 및 기타사항
1	근저당권 설정	2008년 10월 20일 71431호	2008년 10월 19일 설정계약	채권최고액 360,000,000원 채무자 이순신 근저당권자 하나은행 110111-0015671 서울시 중구 을지로1가 101-1(종로지점)

② **매매계약은 등기부상 소유자를 매도인으로 계약해야 한다.**

등기부를 열람해서 등기부상 소유자가 이순신임을 확인하고, 본인 확인을 위해서 주민등록초본, 신분증 등으로 임대인의 신원을 확인했다.

③ **대지권미등기 또는 토지별도등기가 있는가 확인**

집합건물이므로 대지권이 등기되어 있나와 토지별도등기가 있나를 등기부를 분석해보니 이상이 없었다.

④ **등기부의 을구와 갑구에 등기된 채권을 확인하고 처리 방법은**
- 다음 7)과 같이 하면 된다.

⑤ **등기부에 소유권을 제한하는 권리 등이 있는가를 확인**

가처분, 예고등기, 경매기입등기 등의 소유권 제한 사항 등이 없다.

6) 건축물대장을 확인해서 등기부내역과 일치여부 확인

등기부등본과, 건축물대장을 확인해 보았는데 다른 내용이 없어서 등기부의 주소로 계약서를 작성하기로 했다. 그리고 건축물대장상 전용면적 67.84㎡과 공용면적이 63.21㎡으로 40평형에 해당하는 집합건물 상가이다.

7) 상가건물에 등기된 채권과 임차권이 있으면 이렇게 해라

① 매수인은 상가건물에 2008. 10. 20. 설정된 하나은행의 융자금 채권최고액 3억 6천만원(대출원금 3억원)을 승계하는 조건으로 매수하기로 하고 하나은행에 유선으로 문의해본 결과 가능하다는 연락을 받아서 잔금지급 시에 채무인수(근저당권의

채무자 명의변경)하고 그만큼 매매대금에서 공제하고 잔금을 지급하기로 했다.

② 매수인이 상가건물의 임차인[임대차내역 : 보증금 1억원, 월세 200만원(부가세별도), 임대차기간 2013.01.10. ~ 2014.01.09.]을 승계하기로 하고, 잔금지급 시 매매잔금에서 공제하고 잔금을 지급하기로 했다는 내용을 계약서 특약사항란에 명기하면 된다.

8) 계약 이후에 추가적인 권리가 발생 시 계약해제 및 손해배상

계약 이후에 매수인이 소유권을 이전받기 전까지 매도인의 귀책사유로 위 상가건물에 추가적인 권리(근저당권, 임차권, 가압류, 가처분 등)가 발생하면 매수인이 잔금지급 전까지 매도인 책임하에 말소시켜야 한다. 만일 말소시키지 못하면 매수인은 위 계약내용 제6조에 의해 계약을 해제하고 손해배상을 청구할 수 있다는 내용을 계약서 특약사항란에 명기하기로 합의.

9) 매매대금 지급방법과 상가건물 인도시기에 대한 합의

서울시 성동구 금호동 200, 신동아로잔뷰 1층 110호의 40평형 상가건물을 매매대금 7억원으로 하는 매매계약 체결에 합의 했고, 그 매매대금 지급방법은 2013년 2월 5일 계약서 작성과 동시에 매수인이 계약금 10%(7,000만원)를 지급하기로 하고, 중도금은 2013년 3월 28일 1억원, 잔금은 2013년 04월 20일에 하나은행 융자금 3억원과 임차인의 임차보증금 1억원을 승계하고 나머지 매매잔금 1억3천만원을 지급하고 동시에 건물을 인도하기로 하는 매매계약서를 작성하기로 했다(이 내용을 계약내용 제1조와 2조에 기재하면 된다).

10) 계약해제 시 해약금과 위약금에 대한 약정

해약금약정과 위약금약정은 인쇄된 계약서 양식에서 계약내용 제5조 [계약의 해제]와 제6조 [채무불이행과 손해배상]에 따르기로 합의함.

《이 내용은 194~195쪽을 정독하고 나서 계약서를 작성해야 한다.》

11) 관리비 및 공과금 연체시, 해결방법에 대한 합의

관리비와 제세·공과금은 매도인이 잔금지급하기 전까지 정산해서 납부해야 하나 임차인이 거주하는 조건으로 승계받기 때문에 관리비 및 공과금에 대한 특약조건은 생략하기로 했다.

12) 선수관리비 인계인수에 관한 합의

선수관리비는 매도인과 매수인 사이에 인수인계 확인서를 작성하고 관리사무소에 통지하는 방법으로 매수인이 매매대금과 별도로 매도인에게 지급하고 선수관리비를 승계하기로 하고 계약서 특약사항란에 명기함.

13) 상가건물 매매 계약시 유의사항

개업공인중개사가 매도인과 매수인에게 포괄양수도계약으로 할 것인지에 대해서 확인해본 결과 매도인과 매수인 모두 사업포괄양수도 계약에 합의했다. 따라서 이 계약은 사업포괄양수도 계약이므로 개업공인중개사가 계약서 별도로 사업포괄양수도 계약서를 작성해서 첨부하기로 하고. 매수인은 하나은행 융자금과 기존 임차권에 대한 모든 권리를 포함해서 승계하기로 하는 계약인데 매수인이 사업자가 없어서 사업포괄양수도계약서를 작성하고 이 계약서를 첨부해서 사업자등록을 신청하기로 하는 계약조건이므로 매수인은 잔금지급하기 전까지 매수인 책임하에 사업포괄양수도 계약서를 첨부해서 사업자등록을 마쳐야 하며, 만일 사업자등록을 하지 않거나 하지 못하는 사정이 발생하면 매도인은 위 계약내용 제6조에 의해 계약을 해제하고 손해배상을 청구할 수 있다는 내용을 특약으로 명기함.

14) 부동문자로 된 계약내용에 대한 합의

계약서에 기재된 계약내용과 부동문자로 인쇄되어 있는 내용에 대해서 합의한 바 없다고 할 수 있으니, 계약서 특약사항란에 『① 본 계약은 계약당사자들이 계약내용에 합의하고, 개업공인중개사 입회하에 부동문자로 된 계약내용까지 정독하고 계약한 것이다.』로 명기해둬야 한다(자세한 내용은 198쪽과 대법 97다36231, 91다21954 판결 참조).

◈ 상가건물 매매 계약서 작성 방법

상가건물을 사업(부동산)포괄양수도계약으로 매도하는 경우 매매계약서 특약사항란에 위 상가건물 매매 계약서가 사업(부동산)포괄양수도계약서로 작성한 것임을 명기하는 방법으로도, 또는 매매계약서 없이 사업포괄양수도계약서만 작성해도 되겠지만, 계약내용을 분명히 하고 부동산 거래계약신고를 위해서 상가건물 매매계약서와 별도로 사업포괄양수도 계약서를 다음과 같이 작성해서 첨부하면 된다.

그리고 앞의 내용과 같이 합의한 내용을 증빙자료로 인쇄되어 있는 계약서 양식을 활용해서 작성한 계약서이다.

김선생 계약서를 바르게 작성하는 방법은 Chapter 15 상가와 오피스텔 계약에서 꼭 알고 있어야 할 내용(336쪽)을 참고해서 작성하면 된다.

상가건물 매매 계약서   [집합건물]

매도인과 매수인 쌍방은 아래 표시 부동산에 관하여 다음과 같이 매매계약을 체결한다.
1. 부동산의 표시

소재지	서울시 성동구 금호동 200, 신동아로잔뷰 1층 110호					
토 지	지 목	대	대지권	소유권의 대지권	면 적	27.04㎡
건 물	구 조	철근콘크리트조	용 도	근린생활시설	면 적	67.84㎡

2. 계약내용
제1조 [목적] 위 부동산의 매매에 있어 매도인과 매수인은 매매대금을 다음과 같이 지급키로 한다.

매매대금	금	칠억 원정 (₩700,000,000)		
계약금	금	칠천만 원정은 계약시 지급하고 영수함.	영수자 이 순 신	(인)
중도금	금	일억 원정은 2013년 03월 28일에 지급한다.		
융자금	금	삼억만 원정은 승계하고 특약사항에 별도 명기한다.		

임대보증금	금	일억원(차임 월 200만원(부가세별도)은 승계하고 특약사항에 별도 명기한다.
잔 금	금	일억삼천만 원정은 2013년 04월 20일에 지급한다.

제2조 [소유권이전등] 매도인은 매매대금의 잔금을 수령함과 동시에 매수인에게 소유권이전등기에 필요한 모든 서류를 교부하고 등기절차에 협력하며, 위 부동산에 대하여 2013년 04월 20일 인도하기로 한다.

제3조 [제한물건등의 소멸] 매도인은 위 부동산에 설정된 근저당권, 지상권, 전세권, 임차권 등 소유권의 행사를 제한하는 권리가 있거나 조세공과금 기타 부담금의 미납금 등이 있을 때는 잔금수수일 이전까지 그 권리의 하자 및 부담 등을 제거하여 완전한 소유권을 매수인에게 이전하여야 한다. 다만 승계하기로 합의한 권리나 금액에 대해서는 그러하지 아니한다.

제4조 [지방세등] 위 부동산에 관하여 발생한 수익의 귀속과 조세·공과금 등의 부담은 위 부동산의 인도일을 기준으로 하여 그 이전까지는 매도인이, 그 이후부터는 매수인에게 귀속되고, 단 지방세의 납부 의무 및 납부책임은 지방세법의 규정에 따른다.

제5조 [계약의 해제] 매수인이 중도금(중도금약정이 없을 때는 잔금)을 지급하기 전까지 매도인은 계약금의 배액을 배상하고, 매수인은 계약금을 포기하고 본 계약을 해제할 수 있다.

제6조 [채무불이행과 손해배상] 매도인 또는 매수인은 본 계약상의 내용에 대하여 채무불이행이 있을 경우 그 상대방은 채무불이행한 상대방에 대하여 서면으로 이행을 최고하고, 이행하지 않을 경우 계약을 해제 할 수 있다. 이때 계약당사자는 계약해제에 따른 손해배상을 상대방에게 청구할 수 있으며, 손해배상에 대한별도 약정이 없는 한 계약금상당액을 손해배상금(위약금)으로 본다.

제7조 [신의성실] ① 매도인과 매수인은 위 각 조항을 확인하고, 신의성실의에 따라 그 이행을 준수한다(민법 제2조). ② 개업공인중개사 역시 부동산 전문가로서 책임감을 갖고 계약서를 작성해야 한다.

제8조 [중개수수료] 개업공인중개사는 매도인 또는 매수인의 본 계약 불이행에 대하여 책임지지 않는다. 또한 중개수수료는 본 계약의 체결과 동시에 매도인과 매수인 쌍방이 각각 지급하며, 개업공인중개사의 고의나 과실 없이 거래당사자 사정으로 본 계약이 무효·취소 또는 해약되어도 중개수수료는 각각 지급한다.

제9조 [중개대상물 확인·설명서 교부등] 개업공인중개사는 중개대상물 확인·설명서를 작성하고 업무보증관계증서(공제증서등) 사본을 첨부하여 거래당사자 쌍방에 교부한다.

3. 특약 사항 - 계약당사자간에 합의한 내용을 다음과 같이 특약으로 기재한다.

① 본 계약은 계약당사자들이 계약내용에 합의하고, 개업공인중개사 입회하에 부동문자로 된 계약내용까지 정독하고 계약한 것이다.

② 위 상가건물은 현 시설상태로 매매하는 계약이다.

③ 위 계약은 상가건물에 관한 일체의 권리와 의무를 포괄적으로 양도, 양수하는 사업포괄양수도 계약이므로 매수인이 상가건물의 융자금이나 임차인 등을 승계하는 조건이다. 따라서 상가건물 매매계약서와 별도로 별지1 사업포괄양수도계약서를 작성해서 매매계약서에 첨부하기로 한다.

④ 매수인이 상가건물에 2011. 05. 10. 설정된 하나은행의 융자금 채권최고액 3억6천만원(대출원금 3억원)을 승계를 하나은행과 협의한 결과 가능하다고 해서 매수인이 잔금지급 시 채무인수(근저당권의 채무자 명의변경)하고 그만큼 매매대금에서 공제하고 잔금을 지급하기로 한다.

⑤ 매수인이 상가건물의 임차인[임대차내역: 보증금1억원, 월세200만원(부가세별도), 임대차기간 2013.01.10. ~ 2014.01.09.]을 승계하기로 하고, 잔금지급 시 매매잔금에서 공제하고 잔금을 지급하는 계약이다.

⑥ 위 계약은 사업포괄양수도 계약인데 매수인이 사업자가 없어서 잔금지급 전까지 매수인 책임하에 별지1 사업양수도 계약서를 첨부하여 사업자등록을 마쳐야 하며 만일 사업자등록을 하지 않거나 하지 못하는 사정이 발생하면 매도인은 위 계약내용 제6조에 의해 계약을 해제하고 손해배상을 청구할 수 있다.

⑦ 계약 이후에 매수인이 소유권을 이전받기 전까지 매도인의 귀책사유로 위 상가건물에 ④항과 ⑤항 이외에 추가적인 권리(근저당권, 임차권, 가압류, 가처분 등)가 발생하면 매수인이 잔금지급 전까지 매도인 책임하에 말소시켜야 한다. 만일 말소시키지 못하면 매수인은 위 계약내용 제6조에 의해 계약을 해제하고 손해배상을 청구할 수 있다.

⑧ 선수관리비는 매도인과 매수인 사이에 인수인계 확인서를 작성하고 관리사무소에 통지하는 방법으로 매수인이 매매대금과 별도로 매도인에게 지급하고 선수관리비를 승계하기로 한다.

본 계약에 이의가 없음을 확인하고 증명하기 위해 계약서를 작성하고 서명·날인하여 각자 1통씩 보관한다.

2013년 02월 05일

매도인	주 소	서울시 서대문구 북아현로 30(북아현동)				
	주민등록번호	560104-1273475	전 화	010-3114-1234	성 명	이순신(인)
	대리인	주민등록번호		전 화		성 명
매수인	주 소	서울시 영등포구 경인로80길 50, 202호(문래동1가, 한양연립)				
	주민등록번호	750510-2047345	전 화	010-5555-1234	성 명	홍길동(인)
	대리인	주민등록번호		전 화		성 명
개업공인중개사	사무소소재지	서울시 성동구 독서담로63길 100, 102호(금호동, 신동아로잔뷰)				
	등록번호	4254-50000		사무소명칭	대림 공인중개사사무소	
	전화번호	02-594-8949		대표자성명	우민정(인)	

◈ 사업(부동산)포괄 양수도 계약서(임차인이 영업하는 경우)-별지1

[별지1]

사업(부동산)포괄 양수도 계약서(임차인이 영업)

부동산 소재지		서울시 성동구 금호동 200, 신동아로잔뷰 1층 110호		
갑 (매도인)	주 소	서울시 서대문구 북아현로 30(북아현동)		
	주민등록번호	560104-1273475	성명	이순신
을 (매수인)	주 소	서울시 영등포구 경인로80길 50, 202호(문래동1가, 한양연립)		
	주민등록번호	750510-2047345	성명	홍길동

'갑'과 '을'이 상기 부동산에 관한 일체의 권리와 의무를 포괄적으로 양도, 양수함에 있어서 사업의 포괄 양수도 계약을 다음과 같이 하기로 한다.

제1조 [목적] 본 계약은 '갑'이 소유해온 상기 부동산에 관한 일체의 권리와 의무를 포괄적으로 '을'에게 양도하고 '을'은 이를 양수하는데 그 목적이 있다.

제2조 [사업승계] '갑'과 '을'은 상기 부동산의 양도일 현재 상가건물에 2011. 05. 10. 설정된 하나은행의 융자금 채권최고액 3억6천만원(대출원금 3억원)과 입주해서 영업하고 있는 기존 임차인과의 임대차계약내용[보증금1억원, 월세200만원(부가세별도), 임대차기간 2013.01.10.~2014.01.09]과 임차인의 사업내용[오리숯불갈비집]을 현 상태에서 그대로 양도, 양수하기로 한다.

제3조 [양도·양수 가액] 상기 부동산의 양도·양수 가액은 금: 칠억원(₩700,000,000)으로 하고 지급방법은 매매계약서대로 이행한다.

제4조 [양도 기준일] 상기 부동산의 양도·양수 기준일은 2013년 04월 20일로 한다.

제5조 [협조의무] '갑'과 '을' 쌍방이 사업을 양도·양수함에 따른 제반절차를 수행하는데 적극 협조하여야 한다.

제6조 [기타] 본 계약서에 정하지 않은 사항은: '갑'과 '을'이 협의하여 처리한다.

이상의 계약내용을 '갑'과 '을' 쌍방은 성실히 이행할 것을 약속하며 후일을 증명하기 위하여 본 계약서 2통을 작성하여 각 1부씩 보관하기로 한다.

2013년 02월 05일

'갑'(매도인) 이 순 신 (인)
'을'(매수인) 홍 길 동 (인)

🔴 잠깐만! "매매계약서 특약사항과 사업포괄양수도계약은 계약당사자 간의 사정에 따라 다르게 작성해야 되므로 이 매매계약서 특약사항란과 사업포괄양수도계약에서는 일반적인 내용으로 작성했으니 계약당사자 간의 사정에 따라 선택하거나 변경해서 이용하면 됩니다."

◈ 계약서 작성 이후에 이렇게 대응해라!

김선생 "매매계약서와 중개대상물 확인·설명서가 작성되었다면… ▶ '부동산 실거래가격의 신고'를 계약일로부터 30일(2020. 2. 9.부터 30일로 단축) 이내에 해야 하며, ▶ 계약 이행완료를 위해서 매수인은 매매대금의 잔금지급과 동시에 매도인은 소유권 이전서류와 부동산을 인도. ▶ 매수인은 소유권이전등기를 본인이 직접 또는 법무사 등을 통해서, 등기소에 소유권이전등기를 신청하는 순으로 매매를 마무리하게 됩니다."

03 법인명의의 상가건물을 법인이 매수할 때 올바른 계약서 작성 비법

◈ 상가건물(집합건물, 일반건물) 매매 계약할 때 알고 있어야 할 내용

1) 상가나 오피스텔 등은 건물분 부가세와 상임법의 적용대상이다

- 앞의 Chapter 17의 01 상가건물을 매매할 때 유의할 사항(384쪽)와 Chapter 15에서 14 상가건물과 오피스텔 등을 매매 계약할 때 유의사항(350쪽)을 참고하면 된다.

2) 업무용 오피스텔은 상가와 다르게 적용되고 있다

- Chapter 15에서 『14 상가건물과 오피스텔 등을 매매 계약할 때 유의사항(353쪽)』을 참고하면 된다.

◆ 상가나 오피스텔 등을 법인사업자로 취득해 매도 시에 유의할 사항

1) 사업자간의 거래에서는 계산서와 세금계산서를 발행할 의무가 있다

사업자 등이 매도하는 경우에 매매대금에서 건물분 부가세 10%를 포함해서 받아서 납부해야 한다. 그래서 매매 계약서를 작성할 때 잊지 말아야 할 사항이 매매대금 000만원(건물분 부가세 00만원을 포함한 금액임)으로 매매하는 조건이다. 또는 매매대금 000만원(건물분 부가세 00만원 별도임)으로 괄호안의 금액은 매매대금과 별도로 매수인이 부담하기로 한다는 것으로 약정하면 된다. 그리고 그러한 사실을 특약사항란에 명기함과 동시에 건물분 세금계산서(건물분 부가세가 포함된 세금계산서)와 토지분 계산서(토지는 부가세가 면세되므로 계산서로)를 작성하면 된다.

2) 법인명의로 취득해 매도 시에 유의할 점
(1) 법인 명의로 취득시 취득세와 중과세율

① 법인이 국민주택 규모 이하의 주택을 취득 시에는 취득세 및 교육세 12.4%와 ② 국민주택 규모 초과 시 13.4%(농특세 1% 포함)는 중과세율이 적용된 것으로 5년 미만 법인이 과밀억제권내 부동산을 취득하든, 5년 이상된 법인이 취득하든 동일한 중과세율 12.4%와 13.4%가 적용된다. 이는 □지방세법 제16조 제5항 같은 취득물건에 대하여 둘 이상의 세율이 해당되는 경우에는 그중 높은 세율을 적용한다와 □지방세법 제13조(과밀억제권역 안 취득 등 중과) 제2항 규정에 따라 다음 ③과 같이 5년 미만된 주택의 중과 세율과 비교해서 더 높은 세율

인 지방세법 제13조의2(법인의 주택 취득 등 중과) 12.4%(국민주택규모 이하)만 적용한다. 즉 5년 미만된 법인이 주택을 취득하는 경우에는 추가로 구등록세분의 중과는 부과되지 않는다.

③ 지방세법 시행령 제27조(대도시 부동산 취득의 중과세 범위와 적용기준) 제3항과 지방세법 제13조(과밀억제권역 안 취득 등 중과) 제2항에 따라 과밀억제권 내의 5년 미만 법인이 과밀억제권 내의 주택이 아닌 상가건물, 오피스텔, 공장, 농지, 토지 등을 취득하는 경우에는 구등록세분의 3배 중과가 종전과 같이 적용되므로, ⓐ 취득세 : 표준세율(4%)+3-중과기준세율(2%) ×2=8%, ⓑ 지방교육세 : [4%-2%]×20%×3=1.2%, ⓒ 농어촌특별세 : 0.2%이다. 따라서 중과세율은 9.4%가 된다.

(2) 법인세율과 주민세 그리고 추가되는 법인세 요약정리

법인이 주택 및 비사업용 토지를 양도한 경우 = 기본 법인세율 10% + 법인세할 주민세 1%(법인세액의 10%) + 추가법인세20%(2021년부터)(양도가액 - 장부가액)이 된다.

여기서 기본 법인세 과세표준은 양도차익(양도가액 - 취득가액)- 일반경비(임대료 및 관리비, 인건비, 기타 비용 등의 법인사업비용)를 공제하여 계산하면 된다.

위 (1)과 (2)의 자세한 내용은 Chapter 24의 08 법인사업자로 취득하는 것이 개인명의 또는 개인사업자보다 절세가 될까?(555쪽을 참고하면 된다)

3) 법인명의의 아파트를 법인이 매수할 때 올바른 계약서 작성 방법

- Chapter 09에서 15번의 ■ 주택을 법인사업자로 취득해 매도 시에 유의할 사항(202쪽) 참고하면 된다.

◆ 법인사업자 간에 합의한 내용으로 상가건물 매매 계약서를 작성하는 방법

1) 법인사업자 간에 계약내용 합의 핵심 요약정리

본 계약은 법인사업자간(법인임대사업자간, 법인일반사업자간)의 매매계약이므로 계약당사자간에 매매대금을 6억원으로 정했다면 토지 매매대금과 건물 매매대금으로 안분해서 건물 부가세를 구하고, 그 금액이 매도인과 매수인이 주고 받게 되는 금액이 된다.

계산방법은 건물 매매대금 = 매매대금 6억원×건물기준시가(96,581,000원)/[건물기준시가(96,581,000원원)+토지공시지가(295,108,000원)]=147,945,400원이고, 토지 매매대금 = 6억원×토지 공시지가/(건물기준시가 + 토지공시지가)=452,054,600원이 된다. 따라서 토지 매매대금 452,054,600원 + 건물 매매대금 147,945,400원 + 건물분 부가세 14,794,540원으로 토지 매매대금 계산서와 건물 매매대금 세금계산서를 잔금지급 시에 발행하여 교부하기로 합의해서 매수인이 매도인에게 지급해야 할 총 금액은 614,794,450원이라는 내용을 특약사항란에 명기하기로 했다.

2) 법인사업자간에 상가건물 매매계약서 작성

상가건물 매매 계약서					일반건물
매도인과 매수인 쌍방은 아래 표시 부동산에 관하여 다음과 같이 매매계약을 체결한다.					
1. 부동산의 표시					
소재지	경기도 성남시 수정구 신흥동 440번지				
토 지	지 목	대		면 적	195㎡
건 물	구 조	철근콘크리트조	용 도	근린생활시설 전용면적	317.30㎡
2. 계약내용					
제1조 [목적] 위 부동산의 임대차에 있어 임대인과 임차인은 보증금을 다음과 같이 지급키로 한다.					
매매대금	금 육억구백육십오만팔천일백 원정(건물분 부가세 9,658,100원 포함금액)				

계약금	금	육천만 원정은 계약시 지급하고 영수함.　　　　　영수자 정 한 수　(인)
중도금	금	일억 원정은 2013년 02월 20일에 지급한다.
융자금 등	금	삼억사천만 원정은 융자금 이억 원과 보증금 일억사천만 원으로 승계하고 특약사항에 별도 명기한다.
잔 금	금	일억구백육십오만팔천일백 원정은 2013년 03월 10일에 지급한다.

제2조 [소유권이전등] 매도인은 매매대금의 잔금을 수령함과 동시에 매수인에게 소유권이전등기에 필요한 모든 서류를 교부하고 등기절차에 협력하며, 위 부동산에 대하여 2013년 03월 10일 인도하기로 한다.

　　　：〈생략〉　　　　　：〈생략〉

제9조 [중개대상물 확인·설명서 교부등]──〈생략〉

3. 특약 사항 – 계약당사자간에 합의한 내용을 다음과 같이 특약으로 기재한다.

① 본 계약은 계약당사자들이 계약내용에 합의하고, 개업공인중개사 입회하에 부동문자로 된 계약내용까지 정독하고 계약한 것이다.

② 위 상가건물은 현 시설상태로 매매하는 계약이다.

③ 본 계약은 법인사업자간의 매매계약이므로 위 매매대금 609,658,100원은 토지 매매대금 503,419,000원 + 건물 매매대금 96,581,000원(국세청건물기준시가기준) + 건물분 부가세 9,658,100원으로 정하고, 토지 매매대금 계산서와 건물 매매대금 세금계산서를 잔금지급 시에 발행하여 교부하기로 한다(매도인은 환급받은 건물분 부가세를 세무서에 납부하고, 매수인은 부가세를 환급받으면 된다).

(그렇지만 정확한 계산방법은 건물 매매대금=매매대금 6억원×건물기준시가(96,581,000원) / [건물기준시가(96,581,000원)+토지공시지가(295,108,000원)]=147,945,400원이고, 토지 매매대금=매매대금 6억원×토지 공시지가/(건물기준시가+토지공시지가)=452,054,600원이다. 따라서 토지 매매대금 계산서(452,054,600원)와 건물매매대금 세금계산서(건물 세금계산서 본세 147,945,400원원, 부가세 14,794,540원)로 총 매매대금은 614,794,450원으로 해야한다.)

④ 매수인은 과밀억제권내에서 5년 이상된 법인으로 중과되지 않는 법인임을 알고 매수하는 것이다.

(또는 매수인은 과밀억제권내에서 5년 미만된 법인이므로 등록세분(구등록세 + 구등록세의 20%에 해당하는 교육세)의 3배중과되고 상가라 취득세(교육세농특세 포함)가 9.4%라는 사

실을 알고 계약함.)

⑤ 매수인이 상가건물에 2008. 04. 22. 설정된 국민은행의 융자금 채권최고액 2억4천만원(대출원금 2억원)과 임차보증금 1억4천만원(지1층 이상수 보증금 3천만원(월세30만원) + 1층 김민기 보증금 5천만원(월세120만원) + 2층 이영준 보증금 3천만원(월세50만원) + 3층 박정기 보증금 3천만원(월세50만원)을 승계하고, 매수인이 매매대금에서 공제하고 잔금을 지급하기로 한다.

⑥ 매도인은 상가건물에 등기된 2010년 05월 25일 가압류 2천2백만원(채권자 우기선)을 매수인이 잔금지급 이전까지 말소하기로 한다.

⑦ 계약 이후에 매수인이 소유권을 이전받기 전까지 매도인의 귀책사유로 위 상가건물에 ④항 이외에 추가적인 권리(근저당권, 임차권, 가압류, 가처분 등)가 발생하면 매수인이 잔금지급 전까지 매도인 책임하에 말소시켜야 한다. 만일 말소시키지 못하면 매수인은 위 계약내용 제6조에 의해 계약을 해제하고 손해배상을 청구할 수 있다.

⑧ 관리비와 제세·공과금은 매도인이 잔금지급 전까지 정산해서 납부해야 한다.

⑨ 매수인은 ⑤항의 승계를 위해서 잔금지급과 동시에 우리은행 근저당권의 채무자 명의를 변경하고, 임차인들의 임대차계약을 승계(임차인에게 임대차내역을 확인하고 임대차계약서를 인도)받기로 한다.

본 계약에 이의가 없음을 확인하고 증명하기 위해 계약서를 작성하고 서명·날인하여 각자 1통씩 보관한다.

2013년 02월 01일

매도인	주 소	경기도 성남시 수정로 50-10, 304호(신흥동, 신일빌라)				
	주민등록번호	110111- *******	전 화	031-574-1234	성 명	한성투자 대표 정 한 수 (인)
	대리인	주민등록번호		전 화		성 명
매수인	주 소	서울시 서초구 동광로 30-10, 302호(서초동, 서초연립)				
	주민등록번호	110111- *******	전 화	02-555-7788	성 명	제일투자 대표 김 정 민 (인)
	대리인	주민등록번호		전 화		성 명
개업공인 중개사	사무소소재지	경기도 성남시 수정로 30, 101호(신흥동, 오성빌딩)				
	등록번호	7235-80000		사무소명칭		삼성 공인중개사사무소
	전화번호	031-934-8949		대표자성명		이 철 민 (인)

Chapter 18
집합건물의 전유부분과 대지사용권은 분리할 수 없다!

Chapter 19
집합건물 전유부분과 대지권을 분리할 수 있는 사례

Chapter 20
아파트 신축과정과 토지별도등기가 있다면 이렇게 투자해라!

Chapter 21
집합건물에 대지권미등기가 있으면, 이렇게 투자해라!

Chapter 22
집합건물의 특수한 사례에서 실전투자 노하우!

7편

집합건물의 기본원리와 다양한 사례에서 투자비법

Chapter 18

집합건물의 전유부분과
대지사용권은
분리할 수 없다!

01 집합건물에서 전유부분과 대지사용권과의 관계

일반적인 독립건물인 단독주택(다가구), 일반건물 등은 토지와 건물이 별개이므로 개별적인 거래 대상이 된다. 그러나 집합건물의 경우에는 특별한 경우(대지권 등기가 없는 건물, 대지권만 분리 처분한다는 특약) 외에는 원칙적으로 대지권과 전유부분이 분리되지 않아 일체의거래대상이 된다. 구분소유자의 대지사용권은 그가 가지는 전유부분 처분에 따르며 구분소유자는 그가 가지는 전유부분과 분리하여 대지 사용권을 처분할 수 없다(집합법 제20조 제1항). 다만 규약에 달리 정한 때에는 그러하지 아니한다(동법 제20조제2항).

◈ 전유부분과 대지사용권의 일체성(집합건물법 제20조)

① 구분소유자의 대지사용권은 그가 가지는 전유부분의 처분에 따른다.
② 구분소유자는 그가 가지는 전유부분과 분리하여 대지사용권을 처분할 수 없다. 다만, 규약으로써 달리 정한 경우에는 그러하지 아니하다.
③ 제2항 본문의 분리처분금지는 그 취지를 등기하지 아니하면 선의로 물권을 취득한 제3자에게 대항하지 못한다.
④ 제2항 단서의 경우에는 제3조 제3항을 준용한다.

◈ 전유부분과 대지권 분리처분금지가 헌법에 위배되는지

집합건물법 제2조 제6호는 대지사용권을 '구분소유자가 전유부분을 소유하기 위하여 건물의 대지에 대하여 가지는 권리'라고 규정하고 있는 바, 이러한 대지사용권의 개념에 비추어 대지사용권은 전유부분을 소유하지 아니한 이상 인정되기 어려운 권리여서 전유부분을 처분한 종전 구분소유자에게 대지사용권을 인정할 실익이 없을 뿐만 아니라, 대지사용권 없는 구분소유권의 발생을 방지함으로써 집합건물에 관한 법률관계의 안정과 합리적 규율을 도모하기 위한 사회·경제적 이익을 위해서는 집합건물의 전유부분과 대지사용권이 분리되는 것을 최대한 억제할 필요가 있다.

집합건물법 제20조가 대지사용권을 전유부분과 분리하여 처분하지 못하도록 하고 있다 하더라도 이는 헌법이 기본권 제한의 원리로서 제시하고 있는 공공복리를 위하여 필요한 경우에 해당한다고 할 것이어서 이를 위헌이라고 볼 수 없다. 나아가, 집합건물법 제20조 제2항 단서는 규약으로 달리 정하는 경우에는 구분소유자가 전유부분과 분리하여 대지사용권을 처분할 수 있도록 규정함으로 써, 필요한 경우에는 규약으로 대지사용권을 전유부분과 분리하여 처분할 수 있도록 하는 예외적인 규정을 두어 종전 구분소유자를 보호하고 있으므로 종전 구분소유자의 재산권을 본질적으로 침해한다거나 과잉금지의 원칙에 위배된다고 볼 수도 없다(대법 2010카기465 위헌법률심판 제청).

02 구분건물이 성립되고 대지권을 처분하는 것은 무효

(1) 1동의 건물에 대하여 구분소유가 성립하기 위한 조건

1동의 건물에 대하여 구분소유가 성립하기 위해서는 ㉠객관적·물리적인 측면에서 1동의 건물이 존재하고 구분된 건물부분이 구조상·이용상 독립성을 갖추어야 할 뿐 아니라, ㉡ 1동의 건물중 물리적으로 구획된 건물부분을 각각 구분소유권의 객체로 하려는 구분행위가 있어야 한다(대법 98다 35020 참조). 여기서 구분행위는 처분권자의 구분의사가 객관적으로 외부에 표시되면 되면 인정된다. 따라서 구분건물이 물리적으로 완성되기 전에도 건축허가신청이나 분양계약 등을 통하여 장래 신축되는 건물을 구분건물로 하겠다는 구분의사가 객관적으로 표시되면 구분행위의 존재를 인정할 수 있고, 이후 1동의 건물 및 그 구분행위에 상응하는 구분건물이 객관적·물리적으로 완성되면 아직 그 건물이 집합건축물대장에 등록되거나 구분건물로서 등기부에 등기되지 않았더라도 그 시점에서 구분소유가 성립한다(대법 2010다71578 판결, 대법 2004다742 판결).

(2) 구조상, 이용상 독립성과 건축공정의 완성도에 대한 판단

서울동부지방법원 2012라6 판결에서는 집합건물에 있어 구분소유권이 성립하는 시점은 원칙적으로 그 집합건물 전체가 완성되어 당해 건물에 관한 건축물대장에 구분건물로 등록된 시점이라고 할 것이고, 건축공사가 중단될 당시까지 축조된 미완성 건물의 구조와 형태가 구분소유권의 객체가 될 수 있을 정도가 되었다고 하더라도 달리 볼 것은 아니다(대법 99다1345, 대법 2004다67691 참조). 다만, 반드시 건축물대장의 등록시점을 구분소유권 성립의 절대적인 기준으로 삼을 수는 없고, 그 이전이라도 집합건물 전체 층의 기둥, 주벽 및 천장 슬래브 공사가 완공되었다거나 집합건물이 신축되고 분양까지 이루어진 경우에는 구분소유권이 성립하였다고 볼 여지도 있다.

이 사건 기록에 의하면, 항고인은 노후한 건축물을 철거하고 새 아파트 및 부대복리시설을 건축하는 것을 목적으로 설립된 재건축정비사업조합인 사실, 항고인은 2007. 1. 25.경 상대방과 사이에 이 사건 토지 위에 지하 2층, 지상 14층의 아파트(총 52세대) 1동을 신축하는 내용의 공사계약을 체결한 사실, 이에 따라 상대방은 2007. 2. 15. 성동구청장으로부터 관리처분계획인가를 받고 2007. 7. 25.경 착공신고를 한 다음 신축공사를 진행하다가 자금난 등의 사정으로 2008. 7. 1.경 공사를 중단한 사실, 위 중단 당시 위 아파트는 14층 중 6층까지의 콘크리트골조공사 등이 진행된 상태(공정률 약 35.3%)였던 사실이 각 인정된다.

앞서 든 법리에 비추어 위와 같은 인정사실을 살피건대, 이 사건에서 비록 위 6층까지 완성된 건물부분의 구조와 형태가 구분소유권의 객체가 될 수 있을 정도에 이르렀다고 하더라도 당초 인가된 관리처분계획의 내역과 같이 14층까지의 기둥, 주벽 및 천장 슬래브 공사 등이 이루어지지 아니한 이상, 위 6층까지의 각 건물부분에 관하여 별도의 구분소유권이 성립하였다고 보기는 어렵다.

따라서 구분소유권이 성립하였음을 전제로 위 강제경매개시결정이 위 분리처분금지 규정에 위배되어 무효라는 항고인의 위 주장은 받아들일 수 없다.

(3) 인천지방법원 2009카합1098 판결

이 사건 가압류결정이 내려진 2006. 6. 14.로부터 불과 5일 후인 2006. 6. 19. 이 사건 아파트에 관한 사용승인이 이루어졌음은 앞서 본 바와 같으므로, 이 사건 가압류결정 당시에는 이미 이 사건 아파트가 사실상 완공된 상태로서 집합건물로서의 구조상·이용상의 독립성 및 물리적 완성도를 갖추었다고 봄이 상당하고, 따라서 각 전유부분의 소유자들이 이 사건 아파트의 소유를 위한 대지사용권을 취득함으로써 각 전유부분과 대지사용권이 일체가 되어 집합건물법 제20조 제2항이 정한 분리처분금지의 효력이 발생하였다고 할 것인바, 이 사건 토지에 관한 가압류결정은 향후 이 사건 토지에 관한 강제경매를 실시하여 현금화하는 것이 궁극적인 목적이라 할 것이므로 결국 이 사건 가압류는 전유부분과 대지사용권의 분리처분이라는 결과를 가져오는 것으로서 집합건물법 제20조 제2항에서 정한 집합건물의 전유부분과 대지사용권의 분리처분금지의 효력에 위반되어 무효다.

(4) 대지사용권의 최초취득자와 승계취득자[대법 2007다45777]

① 집합건물의 건축자가 그 대지를 매수하였으나 지적정리 등의 지연으로 소유권이전등기를 경료받지 못하여 우선 전유부분만에 관하여 소유권보존등기를 경료하였는데, 그 후 대지에 관한 소유권이전등기가 경료되지 아니한 상태에서 전유부분에 관한 경매절차가 진행되어 제3자가 전유부분을 경락받은 경

우, 경락인은 전유부분과 함께 건축자가 가지는 대지사용권을 취득한다. 그리고 이 경우 대지사용권을 취득한 경락인들은 그 후 대지에 관한 소유권이전등기를 경료받은 집합건물의 건축자를 상대로 부동산등기법 제57조의3 제1항에 근거한 대지지분의 이전등기를 청구할 수 있다.

② 집합건물법 제20조의 취지는 집합건물의 전유부분과 대지사용권이 분리되는 것을 최대한 억제하여 대지사용권 없는 구분소유권의 발생을 방지함으로써 집합건물에 관한 법률관계의 안정과 합리적 규율을 도모하려는 데 있으므로, 전유부분에 대한 대지사용권을 분리 처분할 수 있도록 정한 규약이 존재한다는 등의 특별한 사정이 없는 한, 집합건물을 신축하였으나 그 대지 소유권을 취득하지 못한 상태에서 전유부분의 소유권을 경매로 상실한 자는 장래 취득할 대지지분을 전유부분의 소유권을 취득한 경락인이 아닌 제3자에게 분리처분하지 못하고, 이를 위반한 대지지분의 처분행위는 무효이다.

03 집합건물에서 전유부분과 공용부분을 분리 처분하면 무효

◆ 집합건물의 어느 부분이 전유부분인지 공용부분인지 여부

집합건물의 어느 부분이 전유부분인지 공용부분인지 여부는 구분소유가 성립한 시점, 즉 원칙적으로 건물 전체가 완성되어 당해 건물에 관한 건축물대장에 구분건물로 등록된 시점을 기준으로 판단하여야 하고, 그 후의 건물 개조나 이용 상황의 변화 등은 전유부분인지 공용부분인지 여부에 영향을 미칠 수 없다(대법 2010다95949 판결참조). 그리고 구분소유자 상호간에 전유부분의 침해가 있는지 여부에 관하여 다툼이 있을 경우에는 구분건물이 성립할 당시의 관계법령이나 분양상황 등을 고려하여 전유부분의 범위를 정하여야 한다(대법 2011다69374 판결).

◆ 집합건물의 공용부분은 전유부분과 분리해 처분할 수 없다!

집합건물의 어느 부분이 전유부분인지 공용부분인지를 판단하는 기준 시점(=구분소유 성립 시점) 및 그 후 건물 개조나 이용상황 변화 등이 위 판단에 영향을 미치는지 여부(소극)

이 사건에서 집합건물 5층 옥상(6층 바닥) 일부에 설치한 주차장 부분이 지하 1층에서 지상 5층까지 설치한 건물 내 주차장 부분 구분소유자들의 전유부분에 해당하는지가 문제된 사안에서, 건물 신축 당시부터 주차장 용도로 사용되어 온 위 옥상주차장 부분은 개방형 구조로 되어 있어 건물 전체의 안전이나 외관을 유지하기 위하여 필요한 지붕으로서의 성격을 잃지 않고 있을 뿐만 아니라, 다른 구분소유권자의 전유부분으로 위 옥상 나머지 일부에 설치한 6, 7층 골프연습장 건물 부분과 구조상 구분되어 있다고 보기 어려운데도, 이를 건물 내 주차장 시설의 일부로서 위 구분소유자들의 전유부분에 속한다고 본 원심판결에는 법리오해 등 위법이 있다고 한 사례(대법 2010다96945 판결)

◆ 구분건물이 성립되고 개조·증축으로 구분건물이 되는 시점

(1) 대법 99다1345 판결

건물이 준공되어 건축물대장에 등재될 때 보일러실, 대피소, 계단 등으로 구성된 지층 부분을 나중에 개조하여 구조상 독립된 주거공간으로 개조하였더라도 지층 부분이 구분소유의 성립 당시 공용부분으로 된 이상 아무리 그 후 전유부분으로 개조되었다고 하더라도 결국 공유부분을 매수한 것에 불과하다는 사례에서 '전유부분과 공유부분의 구분은 건축물대장 등록시점을 기준으로 해야 한다'는 취지일 뿐, 구조상·이용상 독립과 구분행위이외에 건축물대장등록이라는 요소가 구분건물의 성립요건으로 판시한 사안은 아니다(조용현 대법원판례해설 60호).

① 이 판결과 같이, 1동의 건물 전체를 1개의 소유권의 목적으로 삼아 소유하던 소유자가 그 건물을 부분으로 나누어 각각 구분소유의 목적으로 삼을 경우, 그와 같은 내용으로 건축물대장에의 등록신청이 있기 전에는 건물 구분의 의사표시가 외부로 표시될 만한 행위가 없기 때문에 건축물대장 등록 신청으로 구분행위가 있다고 하겠지만,

② 이와 달리 1동의 건물을 신축한 건축주가 그 건물을 구분하여 분양할 경우에는 광고 내지 분양계약 등을 통해서, 재건축, 재개발조합이 진행하는 사업의 경우에는 주택사업의 사업승인신청 내지 분양승인신청, 관리처분계획인가 신청 등을 통해서 건물을 구분소유의 객체로 하려는 의사표시 가 있다는 것이 대법 2010다71578 판결이다.

(2) 대법 98다35020 판결

① 1동의 건물 중 구분된 각 부분이 구조상, 이용상 독립성을 가지고 있는 경우에 그 각 부분을 1개의 구분건물로 하는 것도 가능하고, 그 1동 전체를 1개의 건물로 하는 것도 가능하기 때문에, 이를 구분건물로 할 것인지 여부는 특별한 사정이 없는 한 소유자의 의사에 의하여 결정된다고 할 것이고, 구분건물이 되기 위해서는 ㉠ 객관적, 물리적인 측면에서 구분건물이 구조상·이용상의 독립성을 갖추어야 하고, ㉡ 그 건물을 구분소유권의 객체로 하려는 의사표시 즉 구분행위가 있어야 하는 것으로서, 소유자가 기존 건물에 증축을 한 경우에도 증축 부분이 구조상, 이용상의 독립성을 갖추었다는 사유만으로 당연히 구분소유권이 성립될 수 없고, 소유자의 구분행위가 있어야 구분소유권이 성립한다. 소

유자가 기존 건물에 마쳐진 등기를 이와 같이 증축한 건물의 현황과 맞추어 1동의 건물로서 증축으로 인한 건물표시변경등기를 경료한 때에는 이를 구분건물로 하지 않고 그 전체를 1동의 건물로 하려는 의사였다고 봄이 상당하다.

- 원심판결 의하면, 소외 유니온관광(주)은 증축 전의 건물을 5층으로 증축하면서 증축된 3, 4, 5층은 각 층별로 독립된 기초 위에 주요 구조부를 철골콘크리트조로, 지붕 및 처마를 평슬래브로, 벽체를 판넬로 설치하여 각 경계벽을 구축하는 한편, 건물 1층의 서쪽편 출입구에 연접한 일반음식점인 '풀타임 레스토호프'와 사무실을 증축하였고, 서쪽편 출입구를 통한 2층의 출입을 위하여 출입문과 계단을 추가로 설치하였고, 1층에서 5층까지의 각 층을 순차로 연결하는 비상계단을 설치하여, 이 사건 건물의 3, 4층은 현재는 합병되어 나이트클럽으로, 5층은 골프연습장으로 사용되고 있는데, 위 3, 4, 5층으로의 출입은 주로 서쪽편 출입구에 연결되는 엘리베이터 또는 계단을 통하여 이루어지도록 설계되어 있어 위 3, 4, 5층의 출입을 위하여는 증축 전의 1, 2층을 통과할 필요가 없을 뿐 아니라 3, 4, 5층에는 별도의 화장실과 수도시설이 설치되어 있으며, 위와 같은 증축 공사 결과 이 사건 증축 전의 건물 부분의 1층이 차지하는 대지면적은 1,265.24㎡이고 나머지 대지면적은 611.06㎡이나, 증축 후 이 사건 건물의 1층이 차지하는 대지 면적은 1,466.86㎡이고, 나머지 대지 면적은 409.44㎡로서 증축 전의 1층 부분은 증축공사 후 이 사건 건물의 1층 건물 속으로 덮여진 상태인데, 위 유니온관광은 1992. 5. 20. 이 사건 증축 전의 건물에 마쳐진 등기를 이와 같이 증축한 건물의 현황과 맞추어 1동의 건물로서 증축으로 인한 건물표시변경등기를 경료 하였다는 것인바, 사실관계가 위와 같다면, 앞에서 본 법리에 비추어, 이 사건 건물의 소유자인 위 유니온관광은 증축 전의 기존 건물과 증축 부분 전체를 1동의 건물로 하려는 의사였다고 보아야 할 것이고, 따라서 위 유니온관광이 이 사건 증축 부분을 구분하였다고 볼 수 없는 이상 위 증축 부분이 구조상, 이용상의 독립성을 갖추었다고 하더라도 구분소유권의 대상이 되는 구분건물이

되었다고 할 수 없다.

그럼에도 불구하고, 이 사건 건물의 증축 부분은 그 물리적 구조와 이용 상황, 경제적 가치, 건물주의 건축의도 등을 종합해 볼 때 이 사건 증축 전의 건물 부분과는 그 범위가 뚜렷이 구분되어 독립한 구분소유권의 대상이 되는 구분건물이 되었다고 판단한 원심판결에는 구분소유권의 성립에 관한 법리를 오해하여 판결 결과에 영향을 미친 위법이 있다.

② 어느 부동산에 대하여 저당권의 효력이 미친다는 것은 그 부동산이 저당권 실행의 대상이 된다는 것과 그 부동산의 처분대가가 피담보채권의 우선변제에 충당되고 그 결과 경락인은 그 부동산에 대한 소유권을 취득하게 된다는 것을 의미하므로, 서로 다른 별개의 부동산에 대한 낙찰대금의 배당 순서를 달리하여야 한다면, 각 부동산에 대한 낙찰대금을 별도로 특정할 필요가 있다고 할 것이고, 민사소송법 제655조 제2항은 "부동산 일괄경매의 경우에 각 부동산의 대금액을 특정할 필요가 있는 때에는 그 각 대금액은 총 대금액을 각 부동산의 최저경매가격 비율에 의하여 안분한 금액으로 한다."라고 규정하고 있으므로, 일괄경매의 각 부동산별로 그 최저경매가격을 정하여 경매절차를 진행하여야 한다.

04 대지권미등기 아파트를 낙찰받아 대지권등기에 성공한 사례

이 대법 2010다71578 판결 사례가 주는 교훈

① 1동의 집합건물의 구분소유가 성립하려면 ㉠ 객관적·물리적인 측면에서 1동의 건물이 존재하고 구분된 건물부분이 구조상·이용상 독립성을 갖추어야 할 뿐 아니라, ㉡ 1동의 건물중 물리적으로 구획된 건물부분을 각각 구분소유권의 객체로 하려는 구분행위가 있어야 한다.
② 구분행위 시점을 건축물대장등록 시점으로 판단하지 않고 건축허가 또는 분양계약을 체결하면 구분행위가 있는 것으로 판단.
③ 구분소유권이 성립되고 나서부터는 전유부분과 대지사용권을 분리처분하면 무효가 되는데 이 사건에서도 구분소유권이 성립되고 나서 신탁등기가 이루어져 무효가 된다는 판결이다.
④ 집합건물법 3항에서 선의의 제3자는 집합건물의 대지로 되어 있는 사정을 모른 채 대지권의 목적이 되는 토지를 취득한 제3자만을 의미한다.

(1) 집합건물이 경매가 진행되게 된 사연
(2) 공매낙찰자들은 다음과 같이 토지사용료 청구소송을 진행했다
(3) 파기환송 판결 서울고등법원 2012나89728 판결내용 분석
(4) 위 사건에 대한 최종심 대법원 2010다71578호의 판단
　① 구분소유의 성립을 인정하기 위하여 반드시 집합건축물대장의 등록이나 구분건물의 표시에 관한 등기가 필요한지 여부에 대한 판단을 2심과 같이 부정했다.
　② 집합건물 전유부분과 대지사용권의 일체성에 반하는 대지 처분행위의 효력(무효)
　③ 집합건물의 소유 및 관리에 관한 법률 제20조 제3항의 분리처분금지로 대항할 수 없는 선'의'의 제3자의 의미를 2심과 같이 판단했다.
　④ 갑이 아파트를 신축하면서 내부 구분건물 각각에 대하여 분양계약을 체결한 후 토지에 관하여 을 주식회사와 부동산담보신탁계약을 체결하고 신탁등기를 마쳐 준 사안에서, 신탁등기를 마친 당시 아파트 각 전유부분이 구조상·이용상 독립성을 갖추었고, 갑이 구분건물 각각에 대하여 분양계약을 체결함으로써 구분행위의 존재도 인정되므로, 아파트 전유부분에 관하여 이미 구분소유권이성립한 이상 토지만에 대한 부동산담보신탁계약은 무효이므로 신탁등기는 말소되어야 한다고 본 원심판단이 정당하다고 판단했다. 따라서 원심(2심)의 위와 같은 판단은 정당하고, 법리오해 등의 위법은 없다

(5) 아파트를 낙찰받은 이순신 판단은 성공적인 결과를 낳았다!
앞에서 살펴본 바와 같이 이순신은 대지권이 미등기된 아파트가 시세보다 낮은 가격으로 감정평가 되어 있는 사실을 확인하고 입찰에 참여한 것 같다. 어쩌면 집합건물만 취득하고 대지권은 취득하지 못할 위험이 도사리고 있었는데도 말이다. 이러한 경매물건이 독자 분들에게 직면하게 된다면 피하지만 말고 이 이순신처럼 입찰하기 전에 구분소유권 성립시점을 정확하게 판단하고 입찰에 참여하면 된다. 낙찰받고 난 다음 대지권 지분등기청구소송을 진행해 이순신처럼 대지에 대해서 신탁등기가 되어 있는 것을 대지권성립(구분소유권 성립) 이후 등기된 것으로 무효화시키는 전략으로 소송을 진행해 신탁등기를 말소하고 대지권 지분 등기를 하면 된다.

05 대지권 평가없이 전유부분만 낙찰받아도 대지권 등기할 수도 있다!

◈ 대지권 평가없이 전유부분만 매각돼도 대지권등기를 할 수 있는 경우

구분건물의 전유부분에 대한 소유권이전등기만 경료되고 대지지분에 대한 소유권이전등기가 경료되기 전에 전유부분만에 관하여 설정된 근저당권에 터 잡아 임의경매절차가 개시되었고, 집행법원이 구분건물에 대한 입찰명령을 함에 있어 대지지분에 관한 감정평가액을 반영하지 않은 상태에서 경매절차를 진행하였다고 하더라도, 전유부분에 대한 대지사용권을 분리 처분할 수 있도록 정한 규약이 존재한다는 등의 특별한 사정이 없는 한 낙찰인은 경매목적물인 전유부분을 낙찰받음에 따라 종물 내지 종된 권리인 그 대지사용권에까지 그 효력이 미친다(대지지분도 함께 취득한다)(대법 94다12722, 대법 97마814 참조).

원심의 사건 ~(기초 내용은 생략), 비록 집행법원이 위 아파트에 대한 입찰명령을 함에 있어 대지지분에 관한 감정평가액을 반영하지 않은 상태에서 전유부분에 관하여만 경매절차를 진행하였다고 하더라도, 전유부분에 대한 대지사용권을 분리 처분하다 수 있도록 정한 규약이 존재한다는 등의 특별한 사정에 관하여 아무런 주장·입증이 없는 이 사건에 있어서, 피고로서는 경매목적물인 전유부분을 낙찰받음에 따라 종물 내지 종된 권리인 대지지분도 함께 취득하였다고 할 것이며, 피고가 대지지분에 관하여 대지권등기를 경료받은 것을 두고 법률상 원인 없이 이득을 얻은 것이라고 할 수 없다고 판단하여 원고의 부당이득반환청구를 배척하였다.

기록에 비추어 살펴보면, 원심의 사실인정과 판단은 앞에서 본 법리에 따른 것으로서 정당하다(대법 2001다22604 판결).

◆ 대지권이 존재하는데 대지권평가 없이 전유부분만 매각한 경우

대지사용권이 존재함에도 그에 대한 경매신청이 없다는 이유로 집행법원이 그 대지사용권의 존부 등에 관하여 조사하지 않고 전유부분 및 공용부분에 대하여만 경매절차를 진행한 경우에 있어서도, 대지사용권에 대하여 분리처분이 가능한 규약이나 공정증서가 없는 때에는 전유부분에 대한 경매개시결정 및 압류의 효력이 그 대지사용권에도 미치므로 일괄경매를 할 필요가 없고(다만 이 경우 이해관계인으로서는 입찰기일의 공고가 법률의 규정에 위반하거나 최저입찰가격의 결정 또는 입찰물건명세서 작성에 중대한 하자가 있음을 이유로 민사소송법 제632조, 제642조 제2항, 제633조 제6호 등에 의하여 입찰허가에 대한 이의를 하거나 입찰허가결정에 대한 항고를 함으로써 구제받을 수 있다고 할 것이다.), 그와 같은 내용의 규약이나 공정증서가 있는 때에는 전유부분에 대한 경매개시결정 및 압류의 효력이 대지사용권에는 미치지 아니하고 그 대지사용권이 경매 목적물에서 제외되어 일괄경매의 요건을 충족하지 아니하므로 일괄경매를 할 수가 없다고 할 것이다.

따라서 설령 이 사건 구분건물의 대지사용권이 존재한다고 하더라도 그에 대한 경매신청이 없었던 이상 집행법원이 이를 그 전유부분 및 공용부분과 일괄경매를 하지 아니하였다 하여 그러한 사유만으로는 이 사건 경매절차에 하자가 있다고 할 수는 없다(대법 97마814 결정).

06 전유부분만 낙찰받아 대지권등기와 토지별도등기를 소멸시킨 사례

이 대법 2012다103325 판결 사례가 주는 교훈

① 대지지분에 대한 평가 없이 전유부분만 평가돼 낙찰받아도 대지권등기를 할 수 있고, 이 때 나대지 상태에서 설정된 근저당권 등의 토지별도 등기가 있더라도 소멸시킬 수 있는 사례를 알려 준다.
② 이 사례는 대지권이 성립되고 나서 그 대지 지분만에 등기된 채권자에 의해 경매가 진행되었다면 그 낙찰자 또는 낙찰자로부터 매수한 최선수 역시 대지 지분에 대한 소유권을 취득하지 못하고 구분소유자의 소유가 된다는 사실을 알려주는 좋은 사례다.

07 집합건물의 대지지분 일부를 낙찰받았으나 무효가 돼 실패한 사례

이 대법 2013다33577 판결 사례가 주는 교훈

① 대지사용권이 성립된 다음 대지지분 일부가 경매나 공매로 분리매각 시 무효가 된 사례
② 구분소유자들 상호 간에는 대지 공유지분 비율과 상관없이 대지 전부를 사용할 수 있고 대지 공유지분 비율의 차이를 이유로 부당이득반환을 청구할 수 없다.
③ 구분소유자가 아닌 자가 대지지분을 가지고 대지를 전혀 사용·수익을 하지 못하고 있으면 구분소유자들에게 부당이득을 청구할 수 있다.
④ 구분소유적 공유관계에서 분양자와 수분양자 간 대지지분 일부에 대한 무상사용특약은 그러한 사정을 모르고 취득한 자에 당연히 승계되는 것은 아니다.
⑤ 집합건물법 3항에서 선의의 제3자는 집합건물의 대지로 되어 있는 사정을 모른 채 대지권의 목적이 되는 토지를 취득한 제3자만을 의미한다.
⑥ 대지사용권이 성립되기 전의 근저당이나 가압류 등에 의해 매각되면 구분소유자들은 대지사용권을 잃게 될 수도 있으나 성립되고 나서 설정된 근저당권 등은 무효가 된다는 사실을 모두 알려주는 좋은 판례다.

08 구분소유자 간에 대지 지분 비율이 다를 때 투자방법

이 서울북부지원 2011나5538 판결 사례가 주는 교훈

① 다세대주택에서 여러 구분소유 호수가 경매 나왔을 때 어떤 구분호수를 선택해야 성공하는지, 또는 실패하게 되는가를 알려주는 사례다.
② 구분소유자들 상호 간에는 대지 공유지분 비율과 상관없이 대지 전부를 사용할 수 있어서 다른 구분소유자들보다 많은 대지지분 비율을 가지고 있더라도 구분소유자 간에는 부당이득을 청구할 수 없다(대법 2009다 76522 참조).
③ 구분소유자가 아닌 자가 대지지분을 가지고 대지를 전혀 사용·수익을 하지 못하고 있으면 구분소유자들에게 부당이득을 청구할 수 있다(대법 2011다12149 참조).

(1) 서울 청량리에 위치한 다세대주택의 현황은 다음과 같다
(2) 위 다세대주택이 경매로 다음과 같이 매각되었다
(3) 지층 01호 매수인 황OO의 부당이득금 반환청구 소송
(4) 이러한 이유로 제지층 01호가 또다시 경매가 진행되고 있다
《(1)에서 (4)에 해당하는 해당하는 경매물건 분석내용과 소송에 관한 자세한 내용은 다음 "Chapter 22의 03 구분소유자 간에 대지 지분 비율이 다를 때 투자 방법(487쪽)" 기술되어 있어서 중복을 피하기 위해 생략했다》

Chapter 19

집합건물 전유부분과 대지권을 분리할 수 있는 사례

01 집합건물법이 적용되기 전에 전유부분과 분리된 경우

◆ 집합건물법이 시행되기 전에 전유부분과 분리되어 있는 경우

집합건물법 제20조(1984.4.10.제정됨)는 구분소유자의 대지사용권은 그가 가지는 전유부분의 처분에 따른다(1항).

구분소유자는 그가 가지는 전유부분과 분리하여 대지사용권을 처분할 수 없다. 다만, 규약으로써 달리 정한 때에는 그러하지 아니하다(2항) 라고 규정하고, 같은 법 부칙 제1조는 이 법은 공포 후 1년이 경과한 날(1985.4.10)로부터 시행한다. 제4조는 이 법 시행당시 현존하는 전유부분과 이에 대한 대지사용권에 관한 제20조 내지 제22조의 규정은 이 법의 시행일로부터 2년이 경과한 날(1987.4.10)로부터 적용한다고 규정하고 있다.

집합건물법 부칙 제4조는 같은 법 제20조의 규정이 적용되기 전에 구분소유자가 그가 가지는 전유부분과 분리하여 대지사용권을 처분하는 것은 유효하고, 그 후에 집합건물법 제20조가 소급 적용되어 분리 처분이 무효로 되는 것은 아니다.

그리고 집합건물법 제20조가 적용되기 전에 전유부분과 분리하여 대지사용권이 처분되었다면, 집합건물법 제20조가 적용된 후에 그 전유부분과 대지사용권이 각자 처분되더라도 그 처분이 전유부분과 대지사용권의 일체성에 위배되어 무효라고 할 수 없다(대법 2010다72779 판결).

◆ 집합법이 시행되기 전에 설정된 저당권에 의해 분리된 경우

집합건물법 제20조의 시행일(1987.4.10.) 이전에 건물 및 대지지분을 분양받았으나 건물에 대하여만 소유권이전등기를 경료한 소유자로부터 근저당권설정등기를 경료 받았다면, 그후 위 법 시행일 이후에 근저당권이 실행되었다 하더라도 경락인은 건물에 대하여만 권리를 취득할 수 있을 뿐 대지지분에 대하여는 아무런 권리를 취득할 수 없다(대법 92다52917판결).

◆ 집합법이 시행되기 전에 가압류에 의해 분리매각된 사례

대지지분에 대해 이루어진 가압류, 저당권설정 및 경매가 무효임을 전제로 낙찰자로부터 이전등기를 받은 자를 상대로 진정명의회복을 원인으로 한 이전등기를 청구한 사안에서, 집합건물법 제정 이전의 처분이라는 이유로 대지지분에 대해 이루어진 가압류, 저당권설정, 경매를 유효로 판단하였다(인천지방법원 부천지원 2010가합742 판결).

① 이 사례에 대한 기초 사실관계

김OO가 1987. 3. 27. 이 사건 대지에 관한 가압류등기를 경료한 사실, 김OO가 이 가압류에 기해 1987. 10. 15. 이 대지에 관하여 강제경매개시결정을 받고, 그 경매절차에서 박OO가 이 사건 대지를 경락받은 사실은 앞서 본 바와 같다.

그리고 1987. 4. 6. 이 사건 대지에 관하여 채권최고액 7,200만원으로 한 근저당권설정등기를 경료하였고, 위 근저당권도 위 강제경매절차에서 박OO가 대지를 낙찰 받음으로 1988. 11. 2. 함께 말소되었다.

② 법원의 판단

이 대지에 관하여 김OO의 가압류등기 및 김OO의 근저당권설정등기가 경료됨으로써 이 대지는 집합건물법 제20조의 시행일(1987. 4. 10.) 이전인 1987. 3. 27. 또는 1987. 4. 6. 이미 이 사건 건물과 분리 처분되었다 할 것이므로(이 사건 가압류도 필연적으로 이 사건 아파트의 건물과 그 대지의 분리 처분이라는 결과를 가져오므로), 비록 위 법 규정 시행일 이후에 강제경매절차가 진행되었다 하더라도 이 사건 가압류에 기한 이 사건 대지의 경매 및 박OO의 경락은 모두 적법하다.

02 구분소유권 성립 이전에 이미 분리 매각된 사례

> **이 서울동부지방법원 2012라6 판결 사례가 주는 교훈**
> ① 1동의 건물에 대하여 구분소유가 성립하기 위해서 어떠한 요건을 갖추고 있어야 하나를 알려주는 사례.
> ② 종전 아파트를 철거하고 재건축하는 경우, 철거로 종전 아파트의 구분 소유권이 소멸하게 되므로 재건축 아파트에서 구분소유권이 성립되기 전까지 대지 지분을 신축 아파트의 전유부분과 분리해서 매각하는 것이 가능하다.
> ③ 미등기건물의 경우 건축허가를 받고 건축 되었더라도 시공된 부분이 건축허가된 것과 동일성이 인정될 정도로 시공되지 않은 건물에 대해 강제집행을 허용할 수 없다(대법 2004마480 참조).

◈ 이 사건에 대한 기본적인 사실관계

① 2011. 10. 14. 서울동부지방법원 2011타경15371호로 항고인 소유의 서울시 성동구 성수동2가 OO번지 대 2,129.8㎡에 관하여 강제경매를 신청하였고, 법원은 2011. 10. 17. 이 토지에 관하여 강제경매개시결정을 하였다.

② 위 강제경매개시결정이 내려진 물건의 현황

③ 아파트 부지가 위 내용과 같이 강제경매개시결정이 내려지게 되자 ○○○○○ 재건축사업조합(신청인겸 항고인)은 위 강제경매개시결정에 대한 이의신청(서울동부지방법원 2011타기1607호)을 했는데 법원이 그 이의신청에 대하여 2011. 11. 11. 기각결정을 내렸고, 항고인은 그 결정에 불복하여 다시 즉시항고를 하게 되었다.

◆ 이 사건 2심 법원에 대한 항고이유의 요지는 다음과 같다.

이 사건 토지 위에 아파트 신축공사가 진행되고 있었는데, 위 강제경매개시결정 당시 이미 지상 6층까지의 콘크리트 골조 및 기둥, 천장 공사가 완료되어 있었으며, 전유부분과 외벽 및 방실을 구분하는 내력벽 등도 모두 완료되어있었으며, 전유부분마다 외부의 공도에 출입할 수 있는 독립한 출입구를 갖고 있는 상태였다. 따라서 6층까지 진행된 위 아파트의 각 전유부분은 이미 구조상·이용상의 독립성을 갖추어 구분소유권의 객체가 될 수 있는 상태였으므로, 위 각 전유부분을 소유하기 위하여 이 사건 토지에 관한 대지사용권 또한 성립하였다. 위 각 전유부분과 위 대지사용권을 분리하려는 위 강제경매개시결정은 집합건물법 제20조에 위배되어 무효이므로, 위 강제경매개시결정은 취소되어야 한다.

◆ 항고이유에 대한 2심 법원의 판단

(1) 1동의 건물에 대하여 구분소유가 성립하기 위한 요건

1동의 건물에 대하여 구분소유가 성립하기 위해서는 ① 객관적·물리적인 측면에서 1동의 건물이 존재하고 구분된 건물부분이 구조상·이용상 독립성을 갖추어야 할 뿐 아니라, ② 1동의 건물중 물리적으로 구획된 건물부분을 각각 구분소유권의 객체로 하려는 구분행위가 있어야 한다(대법 98다 35020 참조).

(2) 구분소유권이 성립되지 않아 대지에 대한 강제경매가 가능하다

이 사건 기록에서 항고인은 노후한 건축물을 철거하고 새 아파트 및 부대 복리시설을 건축하는 것을 목적으로 설립된 재건축정비사업조합인 사실, 항고인은 2007. 1. 25.경 상대방과 사이에 이 사건 토지 위에 지하 2층, 지상 14층의 아파트(총 52세대) 1동을 신축하는 내용의 공사계약을 체결한 사실, 이에 따라 상대방은 2007. 2. 15. 성동구청장으로부터 관리처분 계획인가를 받고 2007. 7. 25.경 착공신고를 한 다음 신축공사를 진행하다가 자금난 등의 사정으로 2008. 7. 1.경 공사를 중단한 사실, 위 중단 당시 위 아파트는 14층 중 6층까지의 콘크리트골조 공사 등이 진행된 상태(공정률 약 35.3%)였던 사실이 각 인정된다.

앞서 든 법리에 비추어 위와 같은 인정사실을 살펴건대, 이 사건에서 비록 위 6층까지 완성된 건물부분의 구조와 형태가 구분소유권의 객체가 될 수 있을 정도에 이르렀다고 하더라도 당초 인가된 관리처분계획의 내역과 같이 14층까지의 기둥, 주벽 및 천장 슬래브 공사 등이 이루어지지 아니한 이상, 위 6층까지의 각 건물부분에 관하여 별도의 구분소유권이 성립하였다고 보기는 어렵다.

따라서 구분소유권이 성립하였음을 전제로 위 강제경매개시결정이 위 분리처분금지 규정에 위배되어 무효라는 항고인의 위 주장은 받아들일 수 없다.

(3) 미등기건물의 강제경매신청에 대한 법원의 판단

민사집행법 제81조 제1항 제2호 단서, 제3항은 미등기건물의 강제경매신청서에는 그 건물이 채무자의 소유임을 증명할 서류, 그 건물의 지번·구조·면적을 증명할 서류 및 그 건물에 관한 건축허가 또는 건축신고를 증명할 서류를 붙이거나 그의 조사를 집행법원에 신청하도록 규정하고, 민사집행규칙 제42조 제2항은 민사집행법 제81조 제1항 제2호 단서의 규정에 따라 채권자가 제출한 서류에 의하여 강제경매신청을 한 건물의 지번·구조·면적이 건축허가 또는 건축신고된 것과 동일하다고 인정되지 아니하는 때에는 법원은 강제경매신청을 각하하여야 한다고 규정하고 있다. 위의 규정들을 볼 때, 미등기건물의 경우 비록 적법하게 건축허가를 받았거나 건축신고를 마친 후 건축되었다고 하더라도 이미 시공된 부분이 지번·구조·면적에 있어서 건축허가 또는 건축신고된 것과 사회통념상 동일성이 인정될 정도로 시공되지 아니한 건물에 대하여는 강제집행을 허용할 수 없다(대법 2004마480 참조). 그런데 이 사건 토지 위에 신축된 건물은 지하 2층, 지상 14층으로 관리처분계획인가를 받았으나 지상 6층까지 골조공사가 완료·진행된 상태에서 공사가 중단된 상태인 사실을 알 수 있는 바, 그렇다면 위 건물은 비록 인가받은 지번에 건축되기는 하였으나 시공 정도로 보아 구조 및 면적이 인가받은 것과 동일성이 없다고 할 수 밖에 없으므로 결국 위 건물에 대한 경매신청은 민사집행규칙 제42조 제2항에 의하여도 허용되지 않는다고 보여 진다(일반적인 독립건물과 다르게 집합건물은 구분소유권이 성립돼야 독립된 건물로 인정하고 촉탁등기를 인정하고 있다).

03 재건축으로 종전 아파트가 철거돼 구분소유권이 소멸되면 분리처분이 가능하다!

● 수원지방법원 2010나31959 판결 사례가 주는 교훈

경매절차가 개시되기 전에 종전 아파트가 철거돼 구분소유권의 대상이 되는 전유부분이 존재하지 않고, 대지권의 취지인 등기도 말소되었으므로, 이 사건 경매로 인하여 집합건물의 전유부분과 대지사용권의 분리문제는 발생할 여지가 없다. 따라서 그 지상에 신축 중인 아파트에 대한대지권이라고 볼 수 없는 이상 그 지상에 아파트가 신축 중인 사정만으로는 분리매각을 금지할 수 없다.

04 대지권 성립 전부터 설정된 저당권, 가압류로 인한 분리처분

◆ 대지권 성립 전에 설정된 저당권에 의해 분리 매각된 사례

(1) 이 사건에서 기초 사실관계

이 사건에서 기초적인 사실관계인 ①에서 ⑧항에 해당하는 내용은 다음 제11장 2번에서 경매로 토지별도등기가 말소되는 사례와 인수되는 사례에서 똑같은 내용이 기술되어 있어서 생략했으니 440쪽을 정독하고 나서 다음 판결내용을 이해하면 된다.

(2) 서울중앙지방법원 2004나23638에서 피고2 청구에 관한 판단

이 사건 다세대주택 중 지하 102호, 4층 402호의 낙찰허가결정문에는 입찰가격에 대지권의 가격이 포함된 것으로 기재되어 있으나, 4층 401호의 낙찰허가결정문에는 그러한 기재가 없는 대신 "이 사건 등기부 표시란(대지권의 목적인 토지의 표시)에 기재된 토지에 대한별도 등기(근저당권 1991. 6. 19. 제61762호 7억 5천만 원)는 존속시켜 이를 경락인이 인수하도록 한다"는 특별매각조건이 부가되어 있다.

위 내용과 같이 피고 2는 대지권에 관한 대한상호신용금고의 근저당권을 인수하는 조건으로 이 사건 다세대주택 4층 401호를 낙찰 받았으므로, 그 부분에 관한 근저당권은 존속하고 있었고, 원고는 그 근저당권에 기한 서울지방법원 98타경84816 임의경매절차에서 이 사건 토지 중 287.5분의 30.13지분(이 사건 다세대주택 4층 401호에 관한 대지권지분)을 낙찰받아, 이 사건 토지 중 287.5분의 30.13지분의 공유자가 되었으며, 피고 2는 이 사건 토지 위에 있는 이 사건 다세대주택 중 4층 401호를 소유함으로써 이 사건 토지를 점유하고 있는 바, 그렇다면 피고 2는 특별한 사정이 없는 한 이 사건 토지 사용이익 상당의 이익을 얻고, 그로 인하여 원고에게 같은 금액 상당의 손해를 가하고 있다 할 것이므로, 피고 2은 원고에게 토지 사용이익 상당의 부당이득을 반환할 의무가 있다.

부당이득금도 판단하고 있으나 그 부분에 대해서는 생략했으니 알고 싶다면 대법원 판례검색을 통해 확인하면 된다.

(3) 이 사건 대법원 2005다15048에서 피고2 청구에 관한 판단

이 사건 다세대주택은 신축 당시부터 각 구분건물 전부가 이 사건 토지 소유권(공유지분)을 대지사용권으로 확보하여 대지권등기까지 마치고 있었는데, 다만 토지등기부에 위 대지권 성립 전부터 설정되어 있던 대한상호신용금고 명의의 근저당권이 별도등기로 남아 있었던 사실, 그 후 4층 401호 구분건물의 임의경매절차에서 피고 2가 이 사건 근저당권을 인수한다는 특별매각조건 하에 위 4층 401호를 그 대지권과 함께 경락받은 사실, 그런데 그 후 이 사건 토지의 일부 공유지분에 대하여 이 사건 근저당권의 실행에 의한 임의경매절차가 개시되어 피고 2 소유의 위 4층 401호의 대지권에 해당하는 토지공유지분 287.5분의

30.13을 원고 1이 경락받았고, 당시의 경매개시결정, 경매공고 및 경락허가결정에서도 위 경매의 목적물을 단순히 이 사건 토지의 공유지분이 아니라 '이 사건 다세대주택 중 4층 401호의 대지권에 해당하는 공유지분'임을 특정하여 명시하고 있었던 사실을 알 수 있다.

이러한 사정을 종합하여 보면, 이 사건 다세대주택은 당초부터 구분건물별로 대지권이 존재하여 각 전유부분과 그에 관한 대지사용권이 상호대응관계를 유지하면서 일체불가분성을 갖고 있었고, 그 후 대지에 관한 별도등기인 근저당권의 실행으로 일부 구분건물의 대지권에 해당하는 공유지분들에 대하여 경매가 진행되고 그 중 4층 401호의 경우 그 대지권이었던 이 사건 공유지분이 원고 1에게 경락됨으로써 전유부분으로부터 분리 처분되는 결과를 낳기는 하였으나, 그 과정에서 이 사건 공유지분이 4층 401호를 위하여 사용되고 있는 대지에 관련된 공유지분이라는 점이 관련 당사자들 사이뿐만 아니라 객관적으로도 충분히 공시되었으므로, 특별한 사정이 없는 한 이러한 경우에는 대지권을 가지고 있는 구분건물 소유자들과 토지의 공유지분권자 사이에서 공유물의 사용에 관한 합의의 일종으로서 구분건물에서 분리된 이 사건 공유지분을 분리되기 전의 전유부분을 위한 사용에 제공하여 상호관련성을 유지함에 관한 묵시적 합의가 있는 것으로 봄이 상당하고, 또 그와 같이 해석하는 것이 집합건물에서 전유부분과 대지사용권이 분리되는 것을 최대한 억제하여 집합건물에 관한 법률관계의 안정과 합리적 규율을 도모하려는 '집합건물법'의 입법 취지에도 부합한다. 따라서 위 4층 401호 전유부분의 소유자인 피고 2는 토지 중 위 4층 401호의 지분(287.5분의 30.13)에 상응하는 임료 상당액 전부를 그에 관한 대지권 지분을 경락받아 취득한 원고 1에게 지급한다고 판단한 사례

부당이득금에 대한 판단은 생략했으나 알고 싶다면 대법원 판례검색을 통해 확인하면 된다.

그리고 피고1과 피고3은 적법한 대지권을 가지고 있으므로 분리처분은 무효이므로 부당이득도 해당되지 않는다고 판단했고 그 판결내용은 다음 Chapter

20의 02번에서 경매로 토지별도등기가 말소되는 사례와 인수되는 사례 464~465쪽에 기재되어 있으니 참고하면 된다.

◆ 근저당권이 설정될 무렵 대지사용권이 성립되지 못한 경우

(1) 이 사건 제주지방법원 2010가단17931 판결의 기초 사실관계

① OO건설 주식회사는 이 사건 토지에 관하여 1997. 2. 13. 주식회사 OO은행 근저당권설정등기를 경료 하였다. ② 그 후 OO건설은 이 사건 토지 지상에 지하 5층, 지상 17층 연면적 27,483.6㎡의 콘도시설(이하 '집합건물'이라 한다)을 신축하고 이 사건 토지에 관하여 2000. 6. 13.경 이 사건 집합건물에 대한 소유권대지권등기를 마쳤다. ③ 주식회사 OO은행은 2000. 4. 20.경 OO건설로 부터 이 사건 집합건물 중 21평형 총 32개실을 분양받고 이에 대하여 2000. 5. 6. 각 소유권이전등기를 마쳤다. ④ OO은행은 1998. 6. 29. OO건설에 대하여 가지는 채권일체를 OO공사에 양도하였고, OO공사는 1999. 12. 31. 회사 명칭을 한국자산관리공사(이하 '피고'라 한다)로 변경하였다. ⑤ 피고는 2010. 8. 26. 채무자인 OO건설에 대한 채권에 대한 담보권의 실행을 위하여 2010. 8. 24. 이 사건 토지에 관하여 부동산임의경매신청(제주지방법원 2010타경11615호)을 하였고, 이 법원은 2010. 8. 25. 부동산임의경매개시결정을 하였다.

(2) 이 사건 원고 주장에 대한 법원의 판단

① 원고는, 이 사건 근저당권이 설정될 당시 이 사건 집합건물은 이미 구조상·이용상 독립성을 갖추고 있어 이 사건 집합건물에 대한 대지사용권 및 대지권이 성립된 상태였고, 따라서 이 사건 근저당권은 집합건물법 제20조가 규정하는 분리처분금지에 반하는 것으로서 그 효력이 없다고 할 것이므로 이 사건 근저당권에 기한 강제집행은 부적법하다고 주장했다.

② 이 사건 법원의 판단 집합건물법 제20조에 의하여 분리처분이 금지되는 같은 법상 대지사용권이란 구분소유자가 전유부분을 소유하기 위하여 건물의 대지에 대하여 가지는 권리이므로(같은 법 제2조 제6호 참조), 구분소유자 아닌 자가 집합건물의 건축 전부터 전유부분의 소유와 무관하게 집합건물의 대지로 된 토지에 대하여 가지고 있던 권리는 같은 법 제20조에 규정된 분리처분금지의 제한을 받는다고 할 수 없다고 할 것인바(대법 2010다6017 참조), 이 법원의 현대건설 주식회사에 대한 사실조회결과에 변론 전체의 취지를 종합하면, 이 사건 집합건물은 1995. 12. 27. 착공하여 1999. 5. 31.완공되고 2000. 5. 6. 준공된 사실, 1997. 2. 13. 이 사건 근저당권이 설정될 무렵에는 이 사건 집합건물에 대한 공정률이 약 13%로 추정되고, 토목공사 완료 후 지하골조공사 준비단계 상태에 있었던 사실을 인정할 수 있고, 위 인정사실에 의하면, 이 사건 집합건물은 이 사건 근저당권이 설정될 1997. 2. 13. 경 집합건물로서의 구조상·이용상 독립성을 갖춘 상태였다고 보기는 어려우므로, 이와 다른 전제에 서 있는 원고의 이 사건 청구는 더 나아가 살필 필요 없이 이유 없다고 판단했다.

05 대지소유자가 부당이득청구를 위해 어떠한 요건이 필요한가?

◆ 건물에 대한 구분소유적 공유관계가 성립하기 위한 요건

① 1동의 건물 중 위치 및 면적이 특정되고 구조상·이용상 독립성이 있는 일부분씩을 2인 이상이 구분소유하기로 하는 약정을 하고 등기만은 편의상 각 구분소유의 면적에 해당하는 비율로 공유 지분등기를 하여 놓은 경우, 구분소유자들 사이에 공유지분등기의 상호명의신탁관계 내지 건물에 대한 구분소유적

공유관계가 성립하지만(대법 2006다84171 참조), ② 1동 건물 중 각 일부분의 위치 및 면적이 특정되지 않거나 구조상·이용상 독립성이 인정되지 아니한 경우에는 공유자들 사이에 이를 구분소유하기로 하는 취지의 약정이 있다 하더라도 일반적인 공유관계가 성립할 뿐, 공유지분등기의 상호명의신탁관계 내지 건물에 대한 구분소유적 공유관계가 성립한다고 할 수 없다(대법 2011다42430 판결).

◆ 대지소유자가 부당이득을 청구할 수 없는 사례

1동의 건물의 구분소유자들이 당초 건물을 분양받을 당시 대지 공유지분 비율대로 그 건물의 대지를 공유하고 있는 경우에는 별도의 규약이 존재하는 등 특별한 사정이 없는 한 각 구분소유자가 그 대지에 대하여 가지는 공유지분의 비율에 관계없이 대지 전부를 용도에 따라 사용할 수 있는 적법한 권원이 있으므로, 그 구분소유자들 사이에서는 대지 공유지분 비율의 차이를 이유로 부당이득반환을 구할 수 없다(대법 2011다58701 판결, 대법 2009다76522 판결).

이러한 법리는 1필지의 토지 위에 축조된 수동의 건물의 구분소유자들이 그 토지를 공유하고 있는 경우에도 마찬가지로 적용된다고 보아야 한다(대법 93다60144 판결).

◆ 대지소유자가 부당이득을 청구할 수 있는 사례

① 건물의 구분소유자 아닌 자가 경매절차 등에서 그 대지의 공유지분만을 취득하게 되어 대지에 대한 공유지분은 있으나 대지를 전혀 사용·수익하지 못하고 있는 경우에는 다른 특별한 사정이 없는 한 대지 공유지분권에 기한 부당이득반환청구를 할 수 있다(대법 2010다108210 판결).

본 사안에서와 같이 홍길동이 대지에 대한 1/5지분을 경매절차를 통하여 취득하였음에도 그 대지에 관한 사용·수익을 전혀 하지 못하고 있으므로, 대지를 배타적으로 점유·사용하고 있는 구분소유자(수분양자)들을 대상으로 그 지분에 해당하는 부당이득반환청구를 할 수 있다(물론 이 사례와 같이 대지 지분이 구분소유권이 성립되기 전에 설정된 저당권 등으로 분리된 것이 전제가 돼야 한다).

② 건물의 구분소유권자들 사이에서는 대지 지분비율의 많거나 적음에 따라 부당이득을 청구할 수 없다. 그렇지만 그 대지에 관하여 구분소유자 외의 다른 공유자가 있는 경우 공유물에 관한 일반 법리에 따라 대지를 사용·수익·관리할 수 있다고 보아야 하므로, 다른 공유자가 자신의 공유지분권에 의한 사용·수익권을 포기하였다거나 그 포기에 관한 특약 등을 승계하였다고 볼 수 있는 사정 등이 있는 경우가 아니라면 구분소유자들이 무상으로 그 대지를 전부 사용·수익할 수 있는 권원을 가진다고 단정할 수 없고 다른 공유자는 그 대지 공유지분권에 기초하여 부당이득의 반환을 청구할 수 있다(대법 2011다58701 판결).

③ 공유토지에 관하여 과반수지분권을 가진 자가 그 공유토지의 특정된 한 부분을 배타적으로 사용·수익할 것을 정하는 것은 공유물의 관리방법으로서 적법하다고 할 것이지만, 이 경우에 비록 그 특정한 부분이 자기의 지분비율에 상당하는 면적의 범위 내라 할지라도 다른 공유자들 중 지분은 있으나 사용·수익은 전혀 하고 있지 아니함으로써 손해를 입고 있는 자에 대하여는 과반수 지분권 자를 포함한 모든 사용·수익을 하고 있는 공유자가 그 자의 지분에 상응하는 부당이득을 하고 있다. 왜냐하면 모든 공유자는 공유물 전부를 지분의 비율로 사용 수익할 수 있기 때문이다(대법 88다카33855 참조, 대법 2000다17803 참조)(대법 2009다76522 판결).

④ 공유건물에 관하여 과반수지분권을 가진 자가 그 공유건물의 특정된 한 부분을 배타적으로 사용·수익할 것을 정하는 것은 공유물의 관리방법으로서 적법하지만, ~이하 부분은 위 ③번 줄친 부분과 같은 내용이다(대법 2011다42430 판결). 여기서 위 ③번은 대지 위에 건물소유자에 대한 부당이득반환청구 인데 반해서 이 ④번은 건물소유자 간에 부당이득을 다루고 있다는 점만 차이가 있을 뿐이다.

06 대지 지분이 있어도 토지사용료를 부담할 수도 있다!

◆ 자기 대지 지분비율이 있어도 부당이득의 대상이 되는 사례

① 공유토지는 공유자 1인이 그 전부를 점유하고 있다고 하여도 다른 특별한 사정이 없다면 그 권원의 성질상 다른 공유자의 지분비율의 범위 내에서는 타주점유라고 볼 수밖에 없는 것인바(대법 80다2825 참조, 대법 87다카1418, 1419 참조), 피고들이 비록 종전 토지를 구분소유하고 있었다 하더라도 이 사건 토지로 환지된 이후에 있어서는 종전의 토지에 상응하는 비율에 따라 공유지분만을 취득하는 공유자에 불과하므로, 피고들이 그 토지 위에 건축을 하여 이를 점유하고 있었다고 하더라도 그 토지에 대한 점유는 권원의 성질상 타주점유라고 할 수 밖에 없고, 그 사실만으로 다른 공유자들에 대하여 소유의 의사가 있음을 표시한 것으로도 볼 수 없으므로, 원심이 같은 취지에서 피고들의 시효취득의 항변을 배척한 조처에도 위법이 있다고 할 수 없다(대법 92다38904 판결).

② 일부 공유자가 배타적으로 점유·사용하는 공유 토지의 특정된 한 부분이 그 지분 비율에 상당하는 면적의 범위 내라고 할지라도, 공유 토지를 전혀 사용·수익하지 않고 있는 다른 공유자에 대하여 그 지분에 상응하는 부당이득 반환의무가 있다(대법 2000다13948, 대법 92누2202 판결).

③ 여러 사람이 공동으로 법률상 원인 없이 타인의 재산을 사용한 경우의 부당이득의 반환채무는 특별한 사정이 없는 한 불가분적 이득의 반환으로서 불가분채무이고, 불가분채무는 각 채무자가 채무 전부를 이행할 의무가 있으며, 1인의 채무이행으로 다른 채무자도 그 의무를 면하게 된다(대법 2000다13948 판결).

◈ 자기 대지 지분비율을 초과 소유한 경우도 부당이득의 대상

공유토지에 관하여 과반수지분권을 가진 자가 그 공유토지의 특정된 한 부분을 배타적으로 사용·수익할 것을 정하는 것은 공유물의 관리방법으로서 적법하다 고할 것이며, 다만 이 경우에 비록 그 특정한 부분이 자기의 지분비율에 상당하는 면적의 범위 내라 할지라도 다른 공유자들 중 지분은 있으나 사용·수익은 전혀 하고 있지 아니함으로써 손해를 입고 있는 자에 대하여는 과반수 지분권자를 포함한 모든 사용 수익을 하고 있는 공유자는 그 자의 지분에 상응하는 부당이득을 하고 있다고 보아야 할 것이다. 왜냐하면 모든 공유자는 공유물 전부를 지분의 비율로 사용 수익할 수 있기 때문이다(대법 88다카33855 판결)(대법 2011다42430 판결).

① 원심이 확정한 사실에 의하면 원고는 이 사건 토지에 대하여 1,026/7,228 지분을 가지는 공유지분권자이나 사용·수익을 하고 있는 바는 전혀 없고, 피고 대한민국은 사용·수익의 면적이 지분에는 못 미치나 8,000 여평을 점유하고 있다는 것이다. 그렇다면 그 점유부분에 대한 임료상당액 중 원고의 지분에 상응하는 금액에 대하여는 피고 대한민국이 부당이득을 하고 있다고 할 것이므로 원심이 피고 대한민국이 사용 수익한 특정부분의 토지의 임료상당액 중 원고의 지분에 상응하는 금액에 대하여는 부당이득이 성립된다고 한 결론은 정당하다(대법 88다카33855 판결).

② 이 사건 건물 1층 내부 각 점포의 수분양자들이거나 그들로부터 점포를 양수한 피고들은 특별한 사정이 없는 한 원고들이 이 사건 소로써 구하는 범위 내에서 원고들이 이 사건 건물 1층 중 원고들의 공유지분 비율에 상당한 면적을 사용·수익하지 못한 기간 동안 원고들에게 각 해당 점포의 점유·사용 이익 중 원고들의 공유지분에 상당하는 부분을 부당이득으로 반환할 의무가 있다.

원고들은 이 사건 건물 1층 부분 중 60.79/502.14 공유지분을 갖고 있었거나 갖고 있음을 전제로 피고들이 이 사건 건물 1층 부분 중 각 해당 점포 부분을 독점적으로 점유·사용함으로써 각 해당 점포 중 위 공유지분에 상응하는 부당이득을 반환할 의무가 있다는 취지로 주장하면서도, 제6호 점포의 차임 상당액에 피고들의 각 공유지분 비율을 곱한 금액을 피고별 부당이득액으로 산정하여 그 지급을 청구하고 있다. 이는 원고들이 부주의 또는 오해로 인하여 명백히 간과한 법률상의 사항이거나 원고들의 주장이 법률상의 관점에서 보아 모순이 있는 부분이므로, 환송 후 원심으로서는 적극적으로 석명권을 행사하여 당사자에게 이 부분에 관한 의견진술의 기회를 주어야 함을 지적하여 둔다(대법 2011다42430 판결).

◈ 구분소유자가 아닌 토지 공유지분권의 침해로 인한 부당이득

이 사례는 대지 지분비율을 적법하게 가지고 있어도 구분소유자가 아닌 즉 지분은 있으나 사용·수익은 전혀 하지 않고 있는 지분권자는 부당이득을 청구할 수 있다는 사례

공유토지에 관하여 과반수지분권을 가진 자가 그 공유토지의 특정된 한 부분을 배타적으로 사용·수익할 것을 정하는 것은 공유물의 관리방법으로서 적법하다고 할 것이지만, 이 경우에 비록 그 특정한 부분이 자기의 지분비율에 상당하는 면적의 범위 내라 할지라도 다른 공유자들 중 지분은 있으나 사용·수익은 전혀 하고 있지 아니함으로써 손해를 입고 있는 자에 대하여는 과반수 지분권자를 포함한 모든 사용·수익을 하고 있는 공유자가 그 자의 지분에 상응하는 부당이득을 하고 있다고 보아야 한다. 왜냐하면 모든 공유자는 공유물 전부를 지분의 비율로 사용 수익할 수 있기 때문이다(대법 88다카33855, 대법 2000다17803 판결 참조).

원심이 확정한 사실관계에 따르면, 소외 1은 원심 판시 별지 목록 제1, 2항 기

재 각 토지 중 291.6분의 50 지분을 공매절차에서 취득하여 그에 관한 소유권이전등기를 마쳤으므로, 이 사건 각 토지 전부를 이 사건 공유지분의 비율로 사용·수익할 권리를 갖는다. 그런데 이 사건 각 토지 위에는 원심 판시 별지 목록 제4항 기재 건물이 건립되어 있었고, 피고(반소원고) 1, 피고 3이 이 사건 건물 중 지층 전체와 1층 101호 부분을, 피고 2가 이 사건 건물에 증축된 4층과 5층 부분을, 원고들이 이 사건 건물 중 1층 102호, 2층 201호와 202호, 3층 301호와 302호 부분을 각 특정하여 배타적으로 사용·수익하고 있었으므로, 소외 1은 이 사건 공유지분에 기하여 이 사건 각 토지를 사용·수익하지 못하는 손해를 입게 되었다. 그 후 소외 1은 이 사건 건물의 지층 전체 및 해당 호수의 대지 지분으로서 이 사건 각 토지의 공유지분을 소유하고 있던 원고들을 상대로 공유물분할 및 지료지급을 청구하였고, 원고들은 소외 1로부터 이 사건 공유지분을 매수하고 그에 관한 소유권이전등기를 마쳤다. 따라서 피고들은 각자 배타적으로 사용·수익하고 있는 이 사건 건물의 해당 부분에 관하여 원고들의 이 사건 공유지분에 상응하는 부당이득을 하고 있다고 할 것이므로, 원고들에게 그 부당이득을 반환할 의무가 있다.

원심의 이유 설시에는 다소 미흡하거나 적절하지 아니한 점이 있으나, 피고들이 원고들의 이 사건 공유지분에 상응하는 부당이득을 하고 있다고 판단한 결론은 정당하고, 거기에 피고 1, 3이 상고이유에서 주장하는 바와 같이 부당이득반환의무의 성립에 관한 법리를 오해하거나 부동산 실권리자명의 등기에 관한 법률, 부동산등기법 등을 오해하여 필요한 심리를 다하지 아니한 위법 등이 있다고 할 수 없다(대법 2009다76522 판결, 이 사건 2심은 서울서부지방법원 2008나6353, 1심은 서울서부지방법원 2006가단79653호이다).

 **김선생의 도움말**

위 사례는 공매로 대지 지분 291.6분의 50을 낙찰받은 사람이 위 대지상의 구분소유자들을 대상으로 부당이득반환을 청구했는데, 대지 지분을 적정 지분보다 적게 가지고 있거나 대지권이 없는 구분소유자만을 상대로 한 것이 아니고 그 지상의 모든 구분소유자들을 대상으로 부당이득을 청구를 했고, 그 과정에서 낙찰자의 대지 지분을 매수한 원고들이 대지 지분을 함께 매수하지 않은 피고들에 대해서 부당이득을 청구한 사례에서 대법원은 부당이득청구를 인정한 사례다.

이 대법 2010다108210 판결 사례가 주는 교훈

① 구분소유자 아닌 자가 대지 공유지분은 있으나 대지를 전혀 사용·수익하지 못하고 있는 경우에는 부당이득반환청구를 할 수 있다.
② 공유물의 특약이 지분권자로서 사용·수익권을 사실상 포기하는 등으로 공유지분권의 본질적 부분을 침해하는 경우에는 특정승계인이 그러한 사실을 알고도 공유지분권을 취득하였다는 등 특별한 사정이 없는 한 당연히 승계된다고 볼 수 없다(대법 2009다54294 판결).

07 집합건물법 제20조에서 분리처분금지의 예외가 있다!

대지사용권이 성립 되었음에도 불구하고 다음과 같은 예외적인 경우에는 전유부분과 대지지분을 분리 처분할 수 있다.

◆ 분리처분에 관한 규약이나 공정증서가 있는 경우

① 집합건물의 소유 및 관리에 관한 법률 제20조 제2항 구분소유자는 그가 가지는 전유부분과 분리하여 대지사용권을 처분할 수 없다. 다만, 규약으로써 달리 정한 경우에는 그러하지 아니하다.

② 동법 제3조 제3항 제1조 또는 제1조의 2에 규정된 건물부분의 전부 또는 부속건물을 소유하는 자는 공정증서로써 제2항의 규약에 상응하는 것을 정할 수 있다. 그러나 실무상으로는 분리처분을 허용하는 규약은 거의 없다.

◆ 등기의 추정력에 의해 분리처분

집합건물대지 일부만 대지권등기가 되었다면, 등기의 추정력에 의하여 특별한 사정이 없는 한 소유권의 일부지분을 전유부분과 분리하여 처분할 수 있도록 하는 취지의 공정증서가 첨부 되었다고 추정된다(의정부지방법원 2012가단 17578 판결).

(1) 기초사실 관계

① 설OO는 의정부시 OO동 103 대지 334㎡를 매수한 후 이 사건 토지 지상에 철골조 경사지붕 2종 근린생활시설 141.96㎡(101호, 102호, 이하 '이 사건 건물'이라

한다)를 신축하여 2002. 12. 18. 보존등기를 경료하였고, 이 사건 건물을 집합건물로 전환하여 2003. 1. 21.경 이 사건 토지 중 334분의 222.6 지분에 관하여 대지권을 설정하고 2003. 1. 25. 이 사건 건물에 대하여 구분소유등기를 경료하였다.

한편 이 사건 토지 중 334분의 111.3지분에 관하여는 대지권을 설정하지 않고 설OO 자신의 소유로 남겨두었다.

② 설OO는 이 사건 건물 중 101호(대지권 334분의 111.3)를 2003. 9. 1. 피고 이OO에게 매도하고 같은 달 30일 피고 이OO 명의로 소유권이전등기를 경료하였고, 이 사건 건물 중 102호(대지권 334분의 111.3)를 2003. 3. 17. 피고 양OO에게 매도하고 같은 해 4. 21. 피고 양OO 명의로 소유권이전등기를 경료하였다.

③ 원고는 의정부지방법원 2010타경42870 부동산임의경매절차에서 이 사건 지분을 경락받아 2012. 4. 12. 그 경락대금을 모두 납부하였고, 같은 날 이 사건 지분에 관하여 원고 명의로 소유권이전등기를 마쳤다.

㉣ 한편, 집합건물인 이 사건 건물의 사용·수익을 위한 대지권이 이 사건 토지 중 334분의 222.6 지분에 설정되어 있고, 피고 이OO는 건물 101호, 피고 양OO는 건물 102호의 각 구분소유자이자, 각 이 사건 토지 중 332분의 111.3의 대지권자로(원고는 이 사건 건물의 구분소유자가 아니다), 피고들은 이 사건 건물을 소유하면서 그 인근의 부지를 통로 또는 주차장으로 사용하고 있어 사실상 이 사건 토지 전체를 사용·수익하고 있다.

(2) 원고가 경매로 낙찰받은 물건 현황과 매각결과

2010타경42870 · 의정부지법 본원 · 매각기일: 2012.02.23(木) (10:30) · 경매 2계(전화:031-828-0322)

소재지	경기도 의정부시 녹양동 000 [도로명주소검색]						
물건종별	대지	감정가	114,742,000원	오늘조회: 2 2주누적: 0 2주평균: 0 [조회동향]			
				구분	입찰기일	최저매각가격	결과
토지면적	111.4㎡(33.699평)	최저가	(41%) 46,998,000원	1차	2011-10-06	114,742,000원	유찰
				2차	2011-11-10	91,794,000원	유찰
				3차	2011-12-15	73,435,000원	유찰
건물면적	건물은 매각제외	보증금	(10%) 4,700,000원	4차	2012-01-19	58,748,000원	유찰
				5차	2012-02-23	46,998,000원	
매각물건	토지만 매각이며, 지분 매각임	소유자	설OO	낙찰: 58,800,000원 (51.25%) (입찰1명,낙찰:조OO)			
개시결정	2010-12-13	채무자	설OO	매각결정기일: 2012.02.29 - 매각허가결정 대금지급기한: 2012.04.06 대금지급기한: 2012.04.06 - 기한후납부			
사건명	임의경매	채권자	김OO	배당기일: 2012.05.14 배당종결 2012.05.14			
관련사건	2011타경45401(중복)						

• 매각토지.건물현황 (감정원: 의정부감정평가 / 가격시점: 2011.01.14)

목록	지번	용도/구조/면적/토지이용계획	㎡당	감정가	비고
토지	녹양동 000	자연녹지지역, 개발제한구역 <개발제한구역의 지정 및 관리에 관한 특별조치법>, 과밀억제권역<수도권정비계획법>, (한강)폐기물매립시설 설치제한지역<한강수계상수원수질개선 및 주민지원 등에 관한 법률>, 토지거래계약허가구역. 대 111.4㎡ (33.699평)	1,030,000원	114,742,000원	표준지공시지가: (㎡당)950,000원 * 전체면적 394㎡중 설OO 지분111.4/334 매각
감정가		토지:111.4㎡(33.699평)	합계	114,742,000원	토지만 매각이며, 지분 매각임

• 임차인현황 (배당요구종기일: 2011.09.05)

임차인	점유부분	전입/확정/배당	보증금/차임	대항력	배당예상금액	기타
이OO	점포 미상 (아디다스팔인매장)	사업자등록: 2003.10.08 확정일: 미상 배당요구일: 없음	보120,000,000원 월4,300,000원			현황서상 보 2000만원,차 220만원

• 토지등기부 (채권액합계: 210,000,000원)

No	접수	권리종류	권리자	채권금액	비고	소멸여부
1	2002.06.27	소유권이전(매매)	설OO			
2	2003.01.25	소유권334분의222.6대지권			건물의 표시 경기도 의정부시 녹양동 103 철골조 경사지붕(판넬)2종 근린생활시설	인수
3	2008.11.18	소유권일부(334분의111.4)근저당	신우신협	65,000,000원	말소기준등기	소멸
4	2009.05.18	소유권일부(334분의111.4)근저당	김OO	85,000,000원		소멸
5	2009.05.29	소유권일부(334분의111.4)근저당	윤OO	60,000,000원		소멸
6	2010.01.25	소유권일부(334분의111.4)압류	의정부시			소멸
7	2010.12.16	소유권일부(334분의111.4)임의경매	김OO	청구금액: 85,000,000원	2010타경42870	소멸
8	2011.11.30	소유권일부(334분의111.4)지분임의경매	신우신협	청구금액: 65,000,000원	2011타경45401	소멸

(3) 대지 지분 낙찰자인 원고의 주장

이 사건 건물의 소유를 위하여 이 사건 토지 중 334분의 222.6지분에 관하여만 대지권이 설정되었고, 구분소유권이 없는 이 사건 토지의 지분이 334분의 111.3이므로 이 사건 건물은 집합건물법에 의한 대지권이 성립된 바 없다. 따라서 피고들은 아무런 권원 없이 이 사건 토지 위에 이 사건 건물을 소유하면서 이 사건 토지 전부를 점유·사용하고 있으므로 피고들은 이 사건 건물을 철거하고 이 사건 토지를 인도할 의무가 있고, 이 사건 토지의 인도완료일까지 차임상당의 부당이득을 반환할 의무가 있다.

(4) 건물철거 및 토지인도 청구에 관한 판단
① 토지의 일부 지분에 대한 대지권사용권이 성립가능한지 여부

집합건물법에 의한 대지사용권은 구분소유자가 전유부분을 소유하기 위하여 건물의 대지에 대하여 가지는 권리로서, 소유권, 지상권, 임차권, 전세권 등을 의미하고, 위 대지사용권은 권리의 전부가 아닌 일부라도 가능하며, 소유권의 일부지분을 전유부분과 분리하여 처분할 수 있도록 하는 취지의 공정증서를 첨부하는 경우 단독소유권 또는 공유지분 중 일부지분에 대하여만 대지권등기를 할 수 있다 할 것인바(등기선례 제5-805호), 앞서 본 바와 같이 이 사건 토지의 일부 지분인 334분의 222.6 지분에 대하여 이 사건 건물의 대지권등기가 경료된 이상 집합건물법에 의한 대지권이 성립된 바 없다는 원고의 위 주장은 이유 없다(위 대지권등기가 경료된 이상 등기의 추정력에 의하여 특별한 사정이 없는 한 소유권의 일부지분을 전유부분과 분리하여 처분할 수 있도록 하는 취지의 공정증서가 첨부되었다고 추정된다).

② 소수지분권자가 다수 지분권자에게 공유물의 인도를 구할 수 있는지 여부

피고들은 이 사건 건물의 소유를 위하여 이 사건 토지에 대하여 집합건물법에 의한 334분의 222.6지분의 소유권대지권을 가지고 있고, 원고가 이 사건 토지 중 334분의 111.3지분을 소유하고 있는 사실은 앞서 본 바와 같으므로 피고들과 원고는 이 사건 토지의 공유자라 할 것이다.

공유자 사이에 공유물을 사용·수익할 구체적인 방법을 정하는 것은 공유물의 관리에 관한 사항으로서 공유자의 지분의 과반수로써 결정하여야 할 것이고, 과반수의 지분을 가진 공유자는 다른 공유자와 사이에 미리 공유물의 관리방법에 관한 협의가 없었다 하더라도 공유물의 관리에 관한 사항을 단독으로 결정할 수 있으므로, 과반수의 지분을 가진 공유자가 그 공유물의 특정 부분을 배타적으로 사용·수익하기로 정하는 것은 공유물의 관리방법으로서 적법하다 할 것인바(대법 2000다33638, 판결 참고), 소수지분권자인 원고(334분의 111.3)가 다수지분권자인 피고들(334분의 222.6 지분)에게 이 사건 건물의 철거를 구하고 이 사건 토지의 인도를 구하는 것은 허용되지 않는다 할 것이므로 원고의 이 부분에 관한 청구는 더 나아가 판단할 필요 없이 이유 없다.

(5) 부당이득반환청구에 관한 판단

① 1동의 건물의 구분소유자들이 당초 그 건물을 분양받을 당시의 대지 공유지분 비율대로 그 건물의 대지를 공유하고 있는 경우 그 구분소유자들은 특별한 사정이 없는 한 그 대지에 대한 공유지분의 비율에 관계없이 그 건물의 대지 전부를 용도에 따라 사용할 적법한 권원이 있으므로 그 구분소유자들 상호간에는 대지 공유지분 비율의 차이를 이유로 부당이득반환을 구할 수 없으나(대법 93다60144 판결, 대법 2009다76522 참조), 건물의 구분소유자 아닌 자가 경매절차 등에서 그 대지의 공유지분만을 취득하게 되어 대지에 대한 공유지분은 있으나 대지를 전혀 사용·수익하지 못하고 있는 경우에는 다른 특별한 사정이 없는 한 대지 공유지분권에 기한 부당이득반환청구를 할 수 있다(대법 2010다108210 판결).

따라서, 집합건물인 이 사건 건물의 구분소유자가 아닌 원고가 이 사건 지분 소유권을 경매절차에서 취득하였음에도 이 사건 토지를 전혀 사용·수익하지 못하고 있는 이상, 다른 특별한 사정이 없는 원고는 이 사건 건물의 구분소유자인 피고들에 대하여 이 사건 토지의 공유지분권에 기한 부당이득반환청구를 할 수 있다.

② 이에 대하여 피고들은 설OO가 이 사건 건물을 분양함으로써 그 구분소유자들에게 자신이 보유하게 된 이 사건 지분을 무상으로 사용할 수 있는 권한을 부여한 것으로 해석하여야 하고, 이 사건 지분의 특별승계인인 원고도 이 사건 토지의 공유자 겸 구분소유자인 피고들에게 이 사건 지분을 무상으로 사용하도록 제공할 의무를 부담한다고 주장한다.

살피건대, 집합건물을 분양한 자가 구분소유자들에게 건물의 대지 중 일부 지분에 관하여만 소유권이전등기를 마쳐 주고 자신은 건물 부분은 소유하지 아니한 채 나머지 대지 지분만을 보유하고 있다면, 그 나머지 지분에 관하여 구분소유자들이 집합건물의 용법에 따라 무상으로 사용할 권한을 부여한 것으로 볼 수 있다(대법 2002다16965 판결 참조). 그러나 그와 같은 무상사용의 약정은 토지에 대한 사용·수익권의 본질적 부분에 관한 것이므로 그러한 사정을 알고도 공유지분을 취득하였다는 등의 특별한 사정이 없는 한 그 약정이 분양자의 특별승계인에게 당연히 승계된다고 볼 수는 없고, 경매절차 등에서 매각공고와 등기부등본을 통하여 그 대지 위에 집합건물이 존재한다는 사정을 알면서 위와 같은 나머지 지분을 취득하였다는 사정만으로는 그 매수인이 무상사용의 약정이 존재한다는 사정까지 알았다고 보기 어렵다(대법 2010다108210 판결 참조).

이 사건으로 돌아와 보건대, 설OO가 피고들에게 무상사용권을 부여한 것이라고 하더라도 그와 같은 약정은 건물이 철거될 때까지 공유지분권에 기한 사용·수익을 포기하는 것이어서 원고들에게 당연히 승계된다고 보기는 어려울 뿐 아니라 원고가 이 사건 지분을 경매절차를 통하여 취득할 당시 부동산현황조사보고서와 등기부등본을 통하여 그 공유하는 대지 위에 집합건물이 존재하고 있다는 사정을 알 수 있었다 하더라도 이러한 사정만으로는 위와 같은 약정이 존재한다는 사정을 알면서 이 사건 지분을 취득하였다고 볼 수도 없으므로 피고들의 위 주장은 이유 없다.

③ 부당이득반환의 범위

위 인정사실에 의하면, 피고들은 이 사건 건물 내의 구분소유건물을 소유하기 위하여 원고가 소유한 이 사건 지분을 점유·사용하면서 그 임료 상당의 이익을 얻고, 그로 인하여 원고는 그 이익 상당의 손해를 입었다고 할 것이므로, 피고들은 원고에게 원고가 이 사건 지분을 취득한 2012. 4. 12.부터 임료 상당의 부당이득을 반환할 의무가 있다.

◆ 선의의 제3자에 대한 규정과 법원의 판단

(1) 집합건물법 제20조 제3항 선의의 제3자에 관한 조항

집합건물법 제20조 제2항 구분소유자는 그가 가지는 전유부분과 분리하여 대지사용권을 처분할 수 없다. 다만, 규약으로써 달리 정한 경우에는 그러하지 아니하다.

제3항 제2항 본문의 분리처분금지는 그 취지를 등기하지 아니하면 선의로 물권을 취득한 제3자에게 대항하지 못한다.

(2) 선의의 제3자에 대한 법원의 판단

① 대법 2009다26145 판결에서 원심은 이 사건 토지 지분에 관하여 이미 이 사건 아파트의 소유를 위한 대지사용권이 성립한 후 개시된 강제경매절차는 무효이고 위 경매절차에서의 낙찰을 원인으로 마쳐진 피고 명의의 소유권이전등기도 무효라고 판단하면서도, 집합건물법 제20조 제3항 소정의 '선의'는 '분리처분금지 제약의 존재를 알지 못하는 것'을 의미한다고 전제한 다음, 피고가 이 사건 토지 지분을 취득할 당시 등기부상 분리처분금지의 취지가 기재된 바 없고 법원의 경매절차에 참가한 피고로서는 이 사건 토지 지분을 적법한 경매목적물로 인식하였을 것이라는 사정을 고려하면 피고는 분리처분금지의 제약을 알지 못한 채 이 사건 토지 지분을 취득한 선의의 제3자로 인정되므로, 그 후 원고가 이 사건 아파트의 전유부분을 경매절차에서 취득함으로써 대지사용권까

지 취득한 것으로 볼 수 있다고 하더라도 선의의 제3자인 피고에게는 대항할 수 없다고 판단하여, 결국 이 사건 토지 지분에 관한 피고 명의의 소유권이전등기의 말소를 구하는 원고의 청구를 배척하였다.

그러나 앞서 본 바와 같이, 집합건물법 제20조 제3항 소정의 '선의'의 제3자라 함은 원칙적으로 집합건물의 대지로 되어 있는 사정을 모른 채 대지사용권의 목적이 되는 토지를 취득한 제3자를 의미하는 것인데, 원심이 들고 있는 위와 같은 사정만에 기하여 피고를 선의의 제3자로 인정할 수는 없을 뿐만 아니라, 오히려 원심이 인정한 바와 같이 피고가 경매절차 진행 당시 등기부등본, 경매물건명세서, 현황조사보고서, 평가서 등을 통하여 이 사건 토지가 이 사건 아파트가 속한 집합건물의 대지로 사용되고 있음을 알았다면, 피고는 원고가 대항할 수 없는 '선의'의 제3자에 해당하지 않는다고 할 수 있다.

그렇다면, 원심판결에는 집합건물법 제20조 제3항의 '선의'에 관한 법리를 오해하여 판결에 영향을 미친 위법이 있다 할 것이고, 이를 지적하는 상고이유에 관한 주장은 이유 있다.

그러므로 원심판결을 파기하고, 사건을 다시 심리·판단하게 하기 위하여 원심법원에 환송하기로 하여, 관여 대법관의 일치된 의견으로 주문과 같이 판결한다.

② 대법원 2010다71578 판결에서 집합건물법 제20조 제3항의 분리처분 금지로 대항할 수 없는 '선의'의 제3자의 의미

대지사용권은 구분소유자가 전유부분을 소유하기 위하여 건물의 대지에 대하여 가지는 권리로서 그 성립을 위해서는 집합건물의 존재와 구분소유자가 전유부분 소유를 위하여 당해 대지를 사용할 수 있는 권리를 보유하는 것 이외에 다른 특별한 요건이 필요하지 않다. 이러한 사정을 고려하면, 집합건물법 제20조 제3항의 분리처분금지로 대항할 수 없는 '선의'의 제3자라 함은 원칙적으로 집합건물의 대지로 되어 있는 사정을 모른 채 대지사용권의 목적이 되는 토지를 취득한 제3자를 의미한다(대법 2009다26145 판결 참조).

01 아파트 신축과정에서 토지별도등기가 발생하는 과정

◆ **아파트 재건축과 재개발에서 대지권 정리와 토지별도등기**

나대지(건물이 없는 빈땅) 3,000㎡에, 또는 종전아파트를 철거한 후 빈땅 3,000㎡에 재건축하는 과정에서 토지별도등기가 발생한다.

① 빈땅에 근저당권을 설정하고 아파트 등을 신축한 경우에는 구분소유자들의 전유면적 비율에 따라 공동책임 지는 유사공동저당권이 된다.

② 재건축과 재개발사업 등으로 종전아파트가 철거되기 전에 조합원 등이 각자 자기지분에 근저당권을 설정하고, 무상이주비와 유상이주비 등으로 대출을 받은 경우에도, 건물을 철거하면 조합원 각자 빈땅 지분에 설정된 단독저당권만 남는다.

이렇게 빈땅에 3,000㎡에 국민은행이 채권최고액 24억원의 근저당권을 설정하고 20억원을 대출 받아서 아파트를 신축하는 경우를 살펴보자! 이 자금을 이용해 아파트 100가구를 신축하고 분양해서 그 분양대금으로 이 채무금액을 상환하면서 아파트 신축공사를 마무리하게 된다.

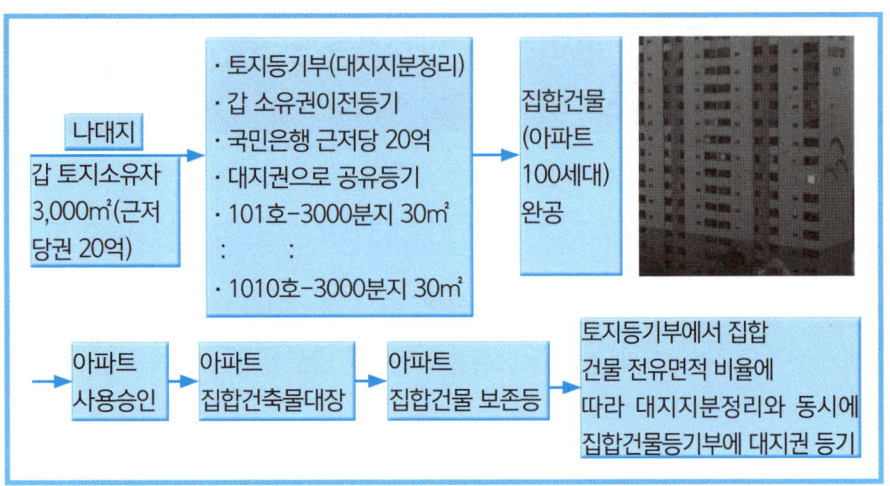

　아파트 건립계획에 따라 건립세대 수와 건립세대별 전유면적이 결정이 되고 그 전유면적에 따라 안분된 대지 면적이 토지등기사항전부증명서에서 대지에 대한 소유권 및 소유지분 등으로 공유등기 되고 나면 그 이후의 모든 권리관계는 집합건물등기사항전부증명서의 전유부분 표제부에 대지권으로 표시되고 건물과 일체가 되어 거래하게 되므로 토지만 별도로 거래할 수 없다.

　그러나 건물을 짓기 전(집합건물의 대지사용권으로 성립되기 전)에 조합원 등이 각자 자기지분에 근저당권을 설정하고, 무상이주비와 유상이주비 등으로 근저당권을 설정했거나 토지등기사항전부증명서에 소유권 제한에 관한 권리 및 채권(가처분, 예고등기, 가등기, 가압류 등) 또는 소유권 이외의 제한물권(저당권 등) 등이 있는 경우, 토지와 건물의 권리관계가 일치하지 않으므로 이러한 사실 등을 표시하기 위하여 집합건물등기사항전부증명서의 표제부 대지권의 표시 오른편에 '토지별도등기 있음'을 등기하게 된다.

　이 토지별도등기 채권자 등은 대지권으로 공유등기되기 전(대지사용권이 성립하기 전)에 등기된 채권이므로, 각 대지권자에 대해서 공동저당권과 유사한 지위에 놓이게 된다. 실무에서는 토지별도 등기된 집합건물이 경매로 매각되는 경우, 토지별도등기 채권자로 하여금 대지권에 해당하는 비율만큼 배당요구 하도록 하고, 이 경우 배당 받고 소멸한다.

설령 토지채권자가 배당요구를 하지 않았더라도 인수조건으로 매각하지 않는 한 소멸되는 것이 원칙이다.

그래서 전유부분이 경매 등으로 먼저 경매되면, 종물인 대지사용권에 설정된 저당권 등은 함께 소멸하므로, 매수인의 부담으로 남지 않는다.

그러나 토지별도등기가 있는 아파트가 일반 매매 또는 경매절차에서 인수조건으로 매각했다면 소멸되지 않을 수도 있다.

그리고 토지별도등기 채권자에 의해서 대지가 전유부분보다 먼저 경매되는 경우에는 나대지 또는 구분소유권이 성립되기 전에 등기된 채권이므로 집합건물법 제20조에 따른 전유부분과 대지사용권 분리처분 금지규정을 적용받지 않고, 분리처분이 가능하다.

이때 토지 낙찰자가 토지소유자가 되고, 집합건물의 구분소유자는 대지사용권이 없어서 대지권미등기 상태가 되고 법정지상권도 갖지 못하게 된다. 이렇게 법정지상권이 성립되지 못하면 건물이 철거 대상이지만, 집합건물 전체가 아닌 일부만 대지사용권이 없는 경우에는 건물 전체를 철거할 수 없다.

이러한 문제점을 해결하기 위해서 '대지사용권을 가지지 않은 구분소유자가 있을 때, 그 전유부분의 철거를 청구할 권리를 가진 자는 그 구분소유자에 대하여 구분소유권을 시가(時價)로 매도할 것을 청구할 수 있다(집합법 제7조, 구분소유권매도청구권).'의 규정을 두고 있다.

◆ 토지별도등기란 어떠한 의미인가?

토지별도등기는 토지와 건물에 설정된 권리가 서로 다르다는 의미다. 이는 아파트나 연립, 다세대 등의 집합건물인 경우에서 대부분 발생하고 있으나 간혹 단독, 다가구주택인 경우에도 법원이나 공매집행기관 등은 토지와 건물 설정 내용이 다른 경우 토지와 건물 설정내용이 다르다는 표시로 "토지별도등기 있음"으로 표시하고 있다.

◆ **재건축 전 대지와 건물의 권리는 신축아파트에 그대로 이전된다!**

도시정비법 제87조(대지 및 건축물에 대한 권리의 확정)

① 대지 또는 건축물을 분양받을 자에게 제86조 제2항에 따라 소유권을 이전한 경우 종전의 토지 또는 건축물에 설정된 지상권·전세권·저당권·임차권·가등기담보권·가압류 등 등기된 권리 및 「주택임대차보호법」 제3조 제1항의 요건을 갖춘 임차권은 소유권을 이전받은 대지 또는 건축물에 설정된 것으로 본다.

② 제1항에 따라 취득하는 대지 또는 건축물 중 토지등소유자에게 분양하는 대지 또는 건축물은 「도시개발법」 제40조에 따라 행하여진 환지로 본다.

③ 제79조 제4항에 따른 보류지와 일반에게 분양하는 대지 또는 건축물은 「도시개발법」 제34조에 따른 보류지 또는 체비지로 본다.

02 경매절차에서 토지별도등기가 소멸, 또는 인수여부?

◆ **토지별도등기는 경매로 소멸되는 것이 원칙이다!**

아파트 등의 집합건물이 경매로 매각될 때 매각물건명세서에서 특별매각조건으로 토지별도등기를 인수조건 없이 매각했다면 배당요구와 무관하게 토지별도등기 채권금액에 해당하는 금액을 공탁하고 말소 시키는 것이 원칙이다. 그러나 돌다리도 두드려 가라는 선인의 말씀처럼 토지등기부를 확인해서 토지별도 등기된 채권자가 배당요구로 소멸되는 채권인지 확인해야 한다. 확인방법으로는 매각물건명세서에 토지별도등기채권자가 최선순위 설정일자에 기재되어 있고, 법원 경매사이트에서 문건/송달내역을 확인해서 토지별도등기채권자가 배당요구했으면 소멸되는 것이 원칙이다.

이것으로 확인이 안 되거나 쉽게 찾고자 한다면 경매법원 담당공무원에게 확인하는 방법도 있다. 어쨌든 다음 <김선생의 알아두면 좋은 내용>처럼 특별매각조건으로 인수조건 없이 매각되었다면 토지별도등기는 소멸되는 것이 원칙이고, 이 판례 등의 등장으로 최근 들어 토지별도등기를 매수인의 부담으로 매각하는 경우는 거의 없다고 판단하면 될 것이다.

 김선생의 알아두면 좋은 내용

대지권 평가 없이 전유부분만 돼도 대지권등기와 토지별도등기를 말소할 수도 있다.

전유부분에 설정된 저당권으로 경매가 진행돼 전유부분을 매수한 매수인은 대지지분에 대한 소유권을 함께 취득하고, 그 경매절차에서 대지에 관한 저당권을 존속시켜 매수인이 인수하게 한다는 특별매각조건이 정하여져 있지 않았던 이상 설사 대지사용권의 성립 이전에 대지에 관하여 설정된 저당권이라고 하더라도 대지지분의 범위에서는 소멸하는 것이며, 전유부분에 관한 경매절차에서 대지지분에 대한 평가액이 반영되지 않았다거나 대지의 저당권자가 배당받지 못하였다고 하더라도 달리 볼 것은 아니다(대법원 2013. 11. 28. 선고 2012다103325 판결).

◆ 토지별도등기를 인수조건으로 매각하면 매수인이 부담

집합건물에 토지별도등기가 있어서 그 원인을 찾기 위해 토지등기사항전부증명서를 확인해 보니 ① 소유권을 제한하는 선순위가등기·선순위가처분·예고등기와 용익물권[지상권(구분지상권), 전세권 등] 등이 있는 경우 법원은 특별매각조건으로 매수인이 인수하는 조건으로 매각하게 된다. 그러나 토지별도등기가 ② 근저당권 및 조세·공과금채권자·일반채권자(가압류 및 강제경매신청자 등)가 배당요구한 경우와 하지 않았더라도 배당하고 소멸하는 것이 원칙이지만 간혹 특별매각조건으로 토지별도등기를 매수인의 부담으로 매각했다면 그 토지저당권은 말소되지 않고, 다음 사례와 같이 낙찰자에게 인수가 될 수 있으나 최근 들어 인수조건으로 매각하는 사례는 찾아보기 어렵다.

03 토지별도등기가 있는 물건에 대한 권리분석과 대응전략

◆ 토지별도 등기된 경매물건 분석표

주소	면적	경매 진행과정	1) 임차인조사내역 2) 기타청구	등기부 상의 권리관계
서울특별시 강남구 논현동 ○○○번지 삼성빌라 4층 401호	대지 358분의 35.8 건물 전용면적 75.4㎡	감정가 320,000,000원 대지 165,000,000원 (51.5625%) (토지별도등기 있음) 건물 155,000,000원 (48.4375%) 최저가 1차 320,000,000원 유찰 2차 256,000,000원 낙찰 285,000,000원 낙찰자 이재명 〈04.9.15.〉 소유권이전 04.10.23.	1) 임차인 ① 송철우 전입 03.2.9. 확정 03.4.1. 배당 04.6.10. 보증 70,000,000원 (401호 점유) ② 이기자 전입 03.9.10. 확정 03.9.10. 배당 04.6.15. 보증 10,000,000원 (옥탑방 1개) 2) 기타청구 ① 압류 강남구청 취득세 (법정 03.7.31.) 3,250,000원 ② 교부청구 서초세무서 부가세 (법정 03.4.25.) 350만원	소유자 김숙경 2003.2.10. 근저당 기업은행 2003.2.10. 1억 2,000만원 가압류 이승민 2003.5.10. 75,000,000원 근저당 유시민 2003.10.1. 30,000,000원 압류 서울시 강남구청 2003.10.10. 임의경매 기업은행 청구금액 115,400,000원 〈2004.2.10.〉 (집합건물등기부) 근저당 외환은행 1989.10.10. 36,000,000원 근저당 외환은행 1995.2.17. 48,000,000원 근저당 이철승 2000.5.10. 150,000,000원 (토지등기부)

◈ 토지별도 등기된 경매물건에 대한 권리분석

이 경매사건은 경매기록에 토지별도등기가 있어서 집합건물등기사항전부증명서와 토지등기사항전부증명서를 열람해서 분석한 결과 소유자 김숙경이 소유하고 있던 토지에 근저당권을 설정하고 다세대주택을 건립해서 대지권으로 분할한 사례이다. 김숙경이 토지를 소유하고 있을 당시 근저당권 채무액과 건물 신축비용 등의 근저당 채무액이 상환되지 않고 그대로 남아 있어서, 집합건축물을 보존등기할 때 표제부에 토지별도등기가 있음으로 등기되었다. 이러한 사항을 정확히 이해하기 위해서는 집합건물등기사항전부증명서와 토지등기사항전부증명서를 발급 받아서 다음과 같이 분석해야 한다.

(1) 집합건물등기사항전부증명서(두 번째 표제부)

집합건물 표제부에서 첫 번째 표제부(1동의 건물표시)는 생략하고 두 번째 표제부만 기술했다.

【 표 제 부 】 (전유부분의 건물의 표시)				
표시번호	접수번호	건물번호	건물내역	등기원인 및 기타사항
1	2003년 2월 10일	제4층 401호	철근콘크리트조 75.4㎡	도면 편철장 제3책 48장
(대지권의 표시)				
표시번호	대지권의 종류	대지권의 비율	등기원인 및 기타사항	
1	소유권 대지권	358분의 35.8	2003년 1월 31일 대지권 2003년 2월 10일	
2			별도등기 있음 1토지(을구 1내지 3 근저당권 설정) 2003년 2월 10일	

		【 갑 구 】 (소유권에 관한 사항)			
순위번호	등기목적	접 수	등기원인	권리 및 기타사항	
1 :	소유권 보존	2003년 2월 10일		소유자 김숙경 481125-2 ×××××× 서울시 강남구 논현동 ○○○번지	
10 : :	가압류	2003년 5월 10일 제41145호	2003년 5월 8일 서울중앙지법가압류 (2003카단 21141)	청구금액 금 75,000,000원 채권자 이승민	
13 :	압류	2003년 10월 10일 제643211호	2003년 10월 7일 압류(세무과-5114)	권리자 서울시 강남구청	
15 15 15	임의경매 개시결정	2004년 2월 10일 제644701호	2004년 3월 26일 서울중앙지법경매개시 (2004타경 ○○○호)	채권자 기업은행 서울시 강남구 논현동 ○○○	

		【 을 구 】 (소유권 이외의 권리에 관한 사항)			
순위번호	등기목적	접 수	등기원인	권리자 및 기타사항	
1	근저당설정	2003년 2월 10일 제11451호	2003년 2월 9일 설정계약	채권최고액 금 1억2,000만원 채무자 김숙경 서울시 강남구 논현동 ○○○번지 근저당권자 기업은행 서울시 강남구 논현동 ○○○	
2	근저당설정	2003년 10월 1일 제64321호	2003년 9월 30일 설정계약	채권최고액 금 30,000,000원 채무자 김숙경 서울시 강남구 논현동 ○○○번지 삼성빌라 4층 401호 근저당권자 유시민 서울시 강남구 논현동 ○○○	

이와 같이 집합건물에 별도등기가 있는 경우 이러한 내용을 정확히 분석하기 위해서는 토지등기부를 열람해서 매수인이 인수해야 할 권리 등이 있는가를 확인하고, 이상이 없을 때에만 입찰에 참여해야 한다. 따라서 토지등기부를 열람해 보면, 다음과 같은 사항을 확인할 수 있다.

(2) 토지등기사항전부증명서 열람(표제부 생략)

【 갑 구 】 (소유권에 관한 사항)			
순위번호	등기목적	접 수	등기원인	권리 및 기타사항
1	소유권이전	1989년 10월 10일 제44879호	1989년 9월 11일 매매	소유자 김숙경 서울시 강남구 논현동 ○○○
2	가압류	~~1996년 3월 11일 제34336호~~	~~1996년 3월 7일 서울중앙지법 가압류 (1996카단11456)~~	~~청구금액 금18,700,000원 채권자 김국기~~
3 3 3	소유권 대지권			건물의 표시 서울특별시 강남구 논현동 ○○○번지 4층 다세대주택 2003년 2월 10일 등기
4	2번가압류 등기말소	2003년 2월 10일 제2114호	2003년 2월 10일 해제	

【 을 구 】 (소유권 이외의 권리에 관한 사항)			
순위번호	등기목적	접 수	등기원인	권리자 및 기타사항
1	근저당권설정	1989년 10월 10일 제65479호	1989년 10월 7일 설정계약	채권최고액 금 36,000,000원 채무자 김숙경 근저당권자 외환은행
2	근저당권설정	1995년 2월 17일 제11479호	1995년 2월 14일 설정계약	채권최고액 금 48,000,000원 채무자 김숙경 근저당권자 외환은행
3	근저당권설정	2002년 5월 10일 제32479호	2002년 5월 9일 설정계약	채권최고액 금 1억5,000만원 채무자 김숙경 근저당권자 이철승

이 경매사건에서 법원기록을 확인한 결과 토지저당권자 모두가 배당을 신청하여 배당받고 소멸될 수 있고, 임차인 송철우는 대항력이 있어서 배당받지 못한다면 낙찰자가 인수해야 한다. 이때 임차인의 대항력 발생기준은 토지가 아니라 건물의 말소기준권리를 가지고 판단해야 한다.

◆ 토지별도 등기된 저당권자 등이 배당요구 시 배당표 작성

① 토지저당권자 모두가 자신의 채권액 전액을 배당요구한 것이 아니고, 토지전체 저당채권액에서 경매대상 전유부분의 대지권 지분비율만큼(10분의 1) 배당요구하고, 그 지분만큼은 근저당권을 일부 포기하기로 가정하고 예상배당표를 작성하면, 배당금액이(2억8,500만원 - 집행비용 250만원) = 2억8,250만원이므로 다음과 같이 배당된다.

여기서 중요한 점은 토지와 건물의 저당권자가 다른 경우의 배당절차이므로 1차적으로 토지와 건물 감정가액 비율을 계산하고 이를 배당금액에 곱하여 배당액을 토지와 건물로 나눈다. 나누어진 금액을 가지고 토지상 선순위 채권자들에게 먼저 배당하고 난 후 토지 배당잔여금과 건물배당금을 합하여 다시 비율을 정하여 후순위 임차인, 저당권자들에게 순위에 따라서 건물과 토지 비율에 근거하여 다음과 같이 배당한다.

감정가액이 3억2,000만원, 토지 1억6,500만원(51.5625%)이고 건물 1억5,500만원(48.4375%)이다.

순위	채권자 및 배당금액	건물배당액 136,835,938 (48.4375%)	토지배당액 145,664,062 (51.5625%)
1	외환은행 3,600,000원 4,800,000원	0 0	3,600,000원 4,800,000원
2	이철승 15,000,000원 (1, 2는 대지권비율만큼만 배당요구한 경우)	0	15,000,000원
배당잔여금	259,100,000원	136,835,938(52.8120180%)	122,264,062(47.1879820%)
3 4 5	이기자(최우선변제금) 10,000,000원 기업은행 115,400,000원 송철우 70,000,000원	5,271,202원 60,945,069원 36,968,413원	4,718,798원 54,454,931원 33,031,587원

6	강남구청 3,250,000원	1,716,391원	1,533,609원
	조세채권은 일반채권에 항상 우선하고, 압류된 조세채권은 교부된 조세에 우선한다(즉 서초세무서보다 우선, 압류선착주의가 적용된 사례임).		
7	서초세무서 3,500,000원	1,848,421원	1,651,579원
8	① 가압류 이승민 7,500만원 = ② 근저당 유시민 3,000만원이 동순위로 안분배당한다. ① 배당잔여금이 건물 30,076,442원 + 토지 26,873,558 = 56,950,000원이다. ① 가압류 이승민 = 56,950,000원 × 7,500만원/10,500원 = 40,678,571[42] = 40,678,571원 ② 유시민 = 56,950,000원 × 3,000만원/10,500만원 = 16,271,428[57] = 16,271,429원		
	따라서 ① 이승민 40,678,571원 ② 유시민 16,271,429원	21,483,174원 8,593,270원	19,195,397원 7,678,159원

 이와 같이 배당이 종결되고 대항력 있는 임차인 송철우가 전액 배당받고 토지 채권자들이 배당 요구함으로 인하여 모두가 소멸 대상이다. 따라서 낙찰자는 토지·건물 모두의 소유권을 완진하게 획득하게 된다.

◆ 토지와 건물의 설정된 권리가 다를 때 임차인의 대항력과 배당

① 토지와 건물의 권리가 다른 경우 임차인의 대항력은 건물말소기준권리를 가지고 한다.

② 토지별도등기가 있는 경우, 토지와 건물의 설정된 권리가 다를 때 배당방법으로 토지·건물 감정가액 비율로 배당금액을 환산하고 이 비율대로 토지저당권자는 토지에서만, 건물저당권자는 건물에서만 배당받는데 공동저당권자(토지와 건물 모두에서 배당받을 수 있는 권리를 가진 채권자는 토지와 건물에 공동저당권을 설정한 것과 유사한 지위에 있다)는 토지·건물 모두에 대하여 배당받는다.

③ 이때 임차인이 있는 경우 배당방법은?

㉠ 토지저당권설정 당시 건물이 존재하지 않았다면, 토지배당금에서 1순위 : 저당권 ○○○원, 2순위 : 임차인 ○○○원(최우선변제금 → 확정일자 우선변제금) 순으로 배당된다.

㉡ 토지저당권설정 당시 건물(등기된 건물, 미등기건물, 무허가건물, 건축 중인 건물 등) 등이 있는 경우, 또는 토지저당권설정 당시 건물이 존재했으나 이를 멸실하고 구 건물에 해당하는 건물이 신축된 경우 배당방법은 토지배당금에서 1순위 : 임차인 ○○○원(최우선변제금), 2순위 : 토지저당권자 ○○○원, 3순위 : 임차인 ○○○원(확정일자 우선변제금) 순으로 배당된다.

<u>이렇게 배당하는 이유는</u> 근저당권이 설정당시에 건물이 없을 경우 소액임차인을 예상하지 못했기 때문에, 예측하지 못한 손실을 보지 않게 함이다. 그러나 건물을 신축하는 과정 또는 지상에 건물 등이 있는 경우라면 근저당권자가 소액임차인이 있을수 있다는것을 알수 있었기 때문에 소액임차인을 먼저 배당하고 있다.

01 집합건물을 분양받았으나 대지권미등기인 경우

◈ 대지지분까지 분양 받았으나 대지권미등기인 사례

　대지의 분·합필 및 환지절차의 지연, 각 세대당 지분비율 결정의 지연 등의 사정이 없었다면 당연히 전유부분의 등기와 동시에 대지지분의 등기가 이루어졌을 경우, 전유부분에 대하여만 소유권이전등기를 경료 받았으나 매수인의 지위에서 대지에 대하여 가지는 점유·사용권에 터 잡아 대지를 점유하고 있는 수분양자는 대지지분에 대한 소유권이전등기를 받기 전에 대지에 대하여 가지는 점유·사용권인 대지사용권을 전유부분과 분리 처분하지 못할 뿐만 아니라, 전유부분 및 장래 취득할 대지지분을 다른 사람에게 양도한 후 그 중 전유부분에 대한 소유권이전등기를 경료해 준 다음 사후에 취득한 대지지분도 전유부분의 소유권을 취득한 양수인이 아닌 제3자에게 분리 처분하지 못한다 할 것이고, 이를 위반한 대지지분의 처분행위는 그 효력이 없다(대법 98다45652 판결).

◈ 대지지분이 정리되고도 분양대금이나 등록비용을 미납 시

① 지분정리가 모두 이루어졌더라도 등록비용을 미납한 경우

　전유부분이 보존등기가 되고 지분정리가 모두 이루어졌는데 등록비용을 납부하지 않아서 미등기 상태로 남아 있는 경우라면 낙찰자가 등록비용을 지급하고 전유부분과 대지권 모두의 소유권을 취득할 수 있다.

② 일반분양권자가 분양대금을, 조합원이 추가부담금을 미납한 경우

　이러한 경우 조합이 분양대금 및 추가부담금을 납부할 때까지 집합건물 전유부분의 보존등기를 해주지 않으니 집합건물등기부에서 대지권 미등기 문제는 발생하지 않는다. 뿐만 아니라 조합은 이 분양대금 등을 완납할 때까지 아파트를 인도하지 않고 점유하면서 유치권 행사를 하게 된다. 그런데 간혹 채권자들에 의해 집합건물 전유부분만 촉탁으로 보존등기하는 경우에도 대지권미등기가 될 수 있는데 이때 유의할 점은 분양대금을 완납할 때까지 조합이나 시공사 등이 대지권등기에 대해서 동시이행 항변을 주장할 수 있다는 사실이다(이 내용은 다음 사례를 참고하면 된다).

◆ 대지권미등기인 아파트를 낙찰 받았는데 수분양자가 분양대금을 미납했다면

수분양자가 그 분양대금을 완납하지 못한 경우에 그 양수인은 대지사용권 취득의 효과로서 분양자와 수분양자를 상대로 분양자로부터 수분양자를 거쳐 순차로 대지지분에 대한 소유권이전등기절차를 마쳐줄 것을 구하거나 분양자를 상대로 대지권변경등기절차를 마쳐줄 것을 구할 수 있다고 할 것이고, **분양자는 이에 대하여 수분양자의 분양대금 미지급을 이유로 한 동시이행항변을 할 수 있을 뿐이다**(대법 2004다58611 참조)(대법 2008다60742).

① 위 1심 2003가단5404 판결에서 피고 성남시는 피고 회사도 취득하지 못한 대지권을 원고가 경락받는다는 것은 있을 수 없는 일이며, 위 분양대금 중 미납된 39,505,200원(=13,168,400원-92,178,800원) 및 그 약정이자 5,705,000원을 지급받기 전에는 위 등기절차에 협력할 수 없다고 주장했다.

② 2심 법원의 판단도, 원고는 위 대지권을 낙찰 받지 못하였다고 판단했다.

③ 그러나 대법원에서는 1심과 2심 내용이 잘못됨을 지적하면서 대지권미등기인 상태에서 아파트의 전유부분의 소유권을 취득하게 되면 대지사용권이 전유부분과 분리 처분할 수 없으므로 대지사용권도 취득하게 된다고 판단했고,

이는 수분양자가 그 분양대금을 완납하지 못한 경우에도 마찬가지다. 다만 **분양자는 이에 대하여 수분양자의 분양대금 미지급을 이유로 한 동시이행항변을 할 수 있을 뿐이다.** 라고 판결하면서 파기 환송했고 그 파기환송심에서 조정이 이루어진 사건이다.

02 대지권미등기 아파트가 대지가격을 포함해 매각되면

◆ 대지권미등기 아파트도 대지가격이 감정 평가돼 매각되면

　대지권이 미등기된 상태이더라도 감정평가서 상에 대지권에 대한 평가가 이루어졌다면 그 대지권도 매각으로 취득할 수 있다고 볼 수 있지만, 정확한 판단을 위해 토지등기사항전부증명서를 열람해서 대지지분이 있는지를 확인하고 입찰하면 안전하다. 간혹 대지권이 평가되어 있었는데도 불구하고 대지권이 제3자 소유이기 때문에(구분소유권이 성립되기 전에 분리 또는 구분소유권이 성립되기 전의 저당권에 의해 분리된 경우) 대지권등기를 할 수 없는 경우도 발생하기 때문이다.

◆ 전유부분만 경매로 낙찰 받아도 대지권등기를 할 수 있다!

　분양자가 전유부분의 소유자인 경락인을 위하여 하는 부동산등기법시행규칙 제60조의2에 의한 대지권변경등기는 그 형식은 건물의 표시변경등기이나 실질은 당해 전유부분의 최종 소유자가 그 등기에 의하여 분양자로부터 바로 대지권을 취득하게 되는 것이어서, 분양자로부터 전유부분의 현재의 최종 소유명의인에게 하는 토지에 관한 공유지분 이전등기에 해당되고, 그 의사표시의 진술만 있으면 분양자와 중간소유자의 적극적인 협력이나 계속적인 행위가 없더라도 그 목적을 달성할 수 있으므로, 전유부분의 소유권자는 분양자로부터 직접 대지권을 이전받기 위하여 분양자를 상대로 대지권변경등기절차의 이행을 소구할 수 있다(대법 2002다40210 참조)(대법 2004다25338 판결).

03 대지권 평가 없이 전유부분만 매각돼도 대지권등기가 가능

◈ 전유부분만 매수해서 대지권등기와 토지별도등기를 말소한 사례

집합건물에 있어서 구분소유자의 대지사용권은 전유부분과 분리처분이 가능하도록 규약으로 정하였다는 등의 특별한 사정이 없는 한 전유부분과 종속적 일체불가분성이 인정되므로(집합건물법 제20조 제1항, 제2항), 구분건물의 전유부분에 대한 저당권 또는 경매개시결정과 압류의 효력은 당연히 종물 내지 종된 권리인 대지사용권에까지 미치고, 그에 터 잡아 진행된 경매절차에서 전유부분을 경락받은 자는 그 대지사용권도 함께 취득한다(대법 94다12722, 대법 97마814 참조). 그리고 구 민사소송법 제608조 제2항 및 현행 민사집행법 제91조 제2항에 의하면 매각부동산 위의 모든 저당권은 경락으로 인하여 소멸한다고 규정되어 있으므로, 위와 같은 이유로 전유부분과 함께 그 대지사용권인 토지 공유지분이 일체로서 경락되고 그 대금이 완납되면, **설사 대지권 성립 전부터 토지만에 관하여 설정되어 있던 별도등기로서의 근저당권이라 할지라도 경매과정에서 이를 존속시켜 경락인이 인수하게 한다는 취지의 특별매각조건이 정하여**

져 있지 않았던 이상 위 토지공유지분에 대한 범위에서는 매각부동산 위의 저당권에 해당하여 소멸하게 되는 것이라 할 것이다(대법 2005다15048 판결).

◆ 대지권 평가 없이 전유부분만 매각돼도 대지권등기가 가능

구분건물의 전유부분에 대한 소유권이전등기만 경료되고 대지지분에 대한 소유권이전등기가 경료되기 전에 전유부분만에 관하여 설정된 근저당권에 터 잡아 임의경매절차가 개시되었고, 집행법원이 구분건물에 대한 입찰명령을 함에 있어 대지지분에 관한 감정평가액을 반영하지 않은 상태에서 경매절차를 진행하였다고 하더라도, 전유부분에 대한 대지사용권을 분리 처분할 수 있도록 정한 규약이 존재한다는 등의 특별한 사정이 없는 한 낙찰인은 경매목적물인 전유부분을 낙찰 받음에 따라 종물 내지 종된 권리인 그 대지사용권에까지 그 효력이 미친다(대지지분도 함께 취득한다)(대법 94다12722, 대법 97마814 참조).

04 대지권이 본래부터 없는 경우 (아파트, 다세대, 연립 등)

대지권이 본래부터 없는 경우에는 건물만 매각하는 것이므로, 낙찰자는 대지권의 소유권을 취득할 수 없다. 대지권 없는 아파트를 낙찰 받았을 경우도 토지사용권원이 있는 경우(토지가 전세권, 임차권 등)와 토지사용권원이 없는 경우로 나누어 볼 수 있다. 토지사용권원이 있다면 토지사용료만 부담하면 되겠지만, 토지사용권원이 없다면 토지소유자가 집합건물의 구분소유권에 대해서 매도청구권을 행사하면 낙찰자는 건물의 소유권을 잃을 수 있다. 토지소유자가 구분소유권 매도청구까지 하지 않더라도 토지사용에 대한 대가 즉 토지사용료인 지료를 지급해야 한다. 이는 대지권이 없는 아파트 소유자가 아파트 부지를 불법 점유하는 것인지 여부(적극) 및 그 불법점유로 인한 부당이득의 범위는 아파트의 대지권으로 등기되어야 할 지분에 상응하는 면적에 대한 임료 상당의 부당이득을 얻고 있기 때문이다(대법원 91다40177 판결).

05 대지권미등기와 토지별도등기가 있는 아파트 ⅔지분을 낙찰 받은 사례

김선생의 알아두면 좋은 내용

아파트 3분의 2지분을 낙찰 받아 아파트에 거주하고 있던 임차인에 대해서 인도명령을 신청해서 결정문이 나왔는데, 임차인이 이의를 제기해서 ⇨ 항고와 재항고 절차를 거쳐 대법원 판결까지 나온 사례. 3분의 2지분에선 가압류로 인해 대항력이 없었지만, 3분의 1에선 대항력이 있어서 그 판단을 가지고 다투었던 사례로 경매 실전에 좋은 사례이다.

◈ 경매 물건 현황과 매각결과

2012타경31293			수원지방법원 성남지원 · 매각기일 : 2013.11.25(月) (10:00) · 경매 4계(전화:031-737-1324)				
소 재 지	경기도 하남시 덕풍동 000-0 외 5필지, 한솔파로스 101동 1층 000호 **도로명주소검색**						
물건종별	아파트	감 정 가	150,000,000원	오늘조회: 1 2주누적: 4 2주평균: 0 **조회동향**			
				구분	입찰기일	최저매각가격	결과
대 지 권	미등기감정가격포함	최 저 가	(51%) 76,800,000원	1차	2013-06-24	150,000,000원	유찰
				2차	2013-07-22	120,000,000원	유찰
				3차	2013-08-26	96,000,000원	낙찰
건물면적	50.25㎡(15.201평)	보 증 금	(20%) 15,360,000원	낙찰 120,000,000원(80%) / 1명 / 미납			
				4차	2013-10-28	96,000,000원	유찰
매각물건	토지및건물 지분 매각	소 유 자	서OO	5차	2013-11-25	76,800,000원	
				낙찰 : 90,130,000원 (60.09%)			
개시결정	2013-01-03	채 무 자	서OO	(입찰1명,낙찰:강OO)			
				매각결정기일 : 2013.12.02 - 매각허가결정			
				대금지급기한 : 2014.01.07			
사 건 명	강제경매	채 권 자	장OO 외2	매각납부 2013.12.20 / 배당기일 2014.01.16			
				배당종결 2014.01.16			

◈ 위 경매물건에 대한 권리분석

이 물건에서 유의해서 살펴볼 점은 ① 아파트 전체가 매각되는 것이 아니라 서OO 61.58% 지분만 매각되므로 공유물의 관리행위와 보존행위에서 협의가 안되고 다툼이 발생하면 소송으로 해결해야 한다는 사실.

② 대지 지분이 감정평가돼 매각되었지만, 대지권등기는 매수인 책임으로 매각하는 조건이므로 낙찰 받고 나서 별도로 대지권등기청구소송을 해야 한다는 사실.

③ 토지등기부를 확인해보니 토지별도등기인 가압류와 가처분이 있었다. 그렇다면 낙찰자가 대지권등기와 이 토지별도등기를 말소할 수 있는가가 문제가

될 수 있다. 만일 말소시키지 못하게 되면 대지 지분에 대한 권리를 잃게 될 수도 있기 때문이다.

어쨌든 이 물건은 대지권등기와 토지별도등기를 말소할 수 있다면 성공적인 투자가 될 수 있다. 왜냐하면 시세가 2억6,000만원으로 3분의 2지분으로 환산하면 1억7,300만원 정도로 투자 이익이 높기 때문이다. 그러나 대지권등기를 할 수 없다면 손실이 예상되는 물건이다.

◈ 매수 이후 대응 방안

① 점유자에 대한 명도문제는 어떻게 할 수 있을까?

과반수 이상(2/3)의 지분을 매수해서 민법 제265조에 따라 관리행위로 대항력 없는 임차인에 대해 인도명령을 신청할 수 있다.

② 대지권등기청구와 가압류, 가처분 등의 토지별도등기 말소청구소송

3분의 2지분만 낙찰 받아도 3분의 2지분만이 아닌 전체 대지권등기를 신청할 수 있고, 매수한 3분의 2지분만에 등기 되어 있는 토지별도등기 즉 가압류와 가처분 등을 다음 <김선생 도움말> 처럼 말소를 구할 수 있다. 이때 두 개 소송을 동시에 하는 것이 원칙이지만 지분을 낙찰 받아 두 개의 소송을 진행할 때 소송이 복잡한 관계로 지연될 수도 있기 때문에 분리해서 대지권등기청구소송(전체 대지 지분)과 매수한 3분의 2지분만에 등기 되어 있는 토지별도등기 말소청구소송을 진행했다. 토지별도등기말소청구 소송에서 전유부분의 매각으로 그 종된 권리인 대지 지분까지 취득하게 되므로 그 대지 지분에 등기된 토지별도등기가 말소돼야 한다는 점과 가압류, 가처분이 3년의 제소기간이 지났으므로 매수인이 취소를 구할 수 있다는 내용으로 말소를 구한 사건이다. 법원에서 이 모든 사실이 받아 들여져 토지별도등기가 말소되고, 대지권등기까지 하였다. 이제 남은 일은 협의해서 관리하거나 매각하는 방법, 협의가 안 될 때 공유물분할청구소송을 하는 절차만 남는다.

③ 토지별도등기 말소청구소송에서는 가압류나 가처분 등이 집합건물의 구분소유권이 성립되기 전에 등기된 권리라 거론하지는 않았지만, 일반적인 물건에서 위와 같은 상황이 발생하면 구분소유권성립 이전이냐! 이후냐! 로 구분해서 이후에 등기되어 있다면 집합건물법 제20조 위반으로 무효를 주장해서 간단하게 말소시킬 수도 있다.

김선생의 도움말

토지별도등기도 아파트가 경매로 매각되면 소멸되는 것이 원칙
집합건물의 전유부분과 함께 그 대지사용권인 토지공유지분이 일체로서 경락되고 그 대금이 완납되면, 설사 대지권 성립 전부터 토지만에 관하여 별도등기로 설정되어 있던 근저당권이라 할지라도 경매과정에서 이를 존속시켜 <u>경락인이 인수하게 한다는 취지의 특별매각조건이 정하여져 있지 않았던 이상</u> 위 토지공유지분에 대한 범위에서는 매각부동산 위의 저당권에 해당하여 <u>소멸한다</u>[대법 2005다15048]. 만일 이러한 조건 없이 매각되었는데 소멸되지 않는 토지별도등기채권이 있다면 그 원인으로 매각결정을 취소 신청할 수 있다.

◈ 매수 이후 임차인 명도로 대법원 판례를 만들다!

이 사례에서 과반수 이상(61.58%)의 지분을 매수해서 민법 제265조에 따라 관리행위로 대항력 없는 임차인(말소기준권리인 가압류등기 이후에 임대차계약 후 대항요건을 갖추었기 때문에 가압류의 처분금지 효력이 미치는 한도 내에서는 임대차계약이 무효가 되기 때문)에 대해 인도명령을 신청할 수 있다. 경매법원도 이런 판단으로 인도명령 결정을 내렸다. 임차인 김○○가 인도명령결정에 대한 이의가 있어 그에 대한 재판을 진행하게 되었는데 1심에서도 똑같은 판단으로 매수인이 승소했다. 그러나 임차인 김○○가 승복하지 않고 항고를 했는데 2심인 고등법원에서는 임차인이 대항력이 있다고 원고 승소 판결을 내렸다. 그래서 필자가 지인을 도와서 대법원에 재항고 했고, 그 결과가 재항고를 한 날로 부터 2년이 지나서 다음과 같은 대법원 판결을 얻을 수 있었다.

대 법 원
제3부 결 정

사 건 : 2014마546 부동산인도명령

신청인, 재항고인 : 강○○(600000-1000000)

피신청인, 상대방 김○○(800000-1000000)

원 심 결 정 수원지방법원 2014. 3. 18.자 2014라273 결정

주 문(이하 본문 생략)
이 유(이하본문 1~3항 생략)

3. 위 인정사실을 앞서 본 법리에 비추어 살펴보면, 서○○과 김○○의 채권자들인 장○○ 등은 김○○의 임대차계약이 체결되기 전인 2010. 6. 30. 이 사건 건물 중 ①, ③지분에 관하여 가압류등기를 마쳤고, 재항고인은 위 가압류사건의 본안판결의 집행으로 이 사건 건물 중 ①지분을 취득하였으므로, 임차인 김○○은 가압류의 처분 금지의 효력으로 인해 ①, ③지분에 대하여만 그 대항력을 주장할 수 있게 되었다. 그렇다면 임차인 김○○은 이 사건 경매절차에서 과반수의 지분을 취득한 재항고인의 인도명령을 거부할 수 없다. 그런데도 원심은 그 판시와 같은 이유를 들어 임차인이 재항고인에 대하여 이 사건 건물의 인도를 거부할 수 있는 정당한 권원이 있다고 보아 부동산인도명령신청을 배척하고 말았으니, 이러한 원심결정에는 가압류의 처분금지의 효력과 주택임차인의 대항력에 관한 법리를 오해하여 재판에 영향을 미친 잘못이 있다.

4. 그러므로 원심결정을 파기하고, 사건을 다시 심리판단하게 하기 위하여 원심법원에 환송하기로 하여 관여 대법관의 일치된 의견으로 주문과 같이 결정한다.

2016. 2. 25.

재판장 대법관 박병대, 대법관 박보영
주 심 대법관 김 신, 대법관 권순일

Chapter 22

집합건물의 특수한 사례에서 실전투자 노하우!

01 대지 지분이 경매나 공매로 매각될 때 투자 비법

(1) 기본적으로 구분소유권이 성립되고 나서 분리되면 집합건물법 제20조에 따라 무효가 되므로 ① 집합건물법이 시행되기 전에 분리되어 있었는지, ② 집합건물의 구분소유권이 성립되기 전에 분리되어 있었는지, ③ 구분소유권이 성립되기 전에 설정된 저당권 등으로 구분소유권이 성립되고 나서 소유자가 분리되었는가를 분석해서 위 사례들에 해당하면, 집합건물법 제20조를 적용받지 않아서 분리처분이 가능하다. 간혹 이러한 점을 간과해서 낙찰 받고 나서 무효가 되는 사례가 발생하니 주의해야 한다. 무효가 되면 배당받은 채권자를 상대로 부당이득반환 청구해야 하는데 배당받은 채권자가 자력자인 경우 즉 금융기관이나 세무서 등과 같은 대기업이나 정부기관이면 안전하지만, 그렇지 못한 개인들인 경우 손실이 예상된다.

(2) 분리가 가능하다는 전제 하에 대지 지분에 입찰하기 전에 반드시 그 대지 지분에 해당되는 구분소유자(구분호수)를 먼저 파악해라.

(3) 그리고 대지지분이 없거나 적게 가지고 있는 구분소유자를 상대로 부당이득을 청구하면 된다. 그런데 구분소유자가 무자력자가 되면 즉 그 건물에서 대항력이 있는 임차인 등이 거주한다거나 선순위 채권이 과다하면 토지 사용료로 강제경매를 신청해도 무잉여로 경매가 취소가 될 수 있으니 건물에 누가 거주하고, 임차인 등이 대항력이 있는 가를 사전에 조사하고 입찰하는 지혜가 필요하다.

이밖에도 대지권이 없는 구분소유자를 대상으로 집합건물법 제7조에 따라 구분소유권매도청구권을 행사할 수 있는데, 그 구분소유권을 감정평가를 통해 매수해야 되므로 싸게 살 수 없다는 단점으로, 실무에서는 많이 활용되지는 못하고 있다.

02 구분소유자가 아닌 대지 지분권자는 부당이득 청구가 가능!

구분소유자가 아닌 토지 공유지분권 즉 구분소유권과 무관한 대지 지분(구분소유자들의 대지권등기가 되지 않고 남겨둔 대지 공유지분)을 취득한 제3자가 건물전체에 대해서 부당이득을 청구하는 것도 이견이 없다(적정 대지 지분 또는 초과한 대지 지분을 보유한 사람도 포함된다).

(1) 일부 공유자가 배타적으로 점유·사용하는 공유 토지의 특정된 한 부분이 그 지분 비율에 상당하는 면적의 범위 내라고 할지라도, 공유 토지를 전혀 사용·수익하지 않고 있는 다른 공유자에 대하여 그 지분에 상응하는 부당이득 반환의무가 있다(대법 2000다13948, 대법 92누2202 판결).

(2) 여러 사람이 공동으로 법률상 원인 없이 타인의 재산을 사용한 경우의 부당이득의 반환채무는 특별한 사정이 없는 한 불가분적 이득의 반환으로서 불가분채무이고, 불가분채무는 각 채무자가 채무 전부를 이행할 의무가 있으며, 1인의 채무이행으로 다른 채무자도 그 의무를 면하게 된다(대법 2000다13948 판결).

(3) 구분소유자가 아닌 토지 공유지분권의 침해로 인한 부당이득

이 사례는 대지 지분비율을 적법하게 가지고 있어도 구분소유자가 아닌 즉 지분은 있으나 사용·수익은 전혀 하지 않고 있는 지분권자는 부당이득을 청구할 수 있다는 사례이다.

공유토지에 관하여 과반수지분권을 가진 자가 그 공유토지의 특정된 한 부분을 배타적으로 사용·수익할 것을 정하는 것은 공유물의 관리방법으로서 적법하다고 할 것이지만, 이 경우에 **비록 그 특정한 부분이 자기의 지분비율에 상당**

하는 면적의 범위 내라 할지라도 다른 공유자들 중 지분은 있으나 사용·수익은 전혀 하고 있지 아니함으로써 손해를 입고 있는 자에 대하여는 과반수 지분권자를 포함한 모든 사용·수익을 하고 있는 공유자가 그 자의 지분에 상응하는 부당이득을 하고 있다고 보아야 한다. 왜냐하면 모든 공유자는 공유물 전부를 지분의 비율로 사용 수익할 수 있기 때문이다(대법 88다카33855, 대법 2000다17803 판결 참조).

03 구분소유자 간에 대지 지분 비율이 다를 때 투자방법

◈ 서울 청량리에 위치한 다세대주택의 현황은 다음과 같다!

① 허정수는 2006. 5. 10. 서울 동대문구 청량리동 000-000 대 512㎡(이하 '이 사건 대지'라 한다)와 그 지상 연와조 슬래브지붕 2층 다세대주택(이하 '이 사건 다세대주택'이라 한다)에 관하여 2005. 4. 28. 매매를 원인으로 한 소유권이전등기를 마쳤다.

② 그 후 허정수는 2006. 9. 26. 이 사건 다세대주택을 일반건축물에서 아래 [표1]와 같은 6세대의 집합건물로 전환시킨 다음, 같은 해 12. 5. 이 사건 대지를 대지권의 목적인 토지로, 이 사건 다세대주택 중 제지층 제01호에 대하여는 소유권 512분의 495 지분을 대지권으로, 나머지 5세대에 대하여는 각 소유권 512분의 3.4 지분을 대지권으로 하여 각 대지권의 등기를 마쳤다.

구분	전유부분 내역	대지권의 표시	비 고
제지층 제01호	34.31㎡	소유권대지권 512분의 495	원 고
101호	66.87㎡	〃 512분의 3.4	피고 박○○
102호	61.5㎡	〃 512분의 3.4	피고 우○○
103호	49.2㎡	〃 512분의 3.4	피고 ○○ 주식회사
201호	52㎡	〃 512분의 3.4	피고 황○○
202호	60.72㎡	〃 512분의 3.4	피고 정○○

◆ 위 다세대주택이 경매로 다음과 같이 매각되었다!

허정수는 위 다세대주택을 대지권 등기 이후에 각기 다른 사람들에게 매도하였는데, 원고(제지층 01호)와 피고들(101호, 102호, 103호, 201호, 202호 소유자)은 이 사건 대지 및 다세대주택에 대한 근저당권자인 김철민의 신청에 의한 서울북부지방법원 2009타경0000호 부동산임의경매 절차에서 위 [표1]의 비고란 기재와 같이 각 해당 세대를 매수한 다음 그 대금을 납부함으로써 각 소유권을 취득하였다. 그 경매물건에서 매각결과는 다음과 같다.

(1) 다세대주택 지층 01호 매각결과

2009타경0000호 (1)	● 서울북부지방법원 본원 ● 매각기일 : 2010.07.19(月) (10:00) ● 경매 2계(전화:02-910-3672)						
소재지	서울특별시 동대문구 청량리동 000-000 다세대주택 지층 01호 [도로명주소검색]						
물건종별	다세대(빌라)	감 정 가	1,796,000,000원	오늘조회: 2 2주누적: 5 2주평균: 0 [조회동향]			
				구분	입찰기일	최저매각가격	결과
대 지 권	495㎡(149.737평)	최 저 가	(41%) 735,642,000원	1차	2010-03-15	1,796,000,000원	유찰
				2차	2010-04-12	1,436,800,000원	유찰
건물면적	34.31㎡(10.379평)	보 증 금	(10%) 73,570,000원	3차	2010-05-17	1,149,440,000원	유찰
				4차	2010-06-21	919,552,000원	유찰
매각물건	토지·건물 일괄매각	소 유 자	허정수	5차	2010-07-19	735,642,000원	
				낙찰: 809,990,000원 (45.1%)			
				(입찰 1명, 낙찰: 황○○)			
개시결정	2009-02-13	채 무 자	허정수	매각결정기일 : 2010.07.26 - 매각허가결정			
				대금지급기한 : 2010.08.01 - 기한후납부			
사 건 명	임의경매	채 권 자	김철민	배당기일 : 2010.10.12			
				배당종결 2010.10.12			

• 매각물건현황 (감정원 : 한울감정평가 / 가격시점 : 2009.06.29)

목록	구분	사용승인	면적	이용상태	감정가액	기타
건물	2층중 지하	69.12.31	34.31㎡ (10.38평)	주거용	53,880,000원	• 총6세대 • 도시가스 개별난방
토지	대지권		512㎡ 중 495㎡ • 토지별도등기있음		1,742,120,000원	

• 임차인현황 (말소기준권리 : 2005.04.08 / 배당요구종기일 : 2009.05.12)

임차인	점유부분	전입/확정/배당	보증금/차임	대항력	배당예상금액	기타
양OO	주거용 전부	전 입 일: 2009.02.12 확 정 일: 2009.02.12 배당요구일: 2009.05.11	보30,000,000원	없음	소액임차인	

• 등기부현황 (채권액합계 : 2,232,935,343원)

No	접수	권리종류	권리자	채권금액	비고	소멸여부
1	2004.10.07	소유권이전(상속)	에OO		협의분할에 의한 상속	
2	2005.04.08	근저당	한국자산관리공사	910,000,000원	말소기준등기	소멸
3	2005.07.25	가압류	국민은행	103,935,343원		소멸
4	2006.05.08	소유권일부(15분의2)가처분	조OO		협의분할로 인한 상속을 원인으로 양수한 범위의 취소권 서울북부지법 2006카단3264	소멸
5	2006.05.10	소유권이전(매매)	허정수			
6	2006.09.22	근저당	김철민	260,000,000원		소멸
7	2006.12.20	압류	서울특별시동대문구		세무1과-19143	소멸
8	2008.11.20	근저당	마OO	400,000,000원		소멸
9	2008.12.10	근저당	정OO	191,100,000원		소멸
10	2008.12.10	근저당	윤OO	182,000,000원		소멸
11	2008.12.10	근저당	권OO	185,900,000원		소멸
12	2009.02.13	임의경매	김철민	청구금액: 238,268,493원		소멸

(2) 다세대주택 1층 101호 매각결과

2009타경0000호 (2)		• 서울북부지방법원 본원		• 매각기일 : 2010.03.15(月) (10:00)	• 경매 2계(전화:02-910-3672)	
소 재 지	서울특별시 동대문구 청량리동 000-000 다세대주택 1층 101호					
물건종별	다세대(빌라)	감 정 가	90,000,000원	오늘조회: 1 2주누적: 2 2주평균: 0		
대 지 권	3.4㎡(1.029평)	최 저 가	(100%) 90,000,000원	구분	입찰기일	최저매각가격	결과
건물면적	66.87㎡(20.228평)	보 증 금	(10%) 9,000,000원	1차	2010-03-15	90,000,000원	
매각물건	토지·건물 일괄매각	소 유 자	김연문	낙찰 : 93,999,990원 (104.44%) (입찰 6명, 낙찰 박OO)		
개시결정	2009-02-13	채 무 자	허정수	매각결정기일 : 2010.03.22 - 매각허가결정		
사 건 명	임의경매	채 권 자	김철민	대금납부 2010.04.28 / 배당기일 2010.10.12 배당종결 2010.10.12		

• 매각물건현황 (감정원 : 한울감정평가 / 가격시점 : 2009.06.29)

목록	구분	사용승인	면적	이용상태	감정가액	기타
건물	2층중 1층	69.12.31	65.87㎡ (20.23평)	방2.주방.화장실 등	63,000,000원	• 총6세대 • 도시가스 개별난방
토지	대지권		512㎡ 중 3.4㎡ • 토지별도등기있음		27,000,000원	

(3) 다세대주택 1층 102호 매각결과

2009타경0000호 (3)	• 서울북부지방법원 본원 • 매각기일 : 2010.03.15(月) (10:00) • 경매 2계(전화:02-910-3672)					
소재지	서울특별시 동대문구 청량리동 000-000 다세대주택 1층 102호 도로명주소검색					
물건종별	다세대(빌라)	감정가	84,000,000원	오늘조회: 1 2주누적: 2 2주평균: 0 조회동향		
대지권	3.4㎡(1.029평)	최저가	(100%) 84,000,000원	구분	입찰기일	최저매각가격	결과
건물면적	61.5㎡(18.604평)	보증금	(10%) 8,400,000원	1차	2010-03-15	84,000,000원	
매각물건	토지·건물 일괄매각	소유자	권수영	낙찰 : 88,000,000원 (104.76%)			
개시결정	2009-02-13	채무자	허정수	(입찰 7명, 낙찰: 우OO)			
사건명	임의경매	채권자	김철민	매각결정기일 : 2010.03.22 - 매각허가결정			
				대금납부 2010.04.21 / 배당기일 2010.10.12			
				배당종결 2010.10.12			
• 매각물건현황(감정원: 한울감정평가 / 가격시점 : 2009.06.29)						
목록	구분	사용승인	면적	이용상태	감정가격	기타
건물	2층중 1층	69.12.31	61.5㎡ (18.6평)	주거용	58,800,000원	• 총6세대 • 도시가스 개별난방
토지	대지권		512㎡ 중 3.4㎡		25,200,000원	

(4) 다세대주택 1층 103호 매각결과

2009타경0000호 (4)	• 서울북부지방법원 본원 • 매각기일 : 2010.03.15(月) (10:00) • 경매 2계(전화:02-910-3672)					
소재지	서울특별시 동대문구 청량리동 000-000 다세대주택 1층 103호 도로명주소검색					
물건종별	다세대(빌라)	감정가	67,000,000원	오늘조회: 1 2주누적: 2 2주평균: 0 조회동향		
대지권	3.4㎡(1.029평)	최저가	(100%) 67,000,000원	구분	입찰기일	최저매각가격	결과
건물면적	49.2㎡(14.883평)	보증금	(10%) 6,700,000원	1차	2010-03-15	67,000,000원	
매각물건	토지·건물 일괄매각	소유자	전기수	낙찰 : 72,880,000원 (108.78%)			
개시결정	2009-02-13	채무자	허정수	(입찰 6명, 낙찰: (주)OOO)			
사건명	임의경매	채권자	김철민	매각결정기일 : 2010.03.22 - 매각허가결정			
				대금납부 2010.04.02 / 배당기일 2010.10.12			
				배당종결 2010.10.12			
• 매각물건현황(감정원: 한울감정평가 / 가격시점 : 2009.06.29)						
목록	구분	사용승인	면적	이용상태	감정가격	기타
건물	2층중 1층	69.12.31	49.2㎡ (14.88평)	방,주방,거실,화장실 등	46,900,000원	• 총6세대 • 도시가스 개별난방
토지	대지권		512㎡ 중 3.4㎡		20,100,000원	

(5) 다세대주택 2층 201호 매각결과

2009타경0000호 (5)	•서울북부지방법원 본원 •매각기일 : 2010.03.15(月) (10:00) •경매 2계(전화:02-910-3672)						
소재지	서울특별시 동대문구 청량리동 000-000 다세대주택 2층 201호 도로명주소검색						
물건종별	다세대(빌라)	감정가	70,000,000원	오늘조회: 1 2주누적: 0 2주평균: 0 조회동향			
대지권	3.4㎡(1.029평)	최저가	(100%) 70,000,000원	구분	입찰기일	최저매각가격	결과
건물면적	52㎡(15.73평)	보증금	(10%) 7,000,000원	1차	2010-03-15	70,000,000원	
매각물건	토지·건물 일괄매각	소유자	강영미	낙찰 : 81,880,000원 (116.97%)			
개시결정	2009-02-13	채무자	허정수	(입찰 6명, 낙찰:황OO)			
사건명	임의경매	채권자	김철민	매각결정기일 : 2010.03.22 - 매각허가결정			
				대금납부 2010.04.21 / 배당기일 2010.10.12			
				배당종결 2010.10.12			
•매각물건현황(감정원 : 한울감정평가 / 가격시점 : 2009.06.29)							
목록	구분	사용승인	면적	이용상태	감정가격	기타	
건물	2층중 2층	69.12.31	52㎡ (15.73평)	주거용	49,000,000원	•총6세대 •도시가스 개별난방	
토지	대지권		512㎡ 중 3.4㎡ •토지별도등기있음		21,000,000원		

(6) 다세대주택 2층 202호 매각결과

2009타경0000호 (6)	•서울북부지방법원 본원 •매각기일 : 2010.03.15(月) (10:00) •경매 2계(전화:02-910-3672)						
소재지	서울특별시 동대문구 청량리동 000-000 다세대주택 2층 202호 도로명주소검색						
물건종별	다세대(빌라)	감정가	84,000,000원	오늘조회: 1 2주누적: 0 2주평균: 0 조회동향			
대지권	3.4㎡(1.029평)	최저가	(100%) 84,000,000원	구분	입찰기일	최저매각가격	결과
건물면적	60.72㎡(18.368평)	보증금	(10%) 8,400,000원	1차	2010-03-15	84,000,000원	
매각물건	토지·건물 일괄매각	소유자	이영수	낙찰 : 87,399,990원 (104.05%)			
개시결정	2009-02-13	채무자	허정수	(입찰 5명, 낙찰:정OO)			
사건명	임의경매	채권자	김철민	매각결정기일 : 2010.03.22 - 매각허가결정			
				대금납부 2010.04.28 / 배당기일 2010.10.12			
				배당종결 2010.10.12			
•매각물건현황(감정원 : 한울감정평가 / 가격시점 : 2009.06.29)							
목록	구분	사용승인	면적	이용상태	감정가격	기타	
건물	2층중 2층	69.12.31	60.72㎡ (18.37평)	주거용	58,800,000원	•총6세대 •도시가스 개별난방	
토지	대지권		512㎡ 중 3.4㎡ •토지별도등기있음		25,200,000원		

(7) 앞의 경매물건 낙찰자 중에서 누가 성공하고, 실패했을까?

앞의 경매물건에서 특이한 현상을 발견할 수 있다. (1)번 경매물건 제지층 01호는 전유면적은 34.31㎡인데 대지지분은 495㎡이고 감정가 1,796,000,000원 인데 809,990,000원으로 낮은 금액에 매각되었다. 이에 반해서 (2)~(6)번 물건은 1차에서 높은 금액으로 매각되었다.

이 차이점에 대해서 알고 넘어가야 한다.

(1)번 경매물건 낙찰자는 토지가 다른 지분권자에 비해 많이 가지고 있으므로 전체 토지를 가지고 전유면적 비율보다 적게 가지는 구분호수에 대해서 토지사용료를 부당이득금으로 청구할 계산으로 낙찰 받았다. 반면에 (2)~(6)번 경매물건 낙찰자들은 부당이득으로 보지 않는다는 사실을 알고, 낙찰 받았을지도 모른다. 알고 했든, 모르고 했든, 법리 싸움에서 (2)~(6)번 낙찰자들이 그 건물이 재건축할 때까지는 일단 성공한 것이다. 전유부분에 비해 적게 가지고 있는 토지에 대해서 토지사용료를 부담하지 않아도 된다는 판결을 앞에서 거론했고 다음과 같이 이 다세대주택에서 부당이득금반환청구소송에서도 (1)번 경매물건 낙찰자가 패소하고 말았다.

◆ 지층 01호 매수인 황OO의 부당이득금 반환청구 소송

(1) 서울북부지방법원 2010가단47954 방해배제 및 부당이득금

1동의 건물의 구분소유자들이 그 건물의 대지를 공유하고 있는 경우, 각 구분소유자는 별도의 규약이 존재하는 등의 특별한 사정이 없는 한 그 대지에 대하여 가지는 공유지분의 비율에 관계없이 그 건물의 대지 전부를 용도에 따라 사용할 수 있는 적법한 권원을 가지는 것인바(대법 93다60144 참조), 비록 원고의 주장대로 피고들이 각 해당 전유부분의 면적 비율보다 현저히 낮은 대지에 대한 공유지분을 소유하고 있다고 하더라도 그러한 사정만으로 피고들이 이 사건 대지 중 원고 소유의 지분을 적법한 권원 없이 점유하고 있다거나 이로 인하여 원고의 지분권을 침해하고 있다고 보기 어려우므로, 이를 전제로 한 원고의 주장은 더 나아가 살필 필요 없이 이유 없다.

(2) 항소판결 서울북부지원 2011나5538 방해배제 및 부당이득금

(1심과 중복부분 생략) ~피고들이 이 사건 대지 중 원고 소유의 지분을 적법한 권원 없이 점유하고 있다거나 원고의 지분권을 침해하고 있다고 보기 어려우므로, 원고가 이 사건 대지 중512분의 495 지분의 소유권자들이라고 하더라도 **이 사건 건물의 구분소유자들인 피고들에게 그 지분비율의 차이에 해당하는 만큼의 부당이득반환을 청구할 권리는 가지고 있지 않다.**

◆ 이러한 이유로 제지층 01호가 또 다시 경매가 진행되고 있다!

이 물건에 대해서 앞에서와 같이 소송에서 패소한 제지층 01호는 더 이상 선택의 여지가 없었을 것이고, 그로 인해 경매가 들어가는 것을 막을 수도 없었다. 낙찰자야 그렇다고 하더라도 그와 비슷한 경험을 함께 나누는 친구 즉 이 물건을 담보로 873,600,000원(채권최고액)을 대출한 금융기관이 경매를 신청할 수밖에 없었는데 그의 심정은 어땠을까?

2013타경0000호		• 서울북부지방법원 본원	• 매각기일 : 2014.03.03(月) (10:00)	• 경매 2계 (전화:02-910-3672)			
소재지	서울특별시 동대문구 청량리동 000-000 공동주택 지층 01호 대명주소검색						
물건종별	다세대(빌라)	감정가	1,200,000,000원	오늘조회: 2 2주누적: 90 2주평균: 6 조회동향			
				구분	입찰기일	최저매각가격	결과
대지권	495㎡(149.737평)	최저가	(41%) 491,520,000원	1차	2013-08-26	1,200,000,000원	유찰
건물면적	34.31㎡(10.379평)	보증금	(10%) 49,160,000원	2차	2013-09-30	960,000,000원	유찰
매각물건	토지·건물 일괄매각	소유자	박OO, 홍OO	3차	2013-11-04	768,000,000원	유찰
개시결정	2013-03-11	채무자	홍OO		2013-12-09	614,400,000원	변경
				4차	2014-01-06	614,400,000원	유찰
사건명	임의경매	채권자	수협중앙회양수인우리예쓰엔아이제35차유동화전문유한회사		2014-03-03	491,520,000원	변경
				본사건은 변경 되었으며 현재 매각기일이 지정되지 않았습니다.			

목록	구분	사용승인	면적	이용상태	감정가격	기타
건물	2층중 지하	69.12.31	34.31㎡ (10.38평)	방1,주방/거실등	36,000,000원	
토지	대지권		512㎡ 중 495㎡		1,164,000,000원	

● 매각물건현황 (감정원 : 가인감정평가 / 가격시점 : 2013.05.08)

● 임차인현황 (말소기준권리 : 2010.09.08 / 배당요구종기일 : 2013.05.21)
===== 조사된 임차내역 없음 =====

| 기타사항 | 대본 건 현황조사를 위하여 현장을 방문, 출입구 폐문되어 지층으로 접근불가하여 점유자를 만나지 못하여 점유자 확인 불능임 |

● 등기부현황 (채권액합계 : 993,600,000원)

No	접수	권리종류	권리자	채권금액	비고	소멸여부
1	2010.09.08	소유권이전(매각)	황OO, 홍OO			
2	2010.09.08	근저당	수협중앙회 (시흥지점)	873,600,000원	말소기준등기	소멸
3	2010.10.27	황OO지분전부이전	박OO,		매매, 지분1/2	
4	2011.06.07	근저당	서울신용보증재단	120,000,000원		소멸
5	2013.03.12	임의경매	수협중앙회 (수도권여신관리센터)	청구금액: 762,170,922원		소멸
6	2013.03.19	홍OO지분압류	국민건강보험공단			소멸
7	2013.05.01	홍OO지분압류	서울특별시동대문구			소멸

◈ 이 사례와 대법 2009다76522 판결에서 알게 된 진실

 1동의 건물의 구분소유자들이 그 건물의 대지를 공유하고 있는 경우, 각 구분소유자는 별도의 규약이 존재하는 등의 특별한 사정이 없는 한 그 대지에 대하여 가지는 공유지분의 비율에 관계없이 즉 전유면적 비율에 비해 대지지분을 적게 가지고 있다고 하더라도, 그 건물의 대지 전부를 용도에 따라 사용할 수 있는 적법한 권원을 가지는 것인바(대법 93다60144, 대법 2009다76522 판결 참조), 전유면적 비율보다 많이 가지고 있는 구분소유자가 그러한 사정만 가지고 적게 가지고 있는 구분소유자들에게 토지사용료로 부당이득금반환을 청구 할 수 없다는 진실을 알게 한 사례다.
 따라서 대지지분이 전혀 없거나 적정지분에 비해 부족한 지분을 가진 구분소유자라도 전체 대지를 적법하게 사용할 권한이 있어 대지 지분권자에게 부당이득반환의 의무가 없는 것처럼 보인다.
 그러나 대법원은 구분소유자들 상호 간에는 그 건물을 분양받을 당시의 대지 공유지분 비율대로 공유하고 있는 경우 공유지분의 비율에 관계없이 그 건물의 대지 전부를 용도에 따라 사용할 적법한 권원이 있으므로 그 구분소유자들 상호간에는 대지 공유지분 비율의 차이를 이유로 부당이득반환을 구할 수 없으나, 건물의 구분소유자 아닌 자가 경매절차 등에서 그 대지의 공유지분만을 취득하게 되어 대지에 대한 공유지분은 있으나 대지를 전혀 사용·수익하지 못하고 있는 경우에는 다른 특별한 사정이 없는 한 대지 공유지분권에 기한 부당이득반환청구를 할 수 있다고 판단하고 있다.

04 지상에 다세대주택이 있는 대지만 매각되는 사례

◆ 입찰대상물건 정보내역과 매각결과

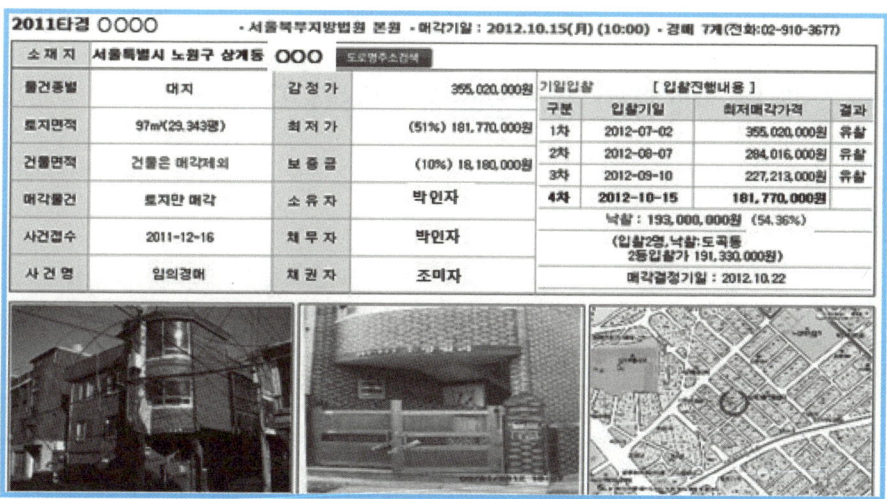

• 매각토지.건물현황 (감정원 : 서초감정평가 / 가격시점 : 2012.01.11)

목록	지번	용도/구조/면적/토지이용계획	m²당	감정가	비고
토지	상계동 389-553	•제2종일반주거지역(7층이하), 도로(접합), 가축사육제한구역<가축분뇨의 관리 및 이용에 관한법률>, 대공방어협조구역(위탁고도:77-257m)<군사기지 및 군사시설 보호법>, 과밀억제권역<수도권정비계획법>, 학교환경위생 정화구역(최종확인은 관할교육청에반드시확인)<학교보건법>	대 97m² (29.343평)	3,660,000원	355,020,000원	표준지공시지가:(m²당)2,200,000원 ▶법정지상권 감안 평가시 : 97m²×@ 2,562,000 =₩248,514,000.-
감정가		토지:97m²(29.343평)		합계	355,020,000원	토지만 매각
현황위치		•"상계초등교" 남동측 인근에 소재함, 부근은 공동주택 및 단독주택, 주사용건물, 교육기관 등이 혼재되어 형성된 지역으로서 주위환경은 보통임. •대중교통수단인 버스정류장까지 도보로 약 3~4분정도 소요되므로 대중교통이용편의도는 보통임. •가장형 토지이며, 다세대주택(통칭: 소망빌라) 건부지로 이용중임. •남서측으로 노폭 약 8m, 남동측으로 노폭 약 3.5~4m의 포장도로와 각각 접함.				
참고사항		•대지상에 2층 주택(소망빌라)이 있음 •지상에 타인소유의 다세대주택(지하1층,지상2층의 1개동 3세대,건축면적 57.75㎡,연면적 160.59㎡,사용승인일자 1998.1.16.]이 존재함				

• 임차인현황 (배당요구종기일 : 2012.03.09)

임차인	점유부분	전입/확정/배당	보증금/차임	대항력	배당예상금액	기타
신수철	주거용 지하 전체 (방3칸)	전 입 일:2005.08.03 확 정 일:없음 배당요구일:2012.03.05	보20,000,000원			
우미란	주거용 2층 전부 (방3칸)	전 입 일:2005.05.27 확 정 일:2005.06.14 배당요구일:2012.02.06	보40,000,000원			
원정민	주거용 1층 전체 (방3칸)	전 입 일:2006.04.05 확 정 일:2007.01.19 배당요구일:2012.02.29	보40,000,000원			
기타참고	임차인수: 3명 , 임차보증금합계: 100,000,000원 ☞우정희: 황현우와 부부관계임, 현황조사서에는 임차인이 황현우로 조사되어 있음					

• 토지등기부 (채권액합계 : 130,000,000원)

No	접수	권리종류	권리자	채권금액	비고	소멸여부
1	2005.05.26	소유권이전(매매)	박인자			
2	2005.05.26	근저당	조미자	130,000,000원	말소기준등기	소멸
3	2011.12.29	임의경매	조미자	청구금액: 130,000,000원	2011타경:ㅇㅇㅇㅇ	소멸

◈ 경매 물건에 대한 권리분석과 배당표 작성

이 경매사건에서는 토지만 경매로 매각되는 것으로 지상에 다세대주택은 매각대상이 아니다.

지상의 다세대주택은 사용승인 일자가 1998. 01. 16. 인 다가구주택에서, 2005. 05. 30. 집합건물로 전환된 분할 다세대주택으로 지하 1층 비01호 전유면적 50.04㎡, 지상 1층 101호 전유면적 47.16㎡, 지상 2층 201호 전유면적 44.28㎡ 총 건물 전유면적은 141.48㎡이다.

주변 부동산중개업소에 따르면 상계 재개발구역내 포함될 것이라는 소문으로 이 다가구주택을 다세대주택으로 전환해서 분양자격을 얻고자 했다고 한다.

그러나 이 구역은 상계재개발구역에 포함되지 않았다.

분할 다세대주택에서 대지는 집합건물의 대지사용권으로 되어야 하므로 **집합건물로 구분등기되기 전의 근저당권에 의해서 경매로 매각 시에는 분리매각이 가능하지만, 만일 구분등기되고 나서 설정된 근저당권에 의해서 경매로 매각되었다면 구분소유권과 분리 매각되는 것이 무효**가 된다.

집합건물로 구분등기되기 전 즉 다가구주택인 상태에서 박인자의 토지는 2005년 5월 26일, 건물은 2005년 4월 19일 소유권을 취득해서 토지만 2005년 5월 26일 조미자 근저당권 채권최고액 1억3천만원으로 설정하고 나서 집합건물인 다세대주택으로 2005년 6월 2일 구분등기가 이루어졌으므로 대지권이 성립되기 전 근저당권이 설정되었고, 이 근저당권에 의해서 매각되는 것이므로 구분소유자들은 대지사용권을 상실하게 된다.

그러나 문제는 **다가구주택 당시 근저당권이 설정되었고 설정당시 주택이 존재했으므로 법정지상권은 성립**한다.

이렇게 토지만 매각되는 경우 임차인의 대항력 유무는 건물의 말소기준권리를 가지고 판단하게 되지만 낙찰자는 토지만 매수하게 되므로 건물에서 대항력이 있어도 인수사항은 아니다.

임차인은 건물에서 대항력과 우선변제권을 가지고, 대지에서는 우선변제권만 가지게 되므로 이 사례와 같이 대지만 매각되는 경우 그 지상의 다세대주택의 임차인들은 우선변제권으로 배당요구해서 최우선변제금과 확정일자부 우선변제권에 기해서 우선변제 받을 권리를 갖게 된다. 왜냐하면 근저당권 설정 당시 건물이 존재했으므로 근저당권을 기준으로 소액임차인에 해당하면 최우선변제금이 우선해서 배당받고 2순위로 근저당권자가 배당받게 된다.

따라서 배당순위는 다음과 같다.

매각대금이 193,000,000원이고 경매비용이 300만원이면 실제 배당금은 190,000,000원이 되므로 1순위 ; ① 신수철 1,600만원 + ② 우미란 1,600만원 + ③ 원정민 1,600만원(최우선변제금 1)

2순위 : 조미자 1억3,000만원(근저당권우선변제 1)

3순위 : 우미란 1,200만원(확정일자부 우선변제금 2)으로 종결된다.

이렇게 배당되는 이유는 근저당권 설정당시 다가구주택이 존재했고 다가구주택에서 다세대주택으로 분할등기된 소유자와 임대차계약서를 작성한 경우도 근저당권자는 주택에서 소액임차인이 발생할 것이라는 것을 예측할 수 있었으므로, 이렇게 배당하더라도 근저당권자가 예측하지 못한 손실이 발생하지 않고 열악한 임차인을 보호한다는 취지에도 맞기 때문에 판례에서는 소액임차인이 최우선변제금을 우선하여 변제받아야 한다고 판단하고 있다.

◆ 낙찰 받고 난 다음 대응방법

⑴ 이 다세대주택은 법정지상권이 성립되므로 각 구분소유자에게 대지사용부분에 해당하는 지료를 청구할 수 있는데, 각 구분소유자의 전유면적 비율로 안분해서 지료를 산정하면 된다.

지료는 나대지 상태에서 계산하게 되므로, 경매감정보다 높게 평가될 수 있다. 왜냐하면 경매 감정평가는 건물이 존재하는 사유를 감안해 저감해서 평가하기 때문이다.

어쨌든 경매감정가 355,020,000원을 기준으로 지료 청구소송에서 5%의 지료를 청구하면 예상 지료

① 비01호 = 355,020,000원 × 50.04/141.48 = 125,566,070원 × 5/100 = 6,278,303원(연간)

② 101호 = 355,020,000원 × 47.16/141.48 = 118,340,000원 × 5/100 = 5,591,000원(연간)

③ 201호 = 355,020,000원 × 44.28/141.48 = 111,113,130원 × 5/100 = 5,555,656원(연간)을 각 세대별로 청구할 수 있을 것으로 예상되고, 지료는 1년 단위 후

불로 청구하는 것이 원칙이지만, 주택을 사용하기 위한 대지권이므로 납부자의 부담을 덜어주기 위해서 지료청구 소장 작성당시 월별로 분할납부 하도록 청구취지와 청구원인을 작성하여 판결을 받아두면 월별로 받을 수 있다.

이 물건은 2억원을 투자해서 17,424,959원의 지료를 받게 되므로 연간 8.7%의 높은 투자수익이 발생한다.

(2) 앞의 방법으로 계산된 지료를 지급하지 않으면 지료 청구소송으로 득한 집행권원으로 강제경매를 신청할 수 있다.

이를 위해서 매수인이 잔금납부 즉시 지료 청구소송을 제기해서 판결문을 받아 두어야 한다.

(3) 구분소유자들에게 대지권이 없으므로 (1)에서 대지를 분할한 면적 비율에 따라 매각하는 방법도 예상된다.

① 비01호 = 97㎡ × 50.04/141.48 = 34.30㎡=10.37평×1,200만원(시세)=124,440,000원

② 101호 = 97㎡ × 47.16/141.48 = 32.34㎡=9.78평×1,200만원(시세)=117,360,000원

③ 201호 = 97㎡ × 44.28/141.48 = 30.36㎡=9.18평×1,200만원(시세)=110,160,000원

따라서 양도가격은 351,960,000원으로 취득가격을 2억으로 본다면 양도차익은 151,960,000원이 되므로 높은 투자이익이 발생하게 한다.

이 방법이 가장 쉽게 투자금을 회수하는 방법이면서 높은 수익을 낼 수 있다. 이런 생각을 해 봐라! 개발할 넓은 땅을 싸게 사서 분할해서 높은 가격으로 판다면, 적지 않은 금액이 될 것이다.

(4) 구분소유자들이 구분소유권을 대지소유자에게 매각하게 된다면 적정한 가격으로 등기한 후 완전한 다세대주택으로 매각하여 투자수익을 높이는 방법도 있다.

어쨌든 이 사례는 구분소유자들이 매수를 신청하고, 본인들이 잔금을 내고 복등기하는 방법으로 소유권을 가져가는 바람에 입찰보증금만 가지고 높은 수익을 얻을 수 있었던 사례이다.

05 조합이 분양대금을 대납하고 유치권행사와 경매를 신청한 사례

◆ 조합이 강제경매신청 후 미배당금에 대해서 유치권 행사

(1) 청구 이유에 대한 기초사실

① 망 소외 3은 ㉠ 아파트의 징수금 중 2차 중도금 이후 합계 48,801,942원, ㉡ 시공사 또는 관할구청에 납부하여야 할 시유지 계약금 및 불하대금, 시유지 균등 배분금 및 토지, 건물 등록세, 교육세 등의 세금과 이주비 합계 167,399,846원을 납부하지 아니하여 원고(주택개량재개발조합)가 망 소외 3을 대신하여 납부, 위 금원에 대한 2003. 12. 18.까지의 지연손해금은 60,585,405원이다.

② 원고(조합)는 위 ○○아파트가 완공되자, 망 소외 3의 명의로 소유권보존등기를 마치는 한편, 망 소외 3에 대한 징수금 등 원리금채권을 담보하기 위해 이 사건 아파트의 인도를 거절하고 그 출입문을 시정하고 열쇠를 보관하고, 원고는 위 화해권고결정에 기하여 이 사건 아파트에 대하여 서울중앙지방법원에 강제경매(2008타경9472호)를 신청했다.

2008타경9472

● 서울중앙지방법원 본원　● 매각기일 : **2009.02.19(木) (10:00)**　● 경매 7계 (전화:02-530-1819)

소재지	서울특별시 관악구 봉천동 1712, 관악드림타운 128동 13층 0000호		도로명주소검색				
				오늘조회: 1　2주누적: 1　2주평균: 0			조회동향
물건종별	아파트(42평형)	감정가	620,000,000원	구분	입찰기일	최저매각가격	결과
대지권	48.36㎡(14.629평)	최저가	(51%) 317,440,000원	1차	2008-08-28	620,000,000원	유찰
				2차	2008-10-02	496,000,000원	유찰
건물면적	114.75㎡(34.712평)	보증금	(10%) 31,750,000원	3차	2008-11-06	396,800,000원	낙찰
				낙찰 400,111,000원(64.53%) / 1명 / 불허가			
매각물건	토지·건물 일괄매각	소유자	신OO, 박OO	4차	2009-01-15	396,800,000원	유찰
				5차	2009-02-19	317,440,000원	
개시결정	2008-04-02	채무자	신OO, 박OO	낙찰 : 380,001,000원 (61.29%)			
				(입찰6명, 낙찰:차 OO 외2인)			
사건명	강제경매	채권자	동양파이낸셜(주)외2	매각결정기일 : 2009.02.26 - 매각허가결정			
				대금납부 2009.03.10 / 배당기일 2009.04.30			
				배당종결 2009.04.30			
관련사건	2008타경9755(중복), 2008타경10431(중복)						

● 매각물건현황(감정원 : 삼창감정평가 / 가격시점 : 2008.04.11 / 보존등기일 : 2003.09.20)

목록	구분	사용승인	면적	이용상태	감정가격	기타
건물	27층중 13층	03.09.06	114.75㎡ (34.71평) (42평형)	방4,욕실2등	434,000,000원	
토지	대지권		138186.8㎡ 중 48.36㎡		186,000,000원	
현황 위치	* 현대시장 북동측 인근에 위치, 주위는 단독·다세대주택, 근린시설등 소재 * 외곽 공도와 단지내 도로가 연계하고 있으며 제반차량의 소통은 원활한 편임					
참고사항	▶본건낙찰 2008.11.06 / 낙찰가 400,111,000원 / 　　/ 1명 입찰 / 최고가매각불허가결정					

● 임차인현황 (말소기준권리 : 2003.11.12 / 배당요구종기일 : 2008.06.03)

=== 임차인이 없으며 전부를 소유자가 점유 사용합니다. ===

기타사항	☞봉천제3구역 재개발조합에서 유치권행사로 점유중인 부동산이라는 표지판이 부착되어 있음 / ☞전입세대 없고 공실인 상태로 보임

● 등기부현황 (채권액합계 : 1,788,074,157원)

No	접수	권리종류	권리자	채권금액	비고	소멸여부
1	2003.09.20	소유권보존	신OO			
2	2003.11.12	압류	서울특별시관악구		말소기준등기	소멸
3	2003.11.22	가압류	봉천제3구역주택개량재개발조합	277,092,855원		소멸
4	2005.06.14	압류	여주군		세무과-7130	소멸
5	2006.04.27	압류	이천세무서			소멸
6	2007.06.01	소유권이전(상속)	신OO, 박OO		각1/2	
7	2007.07.06	가압류	세람상호저축은행	1,381,251,184원		소멸
8	2007.08.29	가압류	동양파이낸셜(주)	129,730,118원		소멸
9	2008.04.02	강제경매	동양파이낸셜(주) (특수채권팀)	청구금액: 79,258,408원	2008타경9472	소멸
10	2008.04.04	강제경매	봉천제3구역주택개량재개발조합	청구금액: 276,738,328원	2008타경9755	소멸
11	2008.04.10	강제경매	세람상호저축은행	청구금액: 819,780,294원	2008타경10431	소멸
주의사항	☞유치권신고 있음 - 봉천 제3구역 주택개량재개발조합으로부터 2008.8.20.자 유치권(금438,808,049원)이 있으며, 성립여부는 불분명함 ☞2008.09.11 유치권신청자 봉천제3구역주택개량재개발조합 유치권배제신청서 제출					

Chapter 22 집합건물의 특수한 사례에서 실전투자 노하우!

③ 원고는 위 화해권고결정으로 확정된 징수금 등 채권액을 피담보채권으로 하여 이 사건 아파트에 관한 경매절차에서 유치권 신고를 하였고, 이 사건 아파트의 출입문에 이러한 사실을 알리는 공고문을 게시하였다.

④ 이 아파트는 감정가 6억 2,000만원으로 평가되어, 제4차 경매기일에서 피고들이 380,001,000원에 최고가 매수신고,

⑤ 피고들은 2009. 3. 10. 이 법원에 매각대금을 완납하고, 아파트의 소유자를 상대로 인도명령을 신청하여, 인도명령에 기하여 집행관으로부터 아파트를 인도 받았다.

(2) 원고의 주장
이 사건 아파트에 관한 유치권 소멸에 따른 손해배상으로 유치권의 피담보채권액 438,808,049원에서 원고가 강제경매절차에서 배당받은 금원 79,639,504원을 공제한 나머지 359,168,496원(438,808,049원 - 79,639,504원)을 배상할 의무가 있다.

(3) 판결결과 종합정리
이 사건은 1심에서는 유치권자가 점유인도를 청구한 것이 아니라 유치채권액의 손해배상을 청구해서 기각 처리되어 2심(서울고법2009나87777판결)에서 유치권자가 점유물반환청구권을 행사하여 승소하였고, 이사건의 최종심인 대법원(대법2010다2459)에서 2012. 03. 29. 상고기각으로 유치권자의 승소로 확정 판결되었다.

◈ 이 판례에서 세 가지 내용을 확인할 수 있다!

① 조합이 조합원에 가지는 신축·분양한 아파트와 관련한 징수금 채권을 담보하기 위해 상환 받을 때까지 아파트를 유치할 권리를 갖는다.

② 유치권에 기해서 채권 가압류 후 배당요구를 하였거나 판결문을 득해서 강제경매 한 경우도 가압류는 경매절차로 소멸되어도 미배당금이 발생한다면 아파트를 점유하므로 인해서 발생되는 유치권은 소멸되지 않고 낙찰자에 대항할 수 있다는 점에 유의해야 한다.

③ 아파트를 점유하고 있는 유치권자(조합)가 아닌 소유주를 상대로 인도명령을 받아 강제집행을 했을 경우, 그 효력을 가지고 원고(조합)에 대항할 수 없다는 내용을 확인할 수 있는 좋은 판례이다.

즉 유치권자가 부당하게 점유를 이전당하여 유치권이 소멸되었으나 적법한 점유회복절차에 따라 점유를 회복하면 아파트를 유치할 권리를 갖게 된다는 사실이다.

Chapter 23
2022년부터 개인과 법인의 부동산 취득세와
재산세, 종부세 계산

Chapter 24
부동산 양도 시 개인의 양도세와 법인의 법인세
절세 비법!

8편

취득부터 양도 시까지 세금을 절세하는 비법!

Chapter 23

2022년부터 개인과 법인의 부동산 취득세와 재산세, 종부세 계산

01 2020년 8월 12일부터 달라지는 취득세와 중과세율

◆ 개인과 법인의 취득세율과 중과세율이 적용된 취득세율

(1) 조정대상지역 내에서는 2020년 8월 12일부터 취득분에 대해서, 1가구 1주택자는 주택가액에 따라 취득세율이 1~3%가 적용되고, 1가구 2주택자는 8%(단, 일시적 2주택은 1~3%), 1가구 3주택자 이상은 12%의 중과된 취득세율이 적용된다.

(2) 비조정대상지역 내에서는 2020년 8월 12일부터 취득분에 대해서, 1가구 1주택자와 2주택자는 주택가액에 따라 취득세율이 1~3%가 적용되고, 1가구 3주택자는 8%, 1가구 4주택자 이상은 12%의 중과된 취득세율이 적용된다.

(3) 법인 명의로 취득 시에는 주택수와 상관없이 취득세 12%가 중과되므로 국민주택규모 이하(취득세 12% + 교육세 0.4%)는 총 12.4%이고, 국민주택규모 초과(취득세 12% + 교육세 0.4% + 농특세 1%)는 총 13.4%가 된다. 이는 지방세법 제13조의2(법인의 주택 취득 등 중과)에 따라 5년 미만이든, 5년 이상된 법인이든 12.4%, 또는 13.4%만 적용된다. 그러나 5년 이상된 법인이 주택이 아닌 상가건물이나 오피스텔 등은 주택과 같이 중과 없이 4.6%만 취득세를 납부하면 된다.

(4) 위 (1), (2), (3)에서 취득세는 과거 취득세와 등록세를 통합한 것이다.
현재는 취득세와 등록세가 합쳐져 통합 취득세의 표준세율이 4%이지만, 농특세를 계산할 때는 '옛 취득세액의 10%'라는 취지를 지키기 위해 여전히 취득세의 표준세율을 2%로 적용하는 구조다. 교육세 역시 '옛 등록세액의 20%'이다. 따라서 취득세에 교육세(구등록세액의 20%)와 농어촌특별세(구취득세액의 10%)를 추가로 납부해야 한다.

그런데 문제는 7·10 부동산 대책에서 정부가 주택 수에 따라 취득세를 중과되면서 발생했다. 지방교육세가 0.4% 세율로 고정되어 부과되는데 반해서, 농어촌특별세는 취득세에 연동하는 구조이므로, 다주택자의 경우 농특세에 따라 중과되는 방식으로 변한다. 따라서 지방세법상 취득세 중과 규정은 ① 조정지역 2주택일 경우 표준세율(4%)+중과기준세율(구취득세분2%)의 2배(4%)= 8%이고, 지방교육세 0.4%로 총8.4%(국민주택규모 이하), 그러나 국민주택초과주택은 총 8.4%에 농특세가 추가된다. 농특세는 취득세의 표준세율 2%(구취득세분)+2주택자의 경우 중과세율(2%)의 2배(4%)를 합한 6%의 10분의 1인 0.6%가 되므로, 총 9%(국민주택규모 초과 시 취득세 8%+교육세0.4%+농특세0.6%)를 납부해야 한다.

② 3주택의 경우 표준세율(4%)에다 중과기준세율(2%)의 4배를 합쳐 취득세는 12%에다 취득세의 표준세율은 2%이므로 3주택자의 경우 여기에 중과세율(2%)의 4배를 합친 10%의 10분의 1인 1%의 농특세율이 추가되므로 총 13.4%를 납부하게 되는 것이다.

즉 1가구 1주택은 0.2%, 2주택은 0.6%, 3주택 이상이면 1%의 농특세가 부과된다.

취득세 중과세 제외 대상 아파트 및 주택(지방세법 시행령 제28조의2)

(1) 시가표준액이 1억 원 이하인 주택 및 아파트 다만, 『도시 및 주거환경정비법』에 따른 정비구역으로 지정·고시된 지역 또는 『빈집 및 소규모주택 정비에 관한 특례법』에 따른 사업시행구역에 소재하는 주택은 제외한다.
(2) 공공주택사업자(지방공사, LH 등)가 공공매입임대주택으로 공급
(3) 노인복지주택으로 운영하기 위하여 취득하는 주택
(4) 국가등록문화재에 해당하는 주택
(5) 임대사업자가 공공지원민간임대주택으로 공급
(6) 가정어린이집으로 운영하기 위하여 취득하는 주택
(7) 주택도시기금과 한국토지주택공사가 공동으로 출자하여 설립한 부동산투자회사 또는 한국자산관리공사가 출자하여 설립한 부동산투자회사가 취득하는 주택
(8) 주택건설사업자, 도시정비사업 시행자, 주택조합이 주택건설 사업을 위해 취득하는 주택 또는 공기업이 공익사업을 위해 취득하는 주택
(9) 주택 시공자가 공사대금으로 취득한 미분양 주택
(10) 농어촌주택(투자로 보기가 어렵다)
(11) 금융기관이 저당권의 실행 또는 채권변제로 취득하는 주택
(12) 사원에 대한 임대용으로 직접 사용할 목적으로 취득하는 주택(전용면적 60제곱미터 이하인 공동주택)
(13) 재개발사업부지 확보를 위해 멸실을 목적으로 취득하는 주택
(14) 일시적 1가구1주택(시행령 제28조의5)으로 이사, 학업, 취업 등으로 일시적 2주택이 된 경우에도 취득세를 중과하지 않는다.
(15) 상속받은 주택(상속개시일로부터 5년 이내 처분시 주택 수에서 배제하여 취득세를 중과하지 않는다.

◆ 재건축과 재개발사업에서 분양권과 입주권의 취득세율 계산 방법

(1) 취득세 중과대상 주택 수를 계산할 때 2020년 8월 12일 이후부터 계약한 입주권이나 분양권 모두 주택 수에 포함된다.

따라서 ① 입주권이나 분양권이 있는 상태에서 새로운 주택을 취득 시에는 조정대상지역 내에서는 2주택으로 중과 대상이다. 그러나 ② 주택이 있는 상태에서 분양권을 취득하는 경우에는 분양권 자체가 취득세 과세대상이 아니므로, 취득 당시 취득세를 내지 않고 아파트가 완공되고 난 후 취득세를 납부한다. 그런데 유의할 점은 분양권 취득 당시에는 2주택이었는데, 해당 분양권 잔금 납부 시(아파트가 완공되어 취득세 납부 시)에 기존 2주택을 모두 처분한 경우, 이때 취득세율은 분양권 잔금시인 1주택을 기준으로 할까? 아니면 분양권 취득시점인 3주택으로 할까? 정답은 '분양권 취득시점'이므로 3주택으로, 조정대상지역이라면 12%의 취득세율이 중과된다. 이 같이 최초분양권자는 분양계약 당시에 가지고 있던 주택 수를 가지고 하고, 분양권 전매로 매수한자는 잔금일 기준(명의변경일)을 취득시점으로 보고, 이 당시에 주택 수를 계산해서 중과 취득세율 적용여부를 판단한다.

③ 입주권을 매수하는 사람은 토지에 대한 권리를 매입하는 것으로 보기 때문에 먼저 토지 취득세 4.6%를 내고, 아파트가 준공된 후에 다시 건물 부분에 대한 원시취득 세율 2.96%(국민주택규모 이하), 3.16%(국민주택규모 초과)만 납부하면 된다.

이렇게 분양권은 돈을 주고 산 유상매매의 취득세율을 적용하고, 입주권은 내가 새로 만든 거니 원시취득에 관한 취득세를 적용한다는 차이가 있다. 어쨌든 입주권에 대해서는 다음 (5)번과 같은 내용을 추가로 알고 있어야 한다.

(2) 재건축과 재개발사업에서 입주권의 취득세율은 어떻게 계산하면 되나?

주택재개발정비사업조합의 조합원(승계조합원 포함)으로서 완공된 아파트를 취득(사용승인서 교부일 원칙)하는 경우 소유권보존을 통한 원시취득에 해당하는 것으로 주택 수와 관계없이 지방세법 제11조 제1항 제3호의 해당 취득세율 2.8%를 적용한다.

<u>이렇게 입주권은 새 아파트가 된 걸 돈 주고 산 거로 보는 게 아니라, 내가 새로 만든 거라 원시취득에 관한 취득세를 적용한다.</u> 그래서 취득세율이 8~12% 중과된 취득세율이 적용되지 않는다. 취득세 중과 규정은 2020년 8월 12일부터 시행되므로, 8월 11일 이전에 취득한 입주권 등은 설령 주택이 멸실되기 전에 취득한 경우라도 중과되지 않는다.

① 재건축사업에서 원조합원은 땅을 갖고 있던 상태에서 새로운 집을 짓는 것이니, 새로 지어지는 건물에 대한 과세표준만 가지고 준공시점에 취득세를 납부한다. 이때 취득세는 원시취득세율로 국민주택규모 이하인 경우에는 취득세 2.8% + 지방교육세 0.16%로 총 2.96%, 초과시에는 취득세 2.8% + 지방교육세 0.16%+농특세 0.2%로 총 3.16%의 취득세율을 납부하면 된다.

② 재건축사업에서 승계조합원은 주택이 멸실되기 전이냐 후냐에 따라 다르게 계산해야 한다.

㉠ 주택이 멸실되기 전에 취득한 승계조합원은 주택을 취득하게 되는 것으로, 취득당시 주택 이 조정대상지역의 다주택자라면 취득세가 중과된다.

㉡ 주택이 멸실되고 땅만 남은 상태에서 취득한 승계조합원은 토지분에 해당하는 취득세 4.6%(취득세 4%+교육세 0.4%+농특세 0.2%)를 먼저 납부하고, 새로 지어지는 건물에 대한 과세표준만 가지고 준공시점에 취득세(2.96%, 3.16%)

를 납부하면 된다. 그러니까 건물이 멸실된 입주권을 승계취득하면 중과된 취득세율 8%나 12%로 납부하는 것이 아니라 원시취득세율로 납부하면 된다.

③ 재개발사업에서 원조합원이 재개발사업구역으로 지정되기 전부터 가지고 있던 분들은 새로 지어지더라도 신축아파트에 대한 취득세가 면제되는 규정이 있다. 이것이 재건축과 다른 점이다. 그래서 신축된 아파트에 대한 취득세 납부는 종전자산평가액(종전건물평가액)과 종후자산평가액(신축아파트평가액)을 비교해서 부족하면 추가부담금을 납부하게 되는데, 이 추가부담금에 대해서 원시취득세율인 2.96%(국민주택규모 이하), 3.16%(국민주택규모 초과)만 납부하면 된다.

④ 재개발사업에서 승계조합원은 주택이 멸실되기 전이냐 후냐에 따라 다르게 계산해야 한다.
이 내용은 앞의 ② 재건축사업에서 승계조합원은 주택이 멸실되기 전이냐 후냐에 따라 다르게 계산해야 한다와 같이 판단하면 된다.

결론적으로, 재건축과 재개발사업에서, 무주택자는 주택이 멸실되기 전에 취득하면 취득세율이 1~3%니까, 주택이 멸실 후 토지 취득세율 4.6%를 내는 것보다 더 유리하다.

다주택자는 주택이 멸실되지 않은 상태에서 취득하면 8~12%의 중과세율을 적용 받게 되므로, 멸실 된 이후에 토지에 대한 취득세율 4.6%를 내는 방법이 더 유리하다고 볼 수 있다.

◆ 사업자가 오피스텔 취득 시 취득세 중과와 보유 및 매도 시 세금 문제

오피스텔을 주거용으로 사용하느냐, 업무용으로 사용하느냐의 큰 차이점은?
오피스텔은 용도가 업무용으로 건축됐는데도 불구하고, 실제 사용 용도를 주거용으로 사용하느냐, 업무용으로 사용하느냐에 따라 취득세, 종합부동산세와 부가가치세 그리고 양도소득세에 차이가 있다.

① 주거용으로 사용하면 즉 주거용(본인이 전입신고 또는 임차인이 전입신고)으로 사용하면 주택의 과세 체계로, 건물분 부가세가 면제되고(임대한 경우에도 임차인의 월세에 대한 부가세가 면세이다), 주택임대차보호법의 적용대상으로 오피스텔을 1주택자로 보아 2년 이상 보유하면 양도세 비과세 혜택을 볼 수 있다(조정대상 지역내에서는 2년 거주해야 비과세). 그러나 다주택자의 경우에는 주택 수에 포함되어 취득세와 양도소득세가 중과될 수 있다. 그리고 주택에 해당하는 재산세와 종합부동산세가 부과된다.

② 업무용으로 사용 시에는 즉 업무용(본인이 사업자등록 또는 임차인이 사업자등록, 사업자가 없이 업무용으로 사용하는 경우도 포함)으로 사용하면, 주택 외 건물로 과세체계가 적용된다. 따라서 건물분(대지권 비과세)의 부가세 10% 부과된다(임대한 경우에도 임차인의 월세에 대한 부가세가 10%가 부과된다).

상임법의 적용대상으로 주택과 같이 비과세 혜택은 누릴 수는 없지만 주택 수에 포함되지 않아서, 오피스텔을 보유한 상태에서 주택을 취득해도 취득세가 중과되지 않고, 기존 1주택자가 주택을 양도 시에도 비과세 혜택을 볼 수 있다. 그리고 기존주택 여러 채를 보유하고 있더라도, 오피스텔 양도 시에 중과되지 않고, 1년 미만은 50%, 2년 미만은 40%, 2년 이상은 6~45%의 기본세율만 적용받는다는 장·단점이 있다. 그리고 업무용에 해당하는 재산세와 종합부동산세가 부과되는데, 오피스텔은 공시가격이 80억원을 초과해야만 종부세가 과세되므로 절세효과가 높다.

따라서 매도인의 사정에 따라 용도를 주거용, 또는 업무용으로 선택해서 매도해야 한다. 이는 매수인 역시 같은 방법으로 용도를 정해서 매수해야 한다.

③ 2020년 8월 12일 이후에 취득한 오피스텔은 주택 수에 포함되므로 주의해야 한다!

모든 오피스텔이 주택 수에 포함되는 것이 아니다. ㉠ 법 시행 전인 2020년 08월 11일 이전에 취득한 오피스텔은 주거용으로 사용하든, 업무용으로 사용하든 주택 수에서 배제된다.

㉡ 법 시행 후인 2020년 8월 12일 이후에 취득한 오피스텔을 주택으로 사용하면 주택 수에 포함되어, 추후 주택을 추가로 취득 시에 2주택자로 8.4%(조정대상지역 내)가 중과된다.

이때 주거용 오피스텔을 보유한 상태에서 아파트를 구입할 때 중과되는 것이고, 아파트가 있는 상태에서 주거용 오피스텔을 취득 시에는 중과되지 않고 취득세가 4.6%이다. 오피스텔을 취득 시 취득세는 주거용이든 업무용이든 무관하게 건축물대장상 업무용에 해당하는 4.6%가 동일하게 적용한다.

㉢ 2020년 8월 12일 이후에 취득한 오피스텔이라도 주택으로 사용하지 않고 업무용으로 사용하면 주택 수에 배제되어, 업무용 오피스텔을 보유하면서 아파트를 추가로 취득해도 무주택자로 1~3%의 기본 취득세율만 적용된다.

02 2022년 부동산 취득 시 부과되는 취득세율과 추가되는 비용

◈ 개인이 부동산 취득 시 부과되는 취득세, 교육세, 농특세

그동안 6억 초과~9억 이하 주택의 취득세율은 단일 구간으로 단일 세율인 2%였는데, 2020년 1월 1일부터 지방세 개편으로, 6억 초과~9

억 이하 주택의 취득세율은 금액에 따라 세분화된 세율로 취득세를 납부해야 한다.

그리고 개정 입법예고 된 6억~9억 이하의 취득세율 계산식은 Y=2/3X-3이다.

여기서 Y: 세율(단위:%)(소수점 이하 셋째자리에서 반올림), X: 취득당시가액/1억원.

부동산취득의 종류			지방세(시·군·구청)		국세 (국세청)	조정대상지역 내 2020. 8. 12.부터 취득세율 합계		
			취득세	지방교육세	농어촌특별세	1가구 1주택자	1가구 2주택자	1가구 3주택 이상
주택	6억 이하 주택	전용면적 85㎡ 이하	1%	0.1%	–	1.1%	취득8+교육 0.4=8.4%	취득12+교육 0.4=12.4%
		전용면적 85㎡ 초과	1%	0.1%	0.2%	1.3%	취득8+교육0.4 +농특0.6=9%	취득12+교육0.4 +농특1=13.4%
	6억 5천만원 이하	전용면적 85㎡ 이하	1.33%(2/3 ×6.5-3)	0.13%	–	1.46%	취득8+교육 0.4=8.4%	취득12+교육 0.4=12.4%
		전용면적 85㎡ 초과	1.33%	0.13%	0.2%	1.66%	취득8+교육0.4 +농특0.6=9%	취득12+교육0.4 +농특1=13.4%
	7억 5천만원 이하	전용면적 85㎡ 이하	2%	0.2%	–	2.2%	취득8+교육 0.4=8.4%	취득12+교육 0.4=12.4%
		전용면적 85㎡ 초과	2%	0.2%	0.2%	2.4%	취득8+교육0.4 +농특0.6=9%	취득12+교육0.4 +농특1=13.4%
	8억 이하	전용면적 85㎡ 이하	2.33(2/3 ×8-3)%	0.23%	–	2.56%	취득8+교육 0.4=8.4%	취득12+교육 0.4=12.4%
		용면적 85㎡ 초과	2.33%	0.23%	0.2%	2.76%	취득8+교육0.4 +농특0.6=9%	취득12+교육0.4 +농특1=13.4%
	9억 초과 주택	전용면적 85㎡ 이하	3%	0.3%	–	3.3%	취득8+교육 0.4=8.4%	취득12+교육 0.4=12.4%
		전용면적 85㎡ 초과	3%	0.3%	0.2%	3.5%	취득8+교육0.4 +농특0.6=9%	취득12+교육0.4 +농특1=13.4%
주택 및 농지외 상가, 오피스텔, 공장, 토지			4%	0.4%	0.2%	4.6%	4.6%	주택 이외에 오피스텔, 상가건물, 토지 등을 취득 시에 중과 없이 4.6%만 납부

부동산취득의 종류		지방세 (시·군·구청)		국세 (국세청)	조정대상지역 내 2020. 8. 12.부터 취득세율 합계(입주권, 분양권, 중과대상 주택수에 포함)		
		취득세	지방 교육세	농어촌 특별세	1가구 1주택자	1가구 2주택자	1가구 3주택 이상
신축(소유권보존)		2.8%	0.16%	0.2%	3.16%	3.16%	
상속(농지외)		2.8%	0.16%	0.2%	3.8%~4%	3.16%	
무상취득(증여)		3.5%	0.3%	0.2%	4%	(자녀에게 주택 증여 시 취득세는 519쪽과 520쪽을 참고)	
농지	매매	3%	0.2%	0.2%	3.4%	3.4%	
	2년자경	1.5%	0.1%	비과세	1.6%	1.6%	
	상속	2.3%	0.06%	0.2%	2.56%	2.56%	

〈비조정대상지역 내 취득세 중과〉
① 1가구 3주택자 : • 국민주택규모 이하 8.4%, • 초과는 9%이다.
② 1가구 4주택 이상 : • 국민주택규모 이하 12.4%, • 초과는 13.4%이다.

◆ 법인의 부동산 취득세 중과세율

⑴ 주택을 법인 명의로 취득시에는 주택 수와 상관 없이 취득세 12%가 중과되므로 국민주택규모 이하(취득세 12% + 교육세 0.4%)는 총 12.4%이고, 국민주택규모 초과(취득세 12% + 교육세 0.4% + 농특세 1%)는 총 13.4%가 된다. 그러나 주택이 아닌 상가건물이나 오피스텔 등은 주택과 같이 중과 없이 4.6%만 취득세를 납부하면 된다. 이는 지방세법 제13조의2(법인의 주택 취득 등 중과)에서 규정하고 있다.

⑵ 그리고 과밀억제권 내 5년 미만된 법인이 과밀억제권 내의 주택과 상가건물, 오피스텔, 토지 등을 취득할 때 구등록세분의 3배 중과규정은 어떻게 되는가?

① 법인이 국민주택 규모 이하의 주택을 취득 시에는 취득세 및 교육세 12.4%와 ② 국민주택 규모 초과 시 13.4%(농특세 1% 포함)는 중과세율이 적용된 것으로 5년 미만 법인이 과밀억제권내 부동산을 취득하든, 5년 이상된 법인이 취득하든 동일한 중과세율 12.4%와 13.4%가 적용된다. 이는 □지방세법 제16조

제5항 같은 취득물건에 대하여 둘 이상의 세율이 해당되는 경우에는 그중 높은 세율을 적용한다와 □지방세법 제13조(과밀억제권역 안 취득 등 중과) 제2항 규정에 따라 다음 ③과 같이 5년 미만된 주택의 중과 세율과 비교해서 더 높은 세율인 지방세법 제13조의2(법인의 주택 취득 등 중과) 12.4%(국민주택규모 이하)만 적용한다. 즉 5년 미만된 법인이 주택을 취득하는 경우에는 추가로 구등록세분의 중과는 부과되지 않는다.

③ 지방세법 시행령 제27조(대도시 부동산 취득의 중과세 범위와 적용기준) 제3항과 지방세법 제13조(과밀억제권역 안 취득 등 중과) 제2항에 따라 과밀억제권 내의 5년 미만 법인이 과밀억제권 내의 주택이 아닌 상가건물, 오피스텔, 공장, 농지, 토지 등을 취득하는 경우에는 구등록세분의 3배 중과가 종전과 같이 적요되므로, ⓐ 취득세 : 표준세율(4%)+3-중과기준세율(2%)×2=8%, ⓑ 지방교육세 : [4%-2%]×20%×3=1.2%, ⓒ 농어촌특별세 : 0.2%이다. 따라서 중과세율은 9.4%가 된다.

다만 비도시지역의 읍 또는 면 지역(도시지역은 제외)에서는 국민주택규모가 전용면적 85㎡ 이하가 아니라 100㎡ 이하가 된다. 유의할 점은 단독·다가구주택은 주택전체연면적이 아니라 대장상 분리된 가구호수별로 85㎡ 이하를 기준으로 한다, 가구호수가 초과된 면적이 있으면 그 초과된 가구만 농특세가 부과된다.

◆ 부동산 취득 시 추가되는 비용은?

1) 주택채권매입 및 매도 할인율

- 시가표준액이 2,000만원~5,000만원 미만시 → 서울시 및 광역시 13/1,000 그 밖의 지역 동일
- 시가표준액이 5,000만원~1억원 미만시 → 서울시 및 광역시 19/1,000 그 밖의 지역 14/1,000
- 시가표준액이 1억원~1억6천만원 미만시 → 서울시 및 광역시 21/1,000 그 밖의 지역 16/1,000
- 시가표준액이 1억6천만원~2억6천만원 미만시 → 서울시 및 광역시 23/1,000 그 밖의 지역 18/1,000
- 시가표준액이 2억6천만원~6억원 미만시 → 서울시 및 광역시 26/1,000 그 밖의 지역 21/1,000

- 시가표준액이 6억원 이상인 경우 → 서울시 및 광역시는 시가표준액의 31/1,000그 밖의 지역 26/1,000

매도단가란 제1종 국민주택채권의 신고시장단가(신고시장수익율)로서 고객이 매도할 때 적용되는 단가를 말한다. 예를 들어 서울에서 주택채권 매입 및 채권할인금액을 계산하면, 주택공시가격이 283,100,000원인 경우에 채권매입은 283,100,000원×26／1,000 = 7,360,600원이다. 이 금액에서 만원단위 이하를 절사해 채권할인율 2015년 04월 01일 기준 1.7069%(단, 채권할인율은 당일마다 변동하므로 은행에서 할인율 확인요망)를 곱하여 계산하면 736만원 × 1.7069%=125,627원으로 채권할인금액이 된다.

2) 부동산소유권이전에 관한 증서의 기재금액별 인지 세액

① 1,000만원 초과~3천만원 이하 20,000원	④ 1억 초과~10억 이하 150,000원
② 3,000만원 초과~5천만원 이하 40,000원	⑤ 10억 초과시 인지세액 350,000원
③ 5천만원 초과~1억원 이하 70,000원	

① **일반매매로 취득 시** : 경매나 공매 취득 시보다 인지 세액이 추가되고 부동산중개수수료가 추가 된다. 인지세법 제6조(비과세문서) - 주택의 소유권이전에 관한 증서로서 기재금액이 1억 이하인 것과 주택의 전세권에 관한 증서는 비과세이다.

② **경매나 공매 취득 시** : 일반 매매와 같이 인지 대금이나 부동산중개수수료는 추가되지 않는다. 그러나 낙찰 받아 소유권이전등기 후에는 명도(인도명령 또는 건물인도청구소송비용과 강제집행비용)비용 등이 추가적으로 발생하게 된다.

3) 법무사대행 수수료 계산방법

① 기본료 70,000원 + 누진료(   ) + 신청서대행료 30,000원 + 등록세대행료 30,000원 이내 + 교통비(일당 30,000원~60,000원 실비정산이 보통)

② **누진료 계산법**
　㉠ 1억원 초과~3억원 이하시 : (신고가격-1억원)×0.08% + 85,000원
　㉡ 3억원 초과~5억원 이하시 : (신고가격-3억원)×0.07% + 245,000원
　㉢ 5억원 초과~7억원 이하시 : (신고가격-5억원)×0.06% + 385,000원
　㉣ 부가세 : 법무사보수(기본료 70,000원 + 누진료(　) + 신청서 대행료 30,000원 + 교통비 30,000원)의 10% 부가세
　㉤ 여기서 신청서대행료나 등록세대행료는 요구하지 않는 곳도 많이 있다.

03 30세 미만 자녀가 세대분리한 경우와 부담부증여 시 취득세 계산 방법

◆ 30세 미만 자녀가 부모와 세대를 분리한 경우 취득세는 1.1%

　지방세법 시행령 제28조의3 제2항 제1호 부모와 같은 세대별 주민등록표에 기재되어 있지 않은 30세 미만의 자녀로서 소득세법 제4조에 따른 소득이 국민기초생활 보장법 제2조 제11호에 따른 기준 중위소득의 100분의 40 이상이고, 소유하고 있는 주택을 관리·유지하면서 독립된 생계를 유지할 수 있는 경우. 다만, 미성년자인 경우는 제외한다.

　즉 시·군·구 지자체는 중위소득 40%의 30세 미만 자녀가 주민등록등본상 부모와 세대가 분리된 상태에서 주택을 취득하는 경우에는 취득세를 중과하지 않고 기본세율 1~3%의 취득세율만 적용한다. 여기서 중위소득은 2021년 1인가구 기준 월 1,827,831원으로 이 금액의 40%는 731,132원이다.

그래서 세대분리 후 주택을 매입해서 취득세가 1.1%를 적용 받고, 생애 첫 주택을 구입하는 경우에 추가로 취득세 50% 감면 혜택까지 받을 수 있어서 절세 효과가 높다.

◆ 2020년 8월 12일부터 주택을 자녀에게 부담부증여 시 취득세 계산 방법

(1) <u>무상 증여 시 취득세는</u> 기본세율 3.8%~4%이지만, 조정대상지역에 있는 주택으로, 취득 당시 공시된 시가표준액(개별주택가격 또는 공동주택가격)이 3억원 이상의 주택(상속을 제외)을 무상취득을 원인으로 취득하는 경우 무상취득에 따른 본래 세율에도 불구하고 법령에 따른 산식에 따라 계산한 별도의 세율 12%(표준세율4%+중과기준세율2%×4)로 중과세한다.

그러나 ① <u>조정대상지역 내에서 공시가격 3억원 미만인 경우에는 중과되지 않고 일반세율로 국민주택규모 이하인 경우에는 3.8%(취득세 3.5%+교육세 0.3%), 초과하는 경우에는 4%(취득세 3.5%+교육세 0.3%+농특세 0.2%). ② 조정대상지역 밖에서는 공시가격이 3억원을 초과하더라도 중과되지 않고, 기본세율 3.8~4%</u>를, ③ <u>조정대상지역 내 3억원을 초과하더라도 1세대 1주택 소유한 사람으로부터</u> 해당 주택을 배우자 또는 직계존비속이 무상취득(상속 제외)을 원인으로 취득하는 경우에는 적용하지 아니한다. 즉 증여로 취득 받는 자(수증자)의 보유 주택 수에 따라 중과 적용배제를 달리 규정하고 있지 않으므로 증여자 입장에서 증여 당시 1세대 1주택자에 해당하기만 한다면 수증자가 주택을 몇 채를 소유하고 있던 중 과세를 적용받지 않고, 증여 시 취득세 기본세율인 3.8%(국민주택규모 이하)~4%(국민주택규모 초과)가 부과된다는 사실이다.

(2) <u>부담부증여 시에 채무인수부분</u> 즉 유상 증여 시(은행 대출금, 전세보증금 등) 취득세는 증여를 받는 사람의 주택 보유 수에 따라 일반 세율 또는 중과세

율을 적용받게 된다. 그러나 공시가격이 1억원 이하인 경우에는 중과대상에서 배제된다.

04 알기 쉬운 재산세와 종합부동산세 계산 방법

◆ 재산세와 종합부동산세 과세 대상 건축물이란?

건축물은 주거용과 기타로 구분하는데, 주거용은 주택(아파트, 연립, 다세대, 단독, 다가구), 주거용 오피스텔, 별장, 임대주택, 사원주택, 기숙사 등과 기타 건축물은 상가, 오피스, 빌딩, 공장 등이다.

구 분		재산의 종류	재산세	종부세
건축물	주거용	• 주택(아파트, 연립, 다세대, 단독·다가구), 오피스텔(주거용)	과세	과세
		• 별장(주거용 건물로서 휴양·피서용으로 사용되는 것)	과세	×
		• 일정한 임대주택·미분양주택·사원주택·기숙사·가정어린이집용 주택	과세	×
	기타	• 일반건축물(상가, 사무실, 빌딩, 공장, 사업용 건물)	과세	×

건축물 전부에 종부세가 부과되는 것이 아니라, 주택과 주거용 오피스텔에 한해 종부세가 부과(임대주택은 종부세 과세 대상 아님).

◆ 재산세와 종합부동산세 납부

1) 재산세와 종부세 과세기준일 : 매년 6월 1일을 기준으로 소유자에게 부과
2) 재산세 납부 시기

① 토지는 매년 9.16.~9.30. ② 건축물은 매년 7.16.~ 7.31.
③ 주택은 1기분 매년 7.16.~ 7.31. 2기분 매년 9.16.~9.30. (재산세가 20만원 이하인 경우 일시납부)
④ 선박은 매년 7.16.~ 7.31. ⑤ 항공기는 매년 7.16.~ 7.31.까지 납부해야 한다.

3) 종부세는 인별 합산 과세로 매년 12월 1일~15일까지 납부해야 한다.

4) 각 유형별(주택 및 토지) 공제금액을 초과하는 경우 그 초과분에 대하여 과세되는 세금.
- 1차로 부동산 소재 관할 시, 군, 구에서 관내 부동산 과세유형별로 구분하여 재산세를 부과하고,
- 2차로 각 유형별 공제액을 초과하는 부분에 대하여 주소지 관할 세무서에서 종합부동산세를 부과한다.

유형별 과세대상	공제금액
주택(주택부속토지 포함)	6억원(1세대 1주택자 9억원)
종합합산토지(나대지·잡종지 등)	5억원
별도합산 토지(상가·사무실 부속토지 등)	80억원

◈ 재산세 과세 표준과 계산 방법

구분	과세표준	재산세율	누진공제
주택	6천만원 이하	0.1%	0원
	1억5천만원 이하	0.15%	3만원
	3억원 이하	0.25%	18만원
	3억원 초과	0.4%	63만원

① 과세표준=시가표준액(=공시가격)×공정시장가액비율(주택과 건물은 60%).

② 산출된 과세표준에 재산세율을 곱하면 납부할 재산세액을 계산한다.

③ 이렇게 나온 재산세액을 가지고 세부담 상한 범위 내에서 최종적으로 재산세 결정함.

③ 세부담 상한제는 당해연도 재산세액이 전년도 재산세액 대비 일정비율을 초과하지 못하도록 한도를 정한 것임. 주택의 경우 공시가격 3억 이하는 105%, 3억원~6억원 이하는 110%, 6억원 초과는 130%로 이 범위를 초과하면 이 범위 내로 결정한다.

④ 이렇게 산정한 재산세액에 20%의 지방교육세가 추가됨. 도시계획구역 안에 있는 주택은 과세표준의 0.14%에 해당하는 도시 지역분을 추가로 함께 납부해야 된다.

⑤ 도시지역 내에서 주택공시가격이 665,000,000원이라면 다음과 같이 계산한다.

적요	금액	계산내용
주택공시가격	665,000,000원	국토부 공시가격 알리미 및 시·군·구 홈페이지에서 확인
과세표준	399,000,000원	공시가격×재산세공정시장가액비율(60%)
재산세	966,000원	3억원×0.4%(재산세율)-63만원(누진공제)
지방교육세	193,200원	966,000원(재산세액)×20%
도시지역분	558,600원	399,000,000원(과세표준)×0.14%
총 납부세액	1,717,800원	재산세+지방교육세+도시지역분(도시지역 밖은 부과 없음)

◆ 개인 종합부동산 과세 표준과 종부세 계산 방법

과세표준	2주택 이하 종부세율			3주택 이상 + 조정대상지역 2주택		
	20년 세율	21년 세율	누진공제	20년 세율	21년 세율	누진공제
3억 이하	0.5%	0.6%		0.6%	1.2%	
3~6억	0.7%	0.8%	60만원	0.9%	1.6%	120만원
6~12억	1.0%	1.2%	300만원	1.3%	2.2%	480만원
12~50억	1.4%	1.6%	780만원	1.8%	3.6%	2,160만원
50~94억	2.0%	2.2%	3780만원	2.5%	5.0%	9,160만원
94억 초과	2.7%	3.0%	1억1130만원	3.2%	6.0%	1억8,560만원

1) 1가구 1주택자 과세 표준 = (공시가격 − 11억) × 95% (종부세공정시장가액비율)

종부세공정시장가액비율은 2020년 90%, 2021년 95%, 2022년 100%임.

2) 1가구 2주택자 과세표준 = (공시가격 합계 − 6억) × 95% (종부세공정시장가액비율)

이렇게 계산한 과세표준별로 세율을 곱하고, 누진공제를 빼야 한다. 누진공제는 앞 단계보다 초과된 금액에 대해서만 이번 단계의 세율을 곱하기 위한 것임.

3) 3주택 이상일 경우 종부세 계산방법은?

순번	적요	계산내용	금액
1	공시가격(총합계)	주택1은 5억원+주택2는 5억원+주택3은 3억원	1,300,000,000원
2	공제금액	공제금액 6억원(1세대1주택자 공제금액은 11억원)	700,000,000원
3	과세표준	(공시가격의 총합13억−공제금액6억)×95%(공정시장가액비율)	665,000,000원
4	종합부동산세	과세표준6억6,500만원×2.2%(2021년 세율)−누진공제480만원	9,830,000원
5	재산세중복분	계산방법은 아래 재산세 중복분 계산 방법 참조	951,320원

6	중복분 차감 후 종합부동산세	종합부동산세-재산세중복분	8,878,680원
7	농어촌특별세	종합부동산세의 20%	1,775,730원
8	총 납부세액	재산세+지방교육세+도시지역분(도시지역 밖은 부과 없음)	10,654,410원
9	1주택자 장기보유 세액공제	① 5년 보유(20% 감면), ② 10년 보유(40% 감면), ③ 15년 보유(50% 감면)	부부 공동명의자는 (1) 각 6억원씩 12억원을 공제 받는 방법과 (2) 1세대1주택처럼 11억원 공제 받고, 초과분에 대해서 고령자·장기보유 공제를 받는 방법 중 선택할 수 있다.
10	1주택자 세액공제	① 60세 이상(10% 감면), ② 65세 이상(20% 감면), ③ 70세 이상(30% 감면)	
9	1주택자 장기보유 세액공제	① 5년 보유(20% 감면), ② 10년 보유(40% 감면), ③ 15년 보유(50% 감면)	부부 공동명의자는 (1) 각 6억원씩 12억원을 공제 받는 방법과 (2) 1세대1주택처럼 11억원 공제 받고, 초과분에 대해서 고령자·장기보유 공제를 받는 방법 중 선택할 수 있다.
10	1주택자 세액공제	① 60세 이상(10% 감면), ② 65세 이상(20% 감면), ③ 70세 이상(30% 감면)	
11	세부담 상한 초과 세액	[직전년도 총세액상당액(재산세+종부세)×세부담 상한율] 세부담 상한 적용은 일반지역 150%, 조정대상지역 2주택자 200%, 조정대상지역 3주택자 300%를 초과하지 않는 범위 내에서 결정.	
12	납부할 세액	납부할 세액의 합계가 250만원 초과 시에는 분할납부(6개월)	

가. 위 도표 4번에서 재산세 중복분 계산 방법

① 납부한 3주택 재산세 합계 :

57만원(5억×60%×0.4%-63만원)+57만원(5억×60%×0.4%-63만원)+27만원(3억×60%×0.25%-18만원)=1,410,000원. 이렇게 3주택에 대해서 재산세를 7월 705,000원과 9월 705,000원에 납부했기 때문에, 계산된 종부세액에서 재산세 중복분을 빼야 한다.

② 전체과세표준에 대해 표준세율로 계산한 재산세액 = 13억원×60%(재산세 공정시장가액비율)×0.4%(재산세율)-63만원(누진공제)=2,490,000원

③ 6억 초과한 과세표준에 대해 표준세율로 계산한 재산세액 = 7억원× 60%(재산세공정시장가액비율)×0.4%(재산세율)=1,680,000원

④ 재산세 중복분 계산 = ①1,410,000원×③1,680,000원/②2,490,000원 = 951,325.30. 따라서 951,320원이다.

나. 위 3)의 도표 6번에서 중복분 차감 후 종합부동산세 8,878,680원에서

① 1주택자 장기보유세액공제와 고령자 세액공제
- 1주택자 장기보유세액공제는 5년 보유(20% 감면), 10년 보유(40% 감면), 15년 보유(50% 감면)
- 고령자 세액공제는 60세 이상(10% 감면), 65세 이상(20% 감면), 70세 이상(30% 감면)

② 세부담 상한 적용과 농어촌 특별세 가산
- 세부담 상한 적용은 일반지역 150%, 조정대상지역 2주택자 200%, 조정대상지역 3주택자 300%를 초과하지 않는 범위 내에서 결정.
- 농어촌 특별세 가산은 최종 계산된 세액에서 20%를 최종 계산된 세액에서 20%를 농어촌 특별세로 납부해야 한다.

따라서 종합부동산세 8,878,680원 + 농어촌 특별세 1,775,730원을 함께 납부해야 한다.

◆ 부부공동명의 1주택자도 종합부동산세를 1세대 1주택자와 같이 신청할 수 있다!

올해부터 납세자의 신청(신청기간 9월 16일~9월 30일)에 따라 1세대 1주택자 계산방식(공제금액 11억원, 세액공제 받음)을 적용한 산출세액으로 납부할 수 있도록 개정되었다.

국세청에 따르면 ① 1세대 1주택자는 기본공제 6억원에 5억원을 더한 11억원을 공제 받는 반면 ② 부부공동명의자는 각자 6억원씩 12억원을 공제 받을 수 있다.

다만 1세대 1주택 단독명의자들은 고령자 세액공제, 장기보유 세액공제를 받을 수 있지만, 부부 공동명의자들은 고령자 세액공제, 장기보유 세액공제를 받을 수 없다는 것이다.

현행 종부세법은 ▷만 60세 이상~만 65세 미만에 20%, 만 65세 이상~만 70세 미만에 30% ▷만 70세 이상에 40%를 고령자 세액공제로 제공한다. 아울러 장기보유 세액공제로 ▷5년 이상~10년 미만에는 20% ▷10년 이상~15년 미만에 40% ▷15년 이상에는 50%를 장기보유 세액공제로 적용한다. 두 세액공제의 합산 한도는 80%다.

부부공동명의자는 본인에게 유리한 방법으로 매년 9월 16일~9월 30일까지 신청하여 납부하면 된다.

◈ 법인의 종합부동산세 계산 방법은?

법인의 종합부동산세는 2020년까지는 개인과 같은 세율과 공제(6억원) 혜택이 있었다. 그러나 2021년부터는 법인이 2주택 이하(조정대상지역 내 1주택 이하) 소유 시에는 3%와 3주택 이하(조정대상지역 내 2주택 이하) 소유 시에는 6%로 단일 세율이 적용되고, 법인 보유 주택에 대한 종부세 공제(6억원)는 폐지되어 공제를 받을 수 없다. 이 종합부동산에 추가로 20%에 해당하는 농어촌특별세를 함께 납부해야 한다.

Chapter 24

부동산 양도 시 개인의 양도세와 법인의 법인세 절세 비법!

01 조정대상지역 내에서 다주택자에 대한 양도세 중과

① 조정대상지역 내에서 1주택자가 2년 보유와 거주요건을 모두 갖추고 있어야 비과세 혜택을 볼 수 있다(2017년 8월 3일 취득 분부터 시행).

② 조정대상지역 내에서 1가구 2주택자(일시적 2주택자 제외)는 기본세율(2020년 현재 1년 미만 40%, 1년 이상은 6~42%, 2021년 1월~5월까지는 1년 미만 50%, 2년 미만 40%, 2년 이상은 6~45%)에 추가세율 10%의 중과와 장기보유특별공제가 배제된다. 2021년 6월 1일부터는 1년 미만 70%, 2년 미만 60%, 2년 이상은 6~45%에 추가세율 20%의 중과와 장기보유특별공제가 배제된다.

③ 조정대상지역 내에서 1가구 3주택 이상 소유자는 기본세율에 추가세율 20%의 중과와 장기보유특별공제가 배제된다(2021년 5월 31일까지). 2021년 6월 1일부터는 30%의 중과세율과 장기보유특별공제가 배제된다.

④ 취득세의 경우 중과대상 주택 수를 계산할 때 2020년 8월 12일 이후부터 계약한 입주권이나 분양권 모두 주택 수에 포함된다. 그리고 유의할 점은 2020년 12월 31일까지 입주권이나 분양권을 매매할 때에는 양도세가 중과되지 않는다.

⑤ 2020년도에 분양권을 양도할 때에는 주택 수에 포함되지 않지만, 2021년 1월부터는 주택 수에 포함되어 중과대상이 될 수 있다.

따라서 2021년 1월 1일~5월 31일까지는 분양권을 포함한 다주택자에 대한 양도세 중과세율을 기존 기본세율(6~45%)에 10%포인트(2주택자) 또는 20%(3주택 이상)를 더한 수준으로 중과가 되고, 2021년 6월 1일부터는 20%포인트(2주택자) 또는 30%포인트(3주택 이상)를 더한 수준으로 중과세율이 올라간다.

⑥ 분양권은 2021년 5월 31일까지 조정대상지역 내에서는 50%로 단일세율, 조정대상 밖에서는 1년 미만은 50%, 2년 미만은 40%, 2년 이상은 6~45%의 양도세율이 적용되지만, 2021년 6월 1일부터는 1년 미만은 70%, 1년 이상은 60%로 단일 양도세율이 적용된다.

주택입주권은 주택으로 보기 때문에 주택의 양도세율을 적용 받게 되므로, 2021년 1월부터 2021년 5월 31일까지는 1년 미만은 50%, 2년 미만은 40%, 2년 이상은 6~45%, 2021년 6월 1일부터는 1년 미만은 70%, 2년 미만은 60%, 2년 이상은 6~45%의 양도세율이 적용된다.

이런 주택입주권과 분양권은 주택 수에 포함되어 다른 주택을 팔 때 중과된 양도세율이 적용되지만, 주택입주권과 분양권을 팔 때는 주택이 아니므로 주택과 같이 중과세율이 추가로 부과되지 아니하고 위 기본세율만 적용 받는다.

 다주택자 양도세 중과제도는 앞에서와 2021년 6월 1일부터는 2주택자는 기본세율(6~45%) + 중과세율 20%, 3주택자는 기본세율(6~45%) + 중과세율 30%가 중과된다. 그래서 다주택자라면 다음과 같은 전략이 필요하다.

첫 번째로 조정대상지역 밖에서 주택 100채를 가지고 있는 분들은 중과되지 않기 때문에 걱정하지 않아도 된다. 그리고 1가구 1주택자가 거주하지 않고서도 2년만 보유하면 비과세 혜택을 볼 수 있다.

두 번째로 3주택자가 모두 조정대상지역 내에 있는 주택을 소유하더라도 먼저 파는 주택은 기본세율에 30%가 중과되고, 2주택자로 그다음에 팔 때는 기본세율에 20%가 중과되고, 마지막 1주택자로 팔 때 비과세 요건을 갖추고 있다면 비과세 혜택을 볼 수 있다.

세 번째로 3주택자가 조정대상지역 내에 2주택을 가지고 있고, 1주택은 조정대상지역 밖에 있다면, 조정대상지역 내에 있는 주택을 먼저 팔면 3주택자로 양도세가 기본세율에 30%가 중과되는데 반해서, 조정대상지역 밖에 있는 주택을 먼저 팔면 중과 없이 기본세율(6~45%)만 부과된다. 그리고 나머지 조정대상지역 내에 있는 주택은 2주택자로 기본세율에 20%가 중과되고, 마지막 1주택자로 팔 때 비과세 요건을 갖추고 있다면 비과세 혜택을 볼 수 있는 것이다.

02 2022년 개인이 부동산 양도 시 양도소득세 계산과 절세 비법!

◆ 부동산 양도 시에 부담하게 되는 양도소득세 요약정리

구분	과세표준	기본 세율	누진 공제	18. 4. 1.부터 조정대상지역 내		2021. 6. 1.부터 조정대상지역 내	
				2 주택자	3주택 이상	2 주택자	3주택 이상
(1) 2년 이상 보유 (6~45%)	1,200만원 이하	6%	0원	16%	26%	26%	36%
	1,200만원 초과 ~ 4,600만원 이하	15%	108만원	25%	35%	35%	45%
	4,600만원 초과 ~ 8,800만원 이하	24%	522만원	34%	44%	44%	54%
	8,800만원 초과 ~ 15,000만원 이하	35%	1,490만원	45%	55%	55%	65%
	15,000만원 초과 ~ 3억원 이하	38%	1,940만원	48%	58%	58%	68%
	3억원 초과 ~ 5억원 이하	40%	1,940만원	50%	60%	60%	70%
	5억원 초과~10억원 이하	42%	3,540만원	52%	62%	62%	72%
	10억원 초과	45%	6,540만원	55%	65%	65%	75%
(2) 1년미만 보유	① 21. 1. 1. ~ 5. 31. 까지 : ◇ 주택, 조합원입주권 50%, ◇ 주택 외 건물, 토지 50% ② 21. 6. 1.부터 : ◇ 주택, 조합원입주권 70%, ◇ 주택 외 건물, 토지 50%						
(3) 1~2년미만 보유	① 21. 1. 1. ~ 5. 31. 까지 : ◇ 주택, 조합원입주권 40%, ◇ 주택 외 건물, 토지 40% ② 21. 6. 1.부터 : ◇ 주택, 조합원입주권 60%, ◇ 주택 외 건물, 토지 40%						

(4) 미등기 양도	70%
(5) 주택 양도세 비과세 혜택(조정대상지역 2년 거주해야 함)	1가구 1주택자가 2년 이상 보유 후 양도시 9억까지 비과세(조정대상지역을 제외하고는 거주요건 폐지)[일시적 2주택시 기존주택을 3년 이내에 양도시(조정대상지역은 1년 이내 양도시), 1주택으로 보고 비과세]. ※양도소득세 비과세 기준금액이 9억원에서 12억원으로 상향 조정하는 법안이 국회에 계류 중이다. 따라서 국회를 통과하면 비과세 기준금액이 12억원으로 변경된다.
(6) 다주택자 양도세 중과제도(조정대상지역 내에서만) ※조정대상지역 밖에서는 2주택자, 3주택자 이상도 중과대상이 아님	① 조정대상지역 내에서 1주택자가 2년 보유와 거주요건을 모두 갖추고 있어야 비과세 혜택을 볼 수 있다(2017년 8월 3일 취득분부터 시행). ② 1가구 2주택자(일시적2주택자 제외)는 기본세율(1년 미만 70%, 2년 미만 60%, 2년 이상은 6~45%)에 추가세율 20%의 중과와 장기보유특별공제가 배제된다(2021년 6월 1일부터 시행). ③ 1가구 3주택 이상 소유자는 기본세율에 추가세율 30%의 중과와 장기보유특별공제가 배제된다(2021년 6월 1일부터 시행) ④ 투기지역 내에서 1가구 3주택 이상 소유자는 기본세율에 추가세율 10%의 중과와 장기보유특별공제가 배제된다(2017년 8월 3일부터 시행되다가 2018년 4월부터는 위 ③에 따라 기본세율에 20%가 중과되던 것이 2021년 6월부터 30%가 중과 됨. ⑤ 조정대상지역에서 분양권 전매시 보유기간과 관계없이 양도소득세율 50% 적용 – 2018년 1월 1일 양도하는 분양권부터 시행

※ 양도세 예정신고 세액공제 제도는 2011년부터 폐지되어 시행하지 않는다.

1가구 1주택 양도소득세 비과세 조건, 2주택도 요건 충족 시 비과세

1가구 1주택 양도소득세 비과세 조건은 주택을 취득하여 2년 이상 보유해야 9억까지 양도세가 비과세되고, 9억원을 초과하는 경우 9억원을 초과하는 양도차익에 대한 세금이 과세된다. 단, 지난 2017년 8월 2일 이후 조정대상지역 내 위치한 주택을 취득하는 경우에는 보유 기간 중 2년 이상 실거주해야 한다.

2021년 1월 1일부터 다주택자가 주택을 순차적으로 매각하거나 마지막으로 남겨진 1주택을 매각할 경우 비과세 판단의 보유기간은 직전 주택을 매각한 날 이후로부터 2년을 계산한다. 따라서 조정대상지역 내에서는 최종 1주택이 남아

있는 상태에서 2년 보유 및 거주요건을 함께 갖추고 있어야 비과세 혜택을 볼 수 있다고 보수적으로 분석해야 한다.

하지만 일시적 1가구 2주택자도 일정한 요건을 충족할 경우 양도소득세를 면제받을 수 있다.

① 1가구 1주택자가 이사갈 새로운 주택을 구입해 일시적으로 2주택이 된 경우, ② 혼인으로 일시적 2주택이 된 경우, ③ 부모님 등 직계존속과 합가하여 2주택이 된 경우, ④ 직장이나 학업 등 불가피하게 2주택이 된 경우, ⑤ 증여나 상속 등으로 인해 2주택이 된 경우 등이다.

◈ 장기보유 특별공제 조건표

보유기간	1세대 1주택 이외 자산	1세대 1주택					
	2019년 이후	2019년	2020년		2021년 이후		
	공제율	공제율	2년 미만 거주	2년 이상 거주	보유 기간	거주 기간	공제율
3년 이상	24%	6%	6%	24%	12%	12%	24%
4년 이상	32%	8%	8%	32%	16%	16%	32%
5년 이상	40%	10%	10%	40%	20%	20%	40%
6년 이상	48%	12%	12%	48%	24%	24%	48%
7년 이상	56%	14%	14%	56%	28%	28%	56%
8년 이상	64%	16%	16%	64%	32%	32%	64%
9년 이상	72%	18%	18%	72%	36%	36%	72%
10년 이상	80%	20%	20%	80%	40%	40%	80%
11년 이상		22%	22%				
12년 이상		24%	24%				
13년 이상		26%	26%				
14년 이상		28%	28%				
15년 이상		30%	30%				

[2021년 1세대 1주택자 장특공제]
1. 조정대상지역 내에서 1주택자가 비과세 요건을 갖춘 경우 즉 3년 보유 중 2년 거주요건을 갖춘 경우에는 보유기간에 해당하는 12% + 거주기간 8%(연간 4%씩)로 20%의 장특공제가 가능함.
2. 조정대상지역 밖에서 1주택자가 비과세 요건을 갖춘 경우 즉 3년 보유 중 1년 거주요건을 갖춘 경우에는 보유기간에 해당하는 12% + 거주기간 4%(연간 4%씩)로 16%의 장특공제가 가능함. 그러나 거주요건을 갖추지 못한 경우에는 12%의 장특공제만 가능함.
3. 비과세 대상이 아닌 다주택자는 조정대상지역 내에서는 장특공제를 받을 수 없다. 그러나 조정대상지역 내 1주택 + 밖의 1주택으로 2주택을 보유한 사람이 조정대상지역 밖의 것을 3년 이상 보유만 하고, 매도시에 3년(6%), 4년(8%), ... 으로 최장 15년(30%)을 장특공제로 공제를 받을 수있다.

[2020년 1월 1일 ~ 2020년 12월 31일까지 1세대 1주택자 장기보유특별공제]
1. 3년 이상 보유와 2년 이상 거주 시 : 연 8%씩 최대 80%(10년 동안) 장특공제을 받을 수 있다.
2. 3년 이상 보유와 2년 미만 거주 시 : 연 2%씩 최대 30%(15년 동안) 장특공제 받는다.

[2020년 부터 현재, 1세대 다주택자와 주택 이외 토지, 상가, 공장 등 장특공제]
1. 1세대 다주택자가 조정대상지역에서 주택양도 시 : 장기보유특별공제 없음
2. 1세대 다주택자가 비조정대상지역 내에서 주택양도시 : 3년 이상 보유시 연 2% ~ 최대 30%(15년 동안)의 장특공제를 받을 수 있다.
3. 주택이외의 토지, 상가, 공장 등은 일반적인 장특공제율의 적용으로 3년 이상 보유 시 보유기간에 따라 매년 2%씩 15년 동안 최대 30%까지 장특공제를 받을 수 있다.

◆ 다주택자가 양도세를 절세하는 방법

1. 1가구 2주택자가 조정대상지역 내에 1주택과 밖에 1주택을 소유한 경우

① 조정대상지역 밖의 주택을 먼저 팔면 양도세 중과 없이 기본세율(1년 미만 70%, 2년 미만 60%, 2년 이상은 6~45%)과 장특공제를 받을 수 있으며, 다음에 조정대상지역 내에 있는 1주택을 2년 거주하고 팔면 비과세 혜택도 볼 수 있다(유의할 점은 2021년부터는 종전주택을 판 날로부터 새로이 2년 이상 보유해야만 비과세 혜택).

② 조정대상지역 내 주택을 먼저 팔면 양도세가 기본세율(1년 미만 70%, 2년 미만 60%, 2년 이상은 6~45%)에 추가 세율 10%(2021년 6월 1일부터는 20%)의 중과와 장특공제가 배제된다. 물론 이러한 경우도 나머지 1주택에 대해서 앞에서와 같이 비과세 혜택을 볼 수 있다.

2. 1가구 3주택 이상 소유자가 조정대상지역 내에 2주택과 밖에 1주택을 소유하고 있는 경우

① 조정대상지역 밖의 주택을 먼저 팔면 양도세가 중과 없이 기본세율과 장특공제를 받을 수 있으며, 다음에 조정대상지역 내에 있는 주택을 팔면 양도세가 기본세율 + 20%가 중과와 장특공제가 배제된다. 그리고 나머지 1주택을 2년 거주하고 팔면 비과세 혜택도 볼 수 있다.

② 조정대상지역 내 주택을 먼저 팔면 양도세가 기본세율 + 20%(2021년 6월 1일부터는 30%)가 중과와 장특공제가 배제된다. 다음도 조정대상지역 내에 있는 주택을 팔면 양도세가 기본세율 + 10%(2021년 6월 1일부터는 20%)가 중과와 장특공제가 배제된다. 그리고 마지막 1주택을 2년 거주하고 팔면 비과세 혜택도 볼 수 있다.

그러니 어떻게 팔아야 세금을 절세할 수 있냐는 (1)과 (2) 사례에서 모두 ①번과 같은 매도 전략을 세워야 한다.

3. 개인명의로 1주택과 사업자명의로 다주택을 소유하고 있는 경우

① 개인명의 1주택은 사업자명의 다주택과 별도로 계산되므로 개인명의 1주택 소유자가 2년 거주하다가 팔면 비과세 혜택을 볼 수 있다.

② 사업자명의 다주택은 보유기간과 상관없이 기본사업소득 세율을 적용받아 절세효과가 높았다. 그런데 2018년 4월부터 다주택자 양도세 중과제도가 시행되어, 개인 사업자에게도 비교과세 제도가 시행되므로 주의해야 한다.

◆ 1가구 1주택 비과세 요건을 갖춘 고가주택 양도세와 지방세 계산 방법

① 취득가액은 6억원, ② 양도가액이 15억원인 고가주택을 1가구 1주택 비과세 요건을 갖추고, ③ 필요경비 0원, ④ 장기보유 특별공제 혜택 받는 경우(2020년 양도시 2년 거주)와 받지 못하는 경우(2020년 양도시 2년 미거주)에 양도소득세와 지방소득세(양도세액의 10%) 계산방법은 1세대 1주택 고가주택 과세 양도차익 = 전체양도차익 9억원×(양도가액 15억원-9억원)/양도가액 15억원이다.

양도세 계산식	2021년 이후 양도시 (10년 보유 10년 거주)	2021년 이후 양도시 (10년 보유중 2년 거주)
양도가액	15억	15억
(-) 취득가액	6억	6억
(-) 필요제경비	(없다고 가정)	(없다고 가정)
= 양도차익 (고가주택 양도차익 계산)	전체양도차익(15억-6억)× (양도가액 15억-9억원)/ 양도가액15억 = 3억6,000만원	전체양도차익(15억-6억)× (양도가액 15억-9억원)/ 양도가액15억 = 3억6,000만원
(-) 장기보유 특별공제	9억×80%×6억/15억 (또는 3억6천만원×80%) =2억8,800만원 (10년, 80%)	9억×48%×6억/15억 (또는 3억6천만원×48%) =1억7,280만원 (10년, 48%)
= 양도소득금액	3억6천만원-2억8,800만원 =7,200만원	3억6천만원-1억7,280만원 =1억8,720만원
(-)기본공제 1년에 1회에 한함	250만원	250만원
= 과세표준	6,950만원	1억8,470만원
양도세율	6,950만원×24% -누진공제 522만원	1억8,470만원×38% -누진공제 1,940만원
= 양도소득세액	11,460,000원	50,786,000원
= 지방소득세(양도세액의 10%)	1,146,000원	5,078,600원
총 납부세액(지방소득세포함)	12,606,000원	55,864,600원

03 법인이 취득해 매도 시에 유의할 점과 개인보다 절세가 가능할까?

◆ **법인세율과 지방소득세(=주민세), 그리고 추가되는 법인세 요약 정리**

과세 표준과 법인세율			지방소득세	추가되는 법인세
2억원 이하	세율	10%	법인세액의 10%가 지방소득세 추가부과	주택 및 비사업용 토지 등의 양도차익에 대해서 법인세가 10%가 추가된다(2021년부터는 추가 법인세율이 20%로 변경됨). (지정지역과 기타지역 구분 없이 모두 적용)
	누진공제	없음		
2억원 초과 200억원 이하	세율	20%	법인세액의 10%	
	누진공제	2,000만원		
200억원 초과 300억원 이하	세율	22%	법인세액의 10%	
	누진공제	4억2,000만원		
300억원 초과	세율	25%	법인세액의 10%	
	누진공제	94억2,000만원		

※ 법인이 주택 및 비사업용 토지를 양도한 경우 = 기본 법인세율 + 지방소득세(법인세액의 10%) + 추가법인세 20%(양도가액 - 장부가액)이 된다.
여기서 과세표준은 양도차익(양도가액-취득가액) - 일반경비(임대료 및 관리비, 인건비, 기타 비용 등의 법인사업비용)를 공제하여 계산하면 된다.

법인이 주택 및 비사업용 토지를 양도한 경우에는 기본 법인세율 10%+지방소득세(법인세액의 10%)+추가법인세 20%(양도가액 - 장부가액)가 있으나 상가건물과 오피스텔 등은 주택과 같이 추가법인세가 없어서 기본법인세율+지방소득세(법인세액의 10%)만 납부하면 된다.

◆ 주택은 건물분 부가세와 등기 시에 농특세가 면세지만 예외가 있다!

① 주택은 신축 시 국민주택규모(85㎡) 이하인 경우는 분양가에서 건물분 부가세(토지는 비과세) 10%와 소유권보존등기시 농특세가 면제된다(아파트 등의 공동주택에서 국민주택규모는 도시지역에서는 전용면적이 85㎡ 이하, 비도시지역의 읍 또는 면 지역에서는 전용면적이 100㎡ 이하, 단독·다가구주택에서 주택전체 연면적으로 국민주택규모를 계산하는 것이 아니라 건축물대장상 분리된 가구 호수별 면적이 85㎡ 이하). ② 국민주택규모를 초과되는 경우에는 건물분 부가세와 소유권보존등기할 때 농특세가 부과된다. 이러한 요인은 신축 후 분양 당시 뿐만 아니라, 분양 받고 제3자에게 매도(거래)하는 과정에서도 발생한다. 따라서 개인이 주택을 최초로 분양받은 경우 거래 가격에 건물분 부가세가 포함되어 거래되므로 국민주택규모를 초과한 주택을 매수하는 사람에게 그 영향이 미치지 않고 농특세만 납부하면 되는데 이는 개인의 경우 사업자가 아니므로 세금계산서 발급대상이 아니기 때문이다.

◆ 사업자가 국민주택규모를 초과하는 주택을 매도할 때는 다르게 생각해야 한다!

① 법인사업자나 개인사업자가 국민주택규모를 초과하는 주택을 분양받거나 법인사업자나 개인사업자 소유 주택을 매수해서 매도하는 경우 분양 시 또는 매수할 때 부과된 건물분 부가세 10%를 환급 받고, 매도 시에 환급받은 건물분 부가세를 납부해야 한다.

② 주택임대사업자(상가임대사업자는 면세사업자가 아님)는 면세사업자라 개인과 같이 부가세를 발급할 수도 없고(환급받을 수도 없고), 납부할 의무가 없어서 국민주택을 초과하는 주택이라도 부가세를 납부할 의무가 없다. 이런

주택임대사업자는 세무서에서만 임대사업자로 등록해서 운영할 수도 있지만, 시·군·구청 등의 지자체에서 임대주택법에 따른 임대주택사업자를 함께해서 등록해서 운영해야 세제혜택을 볼 수 있다.

③ 법인사업자나 개인사업자 등이 개인 또는 주택임대사업자로부터 국민주택규모를 초과하는 주택을 매수하는 경우에는 더 문제가 심각하다. 개인은 세금계산서를 발급할 수가 없고, 주택임대사업자는 면세사업자라 부가세를 발급할 수 없어서 법인사업자나 개인사업자 등이 부가세를 환급을 받을 수 없는데도 불구하고, 훗날 매도 시 개인에게 매도하든 주택임대사업자에게 매도하든 부가세를 매매가격에 포함해서 매도하게 되므로 그만큼 예측하지 못한 손실이 발생할 수도 있다.

④ 상가겸용주택(상가주택)의 재산세와 양도세, 건물분 부가세 등

상가겸용주택은 한 건물에 주택과 상가가 복합되어 1층은 상가, 2~3층은 주택으로 구성되어 있다. 이런 겸용주택을 취득하거나 보유할 때 발생하는 취득세나 재산세 등 지방세는 상가와 주택을 구분하여 매겨진다.

그러나 국세인 양도세와 건물분 부가세는 다음과 같이 한다.

◆양도소득세는 주택면적이 상가보다 크면[주택면적 > 주택외 상가면적] 전체를 주택으로 봐서 주택에 해당하는 양도세율이 적용되므로 1세대 1주택 비과세 및 장기보유특별공제 혜택을 모두 받을 수 있다. 상가면적이 주택면적보다 크거나 같다면[주택면적 ≤ 주택외 상가면적] 주택부분은 주택, 상가부분은 상가로 취급해서 양도세율을 적용하게 된다. 그러나 2022년부터 주택의 연면적이 상가연면적보다 큰 경우에도 상가주택 양도가액이 9억원을 초과하면 주택부분은 주택으로 보고, 상가부분은 상가로 보도록 개정되었다. 양도가액이 9억원 이하이면 종전과 같다.

그래서 양도가액이 9억원을 초과하는 겸용주택을 갖고 있다면 올해 안에 매도하는 것이 좋다.

◆ 건물분 부가세와 농특세는 양도세와 같이 계산하지 않고 상가면적보다 주택면적이 크거나 적거나 무관하게 상가와 주택부분을 분리하여 상가부분에 대해서 건물분 부가세와 농특세가 부과되고, 주택부분에 대해서 국민주택규모 이하인 경우에는 면세되고 초과한 부분에 대해서만 건물분 부가세와 농특세가 부과된다.

◈ 주택을 법인사업자로 취득할 때 취득세와 법인세 중과 세율

1) 법인의 취득세 중과 세율

가. 주택을 법인 명의로 취득시에는 주택 수와 상관 없이 취득세 12%가 중과되므로 국민주택규모 이하(취득세 12% + 교육세 0.4%)는 총 12.4%이고, 국민주택규모 초과(취득세 12% + 교육세 0.4% + 농특세 1%)는 총 13.4%가 된다.

나. 그리고 과밀억제권역 내 5년 미만된 법인이 과밀억제권역 내의 주택과 상가건물, 오피스텔, 토지 등을 취득할 때 구등록세분의 3배 중과규정은 어떻게 되는가?

① 법인이 국민주택 규모 이하의 주택을 취득 시에는 취득세 및 교육세 12.4%와 ② 국민주택규모초과 시 13.4%(농특세 1% 포함)는 중과세율이 적용된 것으로 5년 미만 법인이 과밀억제권내 부동산을 취득하든, 5년 이상된 법인이 취득하든 동일한 중과세율 12.4%와 13.4%가 적용된다.

③ 과밀억제권 내의 5년 미만 법인이 과밀억제권 내의 주택이 아닌 상가건물, 오피스텔, 공장, 농지, 토지 등을 취득하는 경우에는 구등록세분의 3배 중과가 종전과 같이 적용되므로,
　㉠ 취득세 : 표준세율(4%)+3-중과기준세율(2%)×2=8%,
　㉡ 지방교육세 : [4%-2%]×20%×3=1.2%,
　㉢ 농어촌특별세 : 0.2%이다. 따라서 중과세율은 9.4%가 된다.

2) 법인세율과 지방소득세(=주민세) 그리고 추가로 중과되는 법인세 요약정리

법인이 주택 및 비사업용 토지를 양도한 경우에는 기본 법인세율 10%+지방소득세(법인세액의 10%)+추가법인세 20%(양도가액 - 장부가액)가 있으나 상가건물과 오피스텔 등은 주택과 같이 추가법인세가 없어서 기본법인세율+지방소득세(법인세액의 10%)만 납부하면 된다.

예들 들어, 법인이 주택 및 비사업용 토지를 양도한 경우 = 기본 법인세율 + 법인세할 주민세(법인세액의 10%) + 추가법인세(양도가액 - 장부가액)이 된다. 여기서 과세표준은 양도차익(양도가액 - 취득가액) - 일반경비(임대료 및 관리비, 인건비, 기타 비용 등의 법인사업비용)를 공제하여 계산하면 된다.

◆ 사업자가 주택을 매도하는 경우 세금계산서 또는 계산서 발행의무

1) 주택법에 의한 국민주택규모 이하의 주택을 공급하는 경우에는 조세특례제한법 제106조 제1항 제4호에 따라 부가가치세가 면제되는 것으로 법인세법 제121조 제4항에 의하여 계산서 발행의무가 없다. 이 경우 토지와 건물 총 매매대금으로 하는 계약서와 영수증 등을 증빙으로 세무서에 신고할 수도 있고, 별도로 계산서를 발행하여 세무서에 신고할 수도 있다. 어느 방법으로 해도 무방하다.

2) 국민주택규모를 초과하는 경우와 상가건물 및 업무용 오피스텔의 경우, ① 건물분에 대하여 부가가치세 과세(건물기준시가를 기준으로 세금계산서 발행), ② 토지분에 대해서는 면제되는 것으로 부가가치세법 시행령 제73조에 따라 영수증 발급대상 거래에 해당하는 것으로 부가가치세 신고 시에 기타매출로 신고하여야 한다. 실무에서는 총 매매대금에서 건물기준시가에 해당하는 금액을 기준으로 건물분 부가세가 포함된 세금계산서 발행과 나머지 금액은 대지에 해당하는 매매대금으로 하여 계산서를 발행하고 있다.

> **〈예제〉 건물분 부가세를 포함한 매매계약서 작성 비법!**
>
> 예를 들어, 건물분 부가세 3,000만원이 포함된 총 매매대금이 8억원이라면, 매매대금은 7억7,000만원으로 하고, 특약사항란에 ① 건물매매대금 3억원과 부가세 3,000만원으로 하는 세금계산서 발행과, ② 토지매매대금 4억7,000만원은 계산서를 발행하여 매수인에게 제출하기로 한다.

04 부동산 중개수수료는 어떻게 계산하면 되나?

◈ **주택(주택의 부속토지, 주택분양권 포함)의 중개수수료 요율**

거래내용	거래금액	종전 매매 수수료		개정 후 매매 수수료	
		요율(상한)	한도액(만원)	요율(상한)	한도액(만원)
매매·교환	5천만원 미만	1천분의 6	25만원	1천분의 6	25만원
	5천만원 이상 ~ 2억원 미만	1천분의 5	80만원	1천분의 5	80만원
	2억원 이상 ~ 6억원 미만	1천분의 4	-	1천분의 4	-
	6억원 이상~9억원 미만	1천분의 5	-	1천분의 4	-
	9억원 이상~12억원 미만	1천분의 9	-	1천분의 5	-
	12억원 이상~15억원 미만	1천분의 9	-	1천분의 6	-
	15억원 이상	1천분의 9	-	1천분의 7	-

※ 2021년 10월 19일부터 시행되는 중개수수료율은 6억원 미만까지는 기존과 같지만, 6억원 이상부터는 세율이 많이 줄어든다.

거래내용	거래금액	종전 매매 수수료		개정 후 매매 수수료	
		요율(상한)	한도액(만원)	요율(상한)	한도액(만원)
임대차 등	5천만원 미만	1천분의 5	20만원	1천분의 5	20만원
	5천만원 이상 ~ 1억원 미만	1천분의 4	30만원	1천분의 4	30만원
	1억원 이상 ~ 3억원 미만	1천분의 3	-	1천분의 3	-
	3억원 이상 ~ 6억원 미만	1천분의 4	-	1천분의 3	-
	6억원 이상 ~ 12억원 미만	1천분의 8	-	1천분의 4	-
	12억원 이상 ~ 15억원 미만	1천분의 8	-	1천분의 5	-
	15억원 이상	1천분의 8	-	1천분의 6	-

◈ 오피스텔 중개수수료 요율

적용대상	구 분	상한요율	중개수수료 요율 결정
적용면적 85㎡ 이하, 전용 입식부엌, 전용수세식 화장실, 목욕시설 등을 모두 갖춘 경우	매매·교환	1천분의 5	『주택』과 같음
	임대차 등	1천분의 4	
위 외의 경우	매매·교환 임대차	1천분의 ( )이내에서 협의	상한요율 1천분의 9 이내에서 개업공인중개사가 정한 좌측의 상한요율 이하에서 중개의뢰인과 개업공인중개사가 협의하여 결정함.

◈ 주택, 오피스텔 이외 상가와 토지 중개수수료 요율

거래 내용	상한요율	중개수수료 요율 결정	거래금액 산정
매매·교환, 임대차 등	거래금액의 1천분의 ( ) 이내	상한요율 1천분의 9 이내에서 개업공인중개사가 정한 좌측의 상한요율 이하에서 중개의뢰인과 개업공인중개사가 협의하여 결정함.	『주택』과 같음

05 낙찰 받은 봉천동 현대아파트를 가지고 세금절세 방법을 분석해 보자!

이 사례는 서울시 관악구 봉천동 소재하는 현대아파트를 가지고 06 개인명의로 취득해서 매도할 때 세금계산 방법과 절세 전략은? 과 07 개인사업자로 취득하는 것이 개인명의 또는 법인사업자보다 절세가 될까? 08 법인사업자로 취득하는 것이 개인명의 또는 개인사업자보다 절세가 될까? 를 기술하고, 어떤 방법이 더 절세가 이루어지는가를 비교 분석해 보기로 하자!

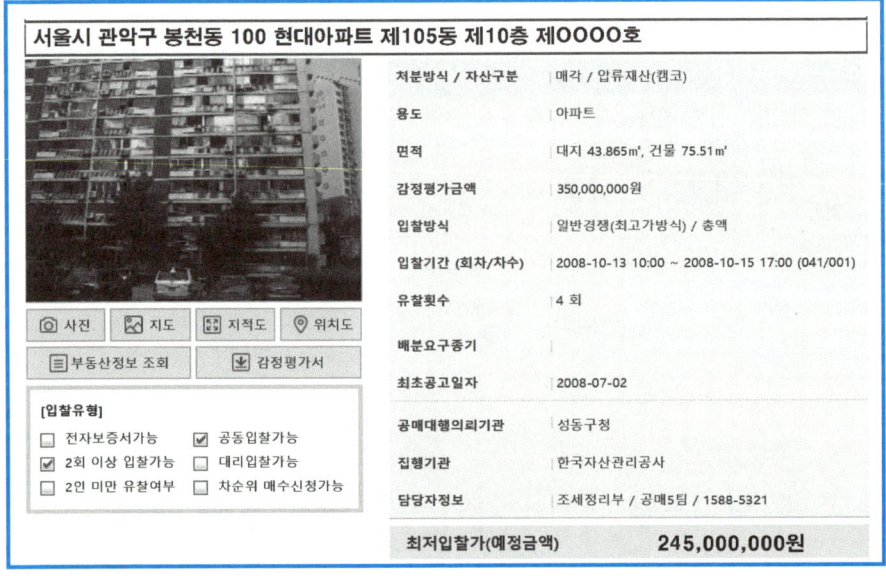

이 현대아파트는 현장답사를 통해 시세를 조사해 본 결과 3억2,000만원에 거래되고 있었다. 그래서 272,337,900원에 낙찰 받았다. 그리고 잔금납부는 272,337,900원의 70%인 1억9,000만원을 연 3%로 은행에서 대출 받아서 납부하고 보유하다가 팔았다면 어떻게 취득해서 팔아야 세금이 더 절세가 되겠는가? (입찰할 당시에 3억2,000만원 정도였기에 2억7,233만원으로 낙찰 받았다. 이 사례를 가지고 2021년을 기준으로 개인명의와 법인명의로 취득해서 팔때 세금 절세하는 방법을 분석해 보면 다음 06번~08번과 같다)

06 개인명의로 취득해서 매도할 때 세금계산 방법과 절세 전략은?

◆ 2년 이상 거주하다 비과세로 3억4,000만원에 팔았을 때 수익률 계산 방법

(1) 총 취득금액은?

2억7,783만원[낙찰금액 2억7,233만원 + 소유권이전 제비용 350만원(취득세 1.1% 포함) + 명도비 200만원]이지만, 취득 시에 현금투자금액은 8,783만원(2억7,783만원 − 은행대출금 1억9,000만원)이다.

(2) 2년 거주 후 비과세로 양도 후 수익률을 계산하면 다음과 같다.

양도금액 3억4천만원 − 총 취득금액은 2억7,783만원 − 매도 시 중개수수료 136만원(0.4%) − 양도소득세 및 지방소득세(=주민세)는 비과세로 0원 − 대출이자 1,140만원[1억9,000만원×3%×1년÷365일=15,616원×730일(2년)]으로 4,941만원이 된다. 따라서 2년 동안 현금투자대비 수익률을 계산하면 4,941만원/8,783만원(총 현금투자금액)으로 56.25%의 수익률이 발생한다. **이렇게 투자 시 현재적 가치가 2,941만원 + 미래적 가치가 2,000만원이 되는 물건에 투자하면 기대수익률은 배가 된다.**

이 사례에서와 같이 2년 이상 거주하다가 파는 경우에는 그 주택에 직접 거주하므로 인해서 수익이 발생한다. 여기서 수익은 은행대출이자 정도는 발생하게 되기 때문에 총투자수익은 투자수익 4,941만원 + 대출이자금액 1,140만원(직접 거주하는 수익을 대출이자 정도로 보면)을 포함한 60,810,000원으로 계산하는 것이 바람직하고, 이렇게 대출이자만큼 또는 정확한 거주소득, 임대소득 등을 투자수익에 보태면 총투자수익은 그만큼 높아진다. 그래서 앞에서와 같이 은행대출이자를 비용으로 처리할 때에는 연봉이 2,470만원이지만 거주소득으로 계산하면 연봉이 3,040만원으로 증가하게 되는 것이다.

◆ 일시적 1세대 2주택 보유 시 비과세 특례를 적극 활용해라!

1세대 1주택자가 기존주택 취득일로부터 1년 이상 경과한 후에 새로운 주택을 취득하여 1세대 2주택이 된 경우에 새로 취득한 주택 취득일로부터 3년 이내에 2년 이상 보유한 기존 주택을 양도하면 일시적 2주택으로 보아 양도소득세가 비과세가 된다(소득세법 155조). 조정대상지역 내에서 1주택자가 2년 보유와 거주요건을 모두 갖추고 있어야 비과세 혜택을 볼 수 있다(2017년 8월 3일 취득 분부터 시행). ① 2주택이 모두 조정대상지역 내에 있는 경우만 1년 이내 양도 및 전입요건을 갖추어야 하지만, ② 2주택 중 1주택이 비조정대상지역 내에 있는 경우(ⓐ 종전주택: 조정지역, 신규주택: 비조정대상, 또는 ⓑ 종전주택: 비조정지역, 신규주택: 조정지역인 경우)에는 3년 이내에 양도하면 된다.

《일시적 1세대 2주택 보유 시 비과세 특례 계산》

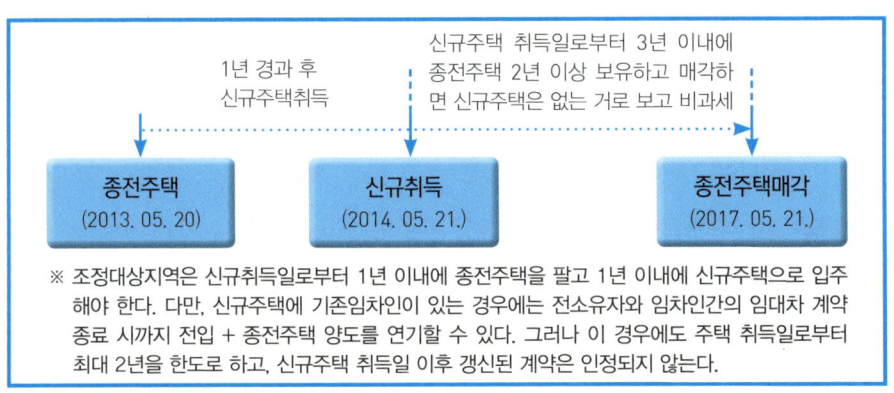

> **[일시적 2주택자가 비과세 요건을 갖추지 못한 경우에도 중과되지 않고 기본세율 적용]**
> ① 조정대상지역과 비조정대상지역 모두 종전주택을 취득 후 1년이 되기 전에 신규주택을 취득한 경우 일시적 2주택에 따른 비과세 대상은 아니나, 신규주택취득일로부터 3년 이내에 종전 주택을 양도하는 경우에는 중과세율을 적용하지 않고 양도세 기본세율(2021년 6월 1일부터, 1년 미만은 70%, 2년 미만은 60%, 2년 이상은 6~45%)을 적용한다.
> ② 일시적 1세대 2주택자로 비과세 요건인 종전주택을 2년 보유하지 않고, 2년 미만 보유하더라도 3년 이내 종전주택을 양도하는 경우 중과세율을 적용하지 않고 기본세율만 적용된다

◈ 1년 이상 보유하다 양도세율 60%로 3억3,000만원에 매각할 때 수익률 계산

(1) 총 취득금액은 2억7,783만원[낙찰금액 2억7,233만원 + 소유권이전 제비용 350만원(취득세1.1% 포함) + 명도비 200만원]이지만, 취득 시에 현금투자금액은 8,783만원(2억7,783만원 - 은행대출금 1억9,000만원)이다.

(2) 1년 이상 보유하다 양도세율 60%(2021년 6월부터는 60%) 양도 후 수익률을 계산하면 양도금액 3억3천만원 - 총 취득금액 2억7,783만원 - 매도시 중개수수료 132만원(0.4%) - 양도소득세 30,210,000원 - 지방소득세 3,021,000원 - 대출이자 570만원[1억9,000만원×3%×1년÷365일=15,616원×365일(1년)]으로 11,919,000원이 된다.

> **▶ 양도세와 지방소득세(=주민세) 계산 방법**
> A 양도가액 3억3천만원 - B 총 취득금액 2억7,583만원(명도비 200만원 제외) - C 매도시 중개수수료 132만원 = D 양도차익 5,285만원 - E 장기보유특별공제 0원(3년 미만) = F 양도소득금액 5,285만원 - G 기본공제 250만원 = H 과세표준액 5,035만원 × 세율 60%(1년 이상 보유, 2021년 6월 부터 60%) = I 양도소득산출세액 30,210,000원
> 따라서 양도소득세액 30,210,000원과 지방소득세 3,021,000원을 납부하면 된다.

따라서 1년 동안 현금투자대비 수익률을 계산하면 1,191만9천원/8,783만원(총 현금투자금액)으로 13.57%의 수익률이 발생한다. 이렇게 투자 시 현재적 가치가 22,996,000원 + 미래적 가치가 1,000만원이 되는 물건에 투자하면 기대수익률을 높일 수 있다. 그런데 이 사례에선 2년 거주하고 비과세 혜택을 보는 방법보다 1년 보유 후 일반세율로 매각하는 것이 적은 수익이 발생한다. 이는 세금이 비과세되어 절세효과가 크기 때문이다. 그리고 다음 사례와 같이 1년 미만으로 매도하는 전략은 양도소득세가 일률적으로 70%(2021년 6월 1일부터)가 적용되므로 투자수익이 떨어지게 된다는 사실을 알고 있어야 한다.

◈ 1년 미만 보유하다 단기양도세율로 3억2,000만원에 매각할 때 수익률 계산

(1) 총 취득금액은 2억7,783만원[낙찰금액 2억7,233만원 + 소유권이전 제비용 350만원(취득세1.1% 포함) + 명도비 200만원]이지만, 취득 시에 현금투자금액은 8,783만원(2억7,783만원 − 은행대출금 1억9,000만원)이다.

(2) 1년 미만 보유하다 단기양도세율 70%(2021년 6월부터는 70%) 양도 후 수익률을 계산하면 양도금액 3억2천만원 − 총 취득금액 2억7,783만원 − 매도시 중개수수료 128만원(0.4%) − 양도소득세 28,273,000원 − 지방소득세 2,827,300원 − 대출이자 281만원[1억9,000만원×3%×1년÷365일=15,616원×180일(1년 미만)]으로 6,979,700원이 된다.

> ▶ 양도세와 지방소득세(=주민세) 계산 방법
> A 양도가액 3억2천만원 − B 총 취득금액 2억7,583만원(명도비 200만원 제외) − C 매도시 중개수수료 128만원 = D 양도차익 4,289만원 − E 장기보유특별공제 0원(3년 미만) = F 양도소득금액 4,289만원 − G 기본공제 250만원 = H 과세표준액 4,039만원 × 세율 70%(1년 미만) − 0원(누진공제 없음) = I 양도소득산출세액 28,273,000원
> 따라서 양도소득세액 28,273,000원과 지방소득세 2,827,300원을 납부하면 된다.

따라서 개인명의로 취득할 때 절세방법은 양도차익이 높은 주택은 2년 보유 후 비과세 혜택을 받는 전략으로 가고, 양도차익이 적은 물건이라도 최소한 1년을 보유하다가 매도하는 전략이 세금의 절세효과가 크다.

07 개인사업자로 취득하는 것이 개인명의와 법인사업자보다 절세가 될까?

◆ 개인사업자는 개인 또는 법인과 어떠한 차이점이 있나?

① 개인 매매사업자로 부동산을 취득하면 구입할 때 부과되는 거래세는 개인명의로 취득할 때와 같다. 법인 매매사업자도 취득할 때 거래세에 대해서는 기본적으로 개인이나 개인 매매사업자가 같다(5년 이상된 법인, 5년 미만인 법인이더라도 과밀억제권역 밖에 있는 법인). 다만 과밀억제권역 내에 있는 5년 미만된 법인이 과밀억제권 내에 있는 부동산을 취득할 때에는 등록세의 3배가 증가될 수 있다는 차이점만 있다.

> **[개인과 법인 취득세 중과세율]**
> 2020년 8월 12일 이후에 취득 시 개인과 개인사업자, 법인사업자 모두 취득세 중과세율 적용(국민주택 규모 이하인 경우).
> ① 개인과 개인사업자가 1주택자인 경우에는 조정대상지역과 비조정대상지역 모두 1.1%~3.3%
> ② 개인과 개인사업자가 조정대상지역에서 1주택 소유자가 추가로 1주택을 취득 시에 8.4%의 중과세율
> ③ 개인과 개인사업자가 비조정대상지역에서 2주택 소유자가 추가로 1주택을 취득 시에 8.4%의 중과세율
> ④ 법인사업자는 주택 수와 상관없이 즉 무주택자인 경우도 마찬가지로 12.4%의 중과세율이 적용됨.

② 개인 매매사업자로 부동산을 취득해서 매도할 때 부과되는 종합소득세는 6%, 15%, 24%, 35%, 38%, 40%, 42%, 45%로 8단계 초과누진 세율이 적용되므로 개인명의로 취득해 제3자에게 팔 때의 양도소득세율과 같이 적용된다. 다만 차이점은 개인 매매사업자는 보유기간에 상관없이 소득금액에 따라 일률적으로 소득세율 6%, 15%, 24%, 35%, 38%, 40%, 42%, 45%로 8단계 초과누진 세율이 적용되고 그 금액에서 종합소득공제(배우자공제, 자녀공제, 부양가족공제 등)를 받을 수 있지만, 개인명의는 일률적으로 적용되는 것이 아니라 주택의 경우 1년 미만인 경우 70%, 2년 미만은 60%, 2년 이상은 6~45%(2021년 6월 1일부터)로 단계적으로 적용(주택 이외 부동산은 1년 미만은 50%, 2년 미만은 40%, 2년 이상은 6~45% 단계적으로 적용)되고 그 금액에서 기본공제 250만원을 받을 수 있다. 그리고 1가구 1주택자가 2년 이상 보유 시에 9억원까지(12억원까지 확대될 전망임) 비과세 혜택을 볼 수 있다는 차이점이 있다. 이때 초과누진 세율은 개인이든, 개인 매매사업자든, 법인 매매사업자든 1년간 발생한 소득 전체를 합산해서 적용하게 된다.

③ 개인명의와 개인 매매사업자는 ②와 같이 소득세율(6~45%)이 단계적으로 적용되는데 반해서, 법인 매매사업자는 법인소득이 발생하면 2억 이하인 경우 10%, 2억~ 200억 이하는 20%, 200억 초과 ~ 3,000억 이하는 22%, 3,000억원 초과 시에는 25%가 적용된다는 차이점이 있다. 그리고 유의할 점은 법인이 주택 및 비사업용 토지 등의 양도차익에 대해서 법인세가 20%(2021년 부터) 추가된다(지정지역과 기타지역 구분 없이 모두 적용)는 사실이다. 그리고 개인 명의로 취득 시에 2021년 6월 1일부터 1년 미만은 70%, 2년 미만은 60%, 2년 이상은 6~45%의 양도소득세율을 적용 받고, 다주택자의 경우 조정대상지역에서는 위 기본양도소득세율에 2주택자는 20%, 3주택자는 30% 중과세율이 추가된다는 사실이다. 이러한 차이점을 잘 활용해서 세금이 절세가 되는 방향으로 투자하면 된다.

◈ 아파트를 개인사업자로 취득해서 매도하면 세금은 얼마나 절세될까?

(1) 개인 매매사업자가 1년 미만 보유하다 3억2,000만원에 팔 때 수익률 계산

① 총 취득금액은 2억7,783만원[낙찰금액 2억7,233만원 + 소유권이전 제비용 350만원(취득세1.1% 포함) + 명도비 200만원]이지만, 취득 시에 현금투자금액은 8,783만원(2억7,783만원 - 은행대출금 1억9,000만원)이다.

② 1년 미만 보유하다 팔 때 종합소득세율 6~45%로 계산하면 수익률은?
양도금액 3억2천만원 - 총 취득금액 2억7,783만원 - 매도시 중개수수료 128만원(0.4%) - 종합소득세액 3,792,000원 - 지방소득세 379,200원 - 대출이자 281만원[1억9,000만원×3%×1년÷365일=15,616원×180일(1년 미만)]으로 33,908,800원이 된다.

> **▶ 종합소득세와 지방소득세(=주민세) 계산 방법**
> A 양도가액 3억2천만원 - B 총 취득금액 2억7,783만원(명도비 200만원포함) - C 매도시 중개수수료 128만원 = D 양도차익 4,089만원 - E 장기보유특별공제 0원(3년 미만) - F 사업비용 200만원 - G 대출이자 281만원 = H 종합소득금액 3,608만원 - I 종합소득공제 360만원 = J 과세표준액 3,248만원 × 세율 15%(1년 미만) - 108만원(누진공제) = K 종합소득산출세액 3,792,000원.
> 따라서 종합소득세액 3,792,000원과 지방소득세 379,200원을 납부하면 된다.

따라서 1년 동안 현금투자대비 수익률을 계산하면 3,391만원/9,790만원(총현금투자금액)으로 34.63%의 수익률이 발생한다. 따라서 개인이 1년 미만 보유하다 파는 것보다 세금 절세효과가 높다는 사실을 확인할 수 있다.

 이 사례에서와 같이 1년 미만 빈집으로 보유하다가 팔 때에는 직접거주나 임대소득이 발생하지 않아서 대출이자를 비용 처리하지만 직접 거주나 임대소득이 발생할 때에는 그만큼 총투자수익에 보태어 계산하는 것이 바람직하다. 이렇게 대출이자만큼 또는 정확한 거주소득, 임대소득 등을 투자수익에 보태면 총투자수익은 그만큼 높아질 것이다.

(2) 개인 매매사업자와 개인명의로 취득할 때 어떠한 차이가 있나?

① 취득할 때 개인명의와 개인매매사업자의 거래세는 같다.

② 개인명의로 취득해서 2년 보유하고 비과세 받는 방법은 개인매매사업자보다 절세가 된다.

③ 비과세 요건을 갖추지 못한 개인명의로 2년 이상 보유하다가 팔면 소득세율(6~45%)이 같아서 비슷하지만, 개인의 경우 기본공제 250만원, 개인매매사업자의 경우 종합소득공제 360만원 + 사업비용 200만원 + 금융기관대출이자 + 명도비용 등을 공제 받을 수 있다는 차이가 있다. 개인보다 사업자가 비용 등을 처리할 수 있다는 것이 장점이다.

④ 개인명의로 1년 미만 보유하다가 팔면 개인은 양도소득세율이 70%(2021.6.1.부터 70%)인데 반해서 개인매매사업자는 종합소득세율이 6~45%가 적용되고, 사업비용 200만원과 명도비용 200만원 + 대출이자 281만원 등을 비용 처리할 수가 있어서 더 절세가 된다.

그러나 개인매매사업자는 비교과세(554쪽 비교과세 제도 참조)되기 때문에 주의해야 한다. 즉 비조정대상지역 내에 있는 주택을 개인 매매사업자로 취득했다가 바로 팔아도 6~45%의 종합소득 세율이 적용되어 절세효과가 높지만, 조정대상지역 내에 있는 주택을 취득했다가 팔 때에는 비교과세 되기 때문에 개인의 중과된 양도세율이 적용된다는 것에 유의해야 한다.

⑤ 매매사업자(개인사업자, 법인사업자)가 전용면적 85㎡ 미만 주택을 취득해서 팔 때는 건물분 부가세가 면세되지만, 전용면적 85㎡ 초과 주택을 취득해

서 팔 때는 건물분 부가세 10%가 부과된다. 그리고 주택인 아닌 상가건물 등은 전용면적 85㎡ 미만이더라도 건물분 부가세 10%가 부과된다는 사실을 잊어버려선 안 될 것이다. 이에 반해 개인명의로 취득할 때에는 건물분 부가세가 부과되지 않는다는 차이점이 있다.

⑥ 개인명의와 개인매매사업자가 법인매매사업자보다 국민건강보험료와 국민연금보험료가 증가될 수도 있다.

⑦ 개인명의와 개인매매사업자는 1년 동안 양도소득을 합산해서 과표가 정해지고, 그 과표에 따른 소득세율(6~45%)이 적용되므로 거래가 많거나 2년 미만에 양도하는 경우에는 법인이 유리할 수도 있다. 법인은 2억까지 법인세가 기본 법인세 10%+주택양도차익에 대한 법인세 20%(총 30%)로 고정되어 있기 때문이다.

개인매매사업자로 취득할 때 거래세는 개인명의와 법인매매사업자가 다르므로 514쪽~516쪽을 참고해야 한다. 매도할 때 양도차익이 발생해서 종합소득세를 낼 때도 부동산 보유기간에 상관없이 1년간 발생한 양도차익 모두를 합산해서 종합소득세율 6%, 15%, 24%, 35%, 38%, 40%, 42%, 45%로 8단계 초과누진 세율이 적용한다. 그리고 개인매매사업자로 다주택을 소유하고 있어도 개인명의로 거주하고 있는 1주택에 대해서 2년을 보유하면 비과세 혜택을 볼 수 있다는 점도 알고 있어야 한다. 즉 개인매매사업자가 보유하고 있는 주택 뿐만 아니라 개인임대사업자가 보유하고 있는 주택도 개인명의의 주택 수에 포함되지 않고 오로지 개인명의의 주택 수만 가지고 비과세 여부를 판단하기 때문이다.

이렇게 개인 매매사업자는 취득당시에 사업자가 없어도 개인 명의로 낙찰 받고 개인사업자를 내서 그 사업자로 대출을 받아 잔금을 납부하고 개인사업소득으로 정리해서 양도차익에 대한 사업소득세를 일반세율로 납부하면 된다.

그러나 유의할 점은 2018년 4월부터 개인 양도세중과 제도가 시행되면서부터 중과세율이 적용되는 주택(조정대상지역 내 주택)은 종합소득세와 개인 양도소득세를 비교해서 높은 세율을 적용하는 비교과세 제도가 시행되고 있다는 점이다.

그러나 중과세가 적용되지 않는 주택(비조정대상지역 내 주택)의 경우에는 앞에서와 같이 사업소득으로 판단해서 종합소득세율을 적용하기 때문에 보유기간과 상관없이 기본세율 6~45%가 적용된다.

그렇다고 하더라도 개인명의의 주택 수에 포함되지 않아서 개인명의 1주택은 비과세 혜택을 볼 수 있다.

(3) 양도소득세 비교과세 제도

양도소득세 비교과세는 어떤 사람이 하나의 부동산을 양도했을때 이 부동산이 단기양도에도 해당되고, 중과대상 주택에도 해당이 되면 둘 중 높은 세율을 적용하는 것이 아니라 각각의 세율을 적용하여 산정된 산출세액 중 큰 금액을 적용하는 것이다. 예를 들어 개인의 양도소득세율에 따라 계산한 양도소득금액과 개인 매매사업자로 종합소득세율로 계산한 종합소득금액을 비교해서 높은 금액으로 납부하는 방법이다. 이 비교과세 제도는 개인 매매사업자가 조정대상지역 내에 있는 주택을 취득할 때 적용하는 것이고, 비조정대상지역 내에 있는 주택은 취득할 때에는 적용하지 않아서, 바로 샀다 팔아도 6~45%의 종합소득세율만 적용한다.

① 종합소득세 = 수익 - 비용 = 이익 - 세무조정 = 소득금액 - 종합소득공제 = 과세표준 × 세율(6~45%) = 산출세액
② 양도소득세 = 양도가액 - 취득가액 - 기타필요경비 = 양도차익 - 장기보유특별공제(중과적용주택 공제배제) - 기본공제 = 과세표준 × 세율(6~45%) + 중과세율(2주택 10%, 3주택 20%) = 산출세액
위 ①과 ②중 높은 세율을 적용하는 것을 말한다.

08 법인사업자로 취득하는 것이 개인명의 또는 개인사업자보다 절세가 될까?

◆ 법인사업자는 어떠한 세금이 적용될까?

 5년 이상된 법인매매사업자로 취득할 때 거래세는 516쪽~ 517쪽과 같이 개인명의와 개인매매사업자가 다르므로 주의해야 한다. 개인명의와 개인매매사업자는 소득세율(6~45%)이 단계적으로 적용되는데 반해서, 법인매매사업자는 법인소득이 발생하면 2억 이하인 경우 10%, 2억~200억 이하는 20%, 200억 초과 ~ 3,000억 이하는 22%, 3,000억원 초과 시에는 25%가 적용된다는 차이점이 있다. 그리고 법인이 주택 및 비사업용 토지 등의 양도차익에 대해서 법인세가 20%(2021년부터 20%)가 추가된다.

 (1) 법인이 주택 및 비사업용 토지를 양도한 경우 = 법인세 10%(법인사업소득 – 임대료 및 관리비, 인건비, 기타 비용 등의 법인사업비용) + 지방소득세(법인세액의 10%) + 추가되는 법인세 20%(2021년 부터는 20%)(주택양도가액 – 주택취득장부가액) + 지방소득세(추가법인세액의 10%)이 된다. 여기서 주택취득장부가액은 낙찰대금 + 소유권이전 제비용 + 리모델링 등의 자본적지출비용 등이 포함된다.

 (2) 상가건물과 오피스텔 등은 추가되는 법인세가 없어서 법인세 10% + 지방소득세(법인세액의 10%)만 납부하면 된다.
 이러한 차이점을 잘 활용해서 세금이 절세가 되는 방향으로 투자하면 된다.

◈ 법인사업자가 1년 미만 보유하다 3억2,000만원에 팔 때 수익률 계산

(1) 총 취득금액은 2억7,783만원[낙찰금액 2억7,233만원 + 소유권이전 제비용 350만원(취득세1.1% 포함) + 명도비 200만원]이지만, 취득 시에 현금투자금액은 8,783만원(2억7,783만원 - 은행대출금 1억9,000만원)이다.

(2) 1년 미만 보유하다 팔 때 법인세율 10~25%로 계산해서 수익률을 계산하면
양도금액 3억2천만원 - 총 취득금액 2억7,783만원 - 매도시 중개수수료 128만원(0.4%) - 법인세액(2,889,000원+8,178,000원) - 지방소득세(288,900원+817,800원) - 대출이자 281만원[1억9,000만원×3%×1년÷365일=15,616원×180일(1년미만)]으로 25,906,300원이 된다.

> ▶ 법인세와 지방소득세(=주민세) 계산 방법
>
> A 양도가액 3억2천만원 - B 총 취득금액 2억7,783만원 - C 매도시 중개수수료 128만원 = D 양도차익 4,089만원 - E 법인사업비용 1,200만원(임대료 및 관리비, 인건비, 대출이자 281만원, 기타 비용 등의 법인사업비용) = F 법인소득금액 2,889만원 = G 과세표준액 2,889만원 × 세율 10%(법인소득 2억 이하) = H 법인세액산출세액 2,889,000원 + I 지방소득세액 288,900원과 주택으로 J 추가법인세액 20% 8,178,000원(양도가액 3억2천만원-총 취득금액 2억7,783만원-중개수수료 128만원) + K 추가지방소득세액 817,800원을 납부하면 된다.

따라서 법인세 10%는 법인사업운영비용(임대료 및 관리비, 인건비, 대출이자 281만원, 기타 비용 등의 법인사업비용)을 공제하고 나면 금액이 적어지게 되니 매출액이 적은 법인은 부과되지 않거나 있어도 실제 주택양도차익의 3~4% 정도가 될 수도 있다. 이 사례에서는 일반적으로 법인세를 계산하는 방식만 설명하다보니 사업운영비용을 1,200만원으로 가정해서 분석한 것이다. 어쨌든 1년

동안 현금투자대비 수익률을 계산하면 25,906,300원/9,790만원(총현금투자금액)으로 26.46%의 수익률이 발생한다.

(3) 그러나 상가건물을 1년 미만 보유하다 양도한 경우 수익률을 계산하면 다음과 같다.

양도금액 3억2천만원 - 총 취득금액 2억7,783만원 - 매도시 중개수수료 128만원(0.4%) - 법인세액 2,889,000원 - 지방소득세 288,900원 - 대출이자 281만원[1억9,000만원×3%×1년÷365일=15,616원×180일(1년 미만)]으로 34,902,100원이 된다.

> ▶ **법인세와 지방소득세(=주민세) 계산 방법**
>
> A 양도가액 3억2천만원 - B 총 취득금액 2억7,783만원 - C 매도시 중개수수료 128만원 = D 양도차익 4,089만원 - E 법인사업비용 1,200만원(임대료 및 관리비, 인건비, 대출이자 281만원, 기타 비용 등의 법인사업비용) = F 법인소득금액 2,889만원 = G 과세표준액 2,889만원 × 세율 10%(법인소득 2억 이하) = H 법인세액산출세액 2,889,000원 + I 지방소득세액 288,900원만 납부하면 된다.

따라서 주택이 아닌 상가건물과 오피스텔 등을 매매법인으로 취득했다가 팔면 법인세 10%만 부과되므로 1년 동안 현금투자대비 수익률을 계산하면 34,902,100원/9,790만원(총 현금투자금액)으로 35.65%의 수익률이 발생한다.

◆ 법인사업자와 개인명의, 개인사업자로 취득할 때 차이점은?

① 과밀억제권역내에서 5년 미만된 법인을 제외하고는 취득할 때 개인명의와 개인매매사업자, 법인매매사업자의 거래세는 514쪽~516쪽과 같다.

② 개인명의로 취득해서 2년 보유하고 비과세 받는 방법은 매매사업자(개인사업자, 법인사업자)보다 절세가 된다.

③ 개인명의로 2년 이상 보유하다가 팔면 개인매매사업자와 소득세율이 같아서 비슷하지만, 법인은 2억까지 기본법인세 10%와 주택양도차익에 대한 추가법인세 20%로 단일세율이 적용되므로 잘 활용만하면 절세가 될 수도 있다.

그리고 개인의 경우 기본공제 250만원만, 개인매매사업자의 경우 종합소득공제 360만원 + 사업비용 200만원을 공제받을 수 있지만, 법인매매사업자는 법인사업비용(임대료 및 관리비, 인건비, 부동산대출이자, 기타 비용 등)을 공제받을 수 있다는 차이가 있다. 따라서 개인보다 매매사업자가 비용을 처리할 수 있는 장점이 있다.

④ 매매사업자(개인사업자, 법인사업자)가 전용면적 85㎡ 미만 주택을 취득해서 팔 때는 건물분 부가세가 면세되지만, 전용면적 85㎡ 초과 주택을 취득해서 팔 때는 건물분 부가세 10%가 부과된다. 그리고 주택인 아닌 상가건물 등은 전용면적 85㎡ 미만이더라도 건물분 부가세 10%가 부과된다는 사실을 잊어버려선 안 될 것이다. 이에 반해 개인명의로 취득할 때에는 건물분 부가세가 부과되지 않는다는 차이점이 있다.

이러한 차이점을 잘 활용해서 세금이 절세가 되는 방향으로 투자하면 된다.

"필자는 끝까지 정독해 주신 독자분들께 감사드립니다.
이 책으로 여러분들의 재테크에서 성공하시기를 기원드립니다."